RÉPERTOIRE

UNIVERSEL ET RAISONNÉ

DE JURISPRUDENCE

CIVILE, CRIMINELLE,

CANONIQUE ET BÉNÉFICIALE.

OUVRAGE DE PLUSIEURS JURISCONSULTES :

Mis en ordre & publié par M. GUYOT, écuyer, ancien magistrat.

TOME TRENTE-SEPTIÈME.

A PARIS,

Chez PANCKOUCKE, hôtel de Thou, rue des Poitevins.
Chez DUPUIS, rue de la Harpe, près de la rue Serpente.

Et se trouve chez les principaux libraires de France.

M. DCC. LXXX.

Avec approbation & privilége du roi.

AVIS.

LA plupart des jurisconsultes nommés dans les divers articles du Répertoire, ayant fini le manuscrit des parties dont ils s'étoient chargés, il paroît que cet ouvrage s'étendra environ à soixante volumes *in-octavo*. Au reste, à quelque nombre qu'il puisse s'étendre au delà, le libraire s'est engagé à n'en faire payer que soixante volumes aux personnes qui s'en feront procuré un exemplaire avant la publication du dernier volume, & même si l'ouvrage n'a que soixante volumes, elles n'en payeront que cinquante-sept, attendu que les trois derniers doivent leur être délivrés *gratis*. Le prix de chaque volume broché ou en feuille, est de 4 livres 10 sous : on publie très-exactement huit volume par année.

RÉPERTOIRE
UNIVERSEL ET RAISONNÉ
DE JURISPRUDENCE
CIVILE, CRIMINELLE,
CANONIQUE ET BÉNÉFICIALE.

L.

LIVRÉE. On donne ce nom aux habits de couleurs dont on habille les laquais, les cochers, les postillons, &c.

En France, les Livrées sont arbitraires ; chacun peut en composer à sa fantaisie, & les faire porter à ses gens : néanmoins il est défendu, sous peine de cinq cents livres d'amende, à toutes sortes de personnes, de faire porter la Livrée du roi à leurs domestiques, à moins qu'elles n'en aient le droit par leurs charges ou par une concession particulière. C'est ce qui résulte des diverses ordonnances des 10 février 1704, 6 février 1753, 16 avril 1762, & 4 novembre 1776.

LODS ET VENTES. Droit pécuniaire qui appartient au seigneur sur le prix des héritages censuels de sa mouvance, lorsqu'ils changent de mains par vente ou par acte équipollent à vente.

Lorsque nous disons que les Lods & ventes se perçoivent sur les héritages censuels, nous parlons suivant le droit commun coutumier ; il y a des provinces entières où l'on nomme indistinctement *Lods*, les droits de vente que perçoivent les seigneurs sur les fiefs & sur les rotures.

C'est également d'après les règles du droit commun que nous disons que le droit de Lods s'ouvre lorsque l'héritage change de mains par vente ou acte équipollent à vente. Il y a des coutumes qui assujettissent à cette prestation les donations aussi bien que les ventes.

On a beaucoup disserté sur le point de savoir si le droit de Lods est odieux, si on doit le placer dans la classe des servitudes. Nous n'entrerons point dans l'examen de cette question ; nous remplirons beaucoup mieux l'objet de cet ouvrage, en parcourant les différens cas où ce droit peut être exigé. La carrière est trop étendue pour s'appesantir sur des questions oiseuses ; nous ne dirons pas même tout ce qu'il est important de savoir : cependant, cet article sera très-long ; mais on nous le pardonnera, si l'on veut faire attention que c'est le plus important de la matière féodale.

Voici l'ordre que nous nous proposons de suivre dans la discussion des difficultés que cette matière présente.

§. I. De droit commun toutes les terres censuelles sont assujetties aux Lods & ventes.

§. II. La vente seule donne-t-elle ouverture aux Lods, ou le seigneur doit-il attendre, pour les demander, qu'il y ait tradition de l'objet vendu ?

§. III. Promesse de vendre.

§. IV. De la vente des droits & actions.

§. V. Acquisition faite par le seigneur dans sa censive.

§. VI. Explication de l'article 79 de la coutume de Paris.

§. VII. Lorsque à défaut par l'adjudicataire d'avoir consigné le prix, on procède à une nouvelle adjudication, est-il dû au seigneur un double droit de Lods & vente ?

§. VIII. Y a-t-il ouverture aux Lods lorsqu'un père abandonne des héritages à son fils, à la charge de payer ses dettes, & pour l'acquit de ce qu'il lui doit.

§. IX. Du cas où le mari fait emploi sur ses propres des deniers dotaux.

§. X. De la femme qui prend en remploi les propres de son mari, ou les conquêts de la communauté.

§. XI. Des baux emphytéotiques.

§. XII. Les baux à vie donnent-ils ouverture aux Lods ?

§. XIII. Du partage mêlé de vente.

§. XIV. De la vente à faculté de réméré.

§. XV. De la vente à jour, de la clause commissoire, & de celle nommée en droit *addictio in diem*.

§. XVI. Des donations onéreuses.

§. XVII. Des donations avec réserves d'une pension au profit du donateur.

§. XVIII. Donation à la charge de payer les dettes du donateur, donne-t-elle ouverture aux Lods ?

§ I. *De droit commun toutes les terres censuelles sont assujetties aux Lods & ventes.*

Le relief est aussi ancien que l'hérédité des fiefs. Le quint remonte à l'époque de leur aliénation ; il en est de même des Lods pour les rotures. Comment en seroit-il autrement ? Ce droit n'est autre chose que le prix du consentement que le seigneur donne à l'aliénation. Il devoit donc s'exiger d'autant plus rigoureusement, que l'on étoit plus voisin du temps où toute espèce de disposition du fief étoit prohibée : aussi quoique nous ayons très-peu d'actes du onzième siècle, nous en reste-t-il néanmoins qui prouvent que dès-lors le quint & les Lods se payoient au seigneur. Du Cange en rapporte plusieurs au mot *Venda. Percipit banna, vendas & laudimia*; acte de l'an 1041. Ce droit étoit dû au seigneur, même en cas d'échange, & il étoit déjà si général, que nous voyons dans les ordonnances du louvre, *tom. IV*, *pag.* 45, qu'en 1079 il fut fixé pour l'avenir au vingtième denier du prix de la chose. *Si quis emerit vel permutaverit domum vel possessiones, vicarius vel bajulus loci teneatur laudare...... Nec recipiat pro Laudimiis ultra vicesimam partem pretii, & semper emptor Laudimia solvere teneatur.*

Si les Lods se payoient généralement, & même en cas de mutation, au onzième siècle, cet usage étoit sans doute encore plus universel pendant le cours du treizieme, aussi en existe-il des preuves sans nombre. On pourroit rapporter des chartres, année par année, depuis 1200 jusqu'en 1300, qui attestent que pendant le cours de ce siècle, le quint & les Lods se payoient au seigneur, de toutes les mutations, singulièrement par ventes. Le détail de ces chartres nous meneroit trop loin. Nous nous contenterons de rapporter deux autorités faites pour tenir lieu de toutes les autres. *Quand l'héritage est vendu, se il est fief, le sire a le quint denier du prix de la vente; c'est à savoir de* 100 *livres,* 20 *livres & de* 10 *livres* 40 *sols, & du plus plus & du moins moins,* Baumanoir, *chap.* 27. Les établissemens renferment la même décision, *si aucun achète & il ne rend les ventes dedans sept jours & sept nuits, & il n'en ait pris repit à la justice, il amendera le gage de la loi; & s'il passe l'an & jour qu'il ne les rende, ou qu'il n'en preigne repit à la justice, il payera* 60 *sols d'amende, chap.* 158. Le chapitre 150 des mêmes établissemens prouve que sur la fin du treizième siècle, comme dans le onzième, le droit de vente étoit dû pour échange comme pour vente. *Si aucunes gens faisoient échange de terrres les uns à autres, & elles n'étoient pas d'un fief ne d'une seigneurie, le sire feroit les terres prisier par prud'hommes, & tant comme elles seroient prisiées en auroit le sire ses ventes.*

Dans le treizième siècle, le droit commun du royaume assujettissoit donc au droit de quints, de Lods, & les aliénations par ventes, & les simples échanges. On alloit même beaucoup plus loin. Il y avoit ouverture aux Lods toutes fois qu'un héritage censuel étoit hypothéqué au paiement d'une rente constituée.

Par un réglement général de l'année 1279, Alphonse, comte de poitou, ordonne que tous ceux qui tiennent *du comté de poitou, ou des ba-*

rons, *ou des vassaux*, payeront, aux mutations par mort, la redevance d'une année pour droit de relief. Galland rapporte cette ordonnance en entier dans son traité du franc-aleu, *pag.* 67.

Cette ordonnance ne parle pas des Lods, parce qu'il ne s'agissoit que de régler le relief, qui auparavant étoit *à mercy*. Mais si alors l'une de ces deux prestations étoit due, on n'en peut pas douter, l'autre l'étoit pareillement, puisque toutes deux ont le même objet, & dérivent de la même cause.

Telle étoit dès le treizième siècle la rigueur des loix féodales; nul ne pouvoit, sans un titre formel, se prétendre exempt du quint & des Lods. Galland en rapporte un exemple célèbre. En 1272, Thiébaut, comte de Bar, convertit en fief l'un de ses aleux (son chatel de la Motte), & le reporte à Thiébaut, comte de Champagne. L'acte porte en termes exprès, *franchement quant à rachapt & quint denier.*

De droit commun le cens emporte Lods & ventes, suivant cette maxime de Dumoulin, *laudimia & mulctæ ex naturâ census generaliter insunt.* Cependant il y a des contrées où les terres sont affranchies des Lods, quoiqu'elles soient grevées d'un cens, où le seigneur censier a besoin d'un titre pour exiger les Lods. Mais alors, dit Galland dans son traité du franc-aleu, » la coutume » fait mention de cette décharge comme d'une » exorbitance contraire au droit commun.

» C'est pourquoi la coutume d'auvergne, titre » 22, article 21; celle de Berry, titre des fiefs, » article 3; de Mantes, article 11 & 16, qui » ne donnent au seigneur qu'un droit de rachat » pour l'aliénatiou du fief, en ont une disposition » particulière.

» La Marche, article 197, ne donne que la » bouche & les mains ; Château-neuf en Thimerais admet des héritages qui ne paient point » de rachat, ains seulement la foi & hommage.

» La chose tenue à franc devoir ne doit ra» chat en sa coutume de loudun, titre des ra» chats & ventes, article 21. La particulière de » Langres ne donne au seigneur aucun profit de » quint, requint, relief, rachat, ou autres ; & » par arrêt du 7 septembre 1608, l'évêque de » Langres a été chargé de prouver que Lods & » ventes lui fussent dus, &c. «

Quoique ces textes ne parlent que du quint, cependant on les cite, parce qu'à cet égard il n'y a point de différence entre le quint & les Lods & ventes.

§. II. *La vente seule donne-t-elle ouverture aux Lods & ventes ? Ou bien le seigneur doit-il attendre, pour les demander, que l'objet vendu soit délivré ?*

Ce n'est point la prétendue mutation du propriétaire, mais celle de la possession effective, qui fait l'ouverture des droits seigneuriaux. Ce principe exprimé dans la constitution 2 du titre du *droit emphytéotique* (*), est également reconnu par nos jurisconsultes & par les feudistes François, & se trouve confirmé dans l'ordonnance de 1747, concernant les substitutions.

L'obligation du payement des droits seigneu-

(*) Const. de Catal. tom. 1, liv. 4, titre 28, chap. 2.

tiaux, dit le Fevre de la Planche (*), » n'a » de force que dans le cas *d'une mutation effective*; » de là l'auteur conclut, qu'il n'en est pas dû dans » le cas d'une tradition feinte, qui résulte des » clauses des contrats, qui donnent uniquement » à l'acquéreur *le droit d'entrer en jouissance*, » *mais qui n'emportent pas réellement la prise de* » *possession* «.

» C'est, dit son annotateur (**), la nature » de la mutation *dans la possession*, qui fait » l'ouverture des droits seigneuriaux : *ce n'est pas* » *le titre*; car, par rapport au titre, le seigneur » n'a point de qualité pour demander compte de » la propriété du vassal.

» Le Lods, dit Henrys (***), est dû plutôt » pour le changement de mains & par *l'appré-* » *hension en possession* de l'héritage, qu'en vertu » du seul contrat «; d'où Bretonnier conclut, que *jusqu'à la tradition réelle il n'est rien dû*.

Poquet de Livonniere (****) rend ainsi l'observation d'Henrys : » Que les droits féodaux ne » sont pas favorables; & que pour y donner lieu, » il faut que la mutation soit parfaite, tant *pour* » *la possession* que pour la propriété.

L'article 22 de l'ancienne coutume de Paris fixe ainsi l'échéance du droit de relief, *quand un fief change de main*; expressions rendues dans l'article 33 de la nouvelle rédaction, en ces termes, *en toute mutation de fiefs*.

(*) Traité des domaines, tom. 1, liv. 4, chap. 7, n. 1 & 5.

(**) *Ibid.* pag. 209.

(***) Tom. 2, liv. 3, quest. 29.

(****) Traité des fiefs, liv. 4, chap. 11, sect. 5.

C'eſt auſſi l'obſervation de Deſpeyſſes (*) : » Les Lods ne ſont pas dus dès le jour du con- » trat, mais ſeulement *après la délivrance ac- » tuelle de la choſe aliénée .... parce qu'avant » la délivrance actuelle le fief ne change point de » main* «.

De ce principe, Boutaric conclut (**), » qu'il » n'eſt dû qu'un droit de Lods, lorſqu'il n'y a » qu'une mutation, quoiqu'il y ait deux contrats, » dont chacun ſeroit capable de produire des Lods. » C'eſt, dit-il précédemment, à raiſon du chan- » gement de main que les Lods ſont dus «.

Cette maxime eſt rendue en deux mots par le préſident Fabre (***) : *Nec illa debentur priuſquàm poſſeſſio apprehenſa ſit.*

D'Argentré tient le même langage (****).

Ce principe eſt encore conſacré dans l'article 56 du titre premier de l'ordonnance de 1747. *Il en ſera uſé*, porte l'article, *à l'égard de chaque nouveau poſſeſſeur des biens ſubſtitués, ainſi que s'il avoit pris la place du dernier poſſeſſeur.* Ce n'eſt donc point le changement ſubſtitué, mais le changement de *poſſeſſeur* réel, que la loi nouvelle conſidère pour donner ouverture au relief. *Ce n'eſt pas le titre, c'eſt la nature de la mutation dans la poſſeſſion* qui produit les droits ſeigneuriaux. On ne peut donc, ſans détruire les notions communes, & ſans renverſer la lettre même de l'ordonnance, attribuer à la

(*) Traité des droits ſeigneuriaux, ſect. 5, des Lods, part. 5, n. 28.

(**) *Ibid.* chap. 3, parag. 11.

(***) Cod. Fabr. tit. 22, déf. 4, n. 7.

(****) Traité de Laudun, chap. 4, parag. 2 & 4.

mutation de propriété l'effet qu'elle fait taxativement dépendre de la mutation de *possesseur.*

Furgole, dans son commentaire sur ledit article, en limite toujours le sens au *dernier possesseur* qui aura recueilli les biens.

On ne sera peut-être pas fâché de voir quelle est sur ce point important la jurisprudence des pays étrangers. En conséquence, nous allons rapporter la disposition des constitutions de Catalogne, & l'avis du commentateur.

Lorsque ces constitutions parlent du relief dû à raison des mutations en *collatérale*, elle exprime qu'il doit être payé *par celui à qui les biens parviendront* (*per aquell*, *alqual la cosa per tal titol perviendra*) ; expressions qui supposent que l'acquéreur aura une possession réelle & effective des biens féodaux. C'est encore ce que supposent les expressions suivantes de la même loi, *per aquella renovatio ò novella acquisitio.*

C'est ainsi que le commentateur de cette constitution l'a interprétée ; il pose pour maxime, » qu'un acte translatif de propriété ne donne ouverture aux droits seigneuriaux, qu'autant que la délivrance réelle de la chose s'en est ensuivie : *Nam virtus Laudimii stat in hoc quod traditio rei venditæ sequatur* (*) «. Il répete la même maxime dans sa décision 155, n. 3.

Solsona tire de cette loi la même induction : *Le droit n'est dû*, dit-il, *que lorsque l'on a la possession réelle. In limine seu actu nanciscendæ possessionis* (**). Il développe ailleurs plus au

(*) Peguera, sur lad. const. vers. 1, n. 99.
(**) Lucem Laudim. cell. 7, n. 11.

long cette maxime ; il y observe que tous les docteurs enseignent » qu'une possession feinte » n'opère rien, s'il n'intervient point une posses- » sion réelle & effective (*).

De ce principe il tire trois inductions : » La » première, qu'il n'est rien dû par celui qui s'est » départi d'un titre translatif de propriété ; la » seconde, que si le premier acquéreur, avant » d'avoir pris la possession réelle, cède son droit » à un second, & celui-ci à d'autres, de manière » que le huitième ou un autre acquéreur posté- » rieur ait seul acquis la possession réelle, *il n'y* » *a* qu'une *seule mutation* « ; la troisième enfin, » que la cession d'un cohéritier qui n'est pas entré » en possession de son lot, ne donne point ou- » verture aux droits seigneuriaux «.

Cependant cette décision n'est pas à beaucoup près sans difficulté. Dumoulin pense au contraire, que la vente *seule* donne ouverture aux Lods ; que le seigneur peut les exiger avant la tradition de l'héritage. Cet auteur nous donne cette décision comme une des règles principales de cette matière. Voici ses termes :

Onera quinti pretii vel retractus, in casu venditionis debita, non imponuntur ipsi mutationi feudi, nec eam præcisè respiciunt, quia etiam citrà mutationem debentur & exiguntur, sed imponuntur ipsi venditioni, & eam respiciunt tanquam proprium subjectum, ex quo producuntur, & ad quod referuntur & determinantur ; non immeritò impositio horum jurium recepit omnes modificationes & conditiones à jure impositas ven-

(*) Lucem Laudim. cell. 11, quest. 1, n. 12, 30 & 31.

ditioni, & circà similia onera venditionibus imposita. §. 22, hodiè 33, gl. 1.

In venditione (statim contractu concluso) acquisitum est jus quinti denarii, vel retractus patrono, ad ejus electionem, & illud (statim) petere & exigere potest, & facere ut ampliùs in ejus præjudicium pœnitere non possit; secùs in aliis contractibus; in quibus ex solo contractu, nihil omninò acquiritur patrono (quia relevium non oritur), nisi ex mutatione manûs, & non ex contractu, nec ex simplici dimissione fidei, vel apertura feudi, ut dixi. §. 22, hodiè 33, §. 13, hodiè 20, gl. 3.

Guyot, dans son traité des fiefs, des Lods & ventes, chapitre premier, pense de même que la vente seule donne ouverture aux Lods; que le seigneur peut les exiger avant la tradition de l'objet vendu; voici sa décision: » C'est donc » au contrat seul, à la nature du contrat seulement qu'il faut s'attacher pour savoir s'il est » dû quint en fief, ou Lods en roture; le contrat seul, quand il est parfait, ce que Dumoulin dit, *contractu concluso*, ouvre ces » droits; le contrat seul doit être le but & » l'objet de toutes les réflexions; la mutation » n'y entre pour rien, parce que dans ce contrat, » où la tradition de l'héritage se fait & est » admise par voie feinte, elle arrive *eodem puncto-* » *que* l'ouverture.

» Ce qu'il faut savoir uniquement, pour juger » si le droit est dû, est, si le contrat forme » vente ou acte équipolent à la vente, s'il est » parfait; *intellige de venditione validâ & efficaci*; » encore cela ne retarde pas la décision, cela » n'a trait que pour ne les pas payer, s'ils ne

» sont pas dus, au cas que la nullité soit relevée
» par partie capable, ou pour les répéter, s'il est
» annullé, *retrò*, ce que nous expliquerons en
» un chapitre à part; mais la régle indubitable
» est, que *ex solo contractu concluso jura quinti*,
» *& retractus oriuntur, quia imponuntur vendi-*
» *tioni, & eam præcisè respiciunt* ». Basnage développe ainsi les coutumes sur ce point. Pour décider exactement cette question, il faut considérer la disposition de chaque coutume: lorsque les Lods & ventes sont dus à cause de la mutation du vassal, il est sans doute qu'ils ne peuvent être demandés d'une simple vente qui n'a point eu d'effet. Si au contraire la coutume dispose que les Lods & ventes soient acquis par la seule vente, cela suffit pour autoriser l'action du seigneur. *Sur l'art. 169 de Normandie.*

Pithou, sur l'article 27 de la coutume de Troyes, pense de même; il a été jugé, dit cet auteur, par arrêt de la troisième chambre des enquêtes, du 9 février 1533, dans la coutume de Poitou, que si le vassal vend son fief, & soit le contrat passé & parfait, le seigneur qui est fondé par coutume d'avoir le fief vendu par retrait féodal, le peut avoir & prendre, encore que dès le lendemain le contrat ait été résolu du consentement mutuel des vendeurs & acheteurs, & supposé que la délivrance n'en ait été faite audit acheteur: *quia sufficit venditum.*

L'opinion de ceux-là me semble plus probable, qui estiment les droits être dus du jour de la vendition; car c'est à cause de la vendition que les droits sont dus. Charondas, sur le tit. 72 de la somme rurale. Cet auteur rapporte ensuite deux arrêts qui l'ont ainsi jugé; le premier de

1591,

1591, le ſecond de l'an 1602, *idem*, Maſuer, §. *item*, pone de retract. ſteph. Bert. livre 1. conv. 199.

Il faut convenir que cette opinion eſt établie en quelque ſorte par les art. 23 & 34 de la cout. de Paris; le dernier porte : *En toute mutation eſt dû relief*; & le 23, *quand un fief eſt vendu, quint*, &c. Ne réſulte-t-il pas, de la maniere dont ces deux articles ſont conçus, qu'il faut un changement réel de propriétaire pour qu'il y ait ouverture au relief; qu'au contraire le quint eſt dû ſi-tôt qu'il exiſte un contrat de vente. On trouve la même diſtinction dans pluſieurs coutumes du royaume.

§. III. *Promeſſe de vendre.*

On prétend qu'il y a une grande différence entre une vente reçue pardevant notaires, & celle qui a été paſſée ſous ſignature privée; on dit que la vente ſous ſignature privée eſt une ſimple promeſſe de vente; que la promeſſe de vente ne donne pas lieu aux droits ſeigneuriaux; qu'elle n'eſt point tranſlative de propriété, & que toute l'action qui en réſulte, conſiſte en une ſimple demande, afin que le contrat ſoit paſſé; que ſi l'héritage eſt vendu à un tiers par un acte authentique, celui qui n'a que la ſimple promeſſe de vente, n'a plus que des dommages & intérêts à prétendre contre ſon vendeur.

Examinons la queſtion ſous le ſeul point de vue des droits dus au ſeigneur.

Ce n'eſt pas la forme dans laquelle l'acte eſt conçu qui décide de ſon caractère, & qui le conſtitue ſimple promeſſe de vente ou vente véritable ; ce sont les conventions que renferme l'acte. Ainsi, que l'acte soit passé sous signature privée, ou qu'il soit reçu pardevant notaires, s'il contient un délaissement actuel de l'héritage, s'il exproprie le vendeur, pour transmettre la propriété de l'héritage à l'acquéreur, il est également vente.

Les auteurs qui ont distingué la vente d'avec la promesse de vente, se sont attachés au caractère des conventions que renferme l'acte.

Dumoulin dans son conseil 30, nombre 7, distingue l'acte qui contient une simple promesse de vente, dont l'exécution, pour réaliser la vente, est renvoyée à un autre temps, d'avec l'acte qui transmet, dès l'instant même qu'il est passé, la propriété de l'héritage à l'acquéreur, & il dit que ce dernier est une vente véritable. *Quandò omnia substantialia venditionis de præsenti interveniunt, quia tunc pactum de vendendo transit in venditionem de præsenti, & est actualis venditio.*

Henrys, qui a fait une longue dissertation sur la qualité de l'acte sous signature privée, pour distinguer quand il est simple promesse de vente ou quand il est vente veritable, après avoir rapporté les termes de Dargentré, *aliud sit rem vendere, aliud promitere de vendendo*, il les applique à la simple promesse qui ne contient ni délaissement actuel ni convention sur le prix ; mais il les écarte quand il s'agit d'un acte sous signature privée, portant vente *de præsenti* & le prix arrêté.

Et il dit, que si dans un acte de cette qualité il y a une soumission de passer un contrat pardevant notaires, cela n'ajoute rien à la vente qui est consommée par l'acte même ; ce n'est qu'une simple sûreté promise à l'acquéreur, mais qui ne lui donne pas une nouvelle propriété, parce qu'il l'a acquise par l'acte sous signature privée.

Il faut pourtant prendre garde, dit cet auteur, *de quelle sorte la convention est dressée ; car si au lieu d'une simple promesse on avoit parlé de vente, c'est-à-dire, si l'on avoit parlé en termes de présent & non de futur, l'acte seroit valable & obligatoire, comme quand on dit, vend dès-à présent, & que la promesse de passer contrat n'est que pour plus d'assurance.*

Nous avons d'ailleurs un monument qui décide de la manière la plus expresse que la vente sous signature privée produit les droits seigneuriaux ; c'est l'article 20 de la coutume de Paris, qui introduit le retrait féodal, même dans le cas de la vente non écrite, lorsque les parties conviennent de la vente qui a été arrêtée entre elles par simple convention.

Cet article 20 a trois dispositions.

Il dit par la première, que c'est la vente en général qui donne lieu au retrait. Il règle par la seconde le temps dans lequel le retrait doit être exercé par le seigneur dans les quarante jours après la notification & l'exhibition du contrat; & comme il ne peut y avoir d'exhibition de contrat lorsque la vente n'a pas été rédigée par écrit, la troisième disposition de cet article est pour assurer le droit du seigneur dans le cas de la vente non écrite, dont l'exhibition se fait par la simple déclaration du vassal.

Le seigneur féodal peut prendre, retenir & avoir par puissance de fief, le fief tenu & mouvant de lui, qui est vendu par son vassal, en payant le prix que l'acquéreur en a baillé, avec les loyaux-coûts, dans quarante jours après qu'on lui a notifié ladite vente, & exhibé les contrats, SI AUCUN Y EN A PAR ÉCRIT, *& d'iceux baillé copie.*

On ne peut pas dire que cette disposition de la coutume est abrogée au moyen de la disposition de l'ordonnance qui prohibe la preuve testimoniale en matière de conventions.

On sait bien qu'on ne seroit pas admis à prouver par témoin l'existence d'une vente consommée par une simple convention verbale; mais si l'acquéreur & le vendeur avoient la bonne foi d'en convenir sur l'interpellation qui leur en seroit faite, il n'y a pas de doute que le droit en seroit ouvert au profit du seigneur, en vertu de l'article 20. Et cet article, qui étoit le treizième de l'ancienne coutume, mettoit le seigneur, dans l'ancienne coutume, en état de faire preuve par témoins de la vente qui avoit été consommée par la simple convention des parties, parce qu'alors l'ordonnance de Moulins n'étoit pas encore intervenue.

Aussi Dumoulin dit-il sur le §. 13 de l'ancienne coutume, gl. 12, n. 5, que la notification de la vente non écrite se fait par la déclaration du vassal, & la notification de celle qui est écrite, par l'exhibition de l'acte, soit qu'il soit authentique, soit qu'il soit de main privée.

Puto ex mente & verbis hujus consuetudinis, quæ, cessante scripturâ, non requirit nisi simplicem notificationem, quæ nudis verbis fieri potest, & in casu confectæ scripturæ; solùm addit exhibitionem scripturæ etiam si sit privata scriptura.

Il résulte donc de l'article 20, que la vente

non écrite donne ouverture au retrait, lorsqu'elle n'est pas désavouée par les parties, à plus forte raison la vente sous signature privée, passée entre elles, produira-t-elle le même effet si elle n'est pas conçue à titre de simple promesse, mais si elle contient dessaisissement actuel, & si l'acquéreur est exproprié dès l'instant même de l'acte, au moyen des conventions qu'il renferme.

§. IV. *De la vente des droits & actions.*

Me. Charles Dumoulin en a parlé en trois endroits; le premier sur l'article *hodie* 33, gl. 1, n. 107, & gl. 2, n. 30, 32, 33 *& seq.*; le second sur l'article 55, *hodie* 78, gl. 1, n. 128 & 129, & sur le même article 78, gl. 3, n. 4 & 8, *& seq.*; & enfin sur l'article 178 du Maine.

Sur l'article 33, gl. 1, n. 107, il pose la thèse d'un homme qui donne à forfait; le donataire avant la tradition cède son droit, ou même le fief à un tiers qui prend ce fief du donateur: il demande s'il y a double relief; il résout que non, parce que cette cession n'a pas opéré une mutation réelle; il décide de même, n. 133.

Sur la glose 2 du même article, n. 30, il agite la question du réméré; il demande si les droits sont dus de la cession du droit de réméré. Au nombre 32, il résout qu'il n'en est pas dû: *Quia istud jus (quinti) non debetur, nisi quandò feudum venditur, sed jus redimendi feudum, sive actio ad redimendum, non est feudum, sicut etiam actio exempto, vel conditio competens præcisè ad feudum, non est feudum, & ex quâcum-*

que mutatione circa hæc jura & actiones accidente, nulla jura feudalia producuntur; & sic sive hujusmodi facultas, & similis actio vendatur, sive donetur, aut ad hæredem lateralem transmittatur, non est locus quinto pretii, nec relevio, nec retractui feudali.

Au nombre 33 de la même glose, il demande en général si les droits sont dus, *de venditione actionum competentium ad feuda .... respondeo breviter, non habere locum hunc textum, & non deberi quintum vel subquintum...... Quia §. loquens de venditione feudi non verificatur, nisi in venditione ipsius feudi, & non in venditione cujusquam actionis competentis ad feudum.*

Dans les autres nombres, jusqu'au 44 exclusivement, il parcourt les différentes actions cédées ou vendues, & il répond, qu'elles n'opèrent des droits *que contre celui qui obtient le fief en conséquence de l'action*, & que c'est *pour le fief transmis* au cessionnaire, non pour l'action, que les droits de relief ou de quint sont dus.

Sur le §. *hodie* 78, *olim* 55, il agite encore ces questions à l'occasion du réméré; il y tient les mêmes principes, & il résout que les droits sont dus, tant du prix de la vente de l'héritage que du prix de la cession, d'où on ne doit pas induire qu'il pense en cet endroit contre ce qu'il avoit dit ailleurs, que la vente de la cession n'opéroit point de droits : il faut l'entendre, *lorsque la cession a eu effet*; alors le prix de la cession & le prix de l'héritage *sont un seul & même prix*. Cela opère le même effet que si le vendeur avoit exercé son action, & qu'après il eût revendu l'héritage plus cher jusqu'à concurrence du prix de la cession; en sorte que ce n'est pas le prix de la cession qui doit les droits, mais le prix de la cession *exécutée*, joint au premier prix de l'héritage, & ces deux prix sont le prix de l'héritage acquis par le cessionnaire du réméré. Sur le même §. gl. 3, n. 4, jusqu'au 27 exclusivement, il traite encore magnifiquement ces questions : il faut lire tous ces nombres en entier pour entendre sa solution, qui est la même que celle ci-dessus, *eod.* §. gl. 1 ; il parle de même sur l'article 178 du Maine.

D'Argentré, *de Laud.* §. 22, examine succinctement cette question; & comme sa décision, toute laconique qu'elle est, est excellente & dans les vrais principes, & embrasse toutes ces ventes d'actions, la voici en entier :

Quæsitum est de venditione juris ad rem, sine determinatione cujusquam rei, aut corporis certi, an Laudimia debeantur : pendet ea dubitatio ab effectu & eventu talis venditionis, nam venditio juris per se nihil continet præter incorporale, nil feudale, nullam mutationem manûs ; sed si virtute talis cessionis, aut venditionis, emptor feudum consecutus sit, tunc demùm Laudimia debebuntur (veluti cùm hæreditas venditur, jus venditur de quo Laudimia non debentur ; sed si prædia in hæreditate emptor consecutus sit, Laudimia debebuntur), & si difficilis sit æstimatio, quandò alia præter consecuta, emptor ejusdem venditionis vi, prætendit & res impendenti est : secùs est in simplici cessione actionis abstracta à rebus, & corporum translatione, quia non sufficit quòd valida sit actio respectu exercitii, sed oportet & respectu rei efficacem esse. Il cite Dumoulin, §. 22, 23 & 55, *antiqua*.

Il tient encore ces principes sur le paragraphe 59, *aut* de Bret. not. 3. n. 8. *circà finem : quare deniquè sic statuo Laudimia nulla deberi de simplici venditione, aut acquisitione actionis exempto, nec ex donatione, & legato, nisi impleto eo, & translatâ possessione, & mutatâ manu, & vassalo alio succedente.*

§. V. *Acquisition du seigneur en sa censive.*

Le seigneur acquérant des héritages qui relèvent de son fief en foi ou censive, ne doit point de droits au seigneur dont il relève lui-même, parce que la mouvance immédiate du seigneur supérieur ne se constitue qu'après cette acquisition, dans le moment de laquelle ç'eût été à l'acquéreur même que les droits eussent été dus, *si eadem persona sibi debere posset.*

§. VI. *Article 79 de la coutume de Paris.*

Si l'acheteur d'un héritage est contraint de déguerpir & délaisser l'héritage pour les dettes de son vendeur, & en ce faisant, il se vend & adjuge par décret à la poursuite des créanciers, ledit acquéreur succède au droit du seigneur, pour avoir & prendre à son profit les ventes dudit décret, telles qu'eût pris ledit seigneur ; ou est au choix dudit seigneur de les prendre, en rendant celles qu'il a reçues de l'acquisition première.

Cet article exige quelques éclaircissemens.

Quand un homme a acquis un héritage par contrat volontaire, & qu'ensuite lui ou ses héritiers sont contraints de le déguerpir pour les hypothèques du vendeur, & que pour ce déguerpissement il est décrété, en ce cas, il n'est dû qu'un seul droit de ventes au seigneur, tant du contrat de vente que du décret fait sur ce déguerpissement, parce qu'il n'y a que le dernier qui subsiste; c'est pourquoi le premier acquéreur, pour se rembourser & dédommager de celles qu'il a payées au seigneur de son contrat, a droit de prétendre celles du décret : il est néanmoins au choix du seigneur de les prendre, si elles excèdent, en rendant au premier acquéreur celles qu'il lui avoit payées.

Quoique cet article ne parle que des censives, néanmoins il a aussi lieu aux fiefs (*) : son effet n'est pas que l'on puisse, après le déguerpissement, répéter du seigneur les droits payés; mais *c'est que l'acquéreur est subrogé au lieu du seigneur, pour prendre ceux du décret*, si le seigneur ne les veut pas opter après la condition ci-dessus.

Mais si l'acquéreur n'avoit point encore payé les droits (**) seigneuriaux, savoir si le seigneur les pourra exiger de lui après le déguerpissement. Brodeau dit que les (***) arrêts ont jugé que non, & que le seigneur est obligé d'attendre le décret, pourvu que l'acquéreur n'eût point joui & n'eût point été ensaisiné de l'héritage avant son (****) délaissement, & en un autre endroit il étend son opinion même, quoiqu'il en eût joui, pourvu qu'il n'ait été ensaisiné.

(*) Brodeau, sur l'article 79, n. 1.

(**) *Ibid.* n. 11, Tournet & Sortin.

(***) *Ibid.* n. 11 & 17; Tournet, Fortin & M. Louet, lettre R, n. 2.

(****) *Ibid.* sur l'art. 84, n. 4.

Dans cette espèce (*), les droits appartiennent toujours au seigneur ou à son fermier qui étoit lors de la première acquisition, & non point à celui du temps du décret : arrêt du mois de mars 1637.

Les termes *délaisser l'héritage pour les dettes de son vendeur* (**), montrent que l'article n'est fait que pour le cas du déguerpissement par hypothèque, & non point pour le cas du délaissement fait par le preneur au bailleur pour une rente foncière.

Le mot *contraint* (***), fait voir que l'article n'a lieu que dans le délaissement forcé, & non point s'il étoit purement volontaire, comme si l'acquéreur avoit acquis à la charge de l'hypothèque, & que depuis il vînt à déguerpir, sans qu'il y eût d'autre hypothèque que celle-là, auquel cas les droits seroient doubles.

Quand les ventes que l'acquereur touche du décret sont moindres que celles qu'il a payées au seigneur, il couche le surplus en dommages intérêts contre son vendeur.

Il pourra même arriver tel cas, où dans le déguerpissement l'acquéreur ne trouvera rien pour se rembourser; savoir, si le déguerpissement est fait pour une rente foncière de bail d'héritage, sans charge ni connoissance de laquelle il avoit acquis, auquel cas, tout ce que l'on pourra faire, sera d'adjuger l'héritage à la charge de la rente, ou que le bailleur le reprenne; & néanmoins il

---

(*) Brodeau, sur l'art. 79, n. 12.
(**) *Ibid.* n. 2.
(***) *Ibid.* n. 2.

eſt ſans difficulté qu'il n'y a point de répétition contre le ſeigneur, des droits qui lui ont été payés, mais un ſeul recours contre le vendeur, fût-il même inſolvable ; mais le doute ſeroit, ſi le ſeigneur, ne les ayant point encore reçus, les pourroit exiger dans cette eſpèce : le texte de l'article eſt pour l'affirmative.

Il pourra au contraire arriver que dans l'eſpece de l'article le ſeigneur aura doubles droits ; ſavoir, quand le premier acquéreur auroit revendu à un ſecond, qui enſuite a été contraint de déguerpir pour les hypothèques du premier vendeur : en ce cas, il eſt ſans doute que le ſeigneur ayant touché les droits de ces deux contrats, il n'y en a point de répétition ; mais s'il ne les avoit point touchés avant le déguerpiſſement, ſavoir s'il les pourra demander de tous (*) les deux.

Quand l'acquéreur, au lieu de déguerpir, a ſouffert la condamnation hypothécaire des dettes de ſon vendeur pour leſquelles l'héritage a été enſuite décrété ſur lui-même & adjugé à un tiers, on tient que la diſpoſition de cet article n'a point de lieu, vu que les droits de chaque vente ſont (**) dus. Il y a pluſieurs opinions (***) contraires.

Secus, quand dans la même eſpèce l'acquéreur

(*) L'affirmative paroît moins certaine avec l'option au ſeigneur de les prendre de la ſeconde vente ou du décret.

(**) Molin, parag. 22, n. 62, 62 ; Tronçon, ſur l'art. 79 ; & Brodeau, n. 14.

(***) Loiſeau, déguerpiſſement, liv. 6, chap. 7, n. 20 ; Carondas, Brodeau, n 14 ; & ſur l'art. 84, n. 7 ; Ricard, ſur cet article.

s'eſt rendu adjudicataire de l'héritage décrété ſur lui-même ; car (*) en ce cas il n'y a point de nouvelle mutation de propriétaire ; & néanmoins ſi les ventes du decret étoient plus grandes que les premières, il faudroit qu'il les ſuppléât.

§. VII. *Lorſqu'à défaut par l'adjudicaire d'avoir conſigné le prix, on procède à une nouvelle adjudication ſur folle enchère, eſt-il dû au ſeigneur un double droit de Lods & ventes?*

On peut dire, pour l'affirmative, que c'eſt une réſolution volontaire & une éviction qui procèdent de la faute du premier adjudicataire; que le droit ayant été une fois acquis au ſeigneur par la première adjudication, la ſeconde ne le lui peut pas ôter; en un mot, qu'il y a double mutation; & puiſque c'eſt à la folle enchère du premier adjudicataire que la ſeconde adjudication ſe fait; que c'eſt en quelque façon ſur lui que les biens ſont cenſés vendus.

Mais voici des raiſons qui ſont plus fortes. En premier lieu, il faut faire diſtinction entre les ventes volontaires *inter Mœvium & Titium*, & les ventes néceſſaires & forcées qui ſe font par décret forcé d'un juge; au lieu que pour les premiers le payement actuel du prix n'eſt pas de l'eſſence du contrat, & qu'il ſuffit que *habita ſit fides de pretio*, que le vendeur ait ſuivi la foi de l'acheteur, & qu'il s'en ſoit contenté; au contraire, pour les autres, il faut que le prix ſoit actuellement payé; & juſqu'à ce, l'adjudicataire ne peut

(*) Brodeau, ſur l'article 79, n. 15.

être censé vrai maître & propriétaire des biens adjugés.

Cette consignation actuelle en argent ou en papier est tellement nécessaire, que le juge même n'en peut pas dispenser ni donner terme, encore que ce soit avec le juge que l'on contracte, encore que ce soit de lui seul que l'adjudicataire achète ; il faut pourtant considérer le juge comme une personne publique, & qui, agissant en cela pour tous les créanciers, ne peut reculer leur payement. C'est la disposition formelle du droit, *in L. à divo Pio, §. Sed si emptor ff. de re judicata. Oppottet enim*, dit ce texte, *res captas pignori & distractas præsenti pecuniâ distrahi, non sic ut post tempus pecuniâ solvatur.* Et quand même le juge pourroit donner quelque terme ; l'effet seroit toujours suspendu jusqu'à la consignation, parce que c'est *conditio sine quâ non :* ni la propriété, ni la possession ne peuvent passer à l'adjudicataire.

D'où s'ensuit, que comme il n'est pas vrai maître ni seigneur incommutable, & que par l'événement & au défaut d'avoir consigné, son titre ne subsiste plus, il ne peut devoir aucun Lods. C'est parce que son adjudication n'a point eu deffet ; & que comme elle étoit suspendue au défaut d'avoir consigné & satisfait à une condition inhérente en icelle, il est vrai de dire que *ex primævâ causâ contractus fingitur retrò nullus & reducitur ad non actum.*

En second lieu, il faut tenir pour règle certaine, que pour établir le droit de Lods & faire qu'il soit acquis au seigneur, il faut que deux choses concourent, & le droit de propriété & la possession ; c'est-à-dire, que l'acquéreur soit vrai maître, & comme tel, en possession de l'héritage vendu. Pour faire qu'il y ait changement de main & mutation d'homme, il faut que *sit transitus rei alienatæ de dominio unius in dominium alterius cum effectu.*

C'est en effet une double condition que la loi suppose : car dans la loi dernière, *eod. de jure emphytentico*, Lempereur dit que le Lods se doit payer, *pretii vel æstimationis loci qui in alium transfertur* : voilà la translation du droit de propriété. Il ajoute, que le seigneur doit *novum emphytentam in possessionem suscipere* ; & il entend par-là, que ce soit un nouveau possesseur, comme un nouveau propriétaire.

Il faut donc que la propriété & la possession soient jointes, & que l'une ne soit pas considérée sans l'autre, pour faire que le Lods soit dû.

Or, s'il est vrai que le premier adjudicataire n'ait point eu de droit de propriété, & que son titre n'ait pu le lui donner sans consignation, il est pareillement vrai qu'il n'a non plus eu de véritable possession.

Qu'il a été plutôt détenteur que possesseur ; qu'il a plutôt joui comme usurpateur que comme acquéreur, & *potiùs prædone, quàm pro emptore* ; parce que de droit, *nemo potest sibi causam possessionis mutare*, & que lorsque le titre y fait obstacle, la possession ne peut être que vicieuse.

Or est-il que l'adjudicataire n'est tel qu'à condition de payer & consigner le prix. Il est donc en mauvaise foi, s'il ne satisfait pas ; & par conséquent est comptable des fruits qu'il perçoit.

En effet, les arrêts ont jugé que n'ayant point consigné, l'adjudicataire ne peut faire les fruits siens, & que les créanciers le peuvent obliger à les rapporter pour être distribués avec le prix.

Cela montre bien qu'au défaut de consignation il n'a point de possession véritable, & qu'il ne jouit pas *pro domino nec pro emptore*, mais plutôt comme dépositaire & au nom des créanciers.

Et même, cela supposé, les fruits ainsi que les héritages sont encore censés appartenir au débiteur sur lequel le décret a été poursuivi, puisqu'ils doivent être distribués à ses créanciers: *Fructus enim dominii & soli jure acquiruntur, nec pertinent ad eum, nisi ad eum qui dominus est & possessor bonæ fidei. L. 35, §. 1, ff. de rei vindicat. & l. 67, §. locum, ff. de furtiv.* D'où s'ensuit, que l'adjudicataire qui n'a point consigné, étant comptable des fruits, ne peut être considéré ni comme maître ni comme vrai possesseur.

Enfin, y ayant eu double adjudication, l'une & l'autre ne peuvent subsister, & l'on n'a pu procéder à une seconde, qu'en présupposant que l'autre étoit nulle & demeureroit annullée & sans effet, au défaut d'avoir consigné, attendu même que cette adjudication se fait sans autre formalité que de deux ou trois publications à la folle enchère de ce premier adjudicataire.

Car s'il avoit été vrai propriétaire & possesseur, si la propriété & la possession avoient été transférées en sa personne, comme il est requis pour les Lods, & qu'à faute de payer ou consigner, il fallût revendre les biens, ce seroit sur lui, & non sur le premier débiteur que la revente s'en devroit faire. Mais suffiroit-il pour cela de faire deux ou trois publications, & pourroit-on vendre ses héritages si légérement? Ne faudroit-il pas faire un second décret, & les saisir de nouveau?

Donc, quoique cette adjudication se fasse à la folle enchère de ce premier adjudicataire, ne se faisant pas pourtant sur lui, mais plutôt sur le débiteur, & n'étant qu'une suite de la saisie & des criées faites au préjudice d'icelui, c'est une conséquence qu'il en est encore réputé le maître, & que c'est sur lui que les biens se vendent.

A quoi l'on peut ajouter ce que disent nos interprètes sur la loi *qui Romæ*, §. *Flavius Hermes, ff. de verbor. obligat.* que *si jus aliquod ex contractu debetur tertio, non potest illi acquiri antequàm fuerit acquisitum partibus principalibus.* Comme en cette rencontre, si le droit n'a pas été acquis à l'adjudicataire, il ne l'a pu être au seigneur direct, & il répugne qu'il ait eu plus de droit que celui sur lequel il le prétend ; ce qui a lieu notamment quand ce premier contrat n'ayant point donné de droit à la partie principale, il y en a eu un autre subséquent qui fait cesser l'intérêt du tiers, ainsi qu'en l'espèce proposée.

Car, quel intérêt peut avoir le seigneur que la première adjudication ait subsisté ou non ? En cas d'existence, qu'eût-il pu prétendre qu'un Lods ? Et ne l'a-t-il pas de la seconde ? Son intérêt cesse donc, & ce n'est qu'à l'égard des créanciers que le premier adjudicataire a été en faute & demeure.

Il est vrai que si la seconde adjudication avoit été faite à moindre prix, le seigneur y auroit quelqu'intérêt & s'en pourroit plaindre, en tant que son Lods en auroit de même été moindre ; mais toujours cet intérêt seroit réduit à demander le Lods de ce qui peut manquer, & ce seroit plutôt un supplément qu'un second Lods.

Mais,

Mais qu'il soit moindre ou pareil, il n'importe, si ce n'est pas pour le seigneur qu'on publie à la folle enchère; son intérêt n'est pas considéré, mais celui seul des créanciers; c'est parce que le droit du seigneur n'est qu'accessoire & ne vient qu'en conséquence.

Et c'est aussi par cette raison que le droit du seigneur en suppose un autre en la personne de l'acquéreur, & qu'il faut de nécessité que celui-ci ait eu, du moins quelque temps, un droit acquis en la chose, mais un droit certain & incommutable qui n'ait pas été suspendu par la condition apposée à la convention.

Car autrement, ou la vente est conditionnelle, ou du moins résoluble sous l'évènement d'une condition; de sorte que, venant non par une cause survenante & extrinsèque, mais par cette condition inhérente, à se résoudre, c'est comme s'il n'y avoit point eu de vente; parce que *quandò ab initio fuit pactum resolutivum appositum sicut adjectionis in diem vel legis commissoriæ*, & autres semblables, *quæ contractum ipso jure resolvunt*, c'est la même chose que si ce contrat n'avoit été fait, ainsi qu'il a été dit & qu'il est formellement décidé en la loi seconde *ff. de rescind. venditione*, en laquelle le jurisconsulte ayant dit que *dum res est integra, conventione posteà infecta fieri potest*, & s'en faire une nouvelle; il ajoute, *atque ita consistit posterior emptio, quasi nulla præcesserit.*

Ensuite de quoi on peut bien conclure que la première adjudication s'étant évanouie par la seconde, *ita consistit posterior quasi nulla præcesserit*; ce qui a lieu notamment quand c'est par une nullité radicale, & par faute d'avoir satisfait &

payé le prix de l'adjudication, *cùm post pretium solutum, infectam emptionem facere non possumus*, dit la même loi.

Que s'il faut appuyer des raisons si pressantes de quelques autorités, Dumoulin se déclare pour notre opinion; c'est en son commentaire sur le titre second, §. 78 de la coutume de Paris, ou en sa glose première *in verbo, acheté à prix d'argent*, après avoir établi l'obligation du Lods au profit du seigneur, il l'a restreint & limite *ut procedat in venditione validâ; secùs si contractus quâcumque de causâ sit nullus, etiam si ex post facto & ex causâ ab initio inexistente annulletur, & reducatur retrò ad non causam, sive hoc fiat ipso jure, sive per sententiam judicis*; dans tous ces cas, dit-il, *nulla est, aut resolvitur obligatio Laudimiorum adeò ut soluta condici possint*; ce qu'il assure avoir été jugé par un arrêt solennel.

Ce que le même auteur confirme au nombre suivant de la même glose, & donne pour règle certaine, *quod in venditione conditionali, & de propriâ conditione, scilicet suspensivâ, non incipiunt deberi Laudimia, nisi conditione extante*, quoique, dit-il, pour acquérir le droit de Lods il ne fût pas requis que le contrat soit parfait, *ultimâ suâ perfectióne, quæ est executio*; parce qu'il le doit être, du moins *consensu & obligatione*; mais ce consentement n'y peut être, que la condition apposée au contrat, & qui en est inséparable, ne soit accomplie, au défaut de quoi *non est tam resolutio, quàm executio primi contractûs*.

Pontanus, sur l'article 81 de la coutume de Blois, ayant traité plusieurs questions & agité quand le Lods peut être dû ou non, il ſe détermine par cette diſtinction, que ou la vente eſt réſolue par une condition inhérente au contrat, & qu'en ce cas le ſeigneur ne peut rien prétendre; *nec enim mera ac pura creditur hujuſmodi alienatio, cùm res in emptorem irrevocabiliter non tranſierit, l. in diem, ff. de aquâ pluviâ arcendâ*; que ſi c'eſt par une convention poſtérieure, ou elle ſe fait *rebus integris*, ou non; que ſi c'eſt *rebus integris, ante traditionem & ſolutum pretium*, le Lods n'eſt point dû; mais qu'il eſt dû ſi les choſes ne ſont plus en leur entier, & que l'acquéreur ait été fait maître & poſſeſſeur de l'héritage.

Sur quoi le même auteur remarque après la gloſe *in l. perfectam, cod. quandò liceat ab emptione diſcedere*, qu'il y a trois perfections d'une vente. La première *conventionalis quæ in conſenſu conſiſtit*, & commence à lier les parties; la ſeconde *eſt obligativa*, & conſiſte en l'obligation *quæ ex conſenſu oritur*; la troiſième *eſt executiva, quæ eſt ultima contractus & obligationis perfecti*, d'où il infère, que *donec contractus fuerit ultima ſui perfectione completus, non dicitur perfectus.*

Le même auteur, au même endroit, ſur la fin de la queſtion 19, en rapportant l'opinion de Balde & le texte de la loi, *à divo Pio*, §. *ſed ſi empta, ff. de re judicatâ*, ajoute encore, que ce texte *non loquatur niſi in venditione factâ ex causâ judicati, ubi pignus non niſi præſenti pecuniâ debet vendi.* Il croit néanmoins que par identité de raiſon, le même doit avoir lieu en une vente conditionnelle où la même condition auroit été apposée, *l. quod vendidi, ff. de contrahenda emptione.*

Mais, plus clairement & ſuccinctement, le docte

Argentré, au traité qu'il a fait *de Laudimiis*, in §. 3, & au §. 4, parlant *de venditione conditionali & de venditione sub pacto legis commissoriæ*, il conclut, *quibuscumque verbis de resolutione contractus in casu non soluti pretii partes convenerint, sequendum quod illis placuit, ut sit contractu irrito cum toto suo effectu, nec Laudimia debeantur ulla, nec quidquam eorum quæ contractus consequentia sunt*, & il cite pour cela Dumoulin, Bœruis & Tiraqueau; ce qu'il confirme encore §. 17, *de venditionibus quovis casu nullis*; sur quoi il fait remarquer que le pacte de la loi commissoire *ut si pretium intra diem solutum non sit, res sit inempta*, approche en quelque façon des adjudications par décret, autant qu'elles ne peuvent donner aucun droit, ni produire aucun effet, qu'en consignant le prix, & que jusque-là le droit en est suspendu.

Enfin l'illustre Cujas en son commentaire sur la loi seconde, *ff. de contrahend. emptione quæ non requerit. numerationem pretii, sed tantùm conventionem & fidem habitam*, dit qu'il en faut excepter deux cas; le premier, de la loi *à divo Pio*, préallègue *ubi* pour les ventes judicielles, *pretium solvendum est, nec satisfactio ejus loco admittitur.* Le second cas, de la loi 5, *ff. de jure fisci*, pour les ventes de ce qui appartient au fisc, en faveur duquel il n'est pas permis ni d'attendre le prix, ni d'en prendre d'autre satisfaction. Il conclut donc, qu'en ces deux cas l'acquéreur n'est point maître qu'en payant le prix; & partant, on ne peut pas dire qu'il doive un Lods, si par ce défaut *res sit inempta*.

Car, comme il est dit *in l. 1, de jure fisci, si quid fisci fuerit distractum, statim fit emptoris*, *pretio tamen soluto* ; aussi faut il dire par identité de raison, que ce qui est vendu est adjugé par le juge, *statim non fit emptoris, nisi pretio soluto*, & que c'en est une condition qu'il faut premièrement accomplir.

Concluons donc, que l'adjudicataire étant chargé & obligé de consigner, cette charge & condition étant inhérentes à son titre, il ne peut lui donner aucun droit qu'il n'y satisfasse, & qu'il est indigne du bénéfice du juge, qui est une loi parlante, s'il n'accomplit ce qu'il lui impose. *Cur enim favet lex ei qui dùm legem invocat, contra eam committit, l. auxilium in fine, ff. de minorib.*

Aussi, nonobstant les arrêts cités par Brodeau lui-même, il a reconnu par ses dernières notes, qu'ils ne peuvent avoir lieu que quand le premier adjudicataire est solvable, & qu'autrement il y auroit de l'injustice de faire réfléchir sa faute sur les créanciers ou sur les débiteurs.

Mais n'est-ce pas assez que cet adjudicataire souffre la folle enchère, sans lui faire souffrir une autre peine ? *Si duæ causæ lucrativæ simul non concurrunt*, & si on ne doit pas ajouter privilége sur privilége, il ne faut pas aussi étendre ni multiplier les peines.

Il peut arriver que par la deuxième adjudication l'immeuble soit porté plus haut que par la première ; dans cette supposition, on demande à qui cette augmentation doit-elle revenir, si c'est au premier adjudicataire, ou bien aux créanciers du débiteur sur lequel les biens ont été vendus ? Quelques-uns ont cru que c'étoit un revenant-bon pour le premier adjudicataire, & que, comme il avoit couru risque d'une folle enchère en cas de diminution du prix, il devoit aussi profiter de l'augmentation. Nous sommes de sentiment contraire, car ce nouveau prix de la seconde adjudication ne peut être divisé; ce n'est qu'un seul & même prix, qui n'a son rapport qu'aux biens vendus, & ne peut tomber qu'au profit du propriétaire d'iceux ou de ses créanciers.

Mais par quel droit pourroit le premier adjudicataire prétendre cela, lui que nous supposons n'avoir jamais eu aucun droit aux héritages vendus ? N'importe qu'il ait couru risque d'une folle enchère, parce que c'est par sa faute; c'est assez que, s'étant joué de la justice, il s'en exempte, sans qu'il en tire du profit.

§. VIII. *Y a-t-il ouverture aux Lods & ventes lorsqu'un père abandonne des héritages à son fils, ou à la charge de payer ses dettes, ou pour l'acquit de ce qu'il lui doit.*

Duplessis tient l'affirmative : » J'avois, dit-il, » toujours fait difficulté de cette décision, parce » que le fils n'est point étranger *in rebus patris* » *licet viventis*, & que au contraire, en droit il » est présumé seigneur par une seigneurie anti» cipée; joint que quand un père baille ainsi un » héritage en payement à son fils, plutôt que » des deniers, c'est fort souvent par la seule » considération qu'il est son fils, & parce que » l'héritage ne sort pas de ses mains, à la dif» férence des deniers qui se dissiperoient, & » que même il le lui eût aussi bien donné pour » sa subsistance, quand il ne lui eût rien dû, » étant obligé à cet autre devoir naturel, d'où l'on » eût pu aussi prétendre qu'un père vendant son » héritage à son fils, il n'en eût pas été dû des » droits seigneuriaux : mais tous ces scrupules

» m'ont été ôtés par l'arrêt intervenu à l'ouverture du rôle de Paris de l'année 1661, dans » l'espèce d'une vente de fief faite par un père à » sa fille, tant en payement du reliquat de son » compte de tutelle, qu'à la charge de payer quel» ques autres dettes pour lui, & particulière» ment un douaire coutumier de ses enfans d'au» tre lit; & l'on jugea que le quint étoit dû de » tout le prix, distraction faite seulement du » douaire coutumier: j'en trouve encore un autre » du 15 juin 1607 «.

La jurisprudence a changé depuis Duplessis: des arrêts postérieurs affranchissent ces sortes d'arrangemens des droits de Lods & ventes. Il en existe un du 7 février 1688, au rapport de M. Guillard, qui, en infirmant une sentence des trésoriers de France à Moulins, rendue en faveur du receveur du domaine, déchargea les enfans du sieur de Reugui, seigneur du Tremblai, des Lods & ventes demandés pour une transaction par laquelle leur père leur abandonnoit la terre du Tremblai pour demeurer quitte de 91000 l. pour les droits de leur mère.

Basnage, sur l'article 171 de Normandie, dit: *Bien que par le contrat d'avancement fait par le père à son fils, il soit porté que ce soit à charge de l'acquitter de toutes dettes hypothéquaires & mobilières, il n'est rien dû. Arrêt du 18 décembre 1626, autre du 8 janvier 1672: ce sont des accommodemens qui ne peuvent être réputés vente.*

Un arrêt plus récent vient de juger de même contre le seigneur; en voici l'espèce telle qu'elle est rapportée dans le traité des Lods & ventes de Guyot, chap. 4. Il y eut partage en la quatrième, départagé en la cinquième en faveur du fils; il est du 9 juin 1733, au rapport de M. d'Héricourt, M. Lamblin, lors conseiller en la quatrième, compartiteur entre messire Charles de Vignacourt, chevalier seigneur de Vignacourt, baron d'Humbercourt, appelant d'une sentence du bailli de Péronne, du 31 janvier 1730, & d'une autre du 20 mai, qui en avoit ordonné l'exécution, comme l'appel étant désert, & Jérôme de Sangterre, marchand, demeurant à Lacheux, intimé. Voici le fait.

Du mariage de Charles de Sangterre, & de Marie Lemaire, étoient nés cinq enfans, quatre mariés & dotés par le père après la mort de la mère; le cinquième, c'étoit l'intimé, avoit servi long-temps en Espagne; son père, tuteur, avoit administré ses biens pendant quinze ans: de retour à Humbercourt, l'intimé demanda compte à son père.

Le 19 août 1723, acte devant notaires, en forme de transaction entre le père & le fils. Voici la clause.

C'est à savoir que pour demeurer quitte par ledit Sangterre envers Jérôme Sangterre son fils, de tout généralement ce qui pourroit lui revenir, tant de la succession mobilière qu'immobilière de ladite défunte Marie Lemaire sa mère (ensemble de toute reddition de compte de revenus, jouissance d'immeubles, & de toutes autres généralement quelconques); comme aussi pour donner audit Sangterre son fils des marques de son amour paternel, & qu'il ait sa part de ses biens, ainsi que ses autres enfans mariés, a déclaré (*),

(*) Observez l'article de cette clause.

qu'il appartient pour toutes les causes ci-dessus audit Sangterre son fils, tant pour ce qu'il pouvoit prétendre des causes ci-dessus exprimées de la succession de sa mère, que pour ce qu'il pouvoit prétendre aussi sur la sienne à échoir; les meubles qui ensuivent, c'est à savoir.... desquels héritages & manoirs ci-dessus ledit sieur de Sangterre père, en tant que besoin seroit (fait par ces présentes cession), audit Sangterre fils, & acceptant en personne, pour par lui en jouir ses hoirs & ayans-cause, en tous droits de propriété, héréditairement & à toujours, à la charge des cens fonciers pour l'avenir, les ayant acquittés jusqu'à ce jour, francs & quittes de toutes dettes, charges & hypothèques, & déchargés de toutes dettes, donations, rapports & hypothèques, nantissement, à commencer la jouissance du..... desquels immeubles ledit sieur Sangterre fils s'est contenté pour tout immeuble, rentes, revenus & jouissance de la succession de ladite Marie Lemaire sa mère, que pour ce qu'il pouvoit prétendre en la succession à échoir de sondit père, de tout quoi (de même que toute reddition de compte de tutelle & autres prétentions, acquitté & déchargé, quitte & décharge ledit sieur de Sangterre son père); car ainsi a été convenu entre les parties, lesquelles à l'entretien & accomplissement des présentes (même ledit Sangterre père a fait jouir bon, & valoir & garantir de tous troubles & évictions quelconques) les meubles ci-dessus repris, au profit dudit sieur Sangterre son fils; ils ont affecté & hypothéqué généralement & respectivement tous leurs biens présens & à venir (sans néanmoins déroger par ledit sieur Sangterre fils à l'hypothèque qu'il a sur les biens de son père, du jour de l'inventaire qui a été fait.

après le décès de sa mère, laquelle demeure en sa force & vertu pour la sûreté de la cession ci-dessus, & sans novation à ladite hypothèque.

Le 24 août suivant, autre acte entre le père & le fils, par lequel il est convenu & accordé entre les parties, *que les immeubles cédés audit Sangterre fils ne sont que pour ce qui pouvoit lui revenir de la succession de sa mère, & pour toutes ses prétentions, & qu'il viendra à la succession de son père par égale portion avec ses frères & sœurs; l'ayant à cet effet ledit Sangterre père reconnu pour son héritier.*

Cet acte est remarquable, il efface tout ce que le premier pouvoit faire d'avancement d'hoirie.

Le 22 mars 1729, le seigneur de Vignacourt fit assigner ledit Sangterre fils pour exhiber les titres d'acquisition, & pour les Lods & ventes.

Sentence par défaut en la justice de Vignacourt, qui adjuge au seigneur ses conclusions. Appel par Sangterre au bailliage de Péronne.

Il y prétendit que l'acte du 19 août 1723 n'étoit qu'un accommodement de famille; que son père ne lui avoit rien vendu par cet acte; *qu'il avoit seulement déclaré* ce qui lui appartenoit; que son père étant mort depuis, il y avoit eu un partage des deux successions de père & de mère, auquel il avoit rapporté ce qu'il avoit reçu, offroit de communiquer ce partage sans déplacer.

Le sieur de Vignacourt demanda communication de ce partage, & donna requête à cet effet le 27 novembre 1729. Il ne l'obtint pas.

Le 31 janvier 1730, sentence contradictoire à Péronne, qui, en infirmant celle de Vignacourt, renvoie Sangterre de toutes les demandes principales & incidentes formées contre lui par le sieur de Vignacourt, par exploit & requête des 22 mars & 27 novembre 1729; condamne le ſeigneur de Vignacourt aux dépens. Appel par le ſeigneur de Vignacourt. On a prétendu cet appel déſert. Sentence, le 20 mai 1730, qui ordonne l'exécution de la première; mais l'appel étoit relevé; on ne ſoutint pas cette dernière ſentence, que le ſimple appel fit tomber. Sur l'appel de celle du 31 janvier 1730, le procès fut conclu au rapport de M. d'Héricourt en la quatrième.

En la cour, on a rapporté un partage; il étoit ſous ſeing-privé, daté du 28 décembre 1734; il ne contenoit aucun rapport d'immeubles. Sangterre y eſt d'abord nanti d'une ſomme de 2500 livres. On lui laiſſe une autre ſomme de 2500 livres. On dit que c'eſt le prix d'une maiſon qu'on lui abandonne, à la charge de payer les créanciers de ſon père, ou *tel autre qu'il appartiendra*.

Loin de regarder cet acte comme un partage, le ſieur de Vignacourt conclut à de nouveaux droits: ſon moyen étoit la clauſe de payer les dettes du père, ou *tel autre qu'il appartiendroit*, & Sangterre étoit lui-même créancier de ſon père de dix-neuf années de tutelle; ce qui formoit le prix de la ceſſion de 1723. Il ne paroiſſoit aucun autre créancier.

Sangterre répondit, comme en cauſe principale, qu'il n'y avoit aucun prix dans l'acte du 19 août 1723; que c'étoit un accommodement de famille; que le partage fait après la mort du père avoit remis toutes choſes de niveau; que lui intimé avoit ces biens, moins par l'acte de 1723, que par le partage.

On lui répliqua, que le prix étoit les dix-neuf années de jouiſſance de ſes biens par ſon père, ſon tuteur; que l'acte du 24 août, au pied de celui du 19, montroit que celui du 19 étoit *datio in solutum.*

L'affaire rapportée, partage, M. le rapporteur pour infirmer, M. Lamblin pour confirmer la sentence; par l'évènement, l'avis de M. Lamblin fut suivi; on mit l'appellation au néant, avec amende & dépens.

Cet arrêt juge bien nettement la question proposée; l'acte du 19 août 1723 étoit un abandon de biens du père pour ce qui revenoit au fils de la succession de sa mère, & pour compte de tutelle & revenus de dix-neuf années. Si cet acte portoit, de la part du père, avancement d'hoirie, il étoit réformé par celui du 24, qui disoit formellement que celui du 19 n'étoit que pour les prétentions du fils: par rapport au partage, cet acte pouvoit être soupçonné fait *pendente lite.* 1°. Il étoit sous seing-privé: 2°. le sieur de Vignacourt l'avoit demandé en communication à Peronne, par requête expresse du 27 mars 1729: 3°. Sangterre disoit que cet acte contenoit rapport de sa part; il n'y en avoit aucun: 4°. les 2500 livres qu'on lui abandonnoit étoient pour payer *tel créancier qu'il appartiendroit*; on n'en voyoit point d'autre que lui. Enfin l'acte de 1723 portoit réserve de ses hypothèques.

La cour jugea donc que ce négoce entre le père & le fils étoit une anticipation de ce qui se seroit passé en la personne du fils, en succédant à son père, qu'il se seroit rempli sur son propre bien; elle jugea que ces opérations se seroient faites par un partage qui, pour cela, n'auroit point ouvert les droits seigneuriaux.

A tout cela joignez la soixante-deuxième cousultation qui se trouve à la fin du second tome des œuvres de Duplessis, édition de 1728, où cette question est parfaitement bien traitée.

Voici l'espèce d'un autre arrêt : Le sieur Edouard Gascoing, en mariant sa fille avec le sieur Save Dougny, lui constitua en dot » une » somme de 15000 livres à prendre sur les biens-» fonds & bestiaux à lui appartenans, situés à » Premery en Nivernois «.

Le contrat de mariage portoit : » Et attendu » que les biens ci-dessus sont de valeur de 30000 » livres, & que par conséquent, outre la dot, » il reste desdits biens pour 15000 livres, ledit » sieur Gascoing a délaissé aux futurs le surplus » desdits biens, comme ils sont énoncés en » pleine propriété, à la charge de lui payer la » somme de 15000 livres, qu'ils s'obligent de » lui rendre quand ils seront en état.... & » jusqu'au remboursement, l'intérêt «.

Peu de mois après ce contrat, le sieur Gascoing céda différentes sommes, montantes à 13500 livres, qu'il devoit pour retour de partage & autres dettes, à prendre sur les 15000 livres.

Les fermiers du comté de Premery ont prétendu que la clause du contrat de mariage donnoit ouverture à des droits de Lods & ventes : mais par sentence rendue au bailliage de Saint-Pierre-le-Moutier le 12 mars 1749, le sieur Save Dougny & sa femme ont été renvoyés de la demande en payement de Lods & ventes, attendu, dit la sentence, *que la dame Save a été propriétaire des biens portés en son contrat de mariage..... du jour de sa passation même : que la somme de 15000 livres portée en icelui a été donnée en payement par Edouard Gascoing, à Jean Henri Gascoing son frère, pour retour de partage, & employée à payer des dettes dudit Gascoing, qui a libéré sa succession future par un arrangement de famille.*

Cette sentence a été confirmée par arrêt rendu au rapport de M. Cochin, en la première chambre des enquêtes, le 31 août 1758.

§. IX. *Emploi par le mari, sur ses propres, des deniers dotaux.*

Quand le mari chargé d'employer les deniers dotaux de sa femme en fait un assignat ou déclaration d'emploi sur un de ses propres, savoir si pour cet assignat il est dû des quints ou ventes, d'autant qu'il équipolle à une vente ?

Dumoulin tient l'affirmative, & Brodeau, qui a mal cité Dumoulin, tient qu'il n'est dû que le relief.

Cette question est traitée par Coquille, sur l'article 12 du titre 23 de la coutume de Nivernois, qui est une coutume d'assignat, où il décide que c'est une véritable vente, dont le quint ou les Lods & ventes sont dus par la femme ou ses héritiers, qui prennent le propre du mari, en vertu de la clause d'assignat après la dissolution du mariage, qui suspend l'exécution de l'assignat que le mari & la femme peuvent rendre inutiles en faisant l'emploi des deniers dotaux en acquisition d'autres héritages; mais dans la coutume de Paris, la question de l'assignat dépend des préjugés qu'on vient de remarquer.

§. X. *La femme qui prend en remploi le propre de son mari ou des conquêts de la communauté, doit-elle les Lods & ventes au seigneur ?*

Pour juger s'il est dû des droits dans l'espèce proposée, on ne doit point examiner s'il y a changement de vassal ; cette règle prouveroit qu'il en est dû pour le délaissement fait à une femme d'un conquêt de la communauté ; cependant elle n'en doit point, & il n'y a personne qui prétende l'y assujettir.

On ne doit point considérer la rigueur du droit, dont on s'est écarté pour favoriser ces sortes de délaissemens. Jusqu'où cette faveur a-t-elle été portée, & doit-elle aller jusqu'à décharger la femme du payement des droits dans le cas du délaissement d'un propre de son mari ? C'est ce qu'il s'agit d'examiner.

Si on remonte jusqu'à la jurisprudence des anciens temps, on trouvera que la femme a été assujettie au payement des droits dans le cas d'un délaissement à elle fait, pour la payer de ses conventions matrimoniales, soit que le bien qu'on lui délaissoit fût propre, soit que ce fût un conquêt. On a depuis distingué le propre du mari d'avec le conquêt ; on a déchargé la femme du payement des droits dans le cas d'un délaissement d'un conquêt, & elle a été condamnée à les payer, dans le cas d'un délaissement d'un propre. Cette question a été souvent agitée. Les seigneurs voyant un nouveau vassal, ont voulu être payés des droits. On a examiné les motifs qui avoient donné lieu à s'écarter du droit étroit & rigoureux, pour décharger du payement des droits dans le cas de délaissement fait à une femme d'un conquêt de la communauté. On a trouvé, que dans le cas du délaiſſement d'un propr de ſon mari il y avoit la même faveur ; que le même motif s'y rencontroit ; que le bien public demandoit qu'on la déchargeât du payement des droits dans tous les cas. Les nouveaux arrêts l'ont jugé ainſi. Ces arrêts forment une nouvelle juriſprudence, à laquelle on n'eſt parvenu que par degrés : mais comme c'eſt le bien public qui l'a fait naître, le même bien public ne permet pas qu'on s'en écarte.

Il n'y a point de famille où on ne ſoit obligé de rendre la dot de la femme, ou à elle-même, ou à ſes héritiers. Il y en a peu où elle puiſſe être rendue en nature, & encore moins où il ſe trouve des deniers comptans pour la payer : d'où il réſulte, que dans la plus grande partie on eſt dans l'obligation de lui donner des biens en payement ; & que la queſtion de ſavoir ſi ce délaiſſement produira des droits, intéreſſe la plus grande partie des familles du royaume.

Par tous les contrats de mariage, les biens immeubles de la communauté ſont affectés au remploi des deniers dotaux ; & s'ils ne ſuffiſent, il eſt porté qu'ils ſeront pris ſur les biens propres du mari. Le droit de la femme doit être le même, ſoit qu'elle l'exerce ſur les biens de la communauté, ſoit qu'au défaut elle ſe trouve obligée de l'exercer ſur les propres de ſon mari.

L'intérêt public demande que dans tous les cas on favoriſe ces ſortes de délaiſſemens, pour empêcher qu'une femme, qui a des repriſes conſidérables à faire ſur la ſucceſſion de ſon mari, ne faſſe des pourſuites rigoureuſes, ſouvent contre ſes propres enfans, pour en être payée, ſi on les aſſujettit aux payemens des droits de Lods &

ventes. On y apportera un obſtacle, au lieu de les faciliter : il eſt donc de l'intérêt public de les exempter.

Il eſt rare qu'une femme prenne volontairement des biens de ſon mari en payement de ſes deniers dotaux. On eſt ſouvent obligé d'interpoſer le crédit de ſa famille pour l'y faire conſentir : c'eſt toujours de ſa part une acquiſition involontaire, & un accommodement de famille bien différent des acquiſitions ordinaires. Si dans ce cas on aſſujettit la femme au payement des droits, on lui donnera une juſte raiſon de les refuſer, on rendra plus difficiles ces accommodemens qui mettent la paix dans les familles, & qu'on a tant d'intérêt de faciliter.

Ces raiſons de faveur ſont également fortes dans le cas du délaiſſement d'un propre du mari, comme dans le cas du délaiſſement d'un conquêt : ainſi elles doivent ſervir à exempter la femme du payement des droits dans l'un comme dans l'autre cas.

Les motifs dont on s'eſt ſervi dans l'ancienne juriſprudence pour diſtinguer le délaiſſement d'un conquêt, d'avec le délaiſſement d'un propre du mari, & aſſujettir l'un au payement des droits, & en exempter l'autre, ſont que la femme avoit un droit habituel dans les biens de la communauté; qu'on lui donnoit en payement ce qui pouvoit lui appartenir à un autre titre, ſi elle n'y avoit point renoncé; qu'on devoit feindre que ces biens avoient été acquis de ſes deniers dotaux, quoiqu'il n'en parût rien. En admettant cette fiction, on a regardé un conquêt de communauté comme ſon propre bien, dont le délaiſſement qui lui en étoit fait ne devoit point produire de droits.

Il est difficile de supposer qu'une femme qui a renoncé à une communauté ait conservé quelque droit dans les biens de cette communauté ; ainsi le motif dont on s'est servi pour l'exempter des droits, est moins une raison qu'un prétexte qu'on a pris pour ne pas l'en charger : mais ce même prétexte se trouve dans le cas d'un propre du mari, comme dans le cas du délaissement d'un conquêt : ainsi il n'y auroit pas de raison de l'en exempter dans l'un, & de la condamner dans l'autre.

Nous suivons en France la disposition de la loi *undè vir & uxor*, qui appelle le mari & la femme à la succession de l'un & de l'autre, à l'exclusion du fisc, à défaut d'autres héritiers. Ils ne sont exclus de cette succession que par un héritier plus proche. Par cette règle, le bien propre du mari qu'on délaisse à la femme en payement de sa dot, pouvoit lui appartenir comme héritière. Ce droit n'est pas plus éloigné que celui qu'on suppose à une femme dans les effets d'une communauté à laquelle elle a renoncé ; il prouve du moins qu'on ne doit pas regarder une femme comme étrangère à l'égard d'un propre de son mari, puisqu'elle y peut succéder comme héritière ; & que cette raison étant la même que celle dont on s'est servi pour exempter la femme dans le cas du délaissement d'un conquêt, on le doit juger de même dans le cas du délaissement d'un propre.

Lorsque le bien délaissé en payement à la femme, est partie propre & partie conquêt, il y a encore une autre raison pour l'exempter de payer des droits.

On convient que de la partie qui est conquêt la femme n'en doit point, & il faut qu'on demeure d'accord que la femme devenue propriétaire de cette partie, peut faire liciter l'autre & s'en rendre adjudicataire sans devoir des droits : par cette voie, elle peut être propriétaire du total sans en payer; la femme a le choix de se faire délaisser le total en payement de son dû, ou de ne s'en faire délaisser qu'une partie & faire liciter l'autre. Cette dernière voie est plus longue & plus onéreuse; l'autre est plus courte, & coute moins; elles produisent toutes deux le même effet. Il seroit absurde de dire que quand la femme a choisi la voie qui lui étoit moins à charge pour devenir propriétaire, elle doit les droits, par la seule raison qu'elle n'a pas pris celle qui étoit la plus longue & la plus onéreuse.

La question dont il s'agit s'étant présentée dans les derniers temps, on a trouvé qu'il convenoit au bien public, au repos & à la tranquillité de la plus grande partie des familles du royaume, de favoriser ces sortes de délaissemens; & pour les favoriser, de les exempter du payement des droits, soit que le bien délaissé fût propre ou conquêt; c'est ce qui a été jugé par plusieurs arrêts.

Ceux qui ont donné au public le commentaire de M. Charles Duplessis sur la coutume de Paris, citent un arrêt rendu en la grand'chambre au rapport de M. de Maulnori, le 25 mai 1696, qui a jugé en faveur de madame la maréchale de Crequi, que dans le cas d'un délaissement fait à une femme d'un propre de la succession de son mari, il n'étoit point dû de droits.

On cite encore deux autres arrêts : le premier est rendu en la grand'chambre, au rapport de M. le Doux, le 23 juin 1700. Voici l'espèce sur laquelle il est intervenu.

Marie Gonnelieu avoit renoncé à la succession de son père, & s'étoit portée héritière. En cette qualité, elle étoit créancière de la succession de son père pour les reprises & conventions matrimoniales de sa mère.

Les créanciers de son père lui ont délaissé pour la payer, la terre d'Autresche, sise en la coutume du Valois, qui étoit un ancien propre du père.

La demoiselle de Tresmes, baronne de Montjac, de qui elle relevoit, en a demandé les droits, & par sentence du châtelet du 13 juin 1693, elle avoit fait condamner Marie-Anne Gonnelieu à les lui payer.

La terre ayant été saisie depuis réellement, elle a formé opposition au decret, & s'est pourvue dans l'ordre pour être payée des droits auxquels ladite Marie-Anne Gonnelieu avoit été condamnée.

Le poursuivant a interjeté appel de la sentence qui avoit condamné Marie-Anne Gonnelieu à payer les droits; il a soutenu que du délaissement à elle fait pour la payer des conventions matrimoniales de sa mère, il n'étoit point dû de droits.

La question a été examinée : la terre d'Autresche étoit un ancien propre du père, & toutes les parties en convenoient. Par l'arrêt qui est intervenu, la sentence a été infirmée, & le seigneur ou son cessionnaire débouté de la demande à fin de payement des droits & de son opposition.

La fille n'avoit rien dans le propre de la succession de son père : il lui avoit été délaissé pour la payer des conventions matrimoniales de sa mère. S'il a été jugé dans ce cas que les droits n'étoient pas dus, ils ne peuvent être dus par la mère, dont elle ne faisoit qu'exercer les droits.

Si l'on oppose que la fille avoit un droit habituel dans les biens qui lui ont été délaissés, on répond que la femme avoit aussi un droit habituel dans les biens de son mari, plus que suffisant pour faire qu'on ne la regarde point comme étrangère; & il seroit d'autant plus injuste de condamner la mère quand on décharge ses enfans, qui ne font qu'exercer ses droits, que la mère ne sert pour l'ordinaire que d'un canal pour faire passer les biens qu'on lui délaisse aux enfans issus du mariage, exempts des dettes que leur père a contractées depuis son mariage.

Un second arrêt a de même jugé la question.

Cet arrêt a été rendu en la grand'chambre, à l'audience, sur les conclusions de M. Portail, lors avocat général, le 3 juin 1701. L'espèce sur laquelle il est intervenu, est consignée dans l'arrêt même.

La ferme appelée *la ferme de la Vendresse* avoit été adjugée en 1690 à la veuve du sieur Barlon en payement de sa dot & conventions matrimoniales; la plus grande partie étoit propre de communauté. L'arrêt fait mention que le mari l'avoit acquis avant le mariage; l'autre partie étoit conquêt.

Les seigneurs ont démandé ses droits; sur leur demande les parties ont été appointées au châtelet: il y a eu appel de l'appointement, & requête à fin d'évocation du principal. Sur l'appel les seigneurs ont donné une requête par laquelle ils ont restreint les droits par eux demandés, à la valeur des biens acquis par le mari avant son mariage, auxquels ils ont demandé que la veuve fût condamnée sur le pied de l'estimation, si mieux il aimoit qu'il en fût fait ventilation.

Par l'arrêt qui est intervenu le 3 juin 1701, la sentence qui avoit appointé a été infirmée; le principal a été évoqué, & y faisant droit sur la demande des seigneurs à fin de payement des droits, les parties ont été mises hors de cour.

La femme n'a pas plus de droit sur un bien acquis par le mari avant son mariage, que sur le bien qui lui est propre. Ainsi on peut dire que l'arrêt a jugé qu'il n'en étoit point dû pour le délaissement d'un propre.

Ces arrêts forment une jurisprudence différente de celle qui s'observoit autrefois.

L'autorité de quelques auteurs qui ont parlé selon la jurisprudence qui s'observoit dans leur temps, n'est d'aucune considération dans la question de savoir si cette jurisprudence à changé.

Le changement est établi par les nouveaux arrêts qui sont rapportés, dont il ne seroit pas possible de concilier la disposition avec la distinction qu'on faisoit autrefois du propre & du conquêt.

Et on trouvera qu'il étoit plus juste de charger la femme du payement des droits dans l'un & dans l'autre cas, si on considère que c'est la même faveur, que les mêmes raisons s'y trouvent, & par conséquent que la jurisprudence ne devoit point être différente.

Le bien public doit l'emporter sur un droit étroit & rigoureux, qui dégénère quelquefois en injustice, *summum jus, summa injuria.*

Ces raisons ne sont pas, à beaucoup près, sans [illegible]ique, & cette opinion est combattue par les [illegible] les plus graves.

Dumoulin a établi pour principe sur l'article 55 de l'ancienne coutume de Paris, que *venditionis loco habetur datio in solutum pro pecuniâ, vel cessio, aut datio pro juribus, aut rebus certis pro pecuniâ estimatis.*

Les coutumes ne distinguent point : *où il y a mutation d'hommes, il est dû des droits.*

Le même Dumoulin dit au n°. 3, *si hæres unum ex fundis propriis defuncti det viduæ insolutum, nemo dubitat tanquàm ex venditione jura dominicalia deberi.* Cela est net, & perdroit de sa force par le raisonnement.

On ne rapportera pas ici un nombre d'auteurs qui, à la suite les uns des autres, ont suivi cette même distinction entre le conquêt délaissé en payement à la femme, dont elle ne doit point de droits, & le propre, où ils sont dus : Dumoulin l'a trop bien dit.

Cette tradition a été bien examinée dans les conférences tenues chez M. le premier président de Lamoignon, par les plus habiles gens du palais ; on y a rapporté la jurisprudence dans les deux cas marqués aux articles 15 & 16 de ces savantes & respectables décisions, où l'on s'est attaché à dissiper les ombres que l'intérêt ou l'égarement avoient formées.

Art. 15. *Si en payement des remplois & reprises des conventions dus à la veuve ou à ses héritiers, on leur délaisse des propres du mari, les profits de fief & les droits seigneuriaux seront payés comme au cas de vente.*

En l'art. 16, ils ne seront pas payés dans le cas du conquêt donné en payement.

Quatre arrêts ont fixé cette jurisprudence ; savoir, deux rendus en la grand'chambre, l'un du 27 juillet 1686, l'autre du 4 septembre 1691, au rapport de M. le Meusnier; le troisième, du 24 juillet 1698, rendu en la seconde chambre des enquêtes, au rapport de M. le Foin; & le dernier, au rapport de M. le Moine, en la quatrième, du 3 juin 1701, par lequel, dans une coutume où le vendeur est obligé de payer les Lods & ventes, s'il n'est dit *francs deniers*, des enfans, héritiers de leur père, ont été condamnés à les payer en l'acquit de leur mère.

On oppose l'arrêt du 25 mai 1696, cité dans les notes sur Me Claude du Plessis, traité des censives, liv. 2, chapitre 2, section première; on prétend qu'il a jugé que madame la maréchale de Créqui ne devoit point de droits pour avoir pris, dans la communauté de M. son mari, la terre de Moreuil, qui avoit été adjugée à son mari sur la succession de son père, dont il étoit créancier & héritier bénéficiaire, qualité qui, à ce qu'on prétend, rendoit cette terre propre en la personne du mari.

Mais, 1°. les créances pour lesquelles M. de Créqui s'étoit fait adjuger la terre, étoient des créances mobilières, faisant partie de sa communauté. Madame de Créqui ayant accepté la communauté, prit les effets acquis pour ses créances, où elle avoit part à titre de commune; & on jugea qu'à son égard le partage de communauté n'étoit point un titre capable de produire des droits seigneuriaux par rapport aux héritages acquis en payement d'une créance de communauté. Bien loin qu'il soit vrai que cet arrêt ait jugé que d'un héritage propre au mari, pris par la femme en payement de ses créances, il n'en soit pas dû de droits, on lit dans la note sur Duplessis même, qu'à l'occasion de ce qu'on avoit voulu tirer cette conséquence de cet arrêt, feu M. Baudoin du Lys, avocat, qui avoit écrit dans l'instance, *avoit protesté publiquement contre l'induction qu'on en avoit tirée, & qu'il attestoit que quelques-uns de MM. les juges, qui avoient été au jugement, assuroient que la cour n'avoit rien préjugé sur la question.* De plus, dans cette même note, on trouve de quoi vérifier le fait, que la terre étoit venue à madame de Créqui à titre de communauté; car il y est dit, que cette terre lui étoit échue *par sentence arbitrale du 30 juin 1689, contenant le partage de communauté.* Voici une dernière preuve de cette vérité, qui doit être sans réplique. Madame de Créqui fut attaquée par le sieur de Mailli, pour des droits seigneuriaux semblables à ceux qui avoient fait l'objet de l'arrêt de *1696*; on plaida à la grand'-chambre, où madame de Créqui gagna encore sa cause le 29 août *1697*. On lit dans le plaidoyer de feu M. de Lamoignon, inséré dans l'arrêt, qu'*on avoit déchargé madame la maréchale de Créqui du payement des droits, parce qu'on avoit jugé que l'héritage dont étoit question, étoit un conquêt de communauté.*

2°. Ceux qui ont fait des notes sur Duplessis, & qui, dans la première & seconde édition de cet auteur, avoient fait valoir le préjugé de l'arrêt de Créqui, comme capable d'établir que la mutation qui se fait lorsque les propres du mari passent à la veuve, ne produit point de droits, ont été obligés de reconnoître, dans la troisième édition, que l'opinion qu'ils avoient eue de cet arrêt n'a pas été suivie. Voici comme ils parlent: *Il faut avouer que l'une de ces sentences du 30 mai*

1685, au profit de dame Marguerite de la Cassaigne, veuve du sieur de Bournazel, ayant été infirmée par arrêt du 4 septembre 1691, précédé d'un arrêt conforme en 1688, contre la dame de la Guette, dont Me le Fevre, avocat du roi, a eu communication; la même chambre a jugé, suivant ses conclusions, & conformément à ces deux arrêts, par sentence rendue au profit de M. le duc de Chevreuse & de son fermier, contre la dame de Montmi-el.

3°. On voit qu'il est si peu vrai que l'arrêt de Créqui ait établi une jurisprudence contraire à la maxime universellement reçue, qu'avant & depuis cet arrêt on a jugé suivant la maxime. Les arrêts du 27 juillet 1686, celui de 1688, que la noté sur Duplessis indique, avec celui du 4 septembre 1691, enfin celui du 24 juillet 1698, en font foi.

On allégue encore, en faveur de la femme, un arrêt du 23 juin 1700, rendu en la grand'-chambre, au rapport de M. le Doux; il a été jugé, dit-on, par cet arrêt, qu'il n'étoit point dû de droits au sujet d'un délaissement d'un propre du mari fait à la femme.

Le factum & les écritures de cet arrêt font voir, que ce n'étoit pas pour une mutation arrivée en la personne de la femme qu'on demandoit des droits, mais pour celle qu'on supposoit en la personne des enfans qu'on voyoit en possession des biens du père, sans être ses héritiers, mais seulement héritiers de leur mère. On conjecturoit qu'ils n'avoient les biens de leur père que comme exerçant les droits de leur mère, créancière du père; & on demandoit d'être colloqué dans un ordre pour les droits seigneuriaux, auxquels cette mutation avoit donné lieu. Tout étoit en conjectures dans cette espèce ; on disoit que les enfans pouvoient avoir pris ces biens, comme douairiers, comme légitimaires, &c., & que quand à ces titres ils auroient joint, comme exerçant les droits de leur mère, celui de créanciers, le mélange des autres titres pour lesquels ils n'avoient pas dû de droits, devoit les exempter d'en payer. On ajoutoit que l'héritier bénéficiaire, qui se faisoit adjuger les biens de la succession, même après y avoir renoncé, ne devoit pas de droits; & par-là on rendoit sensible la différence qu'il y a entre le cas où la femme, tout-à-fait inhabile à prendre part dans les biens propres de son mari, se les fait adjuger, & celui où les enfans héritiers de la femme prennent les propres de leur père en payement : ça été dans le concours de ces circonstances, & comme à travers de l'obscurité qui se trouvoit dans cette affaire, qu'on a déchargé des droits qui étoient demeurés par la mutation arrivée du père aux enfans, des biens propres du père.

Mais, dit-on, pourquoi faire une différence entre les propres du mari & les conquêts, par rapport à la capacité de la femme de posséder les uns & les autres ? La loi ne l'appelle t-elle pas même aux propres, pour y succéder par le titre *undè vir & uxor ?*

Faire une telle objection, c'est accuser tous les siècles passés & le nôtre d'un aveuglement grossier. Quand la maxime s'est formée, que la femme devoit des droits pour les propres de son mari pris en payement, ignoroit-on qu'elle pouvoit lui succéder par le titre *undè vir & uxor.*

Mais de plus, on n'auroit pas fait cette objection, si on eût consulté nos auteurs, & surtout le Brun, qui, en son traité des successions, livre premier, chapitre 7, fait bien voir que le titre *undè vir & uxor*, n'attribue pas à la femme une capacité ou une habilité naturelle à succéder; mais qu'elle n'est reçue à prendre les biens de son mari que par une volonté présumée du défunt, qui est censé avoir mieux aimé que ses biens passassent à la personne avec laquelle il étoit uni, qu'au fisc. Cet auteur, qui a si bien connu le fond de notre droit François, fait voir que cette succession est si peu fondée sur une habilité naturelle & légale, que la séparation ou de fait ou ordonnée y fait obstacle; que le conjoint survivant n'a point à son profit l'application de la règle *le mort saisit le vif*; qu'il ne peut demander le retranchement des dispositions testamentaires, & leur réduction aux portions prescrites par les coutumes.

Nous venons de parler de l'arrêt en faveur de madame la maréchale de Créqui; nous ne pouvons mieux le faire connoître, qu'en rapportant le texte même des annotateurs de Dupleffis. Ce texte, le voici:

Il semble que l'on ne doute plus au palais qu'à l'égard du conquêt donné en payement à la veuve, soit qu'elle ait accepté la communauté ou qu'elle y ait renoncé, il n'est point dû de droits; mais si c'est un propre du mari, il y a beaucoup de variation dans la jurisprudence des arrêts, quoiqu'il paroisse qu'on incline beaucoup à en décharger la veuve.

On prétend qu'il y a eu des sentences pour ce dernier parti en la chambre du domaine, M. Moufle, avocat, portant la parole pour M. le procureur du roi, absent; mais en même temps il faut avouer que l'une de ces sentences ayant été infirmée par arrêt, dont M. Lefevre, avocat du roi, a eu communication, on juge présentement le contraire dans la même chambre.

Cependant l'arrêt intervenu en la grand'chambre, au rapport de M. Maulnory, le 25 mai 1696, contre les religieux & prieur de l'abbaye de Corbie, & le sieur Turmenies, coseigneur de la mouvance de Mereuil, paroît avoir présentement jugé la question en faveur de madame la maréchale de Crequi, à qui ce fief étoit échu par une sentence arbitrale du 30 juin 1689, contenant le partage entre elle & MM. ses enfans, de la communauté & de la succession de M. le maréchal, qui s'étoit rendu adjudicataire du même fief, en qualité de créancier de M. son père, dont il étoit aussi héritier bénéficiaire.

Les seigneurs demandoient les droits à madame la maréchale, comme d'un propre de feu M. le maréchal, qu'on lui avoit donné, en payement par sentence arbitrale, & subsidiairement ils soutenoient, que si la cour jugeoit que ce fût un acquêt en la personne de feu M. le maréchal, parce qu'il lui avoit été adjugé comme créancier, il falloit leur payer les droits pour cette adjudication: néanmoins les seigneurs sont déboutés par l'arrêt, de l'une & l'autre prétention.

Il est évident qu'on n'a pu décharger des droits pour l'adjudication faite à M. le maréchal, qu'en jugeant que le fief lui étoit propre, eu égard à sa qualité d'héritier bénéficiaire, qu'on a fait prévaloir à celle de créancier.

Si c'étoit un propre en sa personne, on n'a pu décharger des droits pour la mutation en celle de madame la maréchale de Crequi, que par le principe de notre auteur, fondé sur la faveur des accommodemens de famille, sans qu'il soit libre de dire, comme ceux qui attaquent le préjugé, que la cour a considéré ce fief comme propre & acquêt, *diverso respectu*; en effet, s'il est permis de pénétrer les secrets des juges, il est plus raisonnable de le faire en se tenant aux principes, que d'attribuer au préjugé un motif qui y seroit contraire; car tout ce qu'on pourroit dire de plus raisonnable, étoit de suspendre la qualité de propre ou d'acquêt en la personne de M. le maréchal jusqu'à l'option qui seroit faite par ses héritiers, ou de le considérer comme propre, en remboursant le mi-denier à la communauté, ou de le partager comme conquêt de la communauté.

Mais en se déterminant ainsi, il n'eût pas été possible au dernier cas de refuser les droits pour l'adjudication faite à M. le maréchal, & il eût fallu donner un effet rétroactif au partage de communauté, pour réputer le fief acquêt en sa personne.

Bien loin qu'on puisse tirer un argument contraire des art. 155, 156 & 157 de la coutume, lorsque le propre de la famille de l'un des conjoints est retiré par retrait lignager pendant la communauté, pour le réputer propre & acquêt, *diverso respectu*; c'est ce qui doit faire suivre le principe qu'on vient d'établir; car, si celui des conjoints qui est de la ligne du propre, le veut retenir entier & rembourser le mi-denier aux héritiers de l'autre, il est propre pour le tout;

& s'il est partagé dans la communauté, la moitié qui échet aux héritiers de l'autre, n'a jamais été propre.

D'ailleurs, le retrait lignager ne peut jamais intéresser le seigneur qui en reçoit une fois les droits, indépendamment de l'option de celui des conjoints qui est de la ligne du propre ; au lieu que dans l'espèce de M. de Créqui, ce seroit admettre des dispositions contraires dans le même arrêt, qui auroient pu l'exposer à une requête civile, s'il étoit vrai qu'on eût jugé le fief propre & acquêt, *diverso respectu*, pour ôter les droits aux seigneurs dans les mutations.

La chose a souffert de la difficulté dans le cas où la femme renonce & prend en remploi un fief conquêt de la communauté. On voit deux arrêts contradictoires dans l'espace de deux années ; le premier, de 1621, pour l'affranchissement ; le deuxième, de 1623, qui condamne la femme au payement des droits seigneuriaux.

Les esprits ne demeurèrent pas long-temps dans cette incertitude ; on remonta au principe, & la matière fut bientôt éclaircie.

Pourquoi la femme qui accepte la communauté est-elle affranchie des droits seigneuriaux ? La principale raison est que, lors de l'acquisition, elle a payé les droits, elle a été ensaisinée, reconnue pour vassale conjointement avec son mari.

Or, cette raison subsiste également, soit que la femme renonce, soit qu'elle accepte la communauté. Dans les deux cas, il est pareillement vrai de dire que la femme a payé, que le seigneur est satisfait de ses droits.

On oppose en vain, que par la renonciation la

femme est devenue étrangère aux conquêts de la communauté. Ricard, Livonnière & Guyot répondent très-bien à cette difficulté.

Les propres de la femme, dit Ricard sur l'article de Paris, ayant été aliénés pendant la communauté, les conquêts qui se trouvent sont présumés acquis de ses deniers, & dès-là subrogés à ses propres.

Ainsi, d'après cet auteur, la femme, malgré sa renonciation, n'est pas moins présumée avoir payé de ses deniers non seulement les droits seigneuriaux, mais le fief lui-même.

Livonnière ajoute : *La femme même renonçante n'est point étrangère aux conquêts ; elle ne renonce que pour n'être pas tenue des dettes.*

» Il suffit, dit enfin Guyot, des Lods & ventes, » chap. 4, pour exempter la femme des droits » seigneuriaux, qu'elle fût commune lorsqu'elle » a acquis avec son mari, ou que la communauté » ne fût pas réellement dissoute lorsque le mari a » acquis l'héritage donné en remploi, & qu'alors » les deniers pris dans la communauté lui appar» tinssent habituellement par moitié «.

Tels sont les motifs qui ont enfin déterminé la jurisprudence. On les trouve dans tous les auteurs, ainsi que les arrêts intervenus sur la question. S'étant présentée en 1641, on abandonna le parti adopté par celui de 1623, pour se référer au précédent de 1621 ; & depuis, vingt arrêts ont jugé de même, ont affranchi les femmes des droits seigneuriaux, lors même qu'elles avoient renoncé à la communauté. On trouve ces arrêts dans Desmaisons, Fortin, Ricard, Duplessis, Guyot, &c.

§. XI.

§ XI. *Des baux emphytéotiques.*

Les baux emphytéotiques sont une suite des baux à ferme ; comme les propriétaires des héritages infertiles ne pouvoient aisément trouver des fermiers, on inventa la manière de donner à perpétuité ces sortes d'héritages pour les cultiver, pour y planter, ou autrement les améliorer, ainsi que signifie le mot d'emphytéote. Par cette convention, le propriétaire du fonds trouve, de sa part, son compte en s'assurant un revenu certain & perpétuel ; & l'emphytéote, de la sienne, trouve son avantage à mettre son travail & son industrie pour changer la face de l'héritage & en tirer du fruit.

L'emphytéose, ou bail emphytéotique, est un contrat par lequel le maître d'un héritage le donne à l'emphytéote pour le cultiver & améliorer, & pour en jouir & disposer à perpétuité, moyennant une certaine rente en deniers, grains, ou autres espèces, & les autres charges dont on peut convenir.

Quoique l'emphytéose paroisse restreinte, selon son origine, aux héritages infertiles, on ne laisse pas de donner par des baux, qu'on appele emphytéotiques, des héritages fertiles & qui sont en bon état ; & on donne aussi à ce titre des fonds qui, de leur nature, ne produisent aucun fruit, mais qui produisent d'autres revenus, comme des maisons & autres bâtimens.

L'emphytéose est distinguée des baux à ferme par deux caractères essentiels, qui sont les fondemens des regles propres à l'emphytéose. Le premier est la perpétuité, & le second est la translation d'une espèce de propriété.

La perpétuité de l'emphytéose fait qu'elle passe non seulement aux héritiers de l'empyhtéote, mais à tous ceux qui en ont le droit, soit par donation, vente, ou autre espèce d'aliénation; & ils ne peuvent jamais être dépouillés par le maître du fonds & ses successeurs, sinon dans les cas qui seront expliqués dans cette section.

La translation de propriété que fait l'emphitéose est proportionnée à la nature de ce contrat où le maître baille le fonds, & retient la rente; & par cette convention, il se fait comme un partage des droits de propriété entre celui qui baille à rente, & l'emphytéote : car celui qui baille demeure le maître pour jouir de la rente comme du fruit de son propre fonds, ce qui lui conserve le principal droit de propriété, qui est celui de jouir à titre de maître avec les autres droits qu'il s'est réservés; & l'emphytéote, de sa part, acquiert le droit de transmettre l'héritage à ses successeurs à perpétuité, de le vendre, de le donner, de l'aliéner, avec les charges des droits du bailleur, & d'y planter, bâtir, & y faire les autres changemens qu'il avisera pour le rendre meilleur, qui sont autant de droits de propriété.

Les droits de propriété que retient le maître & ceux qui passent à l'emphytéote, sont communément distingués par les mots de propriété directe qu'on donne aux droits du maître, & de propriété utile qu'on donne au droit de l'emphytéote; ce qui signifie que le premier maître du fonds conserve son droit originaire de propriété, à la réserve de ce qu'il transmet à l'emphytéote; & que l'empyhtéote acquiert le droit de jouir &

de disposer, à la charge des droits réservés au maître du fonds; & c'est pourquoi l'on considéroit différemment dans le droit romain l'emphytéote, ou comme étant, ou comme n'étant pas le maître du fonds, selon les différentes vues & les divers effets de ces deux sortes de propriétés.

L'emphytéote, de sa part, est obligé au payement de la rente perpétuelle, & aux autres conditions réglées par le titre de l'emphytéose & par les coutumes, comme sont le droit de Lods que paient ceux qui acquièrent de l'emphytéote, ou à toutes sortes de mutations, ou à quelques-unes, ou seulement aux ventes, selon qu'il est réglé par le titre ou par la coutume: le droit de retrait ou de retenue, lorsque l'emphytéote vend l'héritage & autres semblables, & celui qui baille à emphytéose, est obligé, de sa part, à la garantie du fonds, & à le reprendre & décharger l'emphytéote de la rente, si, la trouvant trop dure, il veut déguerpir.

Il n'est point dû de ventes pour les baux emphytéotiques à vie ou à longues années, lorsqu'il n'y a point d'argent déboursé au contrat; arrêt célèbre du 29 novembre 1607.

Il n'en est point aussi dû pour le transport que le preneur fait de son bail à un autre, à la charge de la redevance emphytéotique seulement, sans autre condition ni prix déboursé.

Il n'en est point aussi dû pour la reversion de l'héritage au bailleur, soit par l'expiration du temps, soit auparavant, du consentement des parties, sans prix déboursé, parce que cette reversion se fait en vertu d'une condition résolutoire, essentielle au contrat.

Mais quand il y a des deniers déboursés dans

le bail emphytéotique ou dans le transport d'icelui fait par le preneur à un autre, ou bien dans la rétrocession qu'en fait le preneur au bailleur avant le temps ; alors toutes ces trois sortes d'actes sont mêlées de vendition, dont il est par conséquent dû des ventes jusqu'à concurrence des deniers déboursés.

§. XII. *Les baux à longues années ou à vie donnent-ils ouverture aux Lods & ventes?*

Il est constant que les baux à loyer qui excèdent le terme de neuf ans, emportent une aliénation du fonds. C'est par cette raison que l'article 79 de l'ordonnance de Blois défend aux principaux des colléges de faire baux à plus long temps que neuf années, des terres & maisons qui en dépendent. Les trésoriers de France ne peuvent aussi, par la même raison, faire bail des fonds dépendans des domaines du roi, pour plus de neuf ans, sans lettres-patentes ; & s'il le font, tels baux sont déclarés nuls par les arrêts, ainsi qu'a remarqué Bacquet dans son *traité des droits de justice*, chap. 25, nomb. 10. Les biens de l'église ne peuvent pareillement, de droit & par les réglemens, être affermés pour plus de neuf ans. La Clémentine première, *de rebus ecclesiæ non alienandis*, décide que les baux n'en doivent être faits que *ad tempus modicum :* sur quoi la glose a dit que cela s'entendoit au dessous de dix ans, *intrà decennium ;* & c'est notre usage.

Il en est de même du domaine des particuliers, puisque, selon l'art. 227 de la coutume de Paris, un mari ne peut faire baux à loyer qu'à six ans pour héritages assis à Paris, & à neuf ans pour héritages assis aux champs, & au dessous, sans fraude. Cette disposition est fondée sur ce qu'une jouissance qui se continue jusqu'à dix ans, passe pour une aliénation; parce que l'espace de dix années est appelée en droit un long temps, & est suffisant pour prescrire un immeuble, l. 6, *de præscriptione longi temporis, decem vel viginti annorum.*

De là vient qu'il est dû des Lods & ventes au seigneur pour les baux qui excèdent le terme de neuf années. M. d'Argentré en agite la question dans son traité *de Laudimiis*, §. 42, où il dit, qu'il faut distinguer entre les baux qui sont faits pour plus de neuf années, moyennant une redevance annuelle en fruits, & ceux qui sont faits à prix d'argent; à l'égard de ceux-là, il tient qu'il n'est point dû de Lods & ventes, si ce n'est en cas de fraude; mais que pour ceux-ci, comme il y a un prix certain pour lequel la jouissance du fonds est délaissée durant dix années ou plus, il en est dû des Lods & ventes.

Ainsi Bacquet, dans son *traité des droits de justice*, chapitre 12, nombre 31, dit que quand un héritage baillé en emphytéose est vendu, l'acheteur doit Lods & ventes, comme il a été jugé par arrêt donné au profit des chevaliers, chanoines & chapitre de Sainte-Opportune, contre Nicolas Patronillard, le 15 décembre 1571; &, conformément à cet arrêt, les habitans du village de Puteaux ayant vendu par autorité de justice la jouissance & dépouille de leurs prés pour le temps de trente années, afin de satisfaire aux frais de la clôture de leur village, l'acheteur & adjudicataire de la jouissance a été condamné de payer les

Lods & ventes de son acquisition au seigneur censier, selon la loi finale, *cod. de jure emphyt.* Néanmoins dans ce cas là il n'y a aucune aliénation de propriété, mais de seigneurie utile seulement: par l'article 149 de la nouvelle coutume de Paris, il est porté, que les baux à quatre-vingt-dix-neuf ou longues années sont sujets à retrait lignager; ainsi, par l'article 148 de la même coutume, il est dit, que loges, boutiques, étaux, places publiques, achetées du roi, sont sujettes à retrait, *quid in casu converso, si quis vendit vel donat usumfructum feudi sui, & certum est ex hoc nullum deberi relevium, nec aliud jus feudale, nec hoc quæritur.*

Dumoulin agite plus au long cette question, §. 55. *hodie* 78, gl. 1, num. 12, où, après avoir décidé que la vente de l'héritage à prix d'argent ouvroit les droits, il dit, en parlant du texte de l'article: *Conclusio hujus §. sic ampliata & declarata fallit.* 1°. *Si solùm fructus pendentes, vel usufructus rei censuariæ vendatur; quia indè nullum jus debetur domino, cùm res censualis non vendatur, nec futurorum jurium spes præcidatur.*

Henrys, éd. 1708, tom. 1, liv. 3, chap. 3, quest. 21, traite magnifiquement cette question, & décide que la vente *ou constitution* d'usufruit à vie ne doit point de Lods; il remarque que l'on ne doit point tirer à conséquence si l'on adjuge les droits d'un bail à ferme au dessus de neuf ans. Voici comme il s'explique.

„ Ne fait préjudice que le Lods soit dû d'un „ bail à loüage au dessus de neuf ans; ce n'est „ pas par la nature du contrat qui ne transfère ni „ propriété, ni possession, mais seulement par le „ soupçon de fraude, & à cause qu'on présume „ qu'un si long louage cache une vente, & qu'on

» n'a recherché ce déguisement que pour tromper » le seigneur direct ; de sorte que ce n'est pas » comme d'un louage, mais comme d'une vente » présumée que le Lods se paye ; & si encore, » n'y ayant autre présomption de fraude que le » temps du louage, plusieurs tiennent que le Lods » n'en peut être demandé, non plus que de » l'usufruit «.

Il rapporte au même endroit un arrêt célèbre, qui jugea que le mi-Lods même n'étoit pas dû d'une constitution d'usufruit par testament. Il est du 20 août 1650, confirmatif d'une sentence de Lyon, qui avoit déchargé du mi-Lods.

Cet arrêt est d'autant plus remarquable, qu'en ce pays le mi-Lods est donné de toute mutation qui n'est pas vente & est hors directe. Cet arrêt canonise le principe de d'Argentré ci-dessus. *In constitutione usus fructus, nec manus mutatur nec vassalus alius aut esse incipit, nec prior desinit* ; principe qui convient au quint ou Lods & ventes, comme au relief : cela confirme cet autre principe établi sur le relief, que l'on ne compte point la mutation du côté de l'usufruitier.

Guyot, dans son *traité des fiefs*, t. 3, p. 423, propose la question suivante : D'un fief, l'un a la propriété nue, l'autre a l'usufruit qu'il s'étoit réservé en vendant le fief.

Un tiers se présente pour acquérir le fief ; mais il veut avoir la propriété pleine, sans quoi il déclare qu'il n'acquiert pas.

Par le contrat qui se passe, celui qui n'avoit que la propriété nue, la vend à ce tiers pour un prix ; l'usufruitier, par le même contrat, vend aussi à cet acquéreur son usufruit pour un prix ; & il est dit : lesdites deux sommes revenantes à celle de...... cette somme totale est touchée par le vendeur de la propriété nue ; l'usufruitier ne touche rien ; mais le même vendeur de la propriété nue qui touche le total, constitue à l'usufruitier 6000 liv. de rente viagère, & ce, sans que l'usufruitier réserve ses hypothèques & priviléges sur la terre.

Le dominant demande le quint du total : on lui répond, 1°. qu'il y a deux vendeurs & deux prix, que quoique les deux prix soient réunis ensemble, néanmoins ils ont deux causes différentes, & sont mis par deux personnes différentes ; qu'ainsi il faut nécessairement distinguer le prix de la vente de la nue propriété, d'avec le prix de la vente de l'usufruit ; que dans les principes, la vente de l'usufruit, soit à l'acquéreur de la propriété, ce qui, en ce cas, éteint l'usufruit, soit à tout autre, ne doit point de droits.

M. de Lavigne & moi, ajoute Guyot, consultés sur ce point & sur les autres, pour lesquels nous étions assemblés, répondîmes, que si dans la thèse générale la vente de l'usufruit ne devoit rien, néanmoins, dans l'espèce particulière, le quint du total étoit dû, parce que la vente de la propriété pleine à l'acquéreur n'étoit qu'une conséquence de l'extinction de l'usufruit, & que pour affranchir des droits, il auroit fallu que l'extinction de l'usufruit eût été une conséquence de la vente que l'on en faisoit à l'acquéreur, c'est-à-dire, qu'au moyen de ce que l'usufruitier, quoique vendeur, ne touchoit rien de son prix, qu'au contraire, le prix de l'usufruitier étoit touché par le vendeur de la propriété nue, qui constituoit à l'usufruitier une rente viagère dont il se contentoit, & pour laquelle il ne réservoit pas même ses priviléges sur la terre ; de là il falloit nécessairement feindre & concevoir, *juris & de jure*, une convention antécédente, au moins d'un instant, entre le propriétaire & l'usufruitier, d'éteindre l'usufruit moyennant la rente viagère, au moyen de laquelle extinction le propriétaire vendroit la propriété pleine & toucheroit le prix total ; que cette convention présumée antécédente & qui éteignoit l'usufruit un instant avant la vente, opéreroit la même chose que si le propriétaire avoit, un instant avant, acquis & éteint l'usufruit moyennant la pension viagère, & eût ensuite vendu à ce tiers la propriété pleine ; que cette présomption d'extinction d'usufruit antécédente la vente en question, étoit réalisée par la réception du prix total par le propriétaire & la constitution de la pension ; qu'au moyen de ce, si l'usufruitier paroissoit au contrat comme vendeur de son usufruit, il étoit moins vendeur que partie consentante à la vente de la propriété pleine, nonobstant son usufruit : sa présence n'y étoit que pour consentement, non pour vente ; que lui qui ne touchoit rien de son prix, dérogeoit à son privilége, & s'en tenoit à une pension viagère ; que par ce moyen l'usufruit n'étoit pas éteint relativement à lui, mais transmué en une rente ; que par-là il avoit moins vendu, par ce contrat, son usufruit, que consenti à la vente de la propriété pleine, comme n'ayant plus d'intérêt à l'usufruit, au moyen de la pension dont il se contentoit sur le vendeur de la propriété ; qu'ainsi le quint étoit dû pour le total comme d'une vente de pleine propriété.

Par rapport à la vente pour 10, 15 ou 20 ans, elle doit être regardée comme un bail fait au deſſus de 9 ans, qui, quoiqu'il ne ſoit qu'un ſimple bail, néanmoins emporte un ſoupçon de fraude. On prend ce détour pour que le ſeigneur, déçu par cet acte, ne s'apperçoive pas que la propriété paſſera inſenſiblement à l'acquéreur.

C'eſt ſur ce fondement que les coutumes qui ont parlé des baux à longues années ou à vie, ont décidé que quand ils étoient faits pour un prix certain, il en étoit dû Lods & ventes au ſeigneur.

L'article 123 de celle de Blois porte, *que par contrat de bail à rente faite à temps, à vie, ou à toujours, n'eſt dû aucun profit de ventes, s'il n'y a bourſe déliée; & ſe payeront ventes pour autant que ſe montera l'argent qui aura été débourſé.*

L'article 59 de la nouvelle coutume de Bretagne porte, que *ventes ſont dues au ſeigneur quand le bienfait, douaire, uſufruit, ou autre viage, ſont vendus ou appréciés à deniers.*

Ces coutumes & pluſieurs autres ſemblables n'ont pas force de loi dans la prévôté & vicomté de Paris. Mais les raiſons qui ont donné lieu, doivent avoir leur effet, puiſque la coutume de Paris ne contient point de diſpoſition contraire, & que la déciſion de ce cas particulier y a été omis.

Auſſi Brodeau traitant la queſtion ſur l'article 78 de cette coutume, après avoir d'abord remarqué les différentes opinions de nos docteurs françois & les arrêts intervenus ſur la difficulté, dit que le tout peut être concilié en diſtinguant les baux à loyers faits à longues années, à vie ou à titre d'emphythéoſe, moyennant une ſomme certaine d'argent, de ceux qui ſont faits ſans que le premier débourſe aucun argent: ceux-là doivent des

Lods & ventes, & ceux-ci n'en doivent point. La raison qu'il en rend est, qu'encore que la propriété de l'héritage ne soit point aliénée dans les baux faits à vie ou à longues années, néanmoins la seigneurie utile du fonds est transportée ; c'est une véritable vente d'une chose immobilière & réelle, moyennant un certain prix ; ce qui donne ouverture aux ventes, suivant l'avis de d'Argentré, dans son traité *de Laudimiis*, §. 41.

Les baux à la vie du bailleur ou du preneur sont réputés de droit perpétuel ; c'est pourquoi la clémentine première, *de rebus ecclesiæ non alienandis*, défend aux bénéficiers d'en faire, à peine de suspension de leurs fonctions & de nullité des contrats, si ce n'est pour les causes & avec les solennités requises dans l'aliénation du bien de l'église, dont la glose rend cette raison, que *talis concessio dicitur perpetua* ; & pour le montrer, elle cite la loi première, *is pro socio*, qui décide qu'une société contractée pour la vie est faite à perpétuité. *Societas coeri potest in perpetuum, id est, dùm vivunt.*

On répond à ces différens moyens : il est vrai que l'usufruit est un droit immobilier & réel, que ce droit séparé du fond le rend bien moins utile ; mais on en conclut fort mal que lorsqu'il est constitué à prix d'argent, il est dû des droits de vente au seigneur ; car il n'y a que l'aliénation de la propriété des immeubles réels des héritages, pour parler le langage de l'article 78 de la coutume de Paris, qui donne ouverture aux droits, quand elle est faite à titre de vente ou d'actes équipollens. La constitution d'une charge réelle sur le fonds censuel, quoiqu'établi moyennant une finance, ne fait point naître de droits ſeigneuriaux, malgré la diminution que l'héritage en reçoit, & dont le ſeigneur ſouffre dans la ſuite, parce que l'héritege en ſera moins vendu. Telles ſont les ſervitudes d'égoûts, de paſſage & autres; l'uſufruit eſt même mis au rang des ſervitudes, *jus utendi, fruendi rebus alienis*; c'eſt parce que l'uſufruit n'eſt point une partie de l'héritage, que l'article 147 de la coutume décide qu'il n'eſt point ſujet à retrait.

Auſſi preſque tous nos auteurs conviennent-ils que le ſeigneur n'en peut prétendre droits de ventes. C'eſt la doctrine de Dumoulin ſur l'article 33 de la nouvelle coutume, gl. 1, n. 158, ſur le 78e. n°. 12; de Dupleſſis ſur le titre des cenſives, l. 2, ch. 2, aux mots *Vente de bois de haute-futaie*; de le Maitre, ſur le titre des cenſives, pag. 99; le continuateur d'Henrys, tom. 3, liv. 3, ch. 2, où il cite des arrêts pour le Lyonnois; d'Argou; dans ſon inſtitution au droit françois, liv. 2, ch. 4; de Livonnière, traité des fiefs, liv. 3, ch. 6, ſect. 7, §. 3; & d'une infinité d'autres auteurs. C'eſt ce qui a été jugé pour la coutume de Paris, par un arrêt du grand conſeil du 28 février 1688, qui eſt dans le journal du palais, avec les moyens des parties.

La queſtion ayant fait naître un partage en la deuxième chambre des enquêtes, portée en la cinquième, l'on jugea par arrêt du 5 février 1710, qu'il n'étoit point dû de droits ſeigneuriaux pour un ſemblable contrat. On prétend que la queſtion a été ainſi jugée au profit du ſieur Coche, contre le chapitre de Saint-Honoré, par arrêt confirmatif d'une ſentence des requêtes du palais.

Et lorſque par arrêt du 10 février 1707, ſur les concluſions de M. Portail, rendu au profit du receveur de l'Abbaye de Saint-Germain, contre la dame de la Para, on jugea que celui qui avoit payé des droits pour un pareil bail à vie, n'étoit pas recevable à les répéter, parce qu'en ces matières l'erreur de droit n'eſt pas pardonnable, *ignorantia juris nocet*, M. le P. P. du Harlay, après la prononciation de l'arrêt, avertit le bureau que la cour n'avoit point entendu juger que les droits fuſſent dus pour un pareil contrat; mais qu'étant payés, c'étoit choſe conſommée, & qu'il n'y avoit pas lieu à la répétition.

Il eſt vrai que pluſieurs autres auteurs eſtiment qu'il en eſt autrement pour les baux à longues années, quand il y a des deniers d'entrée, parce que, ſuivant la remarque de le Maître dans l'endroit que l'on vient de citer, ces baux ont une durée certaine, au lieu que l'uſufruit eſt incertain, & peut finir à chaque inſtant. Mais ſans entrer ici dans la queſtion de ſavoir s'il eſt dû des droits ſeigneuriaux pour raiſon de ces baux, ce qui ne paroît point avoir été jugé en faveur des ſeigneurs, il eſt au moins certain que les auteurs & les arrêts ſe réuniſſent pour les refuſer au ſeigneur dans les ventes d'uſufruit.

La vente de l'uſufruit ne donne pas ouverture aux Lods & ventes: outre les autorités citées là-deſſus, on peut voir l'article 147 de la coutume de Paris.

§. XIII. *Partage mêlé de vente.*

C'eſt une maxime générale, que les quints ni les ventes ne ſont point dus des partages ou autres actes équipollens à partages faits entre cohéritiers, encore qu'il y ait une notable ſoute d'argent payée par le cohéritier *de ſuo*, & non des deniers de la ſucceſſion, même récompenſe donnée en rente, ou autres biens n'étant point pareillement de la ſucceſſion, parce que la ſoute ſuit la nature du partage, qui n'eſt point une vendition, mais une diviſion ; & pour ce qui s'y rencontre d'alienation, elle eſt forcée pour l'arrangement des affaires de la famille.

Il eſt auſſi permis dans le partage de mettre en un lot tous les deniers & meubles, & dans l'autre tous les héritages, ſans qu'il en ſoit dû aucuns droits ſeigneuriaux, & n'importe que la ſoûte ſoit baillée par le mari pour ſa femme.

§. XIV. *Vente à faculté de réméré.*

La queſtion eſt de ſavoir ſi les droits ſeigneuriaux ſont dus dès le moment du contrat, ou ſeulement après l'expiration de la grace, & ſi, ayant été exigés, ils peuvent être répétés quand le retrait eſt enſuite exercé dans le temps de la grace.

Il y a deux opinions au palais ; l'une, que les droits ſeigneuriaux ſont dus & exigibles dès le moment du contrat, ſans eſpérance de répétition, ſoit que le réméré vienne à être exercé ou non, de ſorte que quand ils n'auroient pas été exigés, ils pourroient l'être encore après le retrait exécuté.

L'autre, qu'il n'eſt point dû de droits au cas que le réméré ſoit exercé dans le temps ; de ſorte qu'ils pourroient être répétés du ſeigneur, s'ils avoient été exigés.

Il eſt important d'examiner les principes qui ont été établis ſur cette queſtion par Dumoulin & d'Argentré.

Le premier s'en explique dans pluſieurs endroits de ſon commentaire, entre autres, §. 13, gl. 5, n. 22, où il eſtime que la vente eſt pure & ſimple, nonobſtant la faculté du réméré ; & nombre 24, il dit, que pour ôter la rigueur d'un côté, & éviter les fraudes de l'autre, il faut diſtinguer ſi l'acquéreur a payé le prix ou non ; au premier cas, que la faculté n'eſt qu'une condition réſolutive & non ſuſpenſive ; au ſecond, qu'elle ſuſpend le retrait & le quint, & non le relief, qui ſera dû ſans répétition, & que le ſeigneur eſt obligé, dans les deux cas, de recevoir le nouveau vaſſal en foi : mais Dumoulin ne traite la queſtion en cet endroit, que pour ſavoir ſi le ſeigneur peut exercer ou non le retrait féodal, ſans diſtinguer ſi la faculté de réméré eſt au deſſus de neuf ans, ou pour neuf ans & au deſſous.

§. 22, n. 11, il décide que les droits ſont dus dès le moment d'un contrat de vente, ſous faculté de réméré d'un fief, ou d'un héritage en roture ; mais il ne fait point encore la diſtinction du temps.

Au §. 41, n. 19, il entre dans toutes les diſtictions à l'égard du fief ; & il penſe que le vendeur ſous faculté de réméré à neuf ans & au deſſous, retenant la foi, le ſeigneur ne peut pas ſe plaindre qu'on lui faſſe préjudice ni que ſes droits soient suspendus, puisque le décès du vendeur sera toujours ouverture au relief, s'il meurt sans enfans dans le temps intermédiaire ; mais qu'il faut tenir le contraire, si la faculté étoit au dessus de neuf ans.

Il ajoute, que parmi la variété des coutumes qui permettent cette faculté, les unes à neuf ans, les autres à trois, il n'ose la fixer en celle de Paris, où il semble qu'elle peut être admise jusqu'à neuf ans, selon la règle du droit, qui veut qu'on suive, dans le doute, ce qu'il y a de moindre ; mais qu'il est plus régulier de s'en rapporter à la cour.

Nomb. 20, 21, 22, il confirme son sentiment par l'évènement. Si la faculté est exercée dans le temps, la chose reprend son ancien état & sa qualité de propre, avec résolution des hypothèques & des charges que l'acquéreur auroit pu y imposer spécialement ou généralement, sans que le seigneur puisse prendre des droits, comme s'il n'y avoit jamais eu de vente.

Dans le cas contraire, le fief sera ouvert, & pourra être saisi par le seigneur, faute d'homme, *ex nunc & non retrò* ; c'est-à-dire du jour seulement que la faculté de réméré sera expirée, parce que la suspension n'étoit qu'en faveur du vendeur.

Au nomb. 23, en fixant le motif de son avis à la rétention de foi pour un temps modique, il semble qu'il prend le parti contraire dans une vente d'héritage en roture : *Ultimò nonobstat quod idem sequeretur dicendum in Laudimiis & venditionibus rerum censualium, quia negatur cùm manifesta sit diversitatis ratio in feudis quæ sui*

naturâ

naturâ nobiliora & liberiora sunt, & servituti minùs subjicienda.

Enfin il estime que ce temps modique fait présumer la rétention de foi, tant pour le vendeur que pour ses héritiers, qui seront reçus en foi pendant le délai de la faculté, & chargés d'autant de reliefs qu'il y aura de mutations, en ajoutant que le principe de son avis n'est pas qu'un contrat de vente, sous une semblable faculté de réméré, soit plutôt pignoratif qu'une véritable vente; parce que, s'il étoit pignoratif ou usuraire, la nullité feroit cesser les droits indépendamment de la retention de foi; mais qu'il a supposé que ce fût une véritable vente, afin de décider cette belle question, qui peut arriver tous les jours, & que personne n'avoit traitée avant lui.

Le principe d'Argentré, §. 7 de son traité *de Laudimiis*, est, que le contrat sous faculté de réméré à neuf ans ou au dessous, semble plutôt un engagement qu'une aliénation: *Constat plerumque tam brevis temporis conditiones apponi contractibus, ut pignorationis potiùs causa quàm alienationis videatur; quòd si ullo modo probari posset, Laudimia nulla deberentur, cùm pignoratio non sit contractus dominii translativus, neque locum Laudimiis faciet manente perpetuo jure eodem apud dominum pignorantem. Placuit itaque ex conditionis diuturnitate id dijudicare, ut quæ conditio novem annos non excesserit, Laudimiis non faceret locum, quæ longior faceret, &c.*

Il finit par ces termes: *Quare si hoc tempus exceditur, non expectato conditionis eventu, protinùs Laudimia debebuntur, etiam si redemptio nulla sequatur.*

D'où l'on peut inférer par un argument à sens

contraire, qu'il étoit d'avis qu'on ne peut exiger les droits, quand la faculté est pour neuf ans ou au dessous, que le terme ne soit expiré; & sans distinction entre la roture & le fief, ni si le vendeur a retenu la foi pendant le délai.

Bacquet, des francs-fiefs, chapitre 9, ne propose que l'espèce d'une faculté de réméré pour dix, vingt ou trente ans: & en ce cas, il est d'avis que les Lods & ventes sont dus dès l'instant du contrat, sans parler du réméré à neuf ans ou au dessous; & M. Antoine Mornac, qui le cite avec Dumoulin, sur la *l. 6*, §. 1, *ff. de in diem addict.*, a eu encore moins d'exactitude en proposant la question sans distinguer le temps de la faculté.

Les autres auteurs cités par M. Julien Brodeau sur M. Louet, lett. v. somm. 12, ne disent rien de plus; & s'il rapporte quelques arrêts en différentes coutumes, les espèces n'en sont pas assez exactement marquées, pour se déterminer par la jurisprudence des arrêts.

S'il nous étoit permis de prendre un parti sur une question aussi problématique, nous dirions qu'il nous semble que les Lods ne sont pas dus lorsque la faculté n'excède pas le laps de neuf années; c'est l'avis des auteurs suivans.

Il n'est dû aucuns Lods & ventes, ni autres profits féodaux pour raison de telle vente, & à plus forte raison de la revente. *Brodeau sur Louet, lett. v. n.* 12.

Si la faculté est au dessous de neuf ans, il n'est rien dû au seigneur. *Bourjon, droit comm. du quint, sect.* 2, *n.* 10.

Idem, Coquille sur la coutume de Nivernois, chap. 4 des fiefs, art. 33, Chop. lib. 2, *in cons. aud.* part. 1, chap. 2, tit. 3, num. 6.

M. le président Boisieu, en son traité du plaids seigneurial en Dauphiné, quest. 9.

M. Cujas va plus loin, *comment. in lib.* 2, *feud. tit.* 1; il estime que l'acquéreur peut en ce cas répéter le quint qu'il a payé au seigneur même volontairement : *& omnia in pristinum statum restituenda sunt, ac si neque emptio neque venditio intercessisset.*

Cette opinion est érigée en loi par plusieurs coutumes; Saint-Severt, t. 8, art. 6; Vitry, art. 22; Rheims, 91; Blois, 82, 83; Tours, 148; Berry, tit. 4 des fiefs, art. 49; Lorris, 77; Bretagne, 55 & 56; Anjou, 92; Maine, 372.

Quand un fief a été vendu à faculté de réméré, il n'est ordinairement dû aucuns droits, pourvu que le réméré soit exécuté dans le temps porté par le contrat, & que le temps n'excède pas neuf ans, parce qu'il n'y a point de mutation parfaite jusqu'à l'expiration du réméré, l'acquéreur n'étant pas propriétaire incommutable, & que, par le moyen du réméré, les choses sont remises au même état que s'il n'y avoit point eu de vente. *Billecoq, des fiefs, liv.* 4, *chap.* 52.

La jurisprudence a prorogé la faculté du réméré jusqu'à trente ans; faut-il que ces trente ans soient révolus pour que le seigneur puisse exiger le quint?

Livonnière pense que ce droit est acquis au seigneur immédiatement après l'expiration du terme stipulé par le contrat, ou fixé par la coutume; quoique le vendeur puisse encore, suivant la nouvelle jurisprudence, exercer le retrait. D'autres pensent au contraire que, même après le terme convenu, la résolution du contrat ne donne point ouverture au quint, parce qu'aujourd'hui le terme de trente ans est censé sous-entendu & inhérent à toutes les stipulations de faculté de rachat. Traité des fiefs de Bouraric, note sur le §. 10; Henrys, tom. 2, liv. 3, quest. 11.

§. XV. *De la vente à jour, de la clause commissoire, & de celle nommée en droit* addictio in diem.

La vente est à jour, lorsque le fonds est vendu *à compter d'un tel jour*, ou lorsqu'il est dit que l'acquéreur ne pourra entrer en possession qu'*après un certain intervalle.*

Le pacte est commissoire, lorsqu'il est stipulé que si l'acquéreur ne paye point dans un tel délai, ou s'il se laisse constituer en demeure, la vente demeure de nul effet.

L'addictio in diem est une convention par laquelle il est stipulé, que si dans un tel délai il se présente un enchérisseur, le contrat sera regardé comme non avenu.

De la vente à jour.

Dans la définition que nous avons donnéee de cette espèce de vente, nous avons dit qu'elle pouvoit être conçue de deux manières: *Je vous vends à compter d'un tel jour*, ou bien: *Je vous vends pour entrer en possession à telle époque.* Quoiqu'il y ait quelque différence entre ces deux clauses, elles produisent néanmoins le même effet à l'égard du seigneur, parce que le contrat n'en est pas moins pur & simple, & qu'il n'est réellement suspendu que pour l'exécution.

Il y a cependant un cas où la vente à jour ne

donne point ouverture au droit de quint du moment du contrat ; c'eſt lorſque le jour eſt incertain : cette remarque eſt de d'Argentré (*). Il diſtingue entre le jour certain & le jour incertain. Voici comme il s'exprime : *Dies cùm certa ſit, & quandoque certo extitura, conditionem non facit, & purus contractus eſt..... alia natura eſt diei incertæ, quia in omnibus diſpoſitionibus dies incerta pro conditione eſt, & contractum conditionalem facit.*

Nos deux juriſconſultes, Dumoulin & d'Argentré, tombent enſuite chacun dans une erreur qu'il n'eſt pas inutile de remarquer. D'Argentré décide que, même dans la vente à jour certain, le ſeigneur ne peut exiger le quint avant la tradition, & Dumoulin avant le terme fixé pour le payement du prix. L'erreur de d'Argentré provient de la perſuaſion où il étoit que le changement de main donnoit ſeul ouverture au quint : cette queſtion eſt diſcutée ailleurs ; & celle de Dumoulin, de ce qu'il regardoit les droits ſeigneuriaux comme faiſant partie du prix. Cette opinion n'a pas été ſuivie, dit Livonniere (**) : l'uſage conſtant eſt, que le ſeigneur peut exiger les droits de Lods & ventes ſi-tôt que le contrat eſt accompli, ſans attendre le terme du payement...... La raiſon de Dumoulin eſt fauſſe ; les Lods & ventes ne font point partie du prix.

(*) De Laud. parag. 6.

(**) Des fiefs, liv. 3, chap. 4, ſect. 4.

De la clauſe commiſſoire & de celle nommée addictio in diem.

La condition appoſée à ces deux eſpèces de vente venant à manquer, le ſeigneur ne peut exiger le quint, & même il doit le rendre s'il l'a perçu : tous les auteurs ſont d'accord ſur ce point. En voici quelques-uns ſur leſquels ils diffèrent.

Dumoulin confond abſolument ces deux clauſes ; il les regarde l'une & l'autre comme purément réſolutives ; enſorte que, ſuivant lui, la vente eſt pure & ſimple, mais ſeulement réſoluble par l'évènement. *Venditio ſtatim pura, ſed ſub conditione reſolvenda* (*). D'Argentré ſemble au contraire regarder ces clauſes comme des conditions ſuſpenſives ; en ſorte que, ſuivant lui, il n'y a point de véritable vente juſqu'à l'évènement de la condition : *res non vendita habeatur* (**). Ces deux juriſconſultes ſe ſont un peu écartés ſur ce point de la déciſion des loix romaines, qu'ils connoiſſoient cependant ſi bien l'un & l'autre. Je vais tranſcrire ces loix ; ce ſont les meilleurs guides que l'on puiſſe ſuivre dans la matière des contrats.

Si fundus commiſſoriâ lege venierit, magis eſt ut ſub conditione reſolvi, quàm ſub conditione contracti videatur (***).

Sub conditione contrahitur venditio, quæ ab

(*) Parag. 23.
(**) De Laud. parag. 5.
(***) Liv. 1, ff. *de lege commiſſoriâ*.

initio est conditionalis; sub conditione resolvitur, quæ ab initio pura est, exitu conditionalis (*).

Quoties fundus in diem addicitur, utrùm pura emptio est, sed sub conditione resolvitur, an verò conditionalis sit magis emptio, quæstionis est? Et mihi videtur veriùs interesse quid actum sit, nam si quidem hoc autem est, ut meliore allatâ conditione, discedatur, erit pura emptio, quæ sub conditione resolvitur; si autem hoc actum est, ut perficiatur emptio, nisi melior conditio offeratur, erit emptio conditionalis (**).

On remarque dans ces deux loix trois décisions bien précises : le pacte commissoire est toujours résolutif; *l'addictio in diem* est tantôt résolutive, tantôt suspensive. D'après cela, il est très-facile de décider la question de savoir si dans ces deux espèces de vente le seigneur peut exiger les Lods immédiatement après le contrat, ou s'il doit attendre l'évènement de la condition. Il est clair, suivant les loix que nous venons de rapporter, que le seigneur peut les demander immédiatement après la vente, lorsqu'elle est faite sous le pacte commissoire; qu'il en est de même de la clause nommée *addictio in diem*, si elle est conçue en termes résolutifs; & qu'au contraire il est obligé d'attendre l'évènement de la condition, si cette clause est suspensive : en effet, c'est l'opinion du savant annotateur de Boutaric, qui en cite plusieurs autres; cependant Dumoulin décide sans distinction, que les droits

(*) Godefroy, sur cette loi.
(**) Liv. 3, ff. *de in diem addiction.*

ſont dus immédiatement après la vente, *ſtatim quidem oriuntur & cedunt omnia illa jura, ſed reſolubiliter*. Voyez Livonniere, des fiefs, l. 3. c. 4. ſect. 4. §. 23.

Dumoulin ajoute un reſtriction à ſon avis : la condition venant à manquer, dit-il, il n'eſt rien dû au ſeigneur, *à moins que la jouiſſance de l'acquéreur n'ait duré pluſieurs années*.

Tout le doute qu'il y a, c'eſt de ſavoir quel temps doit avoir duré l'exécution de cette vente conditionnelle, pour donner lieu au payement des Lods (*). Dumoulin applique à ce cas la déciſion des coutumes, qui, en déclarant que les ventes à faculté de rachat, lorſqu'elles ſont faites à un temps bref, ne produiſent pas de Lods, limitent cette durée à un eſpace de trois ou de cinq ans. Mais, ne ſeroit-il pas plus naturel de ſuivre la règle générale, qui eſt, que les actes temporels où il n'y a qu'un ſimple tranſport de fruit, ne ſont réputés aliénation & ne donnent ouverture aux droits du ſeigneur, que quand l'exécution a duré dix ans. *Quòd ſi decennium excedit, pro venditione eſt, & locum Laudimiis facit.* D'Argentré, *de Laud.* §. 6; & même dans ce cas il ne ſeroit rien dû au ſeigneur ni pour la vente ni pour la réſolution, ſi les parties procédoient par la voie d'un ſimple diſtrat, c'eſt-à-dire, ſi le vendeur rendoit l'argent qu'il a reçu avec les intérêts, & l'acquéreur tous les fruits qu'il a perçus depuis la vente.

(*) L'annotateur de Boutaric, droits ſeigneuriaux, parag. 12, n. 20.

§. XVI. *Donations onéreuses.*

De toute aliénation qui se fait à titre onéreux, simple ou mixte, de vente, ou équipollent à vente, il est dû des droits aux seigneurs; c'est un principe incontestable : mais c'est une autre vérité également certaine, que toute donation accompagnée de charges & conditions, n'est pas toujours une aliénation qui puisse se confondre parmi les contrats onéreux.

Pour qu'une semblable donation puisse être définie un contrat mixte équipollent à celui de la vente, trois choses sont nécessaires.

Les charges & les conditions de la donation doivent premièrement être telles, qu'elles consistent en deniers, ou qu'elles puissent s'estimer & se réduire en deniers, & que la donation ait par ce moyen quelque trait qui lui donne quelque affinité avec le contrat de vente, dont le caractère essentiel est d'avoir un prix pécuniaire. Plusieurs auteurs certifient la nécessité de ce premier point, & aucun ne contredit.

Second point. Les seules charges qui sont imposées *de novo* par le donateur, font ouverture aux Lods & ventes; les charges qui étoient déjà établies sur l'héritage lors de la donation, ces charges anciennes avec lesquelles le donateur transmet l'héritage, ne rendent point la donation onéreuse, & n'autorisent point les seigneurs à demander des droits de ventes. Ce second principe est différemment écrit dans l'art. 117 de la coutume d'Orléans.

» Pour toutes donations, porte en termes for-
» mels ce texte de la coutume d'Orléans, d'héri-

» tages étans en censive à droits de ventes, ne » sont dues aucunes ventes au seigneur censier, » sinon que la donation fût faite pour récompense de services ou charges, *autres que celles » dont l'héritage seroit chargé lors de la donation*, » pour le regard desquelles autres charges de » nouvel apposées à ladite donation, *seulement* » ventes sont dues selon l'arbitrage de prud'» hommes «.

De Lalande dans son commentaire sur cet article, dit : » Il faut ici observer deux choses; » l'une, à l'égard des donations onéreuses; l'au» tre, par rapport aux rénumératoires; quant aux » onéreuses, l'on ne considère comme charges » d'une donation, que ce qui est imposé de » nouveau; car les anciennes charges d'un héri» tage, comme les rentes foncières & *autres » choses pareilles*, dont le donataire est chargé » par ladite donation, ne la rendent pas oné» reuse; ce n'est pas le donataire qui en est » chargé, mais l'héritage «.

C'est donc encore un principe, que les nouvelles charges attachées par le donateur à la donation, sont les seules qui puissent donner lieu aux droits des seigneurs. Encore est-il vrai de dire que les nouvelles charges ne sont pas toujours productives du droit de Lods. Il y a sur ce point une distinction qu'il est très-intéressant de connoître. Nous allons l'exposer, avec les autorités sur lesquelles elle est appuyée.

Sur les charges nouvellement imposées dans une donation, il y a une observation très-importante à suppléer aux réflexions de l'interprète de la coutume d'Orléans. De même que les charges anciennes, quelquefois & très-souvent ces charges nouvelles ne rendent point la donation onéreuse, & ne l'assujettissent point à la prestation des Lods & ventes. Si la charge nouvellement imposée profite au donateur, alors il en est dû pour raison de la charge jusqu'à concurrence de son objet. Par exemple, si le donateur stipule que le donataire lui payera une telle somme, qu'il lui achetera une certaine chose, qu'il lui fera une rente, ou qu'il payera en son acquit quelque dette étrangère à l'héritage dont il dispose, alors il est dû des Lods & ventes, parce qu'alors on peut appliquer à la donation la décision du jurisconsulte dans la loi 5. §. 1. *D. de præscriptis verbis. Si pecuniam dem ut rem accipiam, emptio venditio est.* Mais si la charge est stipulée en faveur d'un tiers, sans autres motifs de la part du donateur que de gratifier ce tiers & de le faire participer à la libéralité qu'il exerce; comme alors le donateur ne tire aucune utilité personnelle de la charge qu'il impose, comme alors cette charge n'est, à proprement parler, qu'un partage fait par le donateur de sa libéralité entre deux personnes, l'une présente & l'autre absente; il n'est rien dû pour ce partage de la donation; pour cette charge dont le donateur ne profite pas, & qui ne sauroit faire comparer à cet égard la donation à un contrat de vente.

En effet, quand la loi dit, *si pecuniam dem ut rem accipiam*, elle entend dire aussi, *si rem dem ut pecuniam accipiam*; sa décision est respective entre les deux contractans, & relative à eux seuls: il faut que l'un donne de l'argent, & que l'autre reçoive cet argent : en ce cas, c'est une vente, *emptio venditio est.* Mais quand le donataire se soumet à quelque charge que le donateur ſtipule dans le même eſprit dans lequel il fait ſa donation, c'eſt-à-dire, de libéralité, ſans intérêt perſonnel, ſans avantage direct ni indirect, la donation demeure donation ; elle a toute ſon étendue de la part du donateur, ſi elle ne l'a pas au profit du donataire. Le donateur donne tout, quoique le donataire ne reçoive pas abſolument tout ; le donateur eſt dépouillé de la choſe entière par ſa générosité, ſi le donataire n'en eſt pas entiérement revêtu au même titre. Ce n'eſt pas là le cas de la loi, *ſi pecuniam dem ut rem accipiam, emptio venditio eſt* ; c'eſt au contraire le cas de la loi 1. *D. de donat. cùm quis ita donat, & propter nullam aliam cauſam facit, quàm ut liberalitatem & munificentiam exerceat, hæc propriè donatio appellatur.* Que la donation ſoit plus ou moins lucrative au donataire, cette conſidération ne décide pas de la nature de la donation ; ce fait ſeul du donateur qui donne & qui ne reçoit rien, caractériſe, définit, & décide la donation.

Faut-il ſur cela d'autre autorité que celle du bon ſens ? On peut ouvrir le traité des donations entre vifs de M. Jean-Marie Ricard, partie première, chap. 4. ſection 3. gl. 1. nomb. 1101. Ce grand maître de la matière que nous traitons examine en cet endroit ſi une donation qui contient quelque charge peut avoir ſon effet ſans inſinuation ; & pour décider la queſtion, il fait les mêmes diſtinctions & poſe les mêmes principes que nous venons de propoſer. Quand la charge eſt en faveur d'une tierce perſonne, & que le donateur n'en profite pas, Ricard réſout que la donation eſt purement gratuite, & qu'elle eſt en conſéquence ſujette à toutes les formes requiſes pour la ſolennité des donations pures &

ſimples. Si la charge eſt au profit du donateur, Ricard décide que ce n'eſt pas une donation juſqu'à concurrence de la charge, mais que c'eſt une eſpèce de contrat ſans nom, *do ut des*, lequel, comme étant un contrat onéreux au donataire, doit avoir ſon effet ſans inſinuation, à proportion de ce que la charge ſera eſtimée, & que le ſurplus demeurera ſans exécution, comme participant de la nature des donations pures & ſimples. Quelle eſt la raiſon que Ricard rend de ces deux déciſions? *C'eſt*, dit-il en propres termes, *que pour juger de la qualité d'une donation, on conſidère particuliérement la perſonne du donateur.*

M. Henri Baſnage, dans ſon commentaire de la coutume de Normandie, a donné encore une déciſion ſi abſolue de notre queſtion, que l'on ne ſauroit ſe diſpenſer de l'indiquer ici.

Sur l'art. 171 de cette coutume, qui accorde aux ſeigneurs en vente de fief la 13e. partie du prix, Baſnage propoſe cette eſpèce, toute ſemblable à celle que nous examinons. » Si l'héritage étoit donné à » charge que le donataire donneroit quelque choſe » à un autre dont le donateur veut gratifier, celui » qui la reçoit par un pur motif de libéralité, le » treizième pourra-t-il être demandé de la ſomme » que le donataire eſt obligé de payer? Il faut, à » mon avis, dit Baſnage, diſtinguer ſi ce que le » donataire a été obligé de payer étoit une pure » libéralité du donateur; en ce cas, le treizième » ne ſeroit pas dû, puiſque ce ſeroit une dona- » tion pour laquelle les Lods & ventes ne peu- » vent être demandés. Si le donataire étoit » chargé d'acquitter le donateur de quelques dettes » légitimes, alors ce ſeroit en effet une vente » juſqu'à la concurrence de la ſomme à quoi mon- » teroient les dettes «.

Ainsi, nous pouvons arrêter pour troisième principe, qu'il est des charges nouvelles d'une donation, comme des charges anciennes, si ce donateur ne tire aucun profit de ces charges nouvelles, & qu'elles ne rendent pas non plus la donation un contrat sujet aux droits que les seigneurs peuvent prendre sur les contrats onéreux.

§. XVII. *Des donations avec pension au profit du donateur.*

Il n'est pas douteux d'abord que les termes dont les parties se servent dans un acte, ne décident jamais de sa nature.

Pour juger sainement de ce qu'il est en lui-même, & des effets qu'il doit produire, on doit plutôt s'attacher à sa substance, qu'aux expressions & à la forme & dénomination extérieures sous lesquelles il s'annonce, quand sur-tout il s'agit de l'*intérêt d'un tiers*, au préjudice duquel on l'a déguisé.

La loi première, au code *plus valet quod agitur, quàm quod simulate concipitur*, est garante de cette vérité : *rei veritas potiùs* (dit cette loi), *quàm scriptura perspicitur*.

De même, Dumoulin, dans son traité des fiefs, 33, glose 2, n. 65, qui s'explique en ces termes : *Non tam inspicitur forma & convenientia verborum, quàm virtus, effectus & convenientia pactorum, & maximè ubi agitur de prejudicio tertii.*

De même, Pontanus, sur l'article 79 de la coutume de Blois, tit. 7 : *de obventionibus feudalibus*, qui ajoute, *istud quidem verum est, quo ad ipsas partes, quæ in hoc convenerunt ; non quo ad alios qui ex illo contractu lædi possunt, ut in specie propositâ; quare ex contractu isto emptionis, licet alio nomine velato, Laudimias quinti deberi existimo, inspecto eo magis quod verè actum sit, quàm quod simulate conceptum.*

D'ailleurs, qu'est-ce qu'une vraie donation, selon la juste idée & l'exacte définition que les loix nous en donnent?

C'est (selon elles) une pure libéralité volontaire, *liberalitas nullo jure cogente facta*; c'est un acte qui n'admet d'autre cause, d'autre objet, d'autre motif que celui d'un bienfait qui n'est dicté que par la seule libéralité du donateur, qui n'est fondé que sur son affection pour le donataire: *propter nullam aliam causam facit* (dit la loi première, ff. de donat.), *quàm ut liberalitatem & numificentiam exerceat, propriè donatio appellatur.*

De là, la distinction des donations *pour récompense de service*, dont le donateur peut exiger le paiement, d'avec celles fondées sur des services qui n'engendrent aucune action, & qui, par cette raison, sont réputées vraies donations, pendant que les autres forment une espèce de contrat tout différent, appelé par le jurisconsulte, dans la loi 27, ff. de donat. *merces officii, merces laboris.*

De là, toutes les conventions qui, d'un côté, ne sont pas pures gratuites, & d'un pur profit de l'autre, ont été tirées de l'ordre des donations.

Ces principes incontestables, ainsi présuposés, quoiqu'une donation onéreuse soit marquée du nom de donation, qu'elle en ait extérieurement les livrées & la forme, dira-t-on (pour le peu qu'on le sonde dans sa substance & dans l'intention même des parties, qu'on en rapproche toutes les clauses de ces règles invariables) que cet acte a & porte en lui-même le caractère essentiel & propre à une vraie donation ?

Osera-t-on soutenir, sans se faire illusion, qu'il est purement gratuit d'un côté, & de pur profit de l'autre ?

Ce qui en fait l'objet, change à la vérité de maître, & passe, sous le nom apparent de donation, des mains du donateur en celles du donataire.

Mais ce changement n'est point *sans charge* pour l'un, *& purement gratuit* de la part de l'autre.

Par exemple, si la donation est faite à la charge d'une rente d'une pension viagère, comme cela arrive très-souvent, n'est-il pas évident que c'est pour s'assurer de ce revenu fixe, indépendant de tout évènement, & sans charge d'aucune répartition, que le donateur s'est exproprié : donc son motif déterminant n'a pas été de faire une libéralité, ni de marquer son affection pour le donataire.

Et par conséquent cet acte (quelque nom qu'on lui ait donné) n'est pas, dans la substance, une donation purement gratuite qu'on ait pu & dû affranchir des droits : *Propter enim nullam aliam causam facit, quàm ut liberalitatem exerceat, propriè donatio appellatur*, dit la loi ci-dessus citée.

§. XVIII. *Donation à la charge de payer les dettes du donateur donne-t-elle ouvertute aux Lods ?*

Le 2 d'avril 1772, *Mævia*, légataire universelle de *Sempronia*, fait une donation au profit de *Titius*

Titius & de *Titia*, à la charge de payer ses dettes & celles dont elle étoit chargée par le legs universel : la donation étoit de cinq maisons sises à Paris. Le fermier du domaine demanda des Lods & ventes ; Me. Berroyer consulté, répondit que les Lods étoient dus *au prorata* des dettes : voici ses raisons.

Il est vrai que les droits ne sont pas dûs d'une donation d'héritages à titre gratuit ; mais la maxime n'est pas moins certaine que quand elle est faite à titre onéreux, comme pour services estimables en argent, & qui auroient produit une action au donataire contre le donateur, ou à la charge de payer une dette du donateur ; les droits de quint ou de Lods sont dus jusqu'à concurrence de la charge imposée au donataire.

Plusieurs coutumes ont des dispositions précises dans le cas des donations pour récompense de services. Chartres, 121 ; Loudunois, chap. 14, art. 21 ; Senlis, 114 ; Tours, 147 ; Boulonnois, 50 ; Sedan, 47 ; Orléans, 117 ; & quoique la coutume de Paris n'en ait point parlé, on l'ose dire, c'est un droit commun ; c'est le sentiment des commentateurs des coutumes qui ne s'en expliquent pas : tels sont les commentateurs d'Anjou sur l'article 161, de Chopin dans ses notes marginales sur Paris, liv. 1, tom. 2, nomb. 3.

Quelques coutumes excèptent le cas de la donation faite à l'héritier présomptif. Nivernois, ch. 4, art. 33 & 34.

La coutume d'Orléans explique nettement les services & autres charges ; elle excepte les charges réelles de l'héritage.

Dans l'espèce, il est vrai, le contrat commence

par une donation, & non par une vente; mais; en chargeant le donataire de payer les dettes dont la donatrice étoit tenue à cause du legs universel des cinq maisons, il faut conclure que ce contrat finit par une vente des cinq maisons jusqu'à concurrence des dettes; la donation n'est donc que de ce qui est au-delà des dettes, & c'est cet excédent seul qui est exempt des profits.

On pourroit même à la rigueur examiner si ces dettes ne sont pas plus considérables que le profit, & conclure, *à parte præponderante*, que c'est une vente pour le tout, déguisée sous le nom de donation : la qualité d'un acte ne doit pas se déterminer par sa dénomination, qui n'est que pour frauder le seigneur.

Mævia, donatrice, fait la même chose que si, au lieu de donner en paiement aux créanciers du legs universel une partie des cinq maisons, elle les avoit données, à leur prière, à *Titius* & *Titia*, à la charge de payer ces créanciers; ce qui est une exception marquée par Dumoulin sur le §. 23 de l'ancienne coutume, numb. 37 *in fine*, contre ses résolutions précédentes, qui tendoient à décharger les donataires du droit de quint.

On peut faire trois objections, dont la solution suffira pour décider en faveur du seigneur d'une manière à n'en pouvoir douter.

On dira, 1°. que ce n'est point à la prière des créanciers que Mævia a fait cette donation; la réponse est, que cette inconstance est indifferente; qu'il suffit qu'elle ait chargé les donataires de les payer; qu'il n'est pas même nécessaire que cette charge, qui est une espèce de délégation qui caractérise vente l'acte en question, ait été acceptée par les créanciers; la délégation imparfaite n'étant pas moins que la parfaite une ſuite du contrat de vente, pour libérer le vendeur, principalement dans le cas du délaiſſement à un tiers de tous les biens qui compoſoient le legs univerſel, puiſque le légataire univerſel n'eſt tenu des dettes qu'à proportion des biens qu'il poſsède.

2°. On dira que Dumoulin ſuppoſe que les dettes égalent la valeur du fief; mais en ſéparant les dettes du legs univerſel, avec le profit que le légataire peut avoir, l'argument du tout à la partie n'eſt pas moins concluant.

3°. On objectera que la donation eſt une ſubrogation des donataires à la place de la légataire univerſelle, qui n'étoit point ſujette aux Lods pour les dettes dont le legs étoit chargé; qu'il faut tirer la même conſéquence en faveur des donataires, parce que la donation a la même exemption que le legs.

Si cette objection étoit bonne, il faudroit l'admettre dans le cas d'un héritier chargé des dettes de la ſucceſſion, qui feroit une donation aux mêmes charges; cependant il n'y a perſonne qui ne penſe que le donataire ſeroit en ce cas regardé comme un acquéreur d'hérédité, & que tout ce qu'il pourroit eſpérer de plus, ſeroit, qu'en faiſant la contribution des dettes ſur les effets mobiliers & ſur les rentes conſtituées, comme ſur les héritages ſujets aux droits ſeigneuriaux, il ne fût tenu des Lods & ventes que ſur le pied de ce que les héritagas auroient contribué aux dettes; il n'y a de différence, ſinon que les donataires des cinq maiſons ne pourroient être tenus des dettes comme la donatrice, ſinon juſquà la valeur des cinq maiſons; au lieu que le donataire de l'héritier ſeroit tenu au delà des forces de la succession, comme l'héritier; parce qu'il se sero chargé d'en acquitter le donateur.

Mais ces deux espèces ont un titre commun qui est l'universalité, sur laquelle on peut fonde une décision certaine, qui est, que quand il auroit quelque doute dans le cas de la donatio d'un corps certain, à la charge de payer les dette du donateur ou de son auteur, il n'est pas pos sible d'en faire lorsque le titre universel est trans féré à un tiers par un contrat coloré du titre d donation, soit de la part de l'héritier, soit de l part du légataire universel, qui est *loco hæredis* autrement il faudroit dire, que dans le cas de l succession *ab intestat*, ou dans la succession testa mentaire, on peut suppléer une substitution fidéi commissaire que le défunt n'a pas faite, en per mettant à l'héritier ou au légataire universel d mettre un étranger en sa place, avec autant d'a vantage qu'il en avoit à l'égard des seigneurs; c feroit introduire un nouveau genre de fraud qu'aucune coutume n'a approuvé.

La coutume d'Auvergne, tit. 16, art. 3, dé cide nettement la question dans le cas d'une do nation universelle ou de quotité, à la charge d payer des dettes; elle décide que les Lods & ventes en sont dus jusqu'à la concurrence de dettes; & Basmaison dit que telle donation es réputée vente.

Tel fut l'avis de Me. Berroyer; on ne peut rien ajouter aux raisons sur lesquelles il se fonde.

Le même Basmaison, sur cet article 3 d'Au vergne, observe un cas important: Si, dit-il, la donation étoit pure & simple, & que le don nant fût obéré ou chargé de créances hypothéquaires, & les biens donnés affectés au payement d'icelles lors de la donation, le donataire payant ces dettes & déchargeant ainsi les biens, ne sera point tenu des Lods envers le seigneur direct.

» Cette décision est vraie, dit Guyot; la raison » est, que ce payement est un accident de la pos- » session, & non la cause translative ni la con- » dition de la possession du donataire; cet acci- » dent arrive à tout détempteur, à quelque titre » qu'il le soit; pour opérer des Lods & ventes, » il faut que la cause, que la condition de l'acte » puisse former un prix & faire regarder l'acte » comme une vente déguisée : c'est *la cause* de la » donation *ex parte tradentis* qu'il faut avoir en » vue, pour savoir si les droits sont dus ou s'ils ne » sont pas dus «.

§. XIX. *Donation sous condition suspensive.*

Lorsqu'un immeuble est vendu ou donné sous une condition suspensive, de quel jour sont dus les droits seigneuriaux?

La réponse à cette question est écrite dans tous les ouvrages sur la matière; tous les feudistes sont d'accord que dans ce cas les droits seigneuriaux ne s'ouvrent que depuis l'avènement de la condition, & que jusque-là le seigneur dominant n'a rien prétendu. *In venditione conditionali*, dit Dumoulin (*de conditione propriâ silicet suspensione*), *non incipiunt deberi Laudimia, nisi conditione extinctâ...... etiam si, pendente conditione, procedatur ad traditionem & translationem dominii.*

D'Argentré examine la même question, celle

de ſavoir de quel jour cette vente conditionnel donne ouverture aux droits ſeigneuriaux. Voi ſa déciſion : *interim dùm in incerto eſt actus validitas pendet & in incerto eſt, ſive quoad co trahentes, ſive quoad dominos feudorum ideoq nulla interim jura dominis debentur.*

Il ſeroit facile d'accumuler les autorités ; ma que reſte-t-il à déſirer lorſqu'on trouve, ſur u point de juriſprudence féodale, Dumoulin d'Argentré réunis ?

Au ſurplus, eſt-il néceſſaire de recourir au autorités ſur la queſtion propoſée ? Le princi eſt auſſi certain que familier : c'eſt le change ment de propriétaire, la tranſmiſſion du fi d'une main à une autre qui ſeule donne ouve ture au quint. Ce droit n'échoit donc qu'à l'in tant où cette tranſmiſſion s'opère, & dans l ventes ou donations ſous une condition ſuſpe ſive, le fief ne change de main qu'au mome où la condition ſe réaliſe.

§. XX. *Des rentes.*

A l'égard des rentes conſtituées à prix d'arge & hypothéquées ſur l'héritage tenu en cenſive par l'ancienne coutume il étoit dû des vent pour leur conſtitution & pour leur rachat, ſuivan les articles 58, 59, 60, 61 & 63, qui furen ſupprimés par arrêt du 10 mars 1557, ſur l *retentum* duquel a été fait l'article 83, dont ſer parlé ci-après : ce qui eſt remarquable, c'eſt qu'i n'étoit rien dit du cas où ces rentes étoient hypo théquées ſur des fiefs, & s'il en étoit dû alor le quint.

Mais, quoi qu'il en ſoit, il eſt à préſent con

tant que pour telles rentes constituées il n'est jamais dû de droits seigneuriaux ni de leur constitution ni de leur rachat.

Quant aux rentes de bail d'héritage, voici quelle en est la jurisprudence.

Pour le bail d'héritage à rente foncière, il en est dû le quint ès fiefs, & les ventes ès censives dès le moment du contrat, sans attendre que la rente soit rachetée.

Mais pour le bail à rente foncière stipulée non rachetable, il en est bien dû le relief ès fief, mais il n'en est rien dû ès censives, puisque l'art. 88 ne donne les ventes qu'aux deux mutations marquées.

Mais aussi la rente foncière non rachetable est sujette aux ventes quand elle change de main par vendition ou transport, & qu'elle est rachetée ou amortie par le preneur, au lieu que celle qui est rachetable n'est jamais sujette aux ventes, ni quand elle est transportée à un autre, ni quand elle est amortie ; par cette différence, que la première tient lieu d'héritage, & que quand le bail en a été fait, il n'en a point été dû de ventes, au lieu que dans l'autre, les ventes ont été payées par le bail à rentes.

Quand un héritage est vendu ou adjugé par décret, à la charge d'acquitter le vendeur d'une rente constituée à prix d'argent, ou bien d'une rente de bail d'héritage rachetable, & icelle continuer à l'avenir, le quint ou les ventes en sont dus, non seulement à raison du prix contenu au contrat, mais aussi à raison du sort principal de telle rente, encore qu'elle ne soit pas pour lors rachetée.

Mais quand la rente que l'acquéreur est chargé

de continuer est foncière & non rachetable, & créée originairement sur le même héritage, alors il n'est pas dû de sort principal de telle rente, mais seulement du surplus du prix contenu au contrat; de sorte que, s'il n'y a point d'autre prix, il ne sera rien dû pour le transport que fait le preneur d'héritage, à la charge seulement de la continuation de la rente.

Nous venons de dire que la vente moyennant une rente rachetable donne ouverture aux Lods à l'instant même du contrat; tel est en effet le droit commun : mais il y a des coutumes qui imposent aux seigneurs l'obligation d'attendre que la rente soit rachetée, Meaux, art. 198; Saint-Jean-d'Angéli, titre du retrait, art. 3; & voyez Maichain, sur l'article 27 du titre des jurid. ch. 4 de cette coutume. Orléans, article 10, a la même disposition que le 198 de Meaux.

Anciennement on assimiloit la coutume d'Anjou à celle que nous venons de citer; on tenoit dans cette coutume, que le seigneur ne pouvoit éxiger les Lods qu'à l'instant du rachat de la rente: cette opinion a été proscrite par un arrêt du 17 avril 1601, dit l'arrêt du Bélay; il est rapporté par M. Louet, lettre L. somm. 18.

Pocquet de Livonniere, *traité des fiefs, liv. 3, chap. 3*, dit, que cet arrêt n'ayant pas été publié au Maine, on y est resté dans l'ancien usage; cet usage vient enfin d'être aboli pour cette province du Maine, comme pour l'Anjou, par un arrêt en forme de réglement, du 6 avril 1775 (*).

(*) *Voici cet arrêt :*

Louis, &c. Au premier notre huissier de notre cour de parlement, ou autre notre huissier ou sergent sur ce requis;

Cet arrêt juge que, dans la coutume du Maine, les baux à rente foncière stipulée rachetable en

---

savoir faisons, qu'entre le sieur Pierre le Nicolais, notre secrétaire & négociant à Laval, appelant des sentences de la seconde chambre des requêtes du palais, des 7 décembre 1769 & 8 février 1770, d'une part; & Jean-Bretagne-Charles-Godefroy, duc de la Trémoille & de Thouars, pair de France, prince de Tarente & de Talmont, comte de Laval, baron de Vitré, président-né des états de Bretagne, maréchal de nos camps & armées, intimé, d'autre part; & entre ledit sieur le Nicolais, demandeur en requête du 19 mars 1770, d'une part, & ledit duc de la Trémoille, défendeur, d'autre part: vu par notredite cour les sentences dont est appel, rendues en la seconde chambre des requêtes du palais, entre ledit duc de la Trémoille, d'une part, & par défaut contre ledit le Nicolais, d'autre part; la première du 7 décembre 1769, par laquelle, faisant droit sur la demande dudit duc de la Trémoille, ledit le Nicolais a été condamné à lui payer les droits seigneuriaux, dus pour raison de l'acquisition faite *à bail à rente foncière rachetable*, par ledit le Nicolais, du président de Rosnay, par contrat passé devant Bronod & son confrère, notaires à Paris, le 15 décembre 1768, de la terre & seigneurie de Bourgon, pour ce qui en relève du comté de Laval; ensemble les intérêts de la somme à laquelle lesdits droits se trouveroient monter, & aux dépens; la seconde, du 8 février 1778, par laquelle ledit le Nicolais a été débouté de l'opposition par lui formée à la sentence du 7 décembre précédent, & condamné aux dépens; la requête & demande dudit le Nicolais du 19 mars suivant, à ce que l'appellation & ce dont étoit appel fussent mis au néant; émendant, il fût déchargé des condamnations contre lui prononcées; au principal ledit duc de la Trémoille fût déclaré purement & simplement non recevable dans la demande contre lui formée aux requêtes du palais, aux fins de l'exploit du 20 mai 1769, ou en tout cas, il en fut débouté, sauf à exercer ses droits lorsqu'il y auroit lieu, aux termes des articles 137 & 172 de la coutume du Maine; ledit duc de la Trémoille fût condamné en tous dépens, tant des causes prin-

deniers par le contrat, sont sujets aux droits de Lods & ventes du jour du contrat, & avant le rachat effectif de la rente.

---

cipales que d'appel & demandes, sauf & sans préjudice audit le Nicolais, de ses droits, raisons & actions, & à prendre par la suite telles autres conclusions qu'il aviseroit: arrêt du 10 avril 1770, qui a appointé les parties sur l'appel, au conseil; & sur la demande en droit & joint: production dudit duc de la Trémoille, par inventaire du 7 mai 1769; production dudit le Nicolais, par inventaire du 3 juillet 1770; causes & moyens d'appel dudit le Nicolais, du 14 juillet 1770; réponse dudit duc de la Trémoille, du 27 novembre suivant, aux causes & moyens d'appel dudit le Nicolais; requête & demande dudit duc de la Trémoille, du premier avril 1775, à ce que, sans s'arrêter à la demande dudit le Nicolais, portée en sa requête du 19 mars 1770 dans laquelle il seroit déclaré non recevable, ou dont en tout cas il seroit débouté, faisant droit sur l'appel par lui interjeté des sentences des requêtes du palais, des 7 décembre 1769 & 8 février 1770, par l'arrêt qui interviendroit, l'appellation fût mise au néant, il fût ordonné que ce dont étoit appel sortiroit son plein & entier effet, & ledit le Nicolais fût condamné en l'amende ordinaire de 12 livres, & aux dépens des causes d'appel & demandes; au bas de laquelle requête est l'ordonnance de notredite cour *en jugeant*. Conclusions de notre procureur général; tout joint & considéré:

NOTREDITE COUR, faisant droit sur le tout, sans s'arrêter aux requêtes & demandes dudit Pierre le Nicolais, dont il est débouté, a mis & met l'appellation au néant, ordonne que ce dont est appel sortira son plein & entier effet; le condamne en l'amende ordinaire de 12 livres: faisant droit sur les conclusions de notre procureur général, ordonne que les sentences dont est appel & le présent arrêt seront lus & publiés, l'audience tenant en la sénéchaussée du Mans & des justices de Laval, & inscrits sur les registres de ladite sénéchaussée & desdites justices, pour *servir de réglement*: enjoint au substitut de notre procureur général en ladite sénéchaussée, de tenir la main à l'exécution du

Il existe, comme l'on voit, une différence très-notable relativement aux Lods & ventes, entre

présent arrêt, quant à la lecture & publication, & à l'inscription sur les registres; ordonne pareillement qu'à la requête de notre procureur général lesdites sentences dont est appel, & le présent arrêt, seront imprimés & affichés par-tout où besoin sera; sur le surplus des demandes, fins & conclusions, met les parties hors de cour; condamne ledit le Nicolais aux dépens des causes d'appel & demandes. Si mandons mettre le présent arrêt à exécution; de ce faire te donnons pouvoir. Donné en notredite cour de parlement le 6 avril, l'an de grâce 1775, & de notre regne le premier. Collationné, *Signé* JOLIMET. Par la chambre. *Signé* DUFRANC. Scellé le 15 avril 1775. *Signé* DURAND.

Ensuivent les sentences des requêtes du palais.

Extrait des registres des requêtes du palais à Paris.

Du 7 décembre 1769.

A tous ceux qui ces présentes lettres verront, les gens tenans les requêtes du palais à Paris, conseillers du roi en sa cour de parlement: salut. Savoir faisons, qu'entre messire Jean-Bretagne-Charles-Godefroy, duc de la Tremoille & de Thouars, pair de France, prince de Tarente & de Talmont, comte de Laval, baron de Vitré, président-né des états de Bretagne, brigadier des armées du roi, mestre-de-camp du régiment royal d'Artois, cavalerie, demandeur aux fins des lettres de *committimus* du 27 août 1768, & de l'exploit du 20 mai 1769, tendant à ce que le défendeur ci-après nommé soit condamné à payer au demandeur les droits seigneuriaux, dus pour raison de l'acquisition faite par ledit défendeur, de M. le président de Rosnay, par contrat passé devant Me Bronod & son confrère, notaires au châtelet de Paris, le 15 décembre 1768, de la terre & seigneurie de Bourgon, pour ce qui en relève du comté de Laval, ensemble les intérêts des sommes auxquelles lesdits droits se trouveront monter, & aux dépens; comparant par Mes Aubry & Deschiens, ses avocat & procureur, d'une part; & le sieur Pierre le Nicolais, négociant à

les rentes dont le rachat est stipulé, & celles qui sont non rachetables. Ce qui est singulièrement

---

Laval, défendeur & défaillant, d'autre part. La cour, en la chambre, a donné défaut, & pour le profit, faisant droit sur la demande de la partie d'Aubry, condamne le défaillant à payer à ladite partie d'Aubry les droits seigneuriaux, dus pour raison de l'acquisition faite par ledit défaillant du président de Rosnay, par contrat passé devant Bronod & son confrères, notaires à Paris, le 15 décembre 1768, de la terre & seigneurie de Bourgon, pour ce qui en relève du comté de Laval, ensemble les intérêts de la somme à laquelle lesdits droits se trouveront monter, & aux dépens; & sera la présente sentence exécutée nonobstant opposition ou appellation quelconques, & sans y préjudicier. Si mandons au premier des huissiers de notredite cour, sur ce requis, que la présente sentence il signifie & mette à exécution, pour ce qui est exécutoire dans la ville, fauxbourgs & banlieue de Paris, à l'exclusion de tous autres, & hors d'icelle à tous autres; de ce faire donnons pouvoir & commission. Donné à Paris, en la seconde chambre desdites requêtes, & sous le scel d'icelles, le 7 décembre 1769. Collationné. *Signé* FERRY. Contrôlé & signifié.

Extrait des registres des requêtes du palais à Paris.

Du 8 février 1770.

Entre le sieur le Nicolais, écuyer, secrétaire du roi, négociant à Laval, demandeur en requête du 20 décembre dernier, à fin d'opposition à la sentence de la cour du 7 du même mois, signifié le 12, & défendeur & défaillant, d'une part; & Jean-Bretagne-Charles-Godefroy, duc de la Trémoille & de Thouars, pair de France, prince de Tarente & de Talmont, comte de Laval, baron de Vitré, président-né des états de Bretagne, maréchal des camps & armées du roi, défendeur & demandeur en requête du 16 janvier dernier, comparant par Mes. Cailleau & Deschiens, ses avocat & procureur, d'autre part. La cour, en la chambre, a donné défaut, & pour le profit, déboute le défaillant de son opposition, & le condamne aux dépens; & soit signifié. Collationné. *Signé* FERRY. Contrôlé & signifié.

à remarquer, c'est que les premières prennent la nature des secondes par le laps de 30 ans, c'est-à-dire, que si le débiteur néglige pendant trente années d'user de la faculté de rachat, cette faculté s'éteint comme toutes les actions personnelles, la rente devient non rachetable, & en acquiert toutes les charges comme toutes les prérogatives. Guyot s'élève contre cette jurisprudence; mais la loi est écrite, c'est la disposition expresse de l'article 120 de la coutume de Paris, article dont l'autorité est d'autant plus considérable, qu'il est de nouvelle réformation; en voici les termes : *La faculté, donnée par contrat, de racheter l'héritage ou rente de bail d'héritage à toujours, se prescrit par trente ans entre âgés & non privilégiés.*

Dans les coutumes dont nous venons de parler, où le seigneur ne peut exiger les Lods que lorsque le débiteur de la rente rachetable a usé de la faculté de rachat, on demande si le seigneur est fondé à demander que le détenteur de l'héritage grevé de cette rente soit tenu de communiquer son contrat, & de prouver que la rente subsiste ? La question s'est élevée dans la coutume de Melun; elle a été jugée au profit du seigneur par arrêt du 14 avril 1708. Denisart rapporte cet arrêt aux mots Lods & ventes.

Les rentes de cette espèce se divisent en deux classes, celles qui sont rachetables par la convention, & celles qui sont rachetables par l'autorité de la loi. Nous n'avons plus rien à dire sur les premières; les secondes exigent quelques développemens.

Il existe en effet des ordonnances qui permettent de racheter les rentes foncières assises sur les maisons des villes murées, nonobstant toutes stipulations contraires, c'est-a-dire, quand même ces rentes seroient stipulées non rachetables; ces ordonnances sont des années 1441, 1539 & 1551.

Ces ordonnances parlent en général des rentes foncières sans distinction. Lorsque postérieurement on rédigea la coutume de Paris, en 1580, on modifia leurs dispositions par l'article 121, qui porte : *Ce que dessus n'a lieu ès rentes de bail d'héritages sur maisons assises en la ville & fauxbourgs de Paris, lesquelles rentes sont à toujours rachetables, si elles ne sont les premières après le cens & fonds de terre.*

Nul doute que ces rentes rachetables par l'autorité de la loi sont soumises aux mêmes règles que celles dont le rachat a été stipulé par les parties : ainsi, toutes les fois que le propriétaire d'une maison de ville l'aliène moyennant une rente foncière, le seigneur a le droit d'exiger les Lods & ventes, quand même la faculté de racheter cette rente ne seroit pas stipulée dans le contrat. Il y en a plusieurs arrêts, & c'est la décision de Pothier, dans son introduction au titre des fiefs de la coutume d'Orléans, n. 150. Il n'importe, dit cet auteur, que la rente soit rachetable par la convention portée au bail ou par la loi, telles que sont les rentes créées par baux de maisons de ville; car si dans ces baux la faculté de racheter la rente n'est pas expressément stipulée, c'est qu'il est inutile de stipuler ce que la loi permet; mais la volonté de libérer son bien, lorsqu'on en aura la commodité, étant naturelle & devant toujours se présumer, ces baux ne doivent pas moins être censés des aliénations à prix d'argent, à raiſon de la ſomme pour laquelle la rente eſt rachetable, tels que le ſont les baux faits avec la convention expreſſe de racheter la rente; on peut même dire qu'ils ſont, en plus forts termes, baux à rente rachetable, puiſque la faculté de racheter ces rentes ne ſe peut preſcrire; néanmoins Livonniere eſt d'avis contraire. Voyez ſon traité des fiefs, liv. 3, ch. 3.

Cette juriſprudence qui donne les Lods au ſeigneur toutes les fois qu'une maiſon de ville eſt aliénée moyennant une rente foncière, quand même cette rente ne ſeroit pas ſtipulée rachetable, a fait naître deux queſtions très-intéreſſantes.

1°. Les ſeigneurs ont prétendu que la modification portée en l'article 121 de la coutume de Paris, n'a lieu que pour les rentes foncières ſeigneuriales, c'eſt-à-dire, pour le ſurcens dû au ſeigneur; de manière qu'une rente foncière, lors même qu'elle eſt la première après le cens, donne ouverture aux Lods, toutes les fois qu'elle n'appartient pas au ſeigneur de l'héritage.

2°. De leur côté, les propriétaires de maiſons prétendent que cette même modification portée en l'article 121 de la coutume de Paris, doit être regardée comme une dérogation aux ordonnances antérieures, & comme formant le droit commun du royaume. Suivant eux, non-ſeulement dans la ville de Paris, mais dans toutes les autres, la rente première après le cens eſt affranchie des Lods.

Ces deux queſtions méritent d'être approfondies : commençons par la première.

Suivant l'article 121 de la coutume de Paris, les rentes foncières ſur maiſons aſſiſes en la ville & fauxbourgs de cette ville, quoique ſtipulées non rachetables, peuvent néanmoins être rachetées à la volonté des débiteurs, *si elles ne sont les premières après le cens & fonds de terre.*

De ces derniers mots naît une question très-intéressante, celle de savoir ce que la coutume entend par ces rentes *premières après le cens*, si son intention est de déclarer non rachetables toutes les rentes foncières indistinctement, toutes les fois qu'il n'en existe pas d'autres sur la maison qui en est grevée, ou bien si ce privilége est restreint aux seules rentes dues aux seigneurs, au seul surcens seigneurial.

On peut établir par les raisons suivantes, que, pour qu'une rente de cette espèce soit non rachetable, il ne suffit pas qu'elle soit la première après le cens, il faut en outre qu'elle soit seigneuriale & due au seigneur de l'héritage.

Cet article 121 (ajouté lors de la réformation de la coutume en 1580, avec les articles 120 & 122) contient deux dispositions.

L'une, générale, qui, en dérogeant à l'article 120, assujettit indistinctement au rachat toutes rentes de bail d'héritages sur les maisons de la ville & fauxbourgs de Paris.

Ce que dessus n'a lieu (dit d'abord notre article) *ès rentes de bail d'héritages sur maisons assises en la ville & fauxbourgs de Paris, lesquelles sont à toujours rachetables.*

L'autre, particulière, qui excepte de cette loi générale du rachat les premières rentes après le cens & fonds de terre.

Si elles ne sont (ajoute le même article) *les premières après le cens & fonds de terre.*

De sorte que quiconque voudra servilement s'attacher au sens littéral que cette dernière dis-

position

position présente, d'abord à l'esprit, & ramper sur la lettre, sans s'élever jusqu'aux sources où les réformateurs ont puisé ce nouvel article de coutume, & percer jusqu'à l'esprit qui l'a entièrement formé, elle s'égarera jusqu'au point de se figurer que c'est assez qu'une rente assise sur une maison de la ville & fauxbourgs de Paris, ait été stipulée foncière & non racherable, & se trouve par hasard la première qui soit due *après le cens*, pour mériter la faveur de tomber dans le cas de l'exception de la seconde partie de cet article, & être affranchie de la loi du rachat généralement établie par la première partie.

Mais quand les termes d'une loi sont équivoques, & que, par un défaut d'expression, ils présentent un sens contraire à son esprit, que faut-il faire pour l'interpréter, & quelle route doit-on suivre pour en pénétrer le vrai sens?

Il faut alors, suivant les règles adoptées par tous les interprêtes, en peser tous les termes, juger de ses dispositions par les motifs & par toute la suite de ce qu'elle ordonne, toujours préférer au sens étranger d'une expression défectueuse, celui qui paroît d'ailleurs évident par l'esprit de la loi entière; en un mot, marier, pour ainsi dire, & tellement concilier la lettre de la loi avec ses motifs & son esprit, que l'explication qui en résulte ne cause aucun divorce entre eux.

Pourquoi d'abord cet article a-t-il été ajouté lors de la réformation de la coutume? Et quel est le motif qui a déterminé les réformateurs à soumettre indistinctement, par sa première partie, toutes les rentes de bail d'héritages assises sur les maisons de la ville & fauxbourgs de Paris, à la loi indispensable du rachat?

Tout leur objet s'eſt porté à graver dans la coutume les diſpoſitions des anciennes ordon-nances de nos rois & la juriſprudence des arrêts intervenus depuis, & à pourvoir d'une manière plus marquée à l'ornement & à la décoration de la capitale du royaume, en invitant les proprié-taires des maiſons à les embellir, par l'affranchiſ-ſement d'une ſervitude qui, ſans cette prudente précaution, n'eût pas manqué de les en dégoûter, en les réduiſant pour toujours à la condition d'un locataire ou d'un fermier, *ne ruinis aſpectu urbis deformetur.*

Dans quel eſprit & par quelle raiſon ont-ils excepté de cette loi générale du rachat, par la ſeconde partie du même article, *les premières rentes après le cens ?*

C'eſt la faveur des rentes ſeigneuriales qui s'impoſent avec le cens par le ſeigneur direct, *pro reditu & emolumento*, dans le bail à cens, qui a déterminé cette exception, & dont la mo-dicité ne peut jamais détruire le principe ſur le-quel cet article de coutume eſt fondé.

Où paroît-il que les anciennes ordonnances de nos rois ont ſervi de modèle aux deux diſpoſi-tions de cet article, & qu'on en a puiſé le texte & l'eſprit dans ces ſources ?

C'eſt dans le ſuffrage des auteurs, le texte de ces ordonnances, la juriſprudence des arrêts ren-dus en conſéquence, que cette vérité ſe découvre.

Ce n'eſt pas un point conteſté parmi les com-mentateurs de la coutume, que l'article dont il s'agit, ait été tiré des anciennes ordonnances de nos rois.

Tous conviennent unanimement, & ſur-tout *Brodeau & Auzannet*, qu'il a été ſingulièrement formé & rédigé sur l'article 18 de l'ordonnance de Charles VII, de 1441, & sur celle d'Henry II, du mois de mai 1553.

Les plus célèbres d'entre eux ne sont pas aussi divisés sur le vrai sens qu'on doit donner à la seconde partie de cet article de la coutume.

Ils sont d'accord que la seconde exception de cet article (*si elles ne sont les premières après le cens & fonds de terre*) ne doit s'entendre que de la *première rente* seigneuriale, connue sous le nom de *surcens* dans certaines coutumes, qui s'impose avec ou après le *cens* dans le contrat de bail à cens par le seigneur direct, & qui, suivant le langage de Dumoulin, *est cœva censui.*

C'est la doctrine uniforme de René Chopin, Guérin, Carondas, Tourner, Brodeau, Auzanner, des commentateurs de Duplessis sur cet article, & de M. Claude de Mornac, sur la loi première, au code *sine censu*, dont, pour abréger, nous ne résumerons ici que le commentaire de Guérin, parce qu'il exprime nettement & d'une manière énergique le vrai sens dans lequel tous ces auteurs ont interprété la seconde partie de cet article. ....

Voici comme il s'explique dans son commentaire latin sur ce même article: *Qui prædii dominus feudalis est, hic prædium in censum dare potest*; il parle d'abord du seigneur direct, qui a seul le droit de pouvoir donner un héritage à cens.

Sed qui dominus non est, in censúm dare non potest, sed tantùm in reditum fundiarium; il désigne ensuite le censitaire, qui peut bien donner à rente foncière l'héritage déjà chargé de cens par le seigneur direct, mais non à cens.

Adeò ut, continue cet auteur, en répétant ce termes de notre article (*si elles ne sont les premières après le cens & fonds de terre*), *sic intelligantur hæc verba, primum reditum à domin feudali constitutum redemptioni non obnoxium esse*.

Par-là, il explique l'ambiguité de ces termes, il ne les adapte qu'à la première rente seigneuriale, *primum reditum à domino constitutum*, & i décide que c'est la seule qui est exceptée de la lo générale du rachat, établie par la première parti de l'article.

Quelle raison en rend-il? La même que tou les autres commentateurs ci-dessus cités.

C'est parce que (ajoute-t-il) *primus ille reditus, seu surcens, quid redolet dominii directi*.

C'est que cette première rente seigneurial émane de la directe, & participe en quelqu sorte à sa nature; c'est la noblesse de son origin qui l'affranchit de la loi générale du rachat, établi par la première partie de cet article pour toute les autres rentes foncières, & *ideò*, continue-t-il *invito domino reditus redimi non potest*.

Il ne s'en tient pas même à cette première ex plication; il va jusqu'à proposer, en termes exprè la question que nous examinons; il demande si l rente imposée par un autre que le *seigneur dire & censier*, tel que le censitaire même, est sujet à rachat?

Sed si ille qui in reditum à domino censuari accepit, idem prædium alteri concedat eâ lege u reditum præstet; voilà précisément l'héritage charg de cens que le censitaire aliène, à la charge pou lui d'une rente foncière.

Que décide-t-il encore? Que cette rente, ain créée par le *censitaire* depuis la concession à cens eſt rachetable, parce qu'elle eſt étrangère à la cenſive, & que celui qui l'a impoſée n'eſt que le *ſeigneur utile* du fonds ; *hic ſecundus reditus* (répond cet auteur) *redimi poteſt, quia nihil ex cenſu trahit, & nihil directi dominii habet.*

Cette explication, puiſée dans l'eſprit du légiſlateur, formée du rapport & de l'union de toutes les parties de la loi avec ſes motifs, qui ne met aucun divorce entre ſes termes & ſon eſprit, généralément adoptée par les plus célèbres auteurs, conforme, en un mot, à toutes les règles établies pour pénétrer le vrai ſens d'une loi ambiguë & obſcure par un défaut d'expreſſion.

Cette explication (diſons-nous) n'a pas ſeulement l'avantage d'être accréditée & ſoutenuë du ſuffrage unanime des plus célèbres auteurs, elle a encore le mérite éminent d'être parfaitement conforme à l'eſprit & au texte des anciennes ordonnances, d'où notre article tire ſa naiſſance, & à la juriſprudence des arrêts de la cour, qui l'ont encore ſcellée de leur autorité.

Que l'on ſe procure en effet ces ordonnances, on y verra par-tout, que depuis le treizième ſiècle, nos rois, toujours conduits par le même eſprit, ont d'abord porté leur attention à libérer *les maiſons de la ville & fauxbourgs de Paris, de toutes les rentes perpétuelles & foncières*, & à les affranchir de ce joug *de perpétuité* qui pouvoit en faire négliger l'ornement.

Qu'ils ont enſuite accueilli du même privilége toutes les autres villes du royaume, ſans excepter, comme notre article, de cette loi générale du rachat prononcée contre toutes les rentes foncières aſſiſes ſur les maiſons des villes, que celle impoſée par le *ſeigneur direct par le bail à cens*, c'eſt-à-dire, la première rente seigneuriale après le cens, qui, par sa nature, méritoit cette distinction, & dont d'ailleurs la modicité ne pouvoit détruire le motif & l'esprit de leurs réglemens, ni faire obstacle à leur effet.

Philippe-le-Bel est le premier de nos rois qui, par une ordonnance de l'an 1304, permit aux propriétaires des maisons de la ville & fauxbourgs de Paris, de racheter les rentes dont leurs maisons étoient chargées.

Charles VII, attentif, comme il l'annonce en termes exprès par le préambule de son ordonnance, *au bien de la chose publique, parement & décoration de la ville de Paris*, confirma, en 1441, celle de Philippe-le-Bel, & défendit expressément par l'article 13 de ce réglement, de charger d'aucunes rentes les maisons de la ville & fauxbourgs de Paris, au delà du tiers de leur valeur.

Le roi François I, en 1539, en ajoutant à ces anciennes ordonnances, étendit leurs dispositions *à toutes les villes du royaume*, par son ordonnance donnée à Compiegne au mois d'octobre 1539, & assujettit *indistinctement* au rachat toutes les rentes dont les maisons des cités, villes & fauxbourgs du royaume se trouveroient chargées.

Henri II, par son ordonnance du mois de mai 1553, en confirmant la disposition générale & indéfinie portée par celle de François I, ordonne pareillement, sans distinction, le rachat de toutes les rentes sur les maisons des villes du royaume, & n'excepte de cette loi générale que *les cens & rentes dus aux seigneurs* en faveur de leur seigneurie directe.

Dans cette ordonnance, comme dans l'article 18 de celle de Charles VII de 1441, qui, de l'aveu de tous les commentateurs, ont toutes deux été le canevas sur lequel on a tracé l'article 121 de notre coutume ; on y découvre encore une explication bien claire de la seconde partie de notre article, & en même temps une distinction bien formelle de la *première rente seigneuriale*, exceptée par la coutume, d'avec toute autre rente qui n'a pas la même faveur.

L'ordonnance de 1441 s'explique ainsi dans l'article 18 : *Toutes rentes constituées par accensement, après le premier accensement ou autres rentes, seront rachetables.*

L'ascensement, suivant Me Eusèbe de Lauriere, dans son glossaire du droit françois, étoit un terme générique, qui, dans le temps où cette ordonnance fut publiée, s'appliquoit *indistinctement* aux baux à cens & à rentes ; & on ne distinguoit alors le bail à cens, qui n'appartient qu'au seigneur direct du fonds, que par la dénomination spécifique de *premier accensement*, qui lui étoit particuliérement propre.

Selon la juste idée que l'on doit se former des termes dans lesquels cette ordonnance est conçue, *le premier accensement* ne peut s'entendre *que du bail à cens*, qui ne convient qu'au seigneur direct, dans lequel le surcens ou la première rente seigneuriale s'impose.

L'article 18 de cette ordonnance n'excepte de la loi générale du rachat, qu'elle prononce contre toutes les rentes créées par *accensement*, c'est-à-dire, suivant le langage de cet ancien temps, contre toutes les rentes *foncières & de bail d'héritage*, que celles créées par *le premier accensement*, c'est-à-dire par *le bail à cens*, qui n'est susceptible, outre le cens, que du *surcens* ou première rente seigneuriale.

D'ailleurs, tous les commentateurs conviennent que c'est singuliérement sur cet article d'ordonnance qu'on a tracé l'article 121 de la coutume.

Par-là, la prétendue ambiguité de la seconde disposition de notre article est développée; & il est conséquent qu'elle ne peut s'appliquer qu'à la première rente seigneuriale, dès qu'il est démontré que l'article de l'ordonnance d'où il a été tiré fait la même distinction, & n'excèpte du rachat que la première rente seigneuriale.

Cette vérité se manifeste encore plus par l'ordonnace de Henri II, du mois de mai 1553, qui, après avoir ordonné, sans distinction, le rachat de toutes les rentes assises sur les maisons des villes du royaume, s'explique en ces termes:

Délaissant seulement lesdites maisons & autres choses susdites, pour cens & rentes jusqu'à douze deniers, si de moindres sommes n'étoit la charge, qui demeureront pour la connoissance de la seigneurie directe, droits & devoirs seigneuriaux envers ceux de qui elles sont tenues; auxquelles ne voulons ni entendons aucunement préjudicier; ains, de laisser leur seigneurie directe *& ce qui en dépend en son entier.*

Cette disposition n'a pas besoin de commentaire; on ne peut exprimer & désigner la première rente seigneuriale qu'elle excepte ainsi de la loi du rachat, d'une manière plus précise que par ces derniers termes, *& ce qui en dépend.*

En sorte qu'il faut fermer les yeux à l'évidence, pour ne pas se convaincre qu'il y a, entre le sentiment des auteurs, l'esprit & le texte des ordonnances, un concert & une harmonie parfaite, pour n'appliquer qu'à la première rente seigneuriale la seconde partie de l'article 121.

La jurisprudence des arrêts a encore souverainement consacré dans tous les temps, soit avant, soit depuis la réformation de la coutume, cette exception établie par les ordonnances en faveur de la première rente seigneuriale créée par le bail à cens.

Entre un grand nombre rapportés par Brodeau sur M. Louet, lettre R, sommaire 32, n. 2 & 4, & par les commentateurs de Me Claude Duplessis sur cet article, on en remarque deux des 10 février 1572 & 29 mars 1575, rendus avant la réformation de la coutume.

Deux autres rendus depuis en la grand'chambre; l'un, sur les conclusions de *M. l'avocat général Servin*, du 24 novembre 1605; l'autre, sur celles de *M. l'avocat général le Bret*, du 9 avril 1612, vulgairement appelé l'arrêt *de Martinot*, qui tous, d'un esprit uniforme, n'ont excepté que la *première rente seigneuriale* de la loi générale du rachat, à laquelle les ordonnances & la coutume ont successivement assujetti toutes les autres rentes foncières assises sur les maisons des villes.

Mais, sans charger cette dissertation du détail de ces autorités qui meneroient trop loin, arrêtons-nous à un arrêt plus récent encore, & dont les circonstances prouvent que la cour ne s'est jamais écartée de la juste interprétation que la sentence dont est appel a suivie.

La coutume d'Orléans a été réformée dans le même temps & par les mêmes commissaires que celle de Paris.

L'article 270 de cette coutume est rédigé dans

les mêmes termes & dans le même esprit que l'article 121 de notre coutume.

Pareille question s'y est agitée au sujet d'une rente de la même espèce que celle-ci, stipulée comme elle non rachetable, seule imposée sur une maison de la ville de *Péthiviers*, située dans l'étendue de la coutume d'Orléans, & par conséquent soumise à ses dispositions.

Cette question très-intéressante a donné lieu à un arrêt célèbre, dont voici le fait & un abrégé des moyens respectifs des parties.

Le 22 mars 1711, Charles Raisin, maître serrurier de ressorts à Paris, & Marie Lefebvre sa femme, acquirent des sieur & dame Prevot de la Prevotiere, une maison sise à Paris grande rue du fauxbourg saint Antoine, où pend pour enseigne la ville d'Anvers, ci-devant la gerbe d'or, en la censive du roi, à cause de sa grande chambrerie.

Trois clauses, 1°. de payer à l'avenir par les acquéreurs les cens & droits seigneuriaux qui pourroient être dus. 2°. De faire incessamment, au plus tard dans trois ans, construire à neuf, de leurs deniers & sans aucun emprunt, le corps de logis de devant ou de derrière de ladite maison, de la même grandeur & structure qu'ils étoient alors. 3°. De payer solidairement aux vendeurs, à perpétuité, aux quatre quartiers de l'an accoutumés, également 1500 livres de rente foncière de bail d'héritage, non rachetable, au payement de laquelle la maison demeurera affectée & hypothéquée par privilége, & généralement tous les autres biens des acquéreurs, déclarent, les vendeurs, qu'ils cèdent aux acquéreurs tous leurs droits de propriété, s'en dessaisinant, &c.

Le 31 décembre 1732, assignation en la chambre du domaine, à la requête du receveur, à Raisin & sa femme, pour exhiber le contrat, payer 2533 livres 15 sous pour les droits d'ensaisinement de Lods & ventes, & amende, & aux intérêts & aux dépens.

Pour défense, la veuve Raisin propose l'article 121 de Paris, & dit que la rente étoit la première après le cens.

Le 19 mai 1733, sentence contradictoire qui condamne la veuve Raisin à payer les Lods & ventes, aux intérêts & aux dépens.

Appel par la veuve Raisin; appointement au conseil au rapport de M. Cotte de Champeron.

De la part de la veuve Raisin, deux propositions.

La première, il n'est pas dû de Lods & ventes du bail à rente du 22 mars 1711; cette rente n'étant pas stipulée rachetable, les Lods & ventes ne sont dus que d'un contrat de vente ou équipollent à vente, & dans lequel il y a un prix certain.

La seconde, il n'est pas dû de Lods & ventes, parce que cette rente n'est pas rachetable.

Preuves de la première proposition.

Le bail d'un immeuble à la charge d'une rente qui n'est pas stipulée rachetable, ne produit pas de Lods & ventes dans la coutume de Paris & ses semblables, parce que le contrat n'est pas une vente, & n'équipolle point à la vente. Par la même raison, un pareil contrat ne donne lieu ni à l'un ni à l'autre retrait. Les articles 23 & 78 parlent d'un bail à rente stipulée rachetable, parce que cette ſtipulation fait que ce contrat équipolle à vente. Le ſieur le Riche, fermier, convient de ce principe, que le bail à rente foncière ne produit point de droits; il objecte ſeulement, que, ſuivant l'article 121, les rentes ſur les maiſons de la ville & fauxbourgs de Paris ſont à toujours rachetables; d'où il conclut qu'il eſt dû droits de Lods & ventes. Mais quoique l'article diſe que les rentes ſur les maiſons ſont rachetables, il ne s'enſuit pas qu'elles doivent des Lods & ventes, quand elles ſont ſtipulées non rachetables. Ce privilége accordé aux habitans de Paris ne doit pas tourner à leur préjudice; ce privilége n'a pas changé le droit commun de ne pas payer les Lods & ventes de rentes ſtipulées non rachetables, il n'eſt pas accordé en faveur des ſeigneurs féodaux; ce privilége a eu pour motif la décoration des villes & l'embelliſſement des maiſons; cela n'a point de rapport aux droits ſeigneuriaux. Le rachat d'une rente foncière due ſur une maiſon de ville ne ſe fait pas en vertu d'une convention, c'eſt en vertu d'un privilége accordé aux habitans de Paris, qui ne change rien à la nature de la rente foncière ſtipulée non rachetable. C'eſt pourquoi l'acte en queſtion ne peut être regardé comme une vente; il ſe peut faire que la rente ne ſoit jamais rachetée; les habitans ne ſont pas tenus d'uſer de ce privilége. Chopin, ſur Paris, livre 1, tit. 3, n. 14, décide que la faculté de rachat d'une rente foncière ne produit point de droits quand elle eſt accordée par la loi ou par la coutume qui forme un droit public; il obſerve qu'il faut différencier une faculté accordée & conſentie par le contrat, & ce que la loi publique accorde; la convention de rachat ne concern que les contractans seuls; la faculté accordée par la loi, est à l'avantage de tous : par cette raison, les droits seigneuriaux cessent dans ce dernier cas; cette différence est si grande, que la faculté consentie se prescrit par trente ans; celle établie par l'ordonnance ne se prescrit jamais.

Preuves de la seconde proposition.

Non seulement la rente en question n'est pas stipulée rachetable, au contraire, elle n'est pas sujette au rachat auquel les rentes dues sur les maisons sont sujettes, parce que cette rente est *la première* après le cens, & n'est précédée d'aucune autre; par conséquent elle est dans l'exception de la seconde partie de l'article 121. Le sieur le Riche prétend que cette exception n'a lieu que pour les rentes dues aux seigneurs; mais la coutume ne distingue point les rentes créées par le contrat de bail à cens; elle comprend généralement toutes les rentes de bail d'héritages dues sur les maisons des ville & fauxbourgs de Paris, par quelques personnes qu'elles soient dues, pourvu qu'elles soient les premières après le cens & fonds de terre : l'article 121 emploie les mots *rente de bail d'héritage* aussi indistinctement que les autres articles qui en parlent. Par exemple, l'article 87 parle du bail d'héritage, pour signifier la rente foncière non rachetable; il ne s'agit point dans cet article d'une rente seigneuriale : l'article 33 emploie le même terme de bail à rente pour signifier la rente due à un particulier : ces termes de la coutume, *rentes de bail d'héritage*, ne conviennent donc pas, dans le sens de la coutume, aux rentes seigneuriales;

les rentes dues aux ſeigneurs s'appellent *droit ſeigneuriaux*, *cens*, *fonds de terre*; la coutume, article 121, en eſt la preuve: il n'y a point de rente ſeigneuriale première ou plus ancienne; elles ne peuvent s'établir que par le bail à cens. Si l'on pouvoit comprendre ſous ces mots *rente de bail d'héritage*, les rentes dues au ſeigneur, il ſeroit du moins certain que les rentes dues aux particuliers ſeroient auſſi compriſes ſous ces termes. La coutume ayant, dans la première partie de l'article, parlé des rentes dues aux particuliers; dans la ſeconde, qui eſt une exception de la première, elle parle auſſi des rentes dues aux particuliers. Les anciennes ordonnances n'ont point fait de diſtinction d'une rente première due au ſeigneur, & d'une rente due à un particulier. L'ordonnance de 1441, faite par Charles VII après avoir chaſſé les Anglois de Paris, ne diſtingue point. Dans l'article 16, le terme accenſement comprend toutes ſortes de rentes dont une maiſon peut être chargée : donc les termes de cette ordonnance conviennent à toutes rentes foncières créées ſur les maiſons.

L'article 25 de cette ordonnance excèpte les premières après le cens : c'eſt ſur cet article que le 121 de Paris a été tracé ; cet article 25 de l'ordonnance ne diſtingue pas ; les termes le démontrent : *les rentes conſtituées après le fonds de terre par accenſement* : cela même ne peut convenir à la rente due au ſeigneur, qui eſt conſtituée par le contrat de bail à cens, & non après. Dumoulin, ſur l'article 58 de l'ancienne coutume, n. 65, dit, que toute rente ſur maiſon eſt rachetable, *niſi creditor probet fundiarium immediatè poſt jus clientelare cenſuale domini directi*, *per concessionem fundi creatum, per privilegia urbis, & constitutionem Caroli septimi super redemptione redituum.* Loiseau, du déguerpissement, l. 5, ch. 9, ne distingue pas non plus, *idem.* Tronçon, sur l'article 121, qui rapporte l'arrêt du 26 novembre 1620; l'arrêt de 1612 n'a pas d'application, la rente étoit stipulée rachetable. Par arrêt du grand conseil du 21 mai 1715, la communauté de saint François de Sales, réunie à saint Denis de la Charte, a été déboutée de sa demande à fin de payement de Lods & ventes sur une maison & marais du fauxbourg saint Antoine.

La question approfondie de part & d'autre, comme on vient de le voir, est intervenu arrêt le 18 janvier 1737, qui, en infirmant la sentence du domaine, a déchargé la veuve Raisin des condamnations contre elle prononcées, avec dépens.

Sur la deuxième question énoncée plus haut, celle de savoir si l'article 121 de la coutume de Paris doit être regardé comme dérogeant aux ordonnances & formant le droit commun du royaume. La jurisprudence a adopté la négative. Voici les motifs & les monumens de cette jurisprudence.

La maxime capitale dont il ne faut point s'écarter dans cette matière, est, qu'il n'est jamais question à l'égard de toutes les villes du royaume, à l'exception de celle de Paris, de distinguer les rentes foncières premières après le cens, ou secondes après le cens. Toute rente foncière, quelle qu'elle soit, est toujours rachetable, quoi qu'elle soit stipulée non rachetable, si elle est établie sur une maison de ville du royaume. Toutes les ordonnances sont précises sur ce point; par conséquent toute aliénation d'une maison de ville, à la charge d'une rente foncière stipulée non rachetable, donne ouverture au droit de Lods & ventes à l'instant même du contrat.

Il n'y a d'exception que pour la ville de Paris; cette exception ne rend irracquitable que la rente première après le cens, & il n'y a que cette rente première après le cens dont l'aliénation est chargée, qui ne donne point ouverture aux droits seigneuriaux. Il n'y a que l'aliénation même de la rente qui puisse produire des droits de Lods & ventes au profit du seigneur.

Cette exception est fondée sur ce qu'en effet il y a une ancienne ordonnance de 1441 qui établit le privilége du non rachat en faveur de la rente foncière première après le cens, sur les maisons de la ville & fauxbourgs de Paris seulement. D'après cette ordonnance, l'on a introduit, lors de la réformation de la coutume de Paris en 1580, l'article 121, qui établit qu'en effet les rentes premières après le cens ne sont point rachetables. C'est un privilége particulier de la ville de Paris, qui fit perdre au fermier du domaine sa cause, par l'arrêt du 18 janvier 1737.

Mais il ne faut pas raisonner ailleurs de ce qui n'est établi que pour la ville de Paris. Dans toute autre ville, toutes les rentes foncières sur les maisons sont toujours rachetables; qu'elles soient premières ou secondes après le cens, cela est indifférent, parce que les ordonnances qui prononcent le rachat de ces rentes, n'admettent point pour les autres villes du royaume l'exception que l'ordonnance de 1441 n'admet que pour la ville de Paris.

Nous ne pouvons pas mieux éclairer ce point de notre jurisprudence, qu'en rapportant l'autorité raisonnée

raisonnée de Pocquet de Livonniere sur l'art. 154 de la coutume d'Anjou, observation 2.

» La première question, si toutes les rentes » foncières sur les maisons de ville sont rache- » tables, semble être hors de doute, parce qu'elle » est décidée par un grand nombre d'ordon- » nances, entre autres, par celle de François I, » de 1539, & par celles de Henri II, de 1553, » qui déclarent toutes les rentes assignées sur les » maisons & places de villes & fauxbourgs, rache- » tables au denier quinze ou au denier vingt.

» Cependant, continue Pocquet, parce que » la coutume de Paris, article 121, & celle » d'Orléans, article 270, exceptent de cette règle » les rentes de bail d'héritages sur les maisons » des villes qui sont les premières après le cens, » il y a plusieurs personnes en cette ville (d'An- » gers) qui soutiennent qu'il y faut garder le » même tempérament; qu'il n'y a que les se- » condes, troisièmes & autres rentes, qui soient » rachetables, & que les premières ne le sont » pas «.

Pocquet rapporte ensuite, au soutien de cette opinion, tous les moyens que l'on peut lui opposer. Les coutumes de Paris & d'Orléans sont conformes dans cette exception à l'ordonnance de Charles VII, de 1441, qui, formant une ordonnance générale, doit être étendue aux autres coutumes; à quoi on peut ajouter avec Loiseau, du déguerpissement, liv. 3, chap. 9, n°. 17, que l'ordonnance de 1539 ne parle que des rentes constituées, & que l'ordonnance de 1553 est un édit Bursal.

» Cependant, décide Pocquet, l'opinion con- » traire est plus véritable, *& toutes rentes fon-*

» *cières sur places & maisons des villes & faux-*
» *bourgs du royaume, même celles qui sont les*
» *premières créées par bail d'héritages*, sont rache-
» tables à perpétuité, nonobstant qu'elles y euss-
» sent été stipulées non rachetables «.

» L'ordonnance de 1539 est générale, & com
» prend les rentes foncières créées par bail d'hé-
» ritages aussi bien que celles constituées à prix
» d'argent ; elle se sert de ces termes généraux,
» *toutes rentes*, *&c.* «. Ne peut-on pas même
ajouter, qu'il n'auroit point fallu d'ordonnance
pour admettre la faculté de rachat des rente
constituées, qui, de tout temps, ont été rachetables par essence ?

» Les ordonnances de 1553 sont pareillemen
» générales, & comprennent toutes les rente
» foncières, *les premières comme les secondes &*
» *autres* ; avec cette seule distinction, que par l
» déclaration du 7 janvier, Henri II a déclar
» n'avoir entendu comprendre, dans son édi
» des rentes rachetables, de mai 1553, les rente
» qui consistent en grain, vin & autres choses
» mais seulement celles qui sont payables e
» argent : mais celle du dernier février suivan
» porte encore, que *toutes rentes sur maisons*
» c'est-à-dire, toutes celles qui sont dues *e*
» *argent*, *seront rachetables à perpétuité*.

» Enfin, dit encore Pocquet, ces ordonnanc
» ont été confirmées par l'usage & par les arrê
» de la cour ; & comme elles ont pour motif l
» décoration & l'augmentation des villes qui so
» de tous les temps, leur exécution doit être pe
» pétuelle ; ce qui a été soutenu par M. Talo
» lors de l'arrêt du 18 juin 1658, au journal de
» audiences «. Il y fonda aussi avec raison l

reproche de bursalité, fait par Loiseau à ces ordonnances, qui, tendant au bien public & à la libération des peuples, sans le moindre impôt au profit de l'état, ne méritèrent jamais cette odieuse qualification.

» La pratique de cette province d'Anjou (c'est » toujours Pocquet qui parle) est conforme; & » M. Verdier, qui étoit un bon juge du point » de droit, & un bon témoin de l'usage, rap- » porte dans ses mémoires, qu'il y a plusieurs » sentences, tant de la prévôté que du présidial » de cette ville (d'Angers), qui *ont reçu les* » *propriétaires des maisons de cette ville à faire* » *l'amortissement des premières rentes foncières*, » suivant les ordonnances ci-dessus citées, & » contre les coutumes de Paris & d'Orléans, » dont la disposition doit être renfermée dans » son territoire «.

Ce point d'usage que Pocquet atteste ainsi pour sa province d'Anjou, Lelet & Fileau le certifient de même pour celle de Poitou, sur l'article 439 de leur coutume, où ils rapportent différens jugemens du présidial de Poitiers, qui ont admis le rachat de toutes rentes foncières sur les maisons de la ville, sans distinction des premières d'avec les rentes subséquentes.

Enfin, les arrêts de la cour n'y permettent plus de doute depuis long-temps pour toutes les autres provinces & coutumes du royaume.

Premier arrêt sur procès par écrit du 23 Juillet 1639, confirmatif de sentence du châtelet, par laquelle le débiteur d'une rente foncière de 75 liv. sur la maison du Cheval blanc, sise en la ville de Poissy, quoique régie par la coutume de Paris, & ſtipulée non rachetable, a été reçu au rachat à raiſon du denier vingt.

Arrêt ſemblable du 16 mai 1648, pour rente de bail d'héritage ſur maiſon de la ville de Péthiviers, ſtipulée non rachetable, & au rachat de laquelle le débiteur fut cependant reçu en infirmant la ſentence du bailli d'Orléans.

Le troiſième arrêt eſt celui du 18 Juin 1658, rendu ſur un bail d'héritage d'une maiſon de la ville d'Amboiſe, coutume de Touraine.

L'arrêt du 15 Juin 1744, donné au rapport de M. Tubœuf, pour rente foncière ſur maiſon de la petite ville de Beaugé, coutume d'Anjou, eſt le quatrième arrêt conforme.

Dans tous ces arrêts, la cour n'a point diſtingué les rentes foncières premières & créées avec le cens, d'avec les ſecondes ou autres ſubſéquentes, pour exempter les premières de la faculté du rachat à volonté, & n'y aſſujettir que les autres.

Ainſi, dans toutes les villes du royaume, à l'exception de celle de Paris, toutes les rentes foncières, autres que le cens, donnent ouverture aux Lods & ventes, au profit du ſeigneur, à l'inſtant même de leur établiſſement.

§. XXI. *Lorſque le propriétaire d'un bois de haute futaie en vend la coupe, y a-t-il ouverture aux Lods ?*

Dumoulin ſur l'article 55, *hodie* 78, gl. 1, n. 191, agite cette queſtion à l'occaſion d'un moulin ruiné dont on demandoit les droits : il décide qu'il n'en eſt pas dû, & il ajoute, *ſicut nec si grandes arbores, vel nemus altum antiquum nudo solo retento venderet, vel totam diruendæ domûs superficiem retenta area, nec obstat quod erat pars fundi, & quod longè minoris valoris efficitur, & Laudimiæ, si nudum solum vendatur, erunt minora; hoc enim non est in consideratione, quia censuarius dominus est & jure suo utitur, & res aliâ ratione meliorari poterit.*

Argentré, §. 28 *de Laud.* est du même avis; voici ses raisons:

Consequens est quærere de venditione nemoris, quod exscindendum venditum est, nam excisum mobile efficitur: & scio plerosque hic deceptos immobile judicasse, quia solo inhæret ea superficies, & pars soli sit, multò magis quàm fructus pendentes, quia non alio fine habentur, quàm ut eximantur. Sed nemoris est eadem conditio, cùm lex exscindendi in contractu apposita est, & necessitas exscindendi indicta, quæ mobilitatis necessitatem inducit, neque posset consanguineus ad retractum veniens in solo retinere talem superficiem exemptibilem & lege eximendam in immobilitatis naturâ; ideòque nec retrahens admitti debet, nec Laudimia solvi, non magis quàm de rei mobilis venditione.

M. Salvain, ch. 83, tient aussi que cette vente ne produit point de droits; sa raison, qu'il prend de Dumoulin, est, que *quoique le bois étant debout, & prenant nourriture du fonds, soit réputé immeuble, si est que la coupe, considérée comme coupe, étant chose purement mobilière, & le fonds ne changeant point de main, ne doit être sujet aux Lods, non plus qu'à retenue & droit de prélation.*

Brodeau, sur l'art. 23 de Paris, rapporte deux

arrêts de Paris, des 5 avril 1569, & 25 janvier 1606, qui ont jugé qu'il n'étoit point dû de quint, quoique le bois fût un fief, & que le fonds devînt de moindre valeur.

M. de Cambolas, liv. 4, ch. 10 de ses arrêts de Toulouse, rapporte un arrêt de ce parlement du 9 décembre 1613, qui jugea qu'il n'étoit point dû de droits, *n'étant dus*, dit-il, , *que pour l'investiture & possession nouvelle*. Il dit qu'il a vu un arrêt de Bordeaux contraire.

Les autres parlemens jugent au contraire sur la maxime, que le bois de futaie *est pars fundi*.

M. Salvain, *loco citato*, fait mention de trois arrêts du parlement de Provence, entre autres, d'un du 28 mars 1635, qu'il ne suit pas.

Lapeyrere, let. V, n. 12, prétend que les Lods en sont dus; il en rapporte arrêt de Bordeaux du 20 juin 1656: il prétend aussi que le retrait y a lieu.

L'annotateur en rapporte un autre de 1667; & il ajoute, qu'il ne peut s'y agir que des Lods, & que le retrait n'est pas proposable.

Le même rapporte un arrêt du 29 novembre 1669, qui jugea que la vente de deux gros arbres pour 17 liv. ne produisoit Lods & ventes.

Le même annotateur, *ibid*, en rapporte un du 6 avril 1647, qui jugea qu'il étoit dû Lods & ventes des grands arbres dans une forêt, *non pour l'usage du maître, mais pour faire du merain*, qu'il vendit ensuite.

Lapeyrere, au nomb. 31 de la let. V, rapporte un autre arrêt du 16 mai 1657, qui juge qu'un vassal ayant coupé plusieurs grands arbres, en ayant vendu une partie, & employé l'autre à son usage, il devoit Lods & ventes des arbres vendus, & non des autres.

Basnage, sur l'art. 173 de Normandie, dit, qu'il n'y a point d'article qui assujettisse cette vente au treizième; mais que, comme par l'art. 463 le retrait y a lieu, on a adjugé les ventes, par la maxime, qu'il y a ouverture au droits de treizième lorsque le retrait a lieu; il en rapporte arrêt du 5 mars 1622.

Galand, du franc-aleu, ch. 10, rapporte deux arrêts de la chambre des 22 février 1618 & 10 juin 1629, pour vente de plusieurs pieds d'arbres, & deux autres du grand-conseil du 5 juin 1610 & 8 mars 1614, qui adjugèrent les Lods.

§. XXII. *Des échanges.*

Sur la question de savoir si les Lods & ventes sont dus en échange, il y avoit autrefois beaucoup de variété dans les dispositions des coutumes & dans la jurisprudence des arrêts: il y a des coutumes qui portent précisément, que les contrats d'échange, non frauduleux, ne sont point sujets à Lods & ventes, comme celles de Meaux, de Mantes, de Sens, de Bourgogne, de Bretagne, &c. & la jurisprudence des arrêts étoit, que dans les coutumes qui n'en parloient pas, il n'étoit point dû de Lods & ventes, ni de quint pour l'échange; ce qui s'observoit dans celle de Paris & autres.

Il y a au contraire d'autres coutumes qui établissent positivement l'obligation de payer les Lods & ventes pour l'échange, comme celle d'Anjou, art. 155, celle du Maine, art. 173; enfin, il y a quelques autres coutumes qui ont pris une espèce de milieu, comme celle de Tours, art. 143 & 147, qui porte, qu'il y a ventes e échange, quand les héritages échangés sont situ en divers fiefs, d'où on avoit conclu, que c droit n'étoit point dû quand les héritages échan gés étoient situés dans la même mouvance.

Toutes ces inégalités furent mises de nivea sur la fin du dernier siècle en l'année 1696. O vit paroître un édit, par lequel le roi ordonn que les mêmes droits établis & réglés par le coutumes pour les mutations qui se font par con trats de ventes, lui seroient payés à l'avenir au mutations qui se feroient par contrats d'échange non seulement dans l'étendue de ses directes mais encore dans les directes des seigneurs par ticuliers; non seulement dans les coutumes o il n'étoit dû auparavant aucun droit pour le échanges, mais encore dans celles qui attribuen aux seigneurs un droit moindre que celui qui s trouve établi pour les contrats de ventes : sa ma jesté voulant qu'en ce dernier cas il lui fût pay le surplus. Par une déclaration postérieure, le roi a permis l'aliénation de ses droits, en donnant la préférence aux seigneurs des lieux, pour en joui par les acquéreurs à titre des fiefs mouvans du domaine de la couronne, avec faculté de se dir & qualifier seigneur en partie des terres dan l'étendue desquelles l'acquisition auroit été faite, & jouir des droits honorifiques dans les églises, immédiatement après le seigneur particulier, ou seul, ou à l'exclusion de tous autres dans les terres où il n'y auroit autre seigneur que le roi.

Autre déclaration du 20 mars 1748, qui accorde six mois aux engagistes des domaines & aux seigneurs particuliers pour acquérir ces droits, à compter du jour de la signification des rôles arrêtés au conseil, après quoi elle permet de procéder à l'adjudication desdits droits, au plus offrant..... & à toutes personnes de les acquérir pour les posséder à titre de fief mouvant du roi.

L'article 3 de cette déclaration veut même que les acquéreurs des droits d'échange soient réputés seigneurs en partie, des fiefs, terres & seigneuries dans l'étendue desquelles ils les ont acquis, & qu'ils jouissent de tous les droits attachés à la qualité de seigneur de fiefs, après les seigneurs, qui seront tenus de leur exhiber leurs papiers terriers & autres pièces justificatives de leurs directes, même de leur en fournir, s'ils le requièrent, des copies ou extraits en bonne forme.

Mais l'arrêt d'enregistrement (du 23 mars) porte, que cet article ne pourra être entendu que des droits honorifiques dans l'église seulement, tels qu'ils appartiennent aux seigneurs des fiefs, & que les acquéreurs desdits droits (d'échange) ne pourront exiger des seigneurs autre communication que celles des titres relatifs aux droits d'échanges qui leur seroient contestés.

Ces loix ont éprouvé le sort de toutes celles qui sont fondées sur les besoins du moment, & non sur les principes de la matière. Un édit du mois de décembre 1683, registré au parlement de Toulouse le 15 avril, a révoqué les droits d'échanges établis par les édits & déclarations de 1645, 1646, & ordonné qu'il en seroit usé dans le Languedoc comme avant lesdits édits & déclarations, tant dans les directes du roi, que dans celles des seigneurs féodaux & censiers. Le motif a été, que dans cette province, régie par le droit écrit, il étoit auparavant dû quelque droit pour les échanges; voyez le §. suivant.

Les droits d'échange ont aussi été éteints & supprimés dans les directes particulières des seigneurs de Champagne, par un arrêt du conseil du 7 mai 1697, moyennant une finance de 800,00 livres, au moyen de quoi ils ne se perçoivent plus dans cette province, que dans les directes & domaines du roi.

Les états de Bretagne ont aussi pris des arrangemens avec le ministère, concernant ces droits.

Il résulte de ces différens édits, que dans les coutumes où les droits féodaux étoient dus originairement pour l'échange, les seigneurs continuent de les prendre à leur profit à présent comme par le passé.

Mais dans les coutumes où ces droits n'étoient pas établis avant les édits & déclarations dont on vient de parler, ils doivent être payés aux receveurs du domaine, si les seigneurs n'ont acquis du roi la faculté de les prendre, ou au profit des particuliers qui ont fait cette acquisition, auxquels néanmoins les seigneurs ont eu, par de nouveaux édits, la permission de se faire subroger, moyennant finance.

Si l'échange est fait d'un héritage avec une rente constituée, il n'est dû qu'un simple droit de Lods & ventes, payable au seigneur de l'héritage échangé sur le pied du sort principal de la rente.

Dans les échanges où il y a de part & d'autre des héritages, rentes foncières & autres droits réels, il est dû un double droit; savoir, un droit de Lods & ventes pour l'héritage donné en échange, & un autre pour l'héritage donné en contre-échange.

Et si les héritages ou autres droits réels permutés sont situés en différens fiefs, chacun des seigneurs prend un droit pour l'héritage situé dans sa mouvance.

Dans le cas de l'échange d'héritage contre héritage, ou autres droits réels, les Lods & ventes se règlent sur le pied de la valeur des choses échangées.

L'édit de 1674 porte, que pour connoître cette valeur, il sera fait estimation des choses échangées par les juges des lieux, sur l'avis des experts convenus par les parties ou nommés d'office.

Mais sur qui tomberont les frais de cette estimation? Les copermutans doivent la faire eux-mêmes dans lexhibition qu'ils font de leurs contrats au seigneur; si celui-ci la conteste, il supportera les frais de l'expertise, si l'estimation se trouve juste; ces frais seront au contraire à la charge des copermutans, si elle est au dessous de la valeur réelle des héritages: c'est l'avis de Livonnière.

Les droits d'échange établis par les édits de 1645 & 1674, ont donné lieu à la question de savoir si les chevaliers du Saint-Esprit, les officiers des cours supérieures, quand ils achètent des héritages relevans du roi, devoient payer ceux occasionnés par les échanges; sur cela sont intervenus plusieurs arrêts qui ont jugé que les privilégiés doivent au roi les droits seigneuriaux engendrés par les échanges des terres & biens mouvans des seigneurs particuliers, lorsque ceux-ci n'ont pas acquis du roi le droit de les percevoir; mais qu'ils (les privilégiés) jouiront de l'exemption des droits seigneuriaux par échange dans l'étendue des directes de sa majesté, de même que des autres droits seigneuriaux : c'est ce qui résulte des arrêts du conseil rendus les 18 juillet 1676, 12 mars 1682 & 1699.

Il en a été rendu un plus récent au conseil d'état, en très-grande connoissance de cause, entre le receveur des domaines & bois de la généralité de Paris, MM. les commandeurs & officiers de l'ordre du Saint-Esprit, & le duc de Rochechouart, le 23 décembre 1738, par lequel il a pareillement été ordonné que tous les privilégiés & notamment les commandeurs & officiers de l'ordre du Saint-Esprit, seront tenus de payer au profit de sa majesté les droits d'échange des terres & biens qu'ils ont acquis, ou qu'ils acquerront à l'avenir à titre d'échange dans les directes & mouvances des seigneurs particuliers auxquels lesdits droits n'auront point été aliénés; l'inspecteur des domaines étoit partie dans cette affaire.

M. Frétau, qui occupoit alors cette place avec beaucoup de distinction, a fait imprimer dans cette affaire un mémoire qui nous donne une idée très-juste de la nature de ces droits d'échange.

Ces droits ne peuvent être considérés, dit l'inspecteur du domaine, soit dans la main du roi, soit dans la main des seigneurs auxquels il en aliène une partie, que comme *une imposition* à laquelle le roi a jugé à propos d'assujettir tous les héritages du royaume tenus en fief ou en censive. Le roi n'a eu en vue que, ou de se procurer sur le champ une augmentation de f nances, ou de s'assurer pour l'avenir une augmentation de ses revenus, en faisant lever ces droits en nature par ses fermiers : pour faire cette imposition nouvelle, le roi n'a eu d'autre titre que *sa puissance souveraine & les besoins de l'état* ; & les seigneurs particuliers, auxquels il les a aliénés, n'ont pareillement d'autre titre que le pouvoir qu'ils ont reçu à cet effet *du roi, comme roi.*

Quoique, continue-t-il, ces droits dans la main du roi & dans celles des seigneurs paroissent joints à la perception des droits seigneuriaux, *ils n'ont néanmoins rien de commun avec eux que le nom seul* : ce qui a donné lieu à cette union, *c'est l'avantage pécuniaire que le roi a voulu se procurer.* Le roi n'a joint à ces droits le titre de fief & seigneurie, & la jouissance de quelques honneurs, que pour piquer d'émulation les véritables seigneurs, & les déterminer à les acquérir. Dans toutes ces opérations, *le roi n'a nullement eu en vue les principes de la féodalité*, qui restreignent les droits de chaque seigneur dans les bornes des concessions en fief, ou des dispositions de coutumes.

De toutes ces circonstances, ajoute-t-il, *il en résulte invinciblement, qu'on ne peut appliquer à des droits, tels que des droits d'échange qui ont pour principe un pouvoir aussi général & aussi absolu* que l'autorité souveraine, *le privilége des chevaliers de l'ordre*, qui n'a été introduit que pour les droits seigneuriaux, c'est-à-dire, pour des droits dus à un titre singulier, & en vertu de la convention volontaire qui a séparé une telle terre d'un tel domaine, & qui fait qu'elle en relève immédiatement.

L'échange d'un héritage avec une rente constituée, eſt-il réputé vente? Emporte-t-il droi de Lods?

D'Argentré (*), contraire à lui-même, trai ce contrat comme vente dans ſes commentair ſur la coutume de Bretagne; & dans ſon trai *de Laud.* qui eſt poſtérieur, il dément ſa premiè opinion, & traite ce contrat comme un échang

Dumoulin (**), dans ſes commentaires ſur l coutume de Paris, n'a pas été plus conſtant. Il a trois endroits où il tient que ce contrat eſt vente à moins que la rente donnée en échange ſoit ſu un ſi bas pied, qu'il n'y ait pas d'apparence qu le débiteur ſonge jamais à la racheter: mais dan un autre lieu, où il traite cette même queſtion il diſtingue les pays où les rentes conſtituées ſon réputées meubles, d'avec ceux où elles ſont répu tées immeubles.

Boutaric & Raviot (***), ſur Perrier, ont em braſſé cette diſtinction de Dumoulin: Pocquet (**** & Guyot tiennent au contraire indiſtinctemen que le contrat doit être réputé vente; & Henry (*****), qu'il doit être réputé échange. Cette opi nion de Henrys a été ſuivie par un arrêt du par lement de Paris, de l'année 1527 (******), pa un autre arrêt du même parlement du 11 aoû 1674 (*******), par lequel, en préjugeant qu'il

(*) Sur l'art. 73, not. 1, n. 9, art. 300, n. 1, *de Laud.* parag. 49.

(**) Parag. 78, gl. 1, n. 8, & gl. 2, n. 6; parag. 84, gl. 1, n. 50.

(***) Queſt. 124, n. 21.

(****) Liv. 3, ch. 2 Coq. queſt. 31.

(*****) Liv. 3, queſt. 52.

(******) Chopin, de priv. régl. part. 1, tit. 5.

(*******) Bardet, tom. 2, liv. 3, ch. 7.

falloit prouver que dans l'usage il fût payé des Lods au pays de Mâconnois pour les échanges contre des rentes constituées, il fut bien supposé, que de droit commun il n'en étoit pas dû ; enfin elle a été suivie par un arrêt du parlement de Dijon, de l'année 1663, qui est rapporté par Raviot.

§. XXIII. *Echange en Mâconnois & en Languedoc.*

Dans la plupart des coutumes, l'échange entre deux héritages ou droits réels, ne donne pas ouverture aux Lods & ventes. Dans quelques-unes, il est assujetti aux Lods ; dans d'autres, ce droit n'est dû que dans le cas où les terres échangées sont assises dans deux seigneuries différentes.

On trouve la même variété dans les provinces régies par le droit écrit. En Dauphiné, il n'est dû qu'un mi-Lods, quoique les héritages soient situés en différentes censives. Dans le ressort du parlement de Toulouse, l'échange, dans la même espèce, est assujetti à un mi-Lods au profit de chaque seigneur, & si les héritages sont situés dans la même censive, il n'est dû que le mi-Lods.

La même chose se pratique dans le Lyonnois, le Foretz & le Beaujolois.

Nous n'avons, comme l'on voit, aucun principe général sur cette matière. La question dépend des dispositions des coutumes dans les pays coutumiers, & de l'usage dans les provinces régies par le droit écrit. Reste donc à examiner quel est l'usage du Mâconnois.

La question s'est élevée vers le milieu du dernier siècle. Elle s'agitoit entre le clergé & la noblesse, d'une part, & le syndic du tiers-état, de l'autre. Indépendamment de l'importance de l'objet, la qualité des parties ne permet pas de douter que l'affaire n'ait été scrupuleusement examinée. Brodeau écrivoit pour la noblesse & le clergé, ce qui est un nouveau garant que rien n'a manqué à la défense de ces deux premiers ordres de la province. Ce judicieux écrivain, qui rend compte de cette affaire dans son commentaire sur la coutume de Paris, observe d'abord, » qu'il » se justifioit par les terriers des seigneurs, tant » laïques qu'ecclésiastiques de la province, dont les » extraits, duement compulsés, étoient produits » au procès; par l'usage & la possession ancienne » & immémoriale, que dans tout le Mâconnois » le Lods entier est dû en vente ou en contrat » équipollent à vente, & le mi-Lods, en échange » d'héritages, *quand ils ne sont pas situés en même* » *directe & censive* «.

Le même auteur rapporte ensuite le dispositif de l'arrêt : » il maintient les seigneurs en la pos» session & jouissance des mi-Lods, en échange » d'héritages à héritages *de différentes directes* « Cet arrêt est du 18 juillet 1637. *Brodeau, sur l'article 94 de la coutume de Paris.*

Ainsi, l'usage général de la province du Mâconnois, affranchit l'échange des Lods & même des mi-Lods, lorsque les héritages sont assis sous la même directe. C'est ce qui résulte de l'examen qu'a fait Brodeau des titres des différentes seigneuries de la province, & cet usage est consacré par un arrêt très-solennel. En effet, cet arrêt de 1637 exige, pour que le seigneur puisse percevoir le mi-Lods, que les héritages soient situés dans deux seigneuries différentes.

M

M. Bretonnier, qui parle de cet arrêt, en tire la même conséquence. *Il en résulte*, dit-il, *qu'il n'est rien dû lorsque les héritages sont situés dans la même directe.* Le même auteur nous assure que tel est encore l'usage actuel. *Cela est certain*, ajoute-t-il, *& m'a été confirmé par M. Delaporte, célèbre avocat de Mâcon.*

Cette jurisprudence du Mâconnois mérite d'autant plus de faveur, qu'elle est conforme à l'ancien droit féodal. Les établissemens de saint Louis portent, liv. 1, chap. 48, qu'en échange, lorsque les terres sont dans deux seigneuries, le seigneur peut les faire priser, *& tant comme elles seroient prisées, il en auroit les ventes : mais si elles étoient d'une seigneurie, il n'en auroit nulles.*

On peut ajouter, que le Mâconnois ayant appartenu au roi saint Louis, on doit regarder comme un reste précieux des loix de ce prince, l'affranchissement des Lods lorsque les héritages sont situés dans la même seigneurie.

Il est important d'observer que les édits de mai 1645 & de février 1674 n'ont rien changé aux statuts coutumiers qui ont assujetti les mutations d'héritage par échange au payement des Lods en faveur des seigneurs. Nous n'entrerons dans aucun détail au sujet des pays coutumiers ; il suffit de dire que ce droit n'est dû au roi, qu'autant qu'il n'en est pas question dans les loix municipales des pays où ce droit est contesté. Voyez le mot Echange. Il n'en est pas de même du ressort du parlement de Toulouse, qui, étant régi par le droit écrit, se gouverne par la loi 3 du code *in fine de jure emphytentico* (*).

(*) *Dominus debet accipere quinquagesimam partem*

Un arrêt du conseil du 4 septembre 1681, rend pour les pays du droit écrit, donna lieu aux remontrances que fit le parlement de Toulouse sur les édits de 1645 & 1674, dont il demanda la révocation. Il établit pour principe, que les seigneurs des fiefs & censiers du ressort de la cour n'avoient pas besoin de prouver leur possession, qu'ils étoient suffisamment fondés par la loi 3 du code *de' jure emphyt.* & que, s'il se trouvoit quelques villes ou communautés qui en fussent exemptes, ce n'étoit qu'en vertu des priviléges particuliers ou statuts qui dérogeoient à la loi générale; que ces priviléges étoient une preuve de plus qui militoit en faveur des seigneurs, & établissoit que cette loi troisième du code étoit rigoureusement observée dans le ressort du parlement, puisqu'il falloit des loix particulières pour y déroger. Les commentateurs de cette loi, dirent-ils, tels que Cujas (*), Godefroy, Capella Tolosana, & Ranchi

---

pretii vel æstimationis loci qui ad aliam personam transfertur.

(*) Voici comme s'explique Cujas sur la loi 30 du code *de jure emphyt.* page 447, volume 5, édition de Paris 1658.

Debetur autem domino pro hac re εἰς δεκάτικον, id est pro admissione novi emphyteuticarii quod hac lege definitur ut ei detur quinquagesima pars pretii (gallicè, les Lods & ventes), *ut dominus novum emptorem admittat, &c. præterea notandum hac εἰς δεκάτικον, sive Laudimia deberi non tantùm, si jus emphyteuticum vendiderit, sed etiam si donaverit, vel* permutaverit, *vel legaverit, vel institutionis jure in alium transtulerit, quod hac lege significatur dum ait* domino quinquagesimam partem pretii deberi, vel æstimationis loci qui in aliam personam transfertur. *Pretium refertur ad venditionem, æstimatio ad aliud genus alienationis, id est,* ad permutationem, *&c.*

sur Guypape, n'ont laissé aucun doute sur ce principe; & toutes les fois que les censitaires du ressort ont voulu se soustraire au payement des droits de mutation par échange, ils y ont été condamnés, s'ils ne rapportoient pas des priviléges particuliers (*)

(*) Par l'article 4 des coutumes & priviléges accordés par Philippe l'an 1319, confirmés par Charles, par autres lettres datées de Paris au mois de juillet 1322, aux habitans de la ville de Carcassonne, il y est dit qu'ils jouiront de l'exemption des Lods pour les échanges, si ce n'est pour le supplément donné en argent.

Item, porte l'article 4, *quod pro permutationibus seu excambiis rerum prædictarum quotiens interdictos habitatores & incolas dicti Burgi præsentes atque futuros, ipsæ res permutabuntur seu excambiabuntur*, *non solvantur forifcapia seu Laudimia domino nostro regi*, *seu ejus gentibus*, *nisi fortè pro supplemento seu magni valentia valoris rerum permutaverunt interveniente pecuniâ*, *vel aliæ res mobiles aut se moventes*, *& tunc pro illâ parte tantùm pro quâ intervenit pecunia aut res mobiles*, *seu se moventes foriscapia seu Laudimia solventur*, *sive pluri.*

Philippe confirma de nouveau ce privilége, par ses lettres datées de Merville, près Saint-Denis, au mois de février 1349.

Le roi Charles, par ses lettres datées de Vincennes au mois de septembre 1325, accorda aux habitans de sa nouvelle ville de Tryc, l'exemption des Lods pour les échanges, à moins qu'il n'y eût un retour ou un cens réservé sur l'un des héritages.

L'article 58 s'explique ainsi : *Item quod de permutationibus faciendis, de possessionibus in æstimatis dictæ Bastidæ & ejus pertinentiarum non dentur vendæ, nisi evidenter traderentur æstimatæ, vel essent ibi corvæ ; nam tunc in eo casu æstimatis & corvis tantùm vendæ solvantur.*

La même franchise fut accordée aux habitans de la ville de Solomiac par Philippe, par ses lettres datées de Paris au mois de mars 1327.

Item, dit l'article 54, *quod de permutationibus faciendis, de possessionibus in æstimatis dictæ Bastidæ, & ejus perti-*

ou les transactions passées entre eux & les sei
gneurs des fiefs qui les affranchissoient de ce droit

---

*nentiarium non dentur vendæ, nisi evidenter traderentur æsti
matæ, vel essent ibi corvæ, nam tunc in eo casu æstimati
& corvis tantùm vendæ solvantur.*

La ville de Vauréal obtint les mêmes priviléges que le
villes de Trye & de Solomiac, par lettres du même ro
Philippe, datées de Melun au mois de mars 1331. L'article
69 est, mot pour mot, conforme aux articles 54 & 58 ci
dessus.

Nota. Ces trois dernières villes désignées dans ces note
sont situées en Guyenne, ressort du parlement de Toulouse

La ville d'Aiguemorte, en Languedoc, n'obtint pas l'exemp
tion entière des Lods des échanges, mais une modification
Par l'article 2 des priviléges qui leur furent accordés par le
roi Charles, par ses lettres datées de Villefranche au mois
de février 1323, il y est dit, que si les habitans échangent
terres, maisons, ou autres héritages, soit dans la ville ou
juridiction, le receveur des droits du roi ne pourra prendre
que le vingtième de l'estimation des choses échangées.

Item (porte l'article 2), *si quis permutaverit domu
vel possessiones in villâ, vel territorio dicti loci quæ pos
sessiones de nobis teneantur; vicarius vel bajulus loci te
neatur laudare præcisè permutatori: ità quod bajulus vel
curia nostra dicti loci non possit sibi retineri vel alium
præferre, nec recipiat pro Laudimio ultrà vigesimam partem
pretii, scilicet de viginti solidis duodecim denariis, &
semper permutator Laudimia solvere teneatur.*

Par transaction passée entre l'évêque & les habitans de
la ville de Cahors, homologuée par arrêt du parlement de
Paris au mois d'avril 1351, l'affranchissement des Lods
pour les mutations par échange y est exprimé nommément.

L'article 29 de cette transaction s'explique ainsi : *Et si n
censuales vel emphyteoticariæ, vel feudales, ad aliquem
civem, vel extraneum ex institutionis legato*, seu permu
tatione, *aut donatione, dominus vendas seu Laudimium
non habebit.*

Toutes les villes & communautés qui demandèrent une
pareille franchise, ne l'obtinrent pas. . . . . Les habitans de
la ville de Montréal demandèrent, par l'article 5 de leur

Les arrêts rapportés par Maynard, Cambolas, Despeisses (*), la Rocheflavin & Catelan, tous

cahier ou requête qu'ils présentèrent à Philippe, roi de France, le 4 des ides de mars 1360, d'être exempts de taille, d'être affranchis de la lende en octroi, de ne payer aucun droit de Lods aux mutations par échanges, enfin, de leur accorder les mêmes priviléges & franchises qu'aux habitans de la ville de Carcassonne.

L'article 5 porte: *De libertatibus in taliis, lendis, permutationibus conductu usibus aquarum & vinorum, &c.*

Le roi Philippe, par ses lettres datées de Paris au mois de septembre 1360, leur accorde partie de leur demande, mais non l'exemption des Lods pour les mutations par échange.

Statuimus (sur l'article 5 de leur requête) *etiam quòd dicta villa & habitatores in eâ perpetuò indè cumque venerint, ab omnibus taliis, passagiis, foagiis, jornibus personarum, & animalium semper sint liberi & immunes.*

Dans la charte des priviléges accordés aux habitans de la ville de Montauban par Charles, datée de Paris au mois de janvier 1322, l'exemption des Lods pour mutation par échange n'y est point exprimée.

Ceux de la ville de Rabastens ne furent pas plus heureux dans la charte qu'ils obtinrent du roi Philippe, datée de Paris au mois d'avril 1328.

Les habitans des villes de Castelnaudary, Nîmes & Castres, ne purent pas également obtenir la franchise des échanges dans les priviléges qui leur furent accordés; la première, par lettres de Philippe, datées de Paris au mois d'août 1336, & les deux autres, par lettres du roi Jean, datées de Paris au mois de juin 1358.

Semblable refus aux habitans des villes de Gensac & de Montaut, lorsqu'ils obtinrent leurs priviléges: la première, par lettres du roi Jean, datées de Paris au mois de mars 1356; & celle de Montaut, par lettres du roi Philippe, datées de Villeneuve-Saint-George, au mois de juillet 1350.

Nota. Les différentes lettres-patentes ci-dessus mentionnées sont extraites du trésor des chartes du roi.

(*) Despeisses, édit. de 1750, t. 3, p. 76, assure que

antérieurs à l'édit de 1645, venoient à l'appui des principes rappelés dans les remontrances.

Le parlement fut trouvé fondé en principe : ses remontrances furent accueillies. Louis XIV, par son édit de décembre 1683, qui fut enregistré le 15 avril 1684, révoqua les édits de mai 1645, de février 1674, & l'arrêt du conseil du 4 novembre 1681, & ordonna qu'il en seroit usé dans le ressort de ce parlement, comme avant les édits.

Mais cet édit de révocation de décembre 1683 ne regardoit que les seigneurs de fiefs, qui, n'ayant accordé à leurs censitaires aucune exemption relative aux échanges, avoient le droit, en vertu de la loi ci-dessus rapportée, de percevoir les Lods pour les mutations par échange ; & le roi auroit toujours été fondé, d'après les édits, à percevoir les droits d'échanges dans les villes ou communautés qui jouissoient de l'exemption en vertu de leurs priviléges ou des transactions passées avec leurs seigneurs, si les états de Languedoc n'avoient payé une finance de 63000 livres pour le rachat.

D'où l'on doit conclure, que les seigneurs de fiefs de la province de Guyenne, ressort du parlement de Toulouse, sont également fondés à percevoir les droits d'échanges, avec cette seule différence que le roi ou ses fermiers devoient en jouir dans les villes ou communautés qui jouissoient de l'exemption en vertu de leurs priviléges particuliers ou des transactions passées avec leurs

---

par l'article 55 des priviléges & franchises accordés aux habitans de la ville de Montpellier, il est dit qu'il ne sera payé aucun droit de Lods pour les échanges, à moins qu'il n'y ait retour, dit l'article 66 des mêmes priviléges.

seigneurs, vu que, dans cette dernière hypothèse, cette province ne s'est pas rachetée de ce droit comme celle du Languedoc.

La finance payée par les états du Languedoc a pu servir de prétexte aux traitans d'exiger ce droit dans la province de Guyenne, & de n'avoir aucun égard à la loi favorable aux seigneurs. Ils ont souvent abusé de leur ignorance pour les frustrer de leurs droits & se les attribuer à leur préjudice. Ces prétentions ont donné lieu à des plaintes fréquentes, & M. le procureur général a défendu aux administrateurs du domaine de percevoir les Lods des échanges sur les terres des seigneurs directs, à moins qu'il ne leur parût que les vassaux en eussent été affranchis avant l'édit de 1645.

Enfin, ce fut pour remédier à tous ces abus que le parlement de Toulouse fit de nouvelles remontrances lors de l'envoi de la déclaration du 20 mars 1748 : il rappela ses anciens principes, ceux ramenés dans les premières remontrances qui donnèrent lieu à l'édit de révocation de décembre 1683. On prouva de nouveau que le droit d'échange appartenoit, par la loi, à tous les seigneurs de fiefs du ressort ; & le parlement représenta (*), que de son enregistrement il résulteroit que les fermiers des domaines prétendroient jouir, comme par le passé, des droits des Lods provenans des échanges, & que les

(*) Dans un recueil de jurisprudence relatif au parlement [de] Toulouse, on cite un arrêt de ce parlement concernant [le]s échanges, rendu au profit du comte de Montpeiroux, [c]ontre la communauté du même lieu, qui lui adjuge les [L]ods pour les mutations par échange, comme étant *dus [p]ar la loi*, quoi qu'il n'eût ni titre ni possession.

feigneurs directs feroient exposés à des contesta tions continuelles, malgré l'autorité de la loi qu leur attribue cette espèce de droit, & qui l dispense d'en rapporter les titres constitutifs.

Ces remontrances furent accueillies aussi favo rablement que les premières : le roi retira sa dé claration. Par l'arrêté du parlement, il est porté » que la déclaration du roi du 20 mars 174 « seroit remise, conformément à la volonté d » roi, au procureur général, ainsi qu'il est d'u » sage, lorsque sa majesté veut faire cette grac » à ses sujets «.

Le parlement ne s'est jamais écarté de ce prin cipe. L'ordre de Malthe acquit par arrêt du con seil du 25 avril 1765, revêtu de lettres-patente du mois d'août suivant, moyennant la finance d 26000 livres, les échanges dans toutes les terre & biens féodaux situés dans le royaume, dépen dans de leurs commanderies. Ces lettres furen enregistrées dans tous les tribunaux, à l'excep tion du parlement de Toulouse, qui déclara pa son arrêt du premier août 1766, au rapport d M. Bastard, conseiller d'état & doyen, n'avo lieu d'ordonner que ledit arrêt du conseil & l lettres-patentes, portant vente des droits de mu tations par échanges, soient enregistrés en ses re gistres, attendu que l'ordre de Malthe avoit, d droit & par la loi, dans les terres de leurs com manderies situées dans le ressort de la cour, l droit de Lods des échanges, comme étant dé pendans de la directe, ainsi que les Lods pour l mutations par vente.

Ces savantes observations sur la jurisprudenc du parlement de Languedoc nous ont été com muniquées par un magistrat de la ville de Mon tauban.

§. XXIV. *Lorſque le roi a bien voulu accorder un privilége, par exemple, un droit de marché, pour être exercé ſur un terrein dont elle a approuvé le choix, doit-on, relativement aux Lods & ventes, diſtinguer le privilége, du terrein ? Le propriétaire de l'un & de l'autre, qui a pris la précaution de les vendre moyennant un prix ſéparé, peut-il ſoutenir que les Lods ne ſont dus que pour le terrein, que le ſeigneur n'a rien à prétendre ſur la ſomme à laquelle le privilége eſt évalué ?*

Cette queſtion vient d'être jugée avec la plus grande ſolennité ; elle a paru ſi importante à MM. de la grand'chambre, qu'elle a cru devoir *conſulter les claſſes.*

Voici le fait & les moyens que nous tirons, pour plus grande certitude, des mémoires imprimés dans l'affaire.

Par contrat du 30 mai 1772, les religieux du collége S. Bernard, propriétaires & ſeigneurs d'un terrein vulgairement appelé *le marais des Bernardins*, l'ont vendu aux ſieurs de Sainte-Paulle & compagnie, aux charges, clauſes & conditions ſuivantes, dont on ne rapportera que celles qui ſont relatives à l'affaire actuelle.

1°. A la charge par les acquéreurs de faire conſtruire dans cinq ans, à leurs frais, ſur le terrein & plan qui fut annexé au contrat, des bâtimens juſqu'à concurrence de la ſomme de 70000 livres.

2°. A la charge de payer annuellement 132 livres 8 ſous 9 deniers de cens, & 3310 livres 18 ſous de rente foncière première après le cens.

Les religieux ont vendu par le même contr[at] trois maisons sises quai de la Tournelle, moyennant la somme de 50200 livres, payable dans six ans, & cependant les intérêts, avec faculté aux acquéreurs de bâtir au profit du collége un ou plusieurs maisons de pareille somme.

Les religieux ont affranchi seulement des droits seigneuriaux les premières ventes des terreins à bâtir sur la place & autour du marché.

Il est essentiel de remarquer que la destination du terrein est désignée par le contrat de vente; l'aliénation a été faite *pour un marché aux veaux*, & non pour autre cause.

En effet, avant de traiter, les magistrats sont venus sur les lieux pour examiner la situation. Le sol a été jugé convenable, comme étant au centre des principales boucheries de Paris, propre à faciliter le débarquement des veaux amenés dans cette ville par la rivière.

Que l'on jette d'ailleurs les yeux sur le contrat, on y trouvera plusieurs clauses relatives au projet de ce marché, comme *celle de laisser le passage du cloître libre aux voitures des bouchers le vendredi de chaque semaine.*

L'acquisition du terrein n'a donc eu d'autre motif que d'y transférer la place aux veaux. Le privilége accordé par la suite, ne l'a été qu'en considération du terrein & de ses avantages reconnus.

Ce contrat consommé, il a été question d'obtenir des lettres-patentes, soit pour la confirmation de l'aliénation d'un bien de gens de main-morte, soit pour la concession du privilége du marché qui devoit être construit sur ce terrein.

Les acquéreurs ont présenté requête au conseil,

qui, comme il est d'usage, a servi à la rédaction des lettres-patentes.

Ils y ont exposé entre autres choses, *que les dépenses qu'ils seront obligés de faire pour la construction du marché leur deviendroient à charge, & seroient en pure perte pour eux, si le marché étoit déplacé par la suite.*

C'est d'après cela que sa majesté a autorisé la vente, & fixé irrévocablement sur le terrein le marché dont il s'agit; en conséquence, elle a ordonné qu'à l'avenir le marché sera tenu *dans ledit enclos* des Bernardins.

En conséquence, le privilége a été accordé pour en jouir *à perpetuité par les sieurs de Sainte-Paulle & compagnie, leurs successeurs ou ayans-cause.*

Ces lettres-patentes ont été enregistrées en la cour; dès-lors le privilége a été uni au marché, le marché au privilége, de manière qu'ils sont à perpétuité indivisibles. Il n'est pas possible aux entrepreneurs de changer l'application du privilége, de le transporter sur un autre terrein, de l'affecter à un autre sol.

Pourquoi cela? c'est, ainsi que le portent ces lettres-patentes, parce que *le privilége n'a été concédé que par rapport à la situation du terrein;* parce que, ainsi qu'il est encore exprimé dans ces mêmes lettres-patentes, *il n'y en a pas qui puisse convenir davantage que le clos des Bernardins.*

Quelque temps après l'enregistrement des lettres-patentes, les premiers acquéreurs ont revendu aux sieurs Heudry de Centry & consorts le terrein & les trois maisons, ainsi que le privilége attaché à perpétuité à ce même terrein.

Le contrat est du 18 juillet 1770.

Quant au terrein, la vente en a été faite au charges, clauses & conditions du bail à cens & rente ; ainsi point de droits seigneuriaux à cet égard, parce que le bail à cens fait à un tiers n'en produit pas ; la cession de ce bail à un tie n'en produit pas davantange.

A l'egard de la revente des trois maisons ac quises lors du premier contrat & pour le même prix, il y a mutation à cet égard ; il est dû d Lods & ventes : ils sont offerts, point de difficul à ce sujet.

Mais voici ce qui a donné lieu à la conte tation.

Il est dit dans l'acte de revente du 18 juill 1773, que la subrogation *au privilége est fai* moyennant la somme de 240,000 livres ; & e encore dit, qu'il sera payé une somme de 22,58 livres 3 sous, *pour frais des lettres-patentes, en gistremens & autres.*

Les 240,000 livres ont été divisées en cap taux de rente au denier vingt, au profit des ve deurs, à raison du plus ou moins d'intérêts d chacun d'eux dans la chose.

Quant au premier objet, les seconds acqué reurs prétendent que le privilége est mobilier d sa nature ; ils le soutiennent, par cette raison, a franchi des droits seigneuriaux.

Par rapport au second, ils prétendent que le 22,580 livres 3 sous ne faisant point partie d prix de la vente, ne doivent point donner lieu exiger des droits seigneuriaux.

De leur côté, les religieux ont répliqué à la première question, que le privilége étant étab à perpétuité sur la place & à cause de la place, est devenu, par sa destination, un immeuble de la même nature que le terrein.

Que sous ce point de vue le privilége doit être considéré comme le prix d'un immeuble, à l'effet de donner ouverture aux droits seigneuriaux.

Ils ont aussi observé sur la seconde question, que les 22,580 livres 3 sous sont un prix ajouté à la chose, qui, par cette raison, doit entrer en considération des droits seigneuriaux, & les augmenter d'autant.

Voici les moyens sur lesquels les religieux appuyoient leurs prétentions.

Il est certain qu'au temps de la revente le privilége du marché étoit affecté à toujours sur le sol, de manière que l'un ne pouvoit exister sans l'autre; le privilége étoit pour le sol, & le sol pour le privilége.

Ceci posé, il faut distinguer deux sortes d'immeubles, les réels & les fictifs.

» Les immeubles réels, disent tous les au-» teurs, sont non seulement la substance même » de la terre, qui est ce qu'on appelle le fonds, » mais encore tout ce qui est adhérent à sa sur-» face, soit par sa nature, comme les arbres, » soit par la main des hommes, comme les mai-» sons & autres bâtimens; quoique ces sortes de » choses puissent être séparées du fonds & de-» venir mobilières, les droits incorporels sui-» vent la nature de la matière *ou des corps aux-» quels ils sont attachés*; en sorte que ceux qui » sont attachés à une terre sont de la même » nature & ne forment qu'un seul & même » corps d'immeubles avec le fonds.

» Ainsi, on appelle immeubles réels, les sei-» gneuries, les justices, les droits seigneuriaux » & honorifiques, les bois, les terres, les vignes, » les prés, les étangs, les rivières, les ruisseaux,

» les fossés, les marais, les isles, les islots, l
» moulins à vent & à eau, les fours, les pre
» soirs, les halles, les marchés, les places v
» gues, les terres vaines & communes, les la
» des & bruyères, les pâtis, les droits de ba
» de péage, pontage, travers, passage, minag
» mesurage, &c. les maisons, édifices & bâ
» mens; enfin, tout ce qui tient aux maiso
» & bâtimens, comme y étant attaché avec
» fer, du plomb, du plâtre ou autrement, &
» perpétuelle demeure «.

Renusson, dans son traité des propres, pa 225 & suivantes, édition de 1760, pose po maxime générale, que les choses attachées fonds d'héritages, ensemble tous les droits fo ciers & rentes foncières sont réputés immeuble à l'exemple des immeubles réels & naturels, en ont tous les effets.

Il entre ensuite dans la distinction des diff rentes sortes d'immeubles susceptibles de l'affect tion de propres ou par eux-mêmes, ou par l circonstances.

La première classe des immeubles est, dit les fonds de terre; ils sont immeubles *re ipsâ naturâ rei.*

On a mis dans la seconde classe, continue-t-il les choses qui sont accessoires aux immeubl naturels, comme les maisons, bâtimens, & to ce que les jurisconsultes appellent *res soli*, quo qu'ils aient été composés de choses pureme mobilières.

Dans la troisième classe, sont les meubles q sont attachés aux maisons & édifices, & qui tiennent à fer & à clous, ou sont scellés en pl tre, & mis pour perpétuelle demeure : il y en une disposition expresse dans l'article 90 de l coutume de Paris, qui a été tirée de la loi *habitator 59, de rei venditatione*, conçue en ces termes : *Quæ ædificia connexa essent, ea, quandiù uncta manerent, eorumdem ædificiorum esse.*

La quatième classe est des fruits naturels. Tant qu'ils sont pendans par les racines, ils sont réputés de même qualité d'immeubles que les fonds auxquels ils sont inhérens & attachés ; le poisson qui est en étang ou en fosse, est réputé de même nature que le fonds, suivant les articles 91 & 92 de la coutume de Paris.

La cinquième classe est celle dans laquelle il convient de mettre le privilége dont il s'agit.

» Il y a plusieurs sortes de biens, reprend ce » jurisconsulte, qui sont aussi réputés immeu- » bles, à cause du rapport qu'ils ont avec les » immeubles naturels.

» Par exemple, entre les choses que les au- » teurs appellent incorporelles, quoiqu'elles ne » soient, à vrai dire, ni meubles, ni immeubles, » néanmoins parce qu'elles ont quelque conve- » nance avec les immeubles naturels, il y en a » plusieurs qui sont réputées immeubles.

» Le droit romain, continue-t-il, nous ap- » prend quelles choses sont corporelles, & » quelles choses sont incorporelles : *quædam res* » *corporales, quædam incorporales ; corporales* » *hæc sunt quæ tangi possunt, veluti fundus & aliæ* » *res innumerabiles ; incorporales, quæ tangi non* » *possunt, qualia sunt ea quæ in jure consistunt.*

» Les choses incorporelles sont celles qui ne » se perçoivent pas par les sens, mais seulement » par l'entendement : *ut jura, actiones, hereditas,* » *usufructus, obligationes quoquo modo contractæ ;* » *nec ad rem pertinent, si id quod ex obligatione*

» *debetur, propriè sit corporale, veluti fundus*
» *vestis : nam ipsum jus obligationis incorporale*
» *est. L. 1, §. 1. D. de rerum divis. & qual.*

» Tous les droits, ajoute-t-il, que les sei-
» gneurs des fiefs ont sur les héritages qui sont
» dans la mouvance & dépendance de leur sei-
» gneurie, comme cens, rentes & autres droits
» seigneuriaux, sont choses incorporelles, *qui*
» *consistunt in jure.*

» Ces droits que les seigneurs ont originaire-
» ment retenus sur les héritages qu'ils ont con-
» cédés à leurs vassaux & tenanciers, qui les
» en renouvellent de temps en temps l'obligation
» par des aveux & déclarations, ont été réputés
» immeubles, soit qu'on les ait considérés comme
» inhérens & attachés au corps d'une terre à
» laquelle ils sont dus, soit qu'ils se perçoivent
» sur des fonds qui n'ont été concédés qu'à cette
» charge expresse, soit parce qu'ils produisent un
» revenu annuel «.

Tous ces droits deviennent propres, comme les immeubles naturels & réels.

» Enfin, il fait une autre classe des servitudes
» prédiales, qui sont aussi choses incorporelles,
» parce qu'elles procèdent de quelque conven-
» tion par laquelle un héritage a été assujetti à
» un autre : elles sont aussi réputées immeubles
» *quia prædiis inhærent, & prædiis debentur* «.

Pareillement, une autre classe des rentes foncières, qui sont regardées comme immeubles parce qu'elles sont attachées à des fonds d'héritages qui en sont chargés.

Le privilége du marché aux veaux est un droit du terrein attaché au terrein, avec clause expresse d'irrévocabilité; il n'est pas plus possible de le diviser du sol, qu'il le seroit de séparer les droits d'une terre, de la terre même.

La vente du privilége pour un prix séparé a été déclarée sujette au centième denier, parce que le privilége est moins personnel que réel, moins pour la personne que pour le fonds qui en a déterminé la concession.

Par identité de raison, le privilége seroit immeuble quant à la disposition.

On se rappelle que Renusson, ci-dessus cité, dit, » *que tous les droits incorporels ont été réputés* » *immeubles*, soit qu'on les ait considérés comme » inhérens & attachés au corps d'une terre à la- » quelle ils sont dus, soit qu'ils se perçoivent sur » les fonds qui n'ont été concédés qu'à cette con- » dition expresse, soit parce qu'ils produisent un » revenu annuel «.

Page 227, il ajoute, *que tous ces droits fonciers sont réputés immeubles, & deviennent propres pour tous effets.*

Le privilége ayant été donné à cause du terrein, s'y trouvant fixé *irrévocablement*, parce qu'il n'y a pas de sol plus convenable, ne pouvant en être divisé sans que le privilége cessât de subsister, puisqu'il faudroit alors une nouvelle concession du prince, ce privilége a pris la nature du fonds, & en succession il seroit propre comme lui : s'il est propre, il est immeuble, car les droits mobiliers ne sont jamais susceptibles de cette qualité.

Le privilége seroit immeuble par rapport à l'hypothèque & à la saisie réelle.

Il est de maxime, que les immeubles réels, ou les droits réputés immeubles, peuvent être saisis réellement. *D'Héricourt, page 31 du traité de vente des immeubles par décret.*

Page 33, n°. 3, il ajoute : » Nous avons pl
» ſieurs exemples d'effets mobiliers qui ſont r
» putés immobiliers, même par rapport à la ſai
» réelle, parce qu'ils ſont tellement attachés
» fonds, qu'ils ſont cenſés en faire partie. L'o
» donnance du mois de mars 1685, touchant l
» police des Iſles de l'Amérique Françoiſe, d
» clare que les eſclaves ſont meubles, & qu'i
» n'ont point de ſuite par hypothèque ; cependa
» elle veut que les eſclaves âgés de 14 ans
» au-deſſus, juſqu'à 60, qui travaillent dans l
» ſucreries, les indigoteries & les habitation
» ſoient compris dans les ſaiſies réelles des ſuc
» ries, des indigoteries & des habitations,
» cauſe de la deſtination «.

Pourquoi, ſi le privilége dont il s'agit eſt i
meuble ſous tant d'aſpects, ne ſeroit-il pas
même nature, à l'effet d'opérer des droits ſ
gneuriaux ? Il ne peut être d'une qualité dans u
hypothèſe, & d'une autre qualité dans une aut
Il eſt pour l'édifice, il y eſt uni *irrévocableme*
par l'effet de la deſtination du vendeur, qui
cédé ſon terrein à cette charge ; des acquéreu
qui ont demandé que le privilége s'exerçât p
pétuellement ſur le ſol, & de ſa majeſté, qui
conſenti en conſidération du terrein & de ſa ſit
tion avantageuſe.

Dès l'inſtant que l'acceſſoire, qui eſt le pri
lége, eſt indiviſible du terrein, l'un ne peut ê
vendu ſéparément de l'autre ; le prix de l'
eſt le prix de l'autre, puiſque c'eſt une mê
choſe.

Pocquet de Livonniere, dans ſon traité d

fiefs, page 242, s'exprime ainsi : » Si les choses » mobilières sont devenues immeubles par cohé- » rence, par incorporation, par destination ou » autres manières introduites par notre droit fran- » çois ; par exemple, les statues non exhaussées » & scellées sur leur base, les tableaux attachés » à fer & à clous & pour perpétuelle demeure ; » ces choses, & autres semblables qui sont pré- » sumées faire partie du fonds, étant vendues » conjointement avec le fonds, sont réputées com- » prises dans la vente du fonds, & par consé- » quent les Lods & ventes sont dus du prix en » entier, sans distraction de la valeur desdites » choses «. Tous les commentateurs de la cou- tume de Paris sont unanimes.

La jurisprudence est universelle, comme l'at- teste cet auteur ; le privilége *est meuble* ; mais *il a été destiné à un immeuble*, il y a *cohérence avec lui* ; l'union *est à perpétuelle* demeure, *il fait partie du fonds*, il a été vendu *conjointement avec le fonds* ; donc il est compris dans la vente, donc le droit en est dû sans distraction de la valeur donnée au privilége.

L'opinion de Pocquet de Livonniere, qui est celle de tous les jurisconsultes, a un rapport par- fait à l'espèce.

Il est vrai que Guyot, pages 441 & 442 de son traité des Lods & ventes, vouloit » que, » sans aucune distinction, on fît distraction des » meubles réputés immeubles, aussi bien que » des véritables meubles, prétendant que ce qui » n'est immeuble que par fiction, ne doit pas » être sujet aux droits de Lods & ventes «.

L'avis de Guyot, qu'on rapporte ici afin de prévenir l'abus que l'on pourroit en faire, n'est pas conséquent; car, dès que, de son aveu, meubles incorporés ou placés pour perpétue demeure sont immeubles, il n'est pas possil de distinguer la valeur de l'héritage considéré lui-même & par abstraction des choses qui ont été mises & incorporées: c'est l'observati de Valin, page 30 du tome premier de son co mentaire sur la coutume de la Rochelle, ser blable à celle de Paris.

Mais Guyot lui-même ne regardoit ses idé à cet égard que comme un système, & rien plus; il avoue même, page 464 de son tra des Lods & ventes, qu'*il n'osoit risquer ouve tement* son avis. Son opinion ne doit faire aucu sensation, puisqu'elle est isolée de celle de to les auteurs.

En effet, on trouve dans Denisart, *verbo* Lo & ventes, un arrêt rendu précisément à l'époq à laquelle Guyot écrivoit. Cet arrêt détruit s ressource les idées que ce jurisconsulte avoit ha dées sur cette matière.

Dans l'espèce, M. de Saint-Albin, arc vêque de Cambrai, avoit vendu son hôtel, pl des Victoires, moyennant 300000 livres: savo 220000 livres pour le prix de l'hôtel, & 800 livres pour les glaces, tableaux & autres or mens.

L'acquéreur se présenta à l'archevêché de Par pour payer les Lods & ventes sur le pied de ventilation faite par le contrat: mais le receve les refusa, & prétendit, 1°. que la ventilat avoit été faite au préjudice du seigneur, p diminuer le prix des droits, en diminuant ce de l'hôtel.

2°. Qu'on avoit estimé comme meubles, d

cette ventilation, des effets servant à la décoration, encadrés dans des boiseries, ou scellés dans les murs; ce qui devoit les faire considérer comme immeubles.

Sur cela, sentence du bailliage de l'archevêché de Paris, du 15 septembre 1749, par laquelle, sans avoir égard à la fixation du contrat, il a été ordonné que, par experts, les effets mobiliers de l'hôtel seroient constatés & estimés, & que les Lods & ventes seroient payés sur le pied de 300000 livres, en déduisant néanmoins sur cette somme le prix des effets qui tiendroient nature de meubles.

Cette sentence a été confirmée par arrêt du 6 mars 1750.

Il résulte de cet arrêt, qui est bien dans l'espèce, que la ventilation faite par le vendeur ou l'acquéreur dans le contrat, ne peut être opposée au seigneur, qui est en droit de la combattre, s'il le juge à propos, parce qu'il n'est jamais possible de nuire à un tiers par des clauses auxquelles il n'a point consenti.

Il en résulte, que les meubles qui, par incorporation, par destination ou autrement, sont devenus immeubles, ne peuvent être séparés du fonds par une ventilation destinée à diminuer les droits seigneuriaux.

D'où il résulte, que dès l'instant qu'il est prouvé dans la cause que le privilége fait pour le sol & à cause du sol, est devenu immeuble comme lui, il s'ensuit que la cession n'a pu en être faite pour un prix séparé du fonds.

Il s'ensuit encore que la somme donnée à cet égard n'est pas la valeur d'un meuble, mais d'un immeuble ; ce qui suffit pour donner ouverture aux droits seigneuriaux.

Il y a mieux : il est constant que les principes sur lesquels Guyot se fondoit, l'eussent même déterminé à se décider en faveur des religieux. Voici quel étoit le résultat de son systême : » Malgré toute union & destination, disoit-il, le » propriétaire peut, en changeant de volonté » détacher les choses réputées immeubles, les » vendre comme purs meubles, sans qu'il en soit » dû de Lods & ventes, parce que rien ne peut » l'obliger de se tenir absolument à leur pre- » mière destination. Il n'y a pas d'impossibilité » de redonner à ces choses leur qualité pri- » mitive.

» Or, il n'est pas juste de mettre dans la classe » des immeubles, des choses qui ne le sont que » par une fiction qui peut être détruite d'un ins- » tant à l'autre, & qui sont toutes entières à la » volonté du propriétaire «.

On conçoit que cette opinion, quoique contraire au sentiment général des auteurs, peut faire quelque sensation : lorsqu'il s'agit de meubles attachés à un immeuble, comme glaces, boiseries & autres objets, on peut les séparer, & quoiqu'ils perdent alors de leur valeur, il n'en est pas moins vrai que par leur désunion ils cessent d'être immeubles.

Nous sommes dans une hypothèse absolument différente, & bien plus favorable : ici, l'union du privilége au terrein est *irrévocable* ; elle est *à perpétuelle demeure*, comme le portent les lettres-patentes. Le souverain a expliqué sa volonté de la manière la plus formelle ; il a voulu que le marché *ne soit jamais changé, parce qu'il ne s'est pas trouvé de terrein qui convienne davantage.*

Il n'est donc pas possible que le privilége, meuble dans son principe, mais rendu immeuble par l'incorporation opérée par les lettres-patentes, puisse devenir dans la suite ce qu'il etoit, une chose mobilière : dès l'instant que la division s'exécutera, le privilége sera anéanti, parce qu'il ne peut exister sans le terrein qui en est l'objet.

Aussi Guyot, page 464 de son troisième volume, est-il obligé de convenir que » son opinion ne » pourroit être adaptée aux droits incorporels, » perpétuels, comme le privilége dont il s'agit; » elle ne convient qu'aux meubles, qui, malgré » l'incorporation, pourroient, étant devenus im- » meubles, rentrer dans leur première classe d'un » instant à l'autre «.

Ici la destination est perpétuelle; il ne dépend pas même des sieurs Haudry & de Cintry de la changer, d'ôter le privilége du marché, & de l'affecter à un autre sol; ils doivent respecter ce qui a été établi pour le plus grand bien.

D'où il suit, que la circonstance que ce privilége est inséparable du sol, doit, dans l'idée même de Guyot, le faire déclarer immeuble comme lui.

Il est donc certain & très-certain que le privilége dont il s'agit fait partie du fonds; on n'a pu vendre l'un sans l'autre, & le prix auquel il a été fixé, devient en partie celui de l'immeuble dont il dépend.

Ainsi, les droits seigneuriaux peuvent sans difficulté être exigés à raison de 240,000 livres. Cette prétention a été accueillie par arrêt du 15 mai 1780, rendu *consultis classibus* : les acquéreurs ont été condamés à payer les Lods & ventes non seulement du prix du sol, mais de la somme à laquelle on avoit évalué le privilége.

§. XXV. *Les servitudes & autres droits de cette espèce acquis & annexés par le tenancier à l'héritage, en augmentent les Lods & ventes; il en est de même des ornemens, des objets de luxe & de décorations ajoutés à l'édifice censuel.*

Le droit de Lods est une charge réelle qui affecte non seulement l'immeuble qui en est grevé, mais tout ce qui fait partie de cet immeuble, tout ce qui fait corps avec lui. On ne remonte pas à l'état primitif de l'objet censuel, à la valeur qu'il pouvoit avoir lorsqu'il est sorti des mains du seigneur direct; ce n'étoit alors qu'une terre inculte, stérile; les tenanciers l'ont couverte d'édifices, ont décoré ces édifices des ornemens les plus précieux, leur valeur est infiniment supérieure à celle du sol: cependant lorsque cette maison est aliénée par vente, le seigneur prend les Lods, non seulement à raison du local, seul objet qui provient de lui, mais sur la totalité du prix de la maison, des ornemens, &c.

Cette règle est si générale, il est si certain que tout ce qui fait corps avec la maison doit les Lods, que les meubles eux-mêmes y sont assujettis, lorsque, par la manière dont ils sont placés, on peut présumer que l'intention du propriétaire a été de les incorporer à l'édifice. *Mobilium pretium deducendum est de contractu, non quidem cùm naturam mutant & affixa aut annexa sunt immobilibus, ut in alienam naturam transeant, & fiant pars rei immobilis, ut ostia, fenestra & impacta in parietes.* D'Argentré.

Ainsi, c'est moins la nature des choses qui les assujettit aux Lods, que la manière dont elles sont disposées, que leur plus ou moins d'adhésion à l'objet censuel : si elles sont engagées dans les murs de l'édifice, *impacta in parietes*, par cela seul leur nature change, *in alienam naturam transeunt*, & ce qui appartenoit auparavant à la classe des meubles, devient par cela seul assujetti à toutes les règles qui régissent les immeubles, & par conséquent aux Lods & ventes.

On va même beaucoup plus loin ; on tient qu'une servitude, un droit de pure faculté acquis par le tenancier & annexé par lui à son héritage, augmente le droit de Lods : la question s'est présentée au parlement de Toulouse, le 22 septembre 1680, dans la cause d'un tenancier qui avoit rendu l'héritage de plus grande valeur, par un faculté de dépaissance qu'il avoit acquise, & par une faculté de prendre de la marne à une minière voisine. On jugea que ces facultés devenoient des accidens & des accessoires du fonds, de la même manière qu'un bâtiment qui y a été construit, en sorte qu'il n'y avoit pas de ventilation à faire, & que les Lods étoient dus du prix entier de la vente.

Cet arrêt est rapporté par l'annotateur de Boutaric, ch. 4, n. 14.

§. XXVI. *Du vendeur qui rentre dans sa chose.*

Examinons si un particulier ayant vendu à crédit une maison, & quelques années après, l'acquéreur ayant abandonné ses biens à ses créanciers, le vendeur est exempt de payer les Lods

& ventes en rentrant dans la propriété de l
maison, en conséquence de l'adjudication qui l
en est faite par les créanciers, pour payement d
prix non acquitté.

Il faut remarquer qu'il y a grande différen
entre celui qui vend son héritage pour être pa
du prix en deniers comptans, & celui qui
vend à crédit, en donnant terme à l'acquére
On demeure d'accord que le premier, faute d
payement, peut retenir la chose par lui vendu
& que, nonobstant même la tradition qu'il
avoit faite, il la peut revendiquer en quelq
main qu'elle soit passée, parce qu'il ne l'a vend
que dans l'espérance d'être payé en deniers com
tans; & cette condition, qui est essentielle
contrat de vente, ne s'accomplissant pas de la pa
de l'acheteur, le vendeur, de son côté, n'est p
obligé de l'accomplir; dans ce cas le contrat
vente demeure résolu.

Il n'en est pas ainsi quand la chose est vend
à crédit, parce que le contrat fait sous cette co
dition est parfait au moment qu'il est passé; d
sorte qu'il ne peut désormais se résoudre, &
créancier n'a plus que le privilége sur la cho
pour sa créance.

Cette distinction est établie par la coutu
de Paris, articles 176 & 177. Le premier ar
cle porte, que *qui vend aucune chose mobili*
sans jour & sans terme, espérant être payé prom
tement, il peut sa chose poursuivre en quel
lieu qu'elle soit transportée, pour être payé du pr
qu'il l'a vendue. Mais en l'article suivant, il est d
que *celui qui a donné terme, si la chose se trou*
saisie sur le débiteur par autre créancier, il p
empêcher la vente, & est préféré sur la chose a
autres créanciers.

Il est vrai que ces deux articles ne parlent que de la vente des marchandises & autres choses mobilières ; & ainsi on peut douter si la distinction qu'ils font entre celui qui vend à crédit, & celui qui vend pour être payé comptant, peut s'étendre aux immeubles. Mais ; bien que ces articles de la coutume de Paris ne parlent que des choses mobilières, néanmoins, en termes de droit, la règle qu'ils établissent est générale, tant pour les meubles que pour les immeubles : la disposition y est précise aux institutes, *de rerum divis.* §. 41. *Venditæ res & traditæ, non aliter emptori adquiruntur, quàm si is venditori pretium solverit, vel alio modo ei satisfecerit, veluti ex promissore aut pignore dato. Quod quamquàm cavetur ex lege duodecim tabularum, tamen rectè dicitur & jure gentium, id est, jure naturali id effici; sed si is qui vendidit, fidem emptoris secutus fuerit, dicendum est statim rem emptoris fieri.* Cette disposition marque la différence qu'il faut faire entre celui qui, vendant à crédit, suit la foi de l'acheteur, & celui qui vend pour être payé comptant. A l'égard de celui qui a vendu pour être payé en deniers comptans, bien qu'il ait fait délivrance de la chose, *tamen non aliter emptori adquiritur, quàm si is venditori pretium solverit.* Dans ce dernier cas, le vendeur rentre de plein droit en sa chose par la résolution du contrat de vente, faute de payement ; mais dans le premier cas, le vendeur ne peut rentrer que par un nouveau titre, c'est-à-dire, en se faisant adjuger la chose en qualité de créancier pour le payement du prix.

De ces principes il suit, que celui qui vend son héritage pour être payé en deniers comptans,

& qui, faute de payement, est obligé de le prendre en faisant résoudre le contrat de ven ne doit aucuns Lods & ventes au seigneur po la reprise qu'il fait de sa chose, parce qu'il n' recouvre pas la possession par un nouveau contr mais par la résolution du contrat de vente. est-il que *ista resolutio non est contractus, sed d tractus, & ex distractu Laudimia non debentur.* n'en est pas de même quand il y a terme pour payement, d'autant qu'alors le contrat de ve est parfait & accompli dès le moment que la ch vendue a été délivrée à l'acquéreur, en sorte q ne reste plus au vendeur qu'une action *ex vendit* pour se faire payer du prix après le terme expi Ainsi, quand il reprend son héritage en payem du prix qui lui est dû, il fait une nouvelle acq sition, dont il doit les Lods au seigneur.

C'est le sentiment de d'Argentré dans son tra *de Laudimiis*, où il discute avec son exactitu ordinaire toutes les questions qui peuvent tomb sur ce sujet. Au paragraphe second, il pose même espèce que celle dont il s'agit. Voici termes : *Venditor fundum vendiderat atque tra derat ; sed cùm venditor præsentem pecuniam spe taret, emptor decoxerat, & fefellerat spem & inte tionem venditoris.* Voici sa résolution : *Semel h bitâ fide de pretio, ex defectu solutionis, contrac semel perfectus resolvi nequit, ac ne consensu qu dem contrahentium, præpositâ traditione, qu quidem præjudicio fiat dominorum feudi, sed so actio ex empto superest venditori.*

D'Argentré n'a pas été seul de cette opinio Brodeau est du même avis dans son commenta sur l'article 33 de la coutume de Paris, nomb. 1 où il dit, que *si l'héritage baillé à rente rach table est donné par le preneur ou bailleur en payement de sa rente, il lui semble qu'en ce cas les droits seigneuriaux en sont dus, comme étant cette cession en payement, une espèce de vente; quia datio in solutum vicem venditionis obtinet:* & il ajoute, » qu'autre chose seroit si le même bailleur rentroit dans son héritage en vertu d'une clause résolutoire, *ex causâ antiquâ & inhærente contractui* «.

§. XXVII. *De la résolution des contrats.*

Le premier principe en matière de droits seigneuriaux, est qu'ils sont dus au seigneur à chaque mutation.

Regula est quòd quoties & quomodocunque feudum mutat manum, hoc est, quoties contingit, mutatio vassalli debetur patrono relevium.

Cette règle est enseignée par Dumoulin, comme la première en cette matière.

Il propose des exceptions, telles que le cas de mutation par succession ou par donation en avancement d'hoirie; ce sont les exceptions générales. Il entre ensuite dans quelques questions particulières, & entre autres dans celles que nous examinons, au nombre 10, sur l'art. 33 de l'ancienne coutume de Paris, *du droit de relief.*

Utrum liceat pœnitere vel discedere à contractu in præjudicium juris debiti, vel debendi patrono; voici ses termes:

Quando voluntarè disceditur, subdistinguo in duo membra, aut venditio jam erat perfecta & consummata, hinc inde videlicet pretio soluto & re traditâ, aut non: si primum, & tunc sit conclusio, quòd duplicia jura debeantur patrono; amplio primo etiam si contrahentes discedant per modum seu formulam distractus & per actus retrosimil habendo primum contractum & omnia ex illo se pro infectis ; hujusmodi enim verba non immut veritatem & vere est secunda nova & spontanea v ditio remanente primâ, quia post ejus ultimam p fectionem, non potest haberi pro infectâ, & in in viduo quòd re non integrâ non possit venditio inf fieri ; etiam mutuo consensu & per actus retrosimil & sic ex utrâque solida & integra jura deben patrono.

Quand la vente est parfaite, il n'est plus per aux parties de l'anéantir ; la résolution volont qu'elles en font, est un nouveau contrat de ve qui n'empêche point que la première n'ait exi & par conséquent, cette nouvelle vente prod des nouveaux droits au seigneur.

Il faut convenir que par les termes dans l quels Dumoulin explique le second membre la distinction, il paroît que l'espèce sur laquell porte sa décision, est quand la vente a été pl nement parfaite, non seulement par la tradit de la possession de l'immeuble vendu, mais enc par le payement du prix.

Secundo verò membro secundi casus quandò co tractus non erat hinc indè impletus, puta preti non erat solutum, licet res esset realiter tradita, tunc quamvis non possint pœnitere nec distrah etiam per actus retrosimiles, in præjudicium ju jam formati & acquisiti patrono, tamen respe juris futuri & quærendi ex novo contractu poss pœnitere.

En ce cas, Dumoulin décide que, quoique résolution soit volontaire, ce n'est point une no velle mutation ; mais une résolution de la premi permise par le droit ; mais il ne faut point tromper sur le sens dans lequel cette décision do être entendue, & sur les cas auxquels elle doit recevoir application ; c'est ce qu'il explique sur l'article 78 de la coutume de Paris, gl. 1, *in verbo*, acheté à prix d'argent, nomb. 31 & suivant, *quæro an & quandò liceat contrahentibus in præjudicium domini directi pœnitere.*

Il établit d'abord pour principe, que dans le cas de la vente d'un héritage censuel, les droits de Lods & ventes sont dus par le seul contrat.

Laudimia census ex solovenditionis, vel æquipollentis contractu versantur. Nomb. 31.

Nomb. 40. *Certum est quòd in venditione purâ statim à contractu concluso ante ullum implementum jura Laudimiorum sunt acquisita domino, & in re censuali, hoc est clarum & expeditur in hac & simili consuetudine in quâ* ni à vest. ni de vest.

Il établit en ce point une différence d'avec les fiefs, *in feudis enim latiùs vagatur in omni genere contractuum & mutationum*, nomb. 31 & 32.

Porrò quamquàm jure communi res non minùs desinat esse integra pretio soluto, quàm re traditâ, quoniam jus commune æqualiter & indifferenter ad utrumque spectet, tamen aliud est in terminis hujus consuedinis jurum dominicarium quæ non traditionem pretii, sed mutationem vel translationem rei feudalis, vel censualis duntaxat respiciunt, & sic sumus in materiâ differenti, & multò magis attenditur an res sit integra ex parte traditionis rei, quàm ex parte solutionis pretii.

Itaque methodi gratiâ duas breves conclusiones facio, prima ante realem traditionem fundi pœnitere licet, sive distrahere ut nulla jura debeantur neque de contractu neque de distractu, nomb. 34. *Ideò quamdiù non procedit ad actum facti nec ad perceptionem fructuum, potest saltem unâ cum ven-*

ditione dictas clausulas habere pro infectis, impediunt distractum.

Il explique au nombre suivant, qu'il faut que résolution, dans ce cas, se fasse dans un bref in valle, & que le seigneur n'ait point prévenu.

Mais voici la seconde distinction, qui expliq ce que cet auteur a entendu, indépendamme de la différence qu'il établit entre les hérita féodaux & les biens censuels, quand il a d *in verbo* droit de relief, que les parties po voient anéantir la vente, quoiqu'il y eût eu t dition, quand le prix n'a point été payé.

Secunda conclusio post realem traditionem su pœnitere non licet, amplio etiam, antequàm minus præveniat, quia jus est irrevocabiliter, q situm translatione rei in novum censuarium, qu dominus approbavit.

C'est avec ces modifications que l'auteur journal du palais, dans une savante dissertat qu'il a donnée sur un arrêt de 1672, rendu d cette matière, indique qu'il faut entendre la cision de Dumoulin en l'endroit cité sur l'arti 33 de l'ancienne coutume de Paris; savoir, q faut que par le contrat de vente il soit expres ment porté, que, faute de payement, le vend rentrera dans son héritage; en second lieu, q le vendeur se soit repenti de la vente par faite, & que l'acquéreur ait bien voulu s'en partir, mais dans l'intervalle de peu de tem *secùs si post notabile intervallum hoc accider ita quod posset culpæ imputari venditori q debitum non exceperit, & fuga emptoris verisi liter ex novâ causâ post traditionem supervener*

C'est-à-dire, que même dans le cas auq il auroit été stipulé par le contrat, que faute

payem

payement le vendeur rentreroit dans son héritage, il faut que ce soit dans un bref intervalle, & qu'il ne paroisse point que le vendeur ait négligé de demander son payement, autrement la vente est absolument consommée & parfaite, & il n'est plus permis aux parties de l'anéantir ; voilà ce qu'on trouve dans Dumoulin sur cette matiere : il faut convenir qu'il est assez difficile, sans une extrême attention, d'en tirer une décision précise, par le grand nombre de sections dans lesquelles ses décisions se trouvent enveloppées ; c'est ce qui a fait dire à l'auteur du journal du palais, qu'il falloit entendre ses décisions avec des modifications, & principalement avec celles établies aux instituts

Venditæ res & traditæ non aliter emptori adquiruntur, quàm si, is venditori pretium solverit vel alio modo ei satisfecerit, vel ut ex promissore aut pignore dato; sed si is qui vendidit, fidem emptoris secutus sit, dicendum est statim rem emptoris fieri.

C'est, suivant la distinction établie par cette décision, qu'il faut raisonner sur la perfection & l'accomplissement d'une vente; dans le premier cas, la vente n'est parfaite qu'après la tradition & le payement; ces deux circonstances doivent être remplies, pour donner la perfection à la vente; mais quand le vendeur a donné terme pour le payement, qu'il a suivi la foi de l'acquéreur, la vente est parfaite & consommée par la simple tradition, & de là la conséquence, qu'il n'est plus permis aux parties d'en consentir la résolution, que ce ne soit par un nouveau contrat.

C'est ce qu'on trouve nettement & disertement

expliqué par M. d'Argentré sur l'art. 159 de coutume de Bretagne, & en son traité *de L dimiis*; sa décision n'est point équivoque, & pas besoin de commentaire.

Il traite sur l'art. 159 de la coutume Bretagne, art. 4, nomb. 17 & suivans, questions qui naissent sur la résolution d'u vente. Il décide d'abord qu'un contrat de ve déclaré nul par des causes de restitution, ne p duit point de droits, *de re venditâ redhi idem statuendum si necessitate legis propter vit & non ex conventione redhibeatur*, nomb. *Dubitatum de eâ venditione quæ inter partes c venisset, nullo ad solutionem pretii tempore da quo casu præsenti facta pecunia intelligitur, qu non solvitur, potest venditor rem vendicare qu vendidit; ita fit, ut si quis talis casus accidat, co tractus ad non contractum ex causâ inexistenti duciter propter non impletam substantialem co ventionem ipsius rei & contractui implicitam inclusam, atque in terminis superiorum theorem tum irritato contractu ex casu præterito Laudi nulla debeantur; cùm & alteri liceat vendere, venditor necessitate contractûs absolvatur prop non impletam substantialem contractus partem.*

Secùs si dato ad solutionem tempore, & eâ non solveretur; nam tum contractus perfectus & executio duntaxat suspensa; agendum igitur solutionem & implementum contractûs, non resolutionem, quia contractûs, semel traditâ p sessione, resolubilis non est trânslato dominio possessio non resolvitur.

Voilà une première décision de d'Argent qu'il nous apprend être conforme à celle de D moulin, par ces termes, *hæc Molinæi sententi* cette décision établit les cas dans lesquels une vente doit être considérée comme parfaite, & non sujette à résolution, & ce, conformement aux principes établis par le §. aux instituts, *de rerum divisione & dominio*. Il n'y a point d'équivoque, la décision est précise, on ne peut s'y méprendre.

Suivant ce même auteur, au nombre suivant, *quæsitum est de resolutione contractûs, an de eâ laudimia debeantur. Res ab eo pendet quandiù liceat ab contractu discedere; & res eo respectu, integra dicatur. Et statuitur ante traditionem actualem possessionis etiam ex intervallo partes discedere posse, non solùm in præjudicium domini, sed alterius cujuscumque, etiam si pretium numeratum esset vel pignora ob evictionem accepta, &c.*

Secùs post traditionem, quia si à priore contractu discederunt, duplicia deberent, ut de duobus separatis contractibus nisi in ipso actu traditionis discederetur.

Pour connoître, dit cet auteur, quand les droits sont dus d'un contrat de vente résolu, il faut considérer si les parties ont eu la liberté de le résilier, ce qui n'est que quand les choses sont entières. Les choses sont censées entières avant la tradition réelle de la possession, ainsi les parties peuvent résilier leur contrat, même après quelque temps, quand même le prix auroit été payé.

Mais si la tradition réelle a été faite, c'est le principal caractère de la perfection d'une vente; si les parties résilient leur contrat, il est dû double droit de Lods & ventes, comme de deux contrats séparés.

Cet auteur établit une différence notable entre

le payement du prix, & la tradition de la ch vendue : le payement du prix sans la tradi ne rend point la vente parfaite & consomm la tradition réelle au contraire, quoique le pay ment n'ait point été fait, rend la vente par & consommée, sans qu'il soit permis de s départir que par un nouveau contrat qui p duit un double droit de Lods & ventes ; c'est le fondement de cette distinction qu'il s'expli encore aussi disertement en son traité *de Lau miis* §. 2, *hæc eadem ratio dubitationem qu distractu esse poterat resolvit ; qui si antè tr tionem sit, nulla Laudimia debentur, sive inco nenti, sive ex intervallo fiat, sin post tradi nem, bina debentur ut pote de duobus vendi nibus.*

Ces décisions, comme on l'a observé, claires & sans équivoque, il en résulte d principes certains.

Le premier, que dans le cas d'une v faite pour le prix être payé comptant, le dé de payement annulle la vente, & *ad non a reducit*, & que dans ce cas il n'est dû auc droits de lods & ventes.

Le second principe, que quand il a été sti par le contrat terme pour le payement, la dition étant faite de la chose vendue, la v ne devient point nulle par le défaut de payem que le contrat a été parfait par la tradition qu'il n'est plus sujet à la résolution, que un nouveau contrat qui produit un double d de Lods & ventes.

Ces principes ont été adoptés par la ju prudence des arrêts. L'auteur du journal du pal tome 2, in-4°. en rapporte un rendu en inquième chambre des enquêtes le 26 avril 672.

Dans l'espèce de cet arrêt, un particulier voit vendu une maison sise à Paris, moyennant 0000 livres payables dans quatre ans, & au éfaut de payement après les quatre années, l étoit dit que l'acquéreur constitueroit une rente u prix.

Après les quatre années, l'acquéreur avoit constué 1100 liv. de rente au principale de 20000 liv. rix de la vente.

Depuis, cet acquéreur ayant mal fait ses afires, ses héritages, & entre autres la maison ar lui acquise, qui avoit beaucoup dépéri entre es mains, sont saisis & mis en criées; il abanlonne le tout à ses créanciers, qui en font distriution entre eux pour payement de leurs créances; ar contrat, on adjuge au vendeur, en payement les arrérages & du principal de la rente, pour a somme de 11000 liv. seulement, la maison ar lui vendue, & pour le restant on lui adjuge ne autre maison contigue & quelques autres ffets.

Le fermier du temporel de l'archevêché de aris demande au vendeur des droits de la omme de 11000 livres; le vendeur soutenoit u'il ne devoit point de Lods & ventes pour cette djudication, parce que ce n'étoit qu'une résoluon du premier contrat de vente qu'il avoit fait, qu'il étoit rentré dans sa maison, faute de payeent du prix.

Sentence au châtelet qui avoit débouté le ferier de sa demande.

Appel : par l'arrêt la sentence fut infirmée, le endeur condamné de payer les Lods & ventes

du prix de l'adjudication qui lui avoit été fa
par la direction.

On a obſervé que l'auteur qui a recueilli
arrêt, a fait ſur cette matière une diſſertati
remplie d'érudition ; on ſe contentera de l'av
indiqué, ſans en rien rapporter. On y trouv
les véritables principes qui ont fondé la déciſi
prononcée par l'arrêt

Article 112 d'Orléans.

Si l'acheteur d'un héritage cenſuel, qui n'a
payé le prix de la vente, ſe déporte de ſon ach
& le vendeur reprend ledit héritage par lui ven
en acquit dudit prix, au ſeigneur cenſier en ſ
dues les ventes de la première vendition ſe
ment.

Lalande explique cet article ainſi :

Il faut d'abord diſtinguer les contrats nuls
droit ; comme quand un mari vend le propre
ſa femme ſans ſon conſentement, la vente
nulle, il n'en eſt dû droits, parce que
ventes n'ont jamais été parfaites.

Dans les contrats dont la vente a été parfa
mais qui n'a pas eu ſon exécution, il faut enc
diſtinguer : quand les parties ſe déportent ou a
la tradition, ou incontinent, *brevi intervallo*
n'eſt encore rien dû ; l'article 397 de Bourb
nois y eſt précis. *Si* ce qui manque à la c
ſommation de la vente eſt le défaut d'énu
ration d'eſpèce, & que le vendeur, en acqu
ment d'icelui, reprenne l'héritage, en ce cas,
droits ſeigneuriaux ſont dus pour la vente,
la rétroceſſion n'eſt ſujette aux droits pécuni
du fief ou de la cenſive, car elle n'eſt pas co
dérée comme une revente.

Il arrive que, pour n'avoir pas payé le prix, la vente est rescindée de telle manière qu'il n'est dû aucun profit ni de la vente ni de la cassation, *scilicet*, quand un héritage est vendu *sub lege commissoriâ*.

Il parle ensuite des ventes consommées, & il distingue lorsque la vente est annullée par une cause ancienne, inhérente à la qualité des parties ou au contrat, laquelle a le pouvoir de résoudre, *retro ut anteà*; en ce cas, n'y a aucuns droits, parce que c'est comme s'il n'y avoit jamais eu de mutation dans la propriété: mais si la rescision provenante d'une cause ancienne n'a d'effet *que pour l'avenir*, en ce cas il est dû rachat de la vendition; mais le rachat est franc & libre.

Voici un arrêt récent qui a jugé que le vendeur rentrant dans sa terre, le prix n'étant pas payé, & sans nouveau prix, devoit néanmoins des droits seigneuriaux. Cet arrêt paroît croiser celui de 1627; mais le motif du nouvel arrêt est sensible dans les moyens des parties: l'acquéreur étoit *notoirement solvable, il n'étoit pas en demeure de payer*; il paroissoit que quoique en état de remplacer en argent ce qu'il avoit offert & consigné en billets de banque, *il aima mieux rétrocéder*; & les vendeurs préférèrent leur terre au prix; en sorte que c'étoit une rétrocession purement volontaire, sans aucune cause réelle, autre que le dégoût de l'un & le changement de la volonté de l'autre, & c'étoit après *deux ans* de jouissance, ce qui n'est pas l'espèce posée par Dumoulin, *supra*, §. 33, gl. 1, n. 29, espèce dans laquelle l'intervalle n'étoit pas considérable, puisque Dumoulin dit, que l'acquéreur investi étoit *dans les termes de composition avec le seigneur* pour ses

droits qu'il avoit promis de payer dans certai
terme ; cette circonſtance du terme pour les droi
ſeigneuriaux ſe trouve, il eſt vrai, dans l'eſpè
du nouvel arrêt ; mais il y a de plus *deux* ans
jouiſſance réelle, & l'acquéreur *a retenu* les fru
pour *ſon indemnité*, avec d'autres choſes dont
l'indemniſa auſſi.

Voici, dit Guyot dans ſon traité des Lods
ventes, l'eſpèce, que j'ai tirée des mémoires im
primés de MM. Ambroiſe Guérin & Regnau
avocats des parties : l'arrêt eſt de la quatrième d
enquêtes, ſur un délibéré d'audience, M.
Goelard, rapporteur du délibéré ; il eſt du
avril 1726.

Le 11 mai 1719, Charles de Savalette, fe
mier général, ſe rendit adjudicataire par arrêt
la cour, d'une maiſon ſiſe à Paris, île notre-dam
& de la terre de Veymart, de la ſucceſſion
ſieur de Saintot père, moyennant 271000 livr

Sur cette adjudication, faite en juſtice à
pourſuite de la veuve, ſans ſaiſie réelle, de
contrats de vente par la dame veuve & le ſie
de Saintot fils, les 16 mai & 8 juin 1719, po
le même prix, payable moitié dans ſix mois
l'autre moitié un an après.

Le ſieur Savalette fit *la foi & hommage* à
chambre des comptes pour ce qui relevoit
roi, & fit enſaiſiner ſes contrats ; le receveur
la terre de Saint-Riſt, pour ce qui relevoit
cette terre, *traita des droits* pour 3000 livres
moitié comptant, moitié en un billet payable
volonté.

Au mois de janvier 1720, le ſieur de Savale
n'ayant point payé la première moitié, requê
du ſieur de Saintot, les ſieur & dame de Lato

ses beau-frère & sœur, à ce que, faute de payement, il leur fût permis de rentrer. Arrêt par défaut le 6 février 1720, qui adjuge les conclusions, en remboursant les labours & semences, & les réparations suivant l'estimation. Opposition. *Offres réelles* du sieur de Savalette, *de moitié.* Arrêt contradictoire le 16 juillet 1720, qui *les déclare bonnes & valables*, ordonne que les sieur des Saintot & de Latour seront tenus de recevoir, sinon *permet de consigner. Signification* de l'arrêt à procureur; consignation le 8 août.

En exécution de cet arrêt, & après *la consignation*, le sieur de Savalette fait des offres de l'autre moitié aussi en papier.

Les 9 & 10 juin 1721, requête du sieur de Saintot & de Latour en nullité des offres & de la première consignation qui avoit été faite, en exécution de l'arrêt, sans avoir fait de nouvelles offres *à domicile* de parties; la cause fut commencée le 20 juin 1720.

Le 23 juin 1721, premier acte dont il y a minute, par lequel, pour faire cesser les différends des parties, pendans en la quatrième des enquêtes, requêtes du palais & de l'hôtel, elles conviennent que l'adjudication de la terre de Veymar & dépendances & autres biens, du 11 mai 1719, & les contrats de vente d'iceux des 26 mai & 8 juin audit an, demeureront nuls & résolus; en conséquence, le sieur de Savalette consent que le sieur de Saintot & de Latour rentrent en possession desdits biens, fruits & revenus en l'état qu'ils étoient alors, *à compter de ce jour*, pour en jouir par eux, leurs hoirs & ayans-causes, en toute propriété pour leurs parts & portions qui leur en appartiennent, tout ainsi qu'ils auroient fait avant l'adjudication. Et attendu que les sieurs de Saintot & de Latour n'avoient pas reçu les 27100 livres, & que la moitié en avoit été consignée, ils consentent que le sieur de Savalette retire ladite consignation, au moyen de quoi toutes contestations demeurent assoupies.

Autre acte du même jour, par lequel le sieur de Savalette n'ayant payé aucuns intérêts, montant à 31000 livres, d'un autre côté, prétendoit des labours, semences, réparations, le pot de vin qu'il avoit payé, le centième denier; les parties se quittent respectivement, & les sieurs de Saintot & de Latour s'obligent de *l'acquitter du restant des droits seigneuriaux*, dont il avoit fait son billet de 1500 livres.

Après ces actes, & de concert entre les parties, le sieur de Saintot & de Latour poursuivirent de nouveau la nullité des offres & consignation. Arrêt par défaut le 8 juin 1722, qui les déclare nulles. Point d'opposition de la part du sieur de Savalette; l'arrêt ajoute: » Ce faisant, faute de payement, les sieurs de Saintot & de Latour demeureront propriétaires de ladite terre «.

Bouchard, receveur de la terre de Saint-Ris, poursuivit le sieur de Savalette pour le payement des 1500 livres restans des droits, en conséquence de l'acte du 23 juin 1721. Le sieur de Savalette forma sa demande en recours contre les sieurs de Saintot & de Latour. Demande de la part du seigneur, à fin de payement de nouveaux droits pour leur rentrée en possession.

Le 28 juin 1725, arrêt contradictoire en la quatrième des enquêtes, qui condamne le sieur de Savalette au payement desdits 1500 livres, condamne le sieur de Saintot & de Latour à l'en acquitter; & avant faire droit sur la nouvelle demande de Bouchard, ordonne que les sieurs de Saintot & de Latour lui communiqueront l'acte du 23 juin 1721 & autres actes translatifs de propriété, & affirmeront qu'ils n'en retiennent aucun.

La communication faite, on retourne à l'audience.

Moyens des sieurs de Saintot & de Latour.

L'acte du 23 juin 1721 n'est point une revente, c'est une remise de la terre par l'acquéreur, faute de payement du prix convenu. Avant ces actes, les sieurs de Saintot & de Latour avoient demandé la nullité de la consignation de la moitié de 271000 livres; elle étoit nulle. L'arrêt qui permettoit de consigner n'avoit point été signifié à domicile de parties, mais seulement au procureur: c'est le jour même que l'on devoit plaider la cause continuée sur cette nullité. Le sieur de Savalette, ne pouvant offrir en espèces les 271000 livres, dont les termes étoient échus, passe l'acte du 23 juin 1721; il consent que les sieurs de Saintot & de Latour reprennent la jouissance de la terre, & eux consentent qu'il retire la consignation. Le second acte du même jour ne regarde que *les indemnités*; c'est le cas où le vendeur rentrant ne doit rien. L'arrêt de 1627 l'a jugé. Si l'arrêt de 1672 jugea le contraire, il devoit ainsi juger par les circonstances de l'espèce qui y a donné lieu: c'est le sentiment de Dumoulin & d'Argentré. L'acte de 1721 ne forme point une revente, puisqu'il n'y a point de nouveau prix.

Moyens de Bouchard.

La vente en question avoit été précédée d'une adjudication, moyennant 271000 livres, payables moitié dans six mois, l'autre moitié à plus long terme. Le sieur de Savalette est entré en jouissance, il a été reçu en foi, il a joui *deux ans* complets. L'acte de 1721 est donc une revente, quand même le prix n'auroit pas été payé : y ayant terme dans le contrat, elle n'étoit pas moins vente.

Ce qu'on objecte, que la consignation & les offres étoient nulles, que le sieur de Savalette ne payant point, on a été forcé de rentrer, ne vaut rien. Le sieur de Savalette avoit *payé moitié*, & *consigné*; depuis l'arrêt qui lui avoit permis de consigner, *on ne l'avoit point poursuivi*. La nullité étoit objectée, mais *elle n'étoit point jugée*. Les requêtes ont été données pour préparer l'acte du 23 juin 1721. Quand le sieur de Savalette auroit eu lieu de craindre l'évènement, la résolution n'est pas moins volontaire; il n'y avoit point de nécessité de rentrer. *La solvabilité* du sieur de Savalette étoit notoire. Ce qui découvre la fraude, c'est que, postérieurement à cet acte, on poursuit & on fait prononcer *par défaut la nullité*. Le sieur de Savalette *ne s'y oppose point* : cela avoit été fait pour se préparer un moyen contre la demande du seigneur. Enfin, la jouissance des *deux années* reste au sieur de Savalette; on le décharge de 31000 *livres d'intérêts*; on l'indemnise des 1500 livres restans des droits seigneuriaux de la vente : tout cela fait voir que la résolution a été purement volontaire, qu'elle n'a eu aucun prétexte, que le prétendu défaut de payement étoit une chimère; & les indemnités considérables accordées au sieur de Savalette marquent un acte auquel la seule volonté des parties a donné lieu, sans aucune cause; & après *deux ans* de jouissance, ces indemnités *font un prix plus fort que la vente.*

Les premiers droits étoient toujours dus par le sieur de Savalette, cependant les sieurs de Saintot & de Latour *en acquittèrent le sieur de Savalette.*

Sur ces moyens, après en avoir *délibéré*, intervint l'arrêt qui condamna les sieurs de Saintot & de Latour à payer les droits de rétrocession, & aux dépens. On voit, par les circonstances, que cet arrêt ne croise pas celui de 1627, & qu'il approche plus de celui de 1672.

Quand les gens de main-morte sont contraints de mettre l'héritage hors de leurs mains, ils ne doivent aucuns Lods & ventes ou rachat de leur acquisition qui est demeurée sans effet & sans exécution. Bacquet des droits de justice chap. 12, n. 17; Dumoulin sur la coutume de Paris, §. 22, n. 138. Mais ceux auxquels les gens d'église revendent doivent les Lods & ventes ou le rachat; & si les gens de main-morte & leur vendeur conviennent de la résolution de leur contrat, en ce cas ne sont dus aucuns profits au seigneur, parce que c'est par son fait que la vente est annullée. *Car*, comme dit de Beaumanoir, chap. 45, *on ne doit pas payer vente de liretage que église vend par le commandement dou seigneur pour être que elle ne vend pas par sa bonne volonté si puet fere du prix de la vente son proufit.*

§. XXVIII. *Du fermier de la seigneurie.*

Lorsque le fermier d'une terre a dans son bail les droits seigneuriaux, il ne peut pas être douteux qu'il ne lui soit dû des profits de fief à toutes les mutations qui se font par vente des fiefs relevans de la terre dont il est fermier

& cela est en effet bien juste, puisque ces droits font partie des fruits de son bail, & que, dans la vue de ces profits, il a porté plus haut le prix de son bail qu'il n'auroit fait sans cela.

Cette vérité est même tellement certaine & tellement générale, que quand ce seroit le seigneur même dont il est fermier qui feroit l'acquisition d'un fief relevant de sa propre terre, il ne seroit pas exempt des droits, & il les devroit payer à son fermier, parce qu'encore qu'il semble qu'on pourroit dire que quand une personne cède un droit à un autre, on peut croire que son intention a été de s'en exempter personnellement, néanmoins cela ne doit avoir lieu en ce cas, parce que la cession des droits seigneuriaux que le fermier a stipulée, lui a été acquise à titre onéreux, qu'elle fait une partie des fruits de son bail, qu'une partie du prix qu'il donne est donnée pour raison de ces profits, & qu'ainsi il n'en peut être privé en aucun cas : en un mot, si le seigneur vouloit en être exempt, il devoit le stipuler, auquel cas le fermier auroit vu s'il lui convenoit d'accorder cette réserve, ou en tout cas auroit mesuré le prix du bail sur le pied de cette reserve : mais lorsqu'il n'y a point d'exception en faveur de seigneur, il ne faut point en admettre à son profit, d'autant plus que, suivant la règle de droit, c'est toujours contre le vendeur & contre celui qui donne à loyer, qu'on doit interpréter les clauses douteuses de la vente ou du bail (*).

(*) Veteribus placet pactionem obscuram vel ambiguam venditori & qui locavit, nocere in quorum fuit potestate legem apertiùs conscribere. L. 39, ff. *de pactis*.

A ces raisons si on veut joindre l'autorité des auteurs, sans s'étendre en citations, il suffira de remarquer que le fermier a l'avantage de réunir en sa faveur le sentiment de Dumoulin (*) & de d'Argentré (**).

Voici une espèce que la Thaumassiere rapporte sur l'art. 20 du titre des censives de la coutume de Berri, & sur laquelle il dit avoir été consulté.

Un particulier vend son héritage à un autre sous signature privée; l'acquéreur entre en possession de cet héritage, & en jouit deux ans, après lesquels ils passent contrat pardevant notaires & témoins. Celui qui étoit fermier lors du dernier contrat, n'avoit pas la ferme lors du premier; contestation se forme entre les deux fermiers pour le payement des Lods & ventes: je répondis, le 4 septembre 1696, qu'ils étoient dus au premier fermier, parce que la vente, *quæ solo consensu perficitur*, étoit non seulement parfaite, mais même exécutée, & qu'il en étoit fait mention par ce contrat.

Lorsqu'un mineur ou une femme ratifie des aliénations précédemment faites par le tuteur ou le mari, les Lods appartiennent-ils à celui qui est seigneur ou fermier lors de la ratification, ou bien à celui qui l'étoit à l'époque du contrat.

La ratification que fait le mineur des actes passés par son tuteur pendant sa minorité, a un

---

(*) Sur l'art. 55 de l'anc. cout. de Paris, gl. 1, quest. 9, n. 113.

(**) En son traité *de Laudimiis*, ch. 3, *in fine*.

effet retroactif au jour de la passation de l'acte; il n'en est pas de même de la femme, le co[n]sentement qu'elle donne à l'aliénation de [ses] propres faits par son mari, ne la valide que po[ur] l'avenir. Cette aliénation n'existe donc réelleme[nt] que du jour de la ratification; les droits qui [en] résultent appartiennent donc incontestablemen[t à] celui qui est seigneur ou fermier à l'instant [de] cette ratification; on juge du quint par le retr[ait]. Cette règle, suivant Dumoulin, ne souffre qu'u[ne] seule exception; & plusieurs arrêts ont jugé q[ue] le temps du retrait ne court que du jour [du] consentement de la femme; Brodeau en ra[p]porte trois, le premier du 10 avril 1660, r[e]marqué aussi par Pithou sur l'art. 144 de Troye[s]; le second, du 4 décembre 1578, & le troisièm[e] du 22 janvier 1607.

Lorsque l'acquéreur d'un héritage fait sur un décret volontaire, & qu'il est évincé par [les] sur-enchères des créanciers de son vendeur, [il] n'est dû qu'un seul droit de Lods, tant pour [la] première vente que pour l'adjudication, & q[ue le] seigneur est libre de prendre ce Lods sur le p[rix] du contrat ou bien sur celui du décret; c'[est] la disposition de l'art. 79 de la coutume de Par[is]; cette disposition fait naître la question suivan[te]. On suppose que, dans l'intervalle de la vente [au] décret, la seigneurie dominante a changé [de] fermier, & l'on demande auquel des deux a[p]partiennent les Lods, au fermier du temps [de] l'adjudication, ou à celui qui l'étoit à l'époq[ue] du contrat volontaire. La question a été jug[ée] en faveur de ce dernier, par un arrêt dont Guy[ot] a recueilli les détails avec beaucoup de soin; [cet] arrêt du 16 mars 1712, est de la secon[de]

cham[bre]

chambre des enquêtes au rapport de M. Fontaine, pour Benigne Guerin, légataire universel de Simon le Blanc, fermier général de la terre & seigneurie de Hauches, appellant d'une sentence du juge d'épernon, du 30 juillet 1709, contre Jacques Flope, écuyer, seigneur d'Auvilliers, seul héritier d'André de Vuyer, écuyer, seigneur de Boinville, intimé : c'étoit dans la coutume de Montfort. Voici le fait, tiré du mémoire de Me. Guerin de Boisrenard, avocat.

Le 8 août 1651, vente faite à Claude Garnier, par Claude Vaillard & Antoinette Chalanges sa femme, seule héritière bénéficiaire de Germain Chalanges, & Elisabeth Buffez ses père & mère, du fief Sauvilliers, relevant de la seigneurie de Hauches. Le prix, 6500 livres; stipulation de décret volontaire; décret commencé au châtelet de Paris; nombre d'oppositions de la part des créanciers de Germain Chalanges; quelques-uns demandèrent que le fief leur fût adjugé, comme plus anciens créanciers, & donnèrent requête à cette fin.

Le 21 mars 1656, sentence contradictoire qui l'ordonne, & que les créanciers représenteront leurs titres.

Le 25 septembre 1683, sentence entre les créanciers de Germain Chalanges, père des vendeurs, le sieur le Vassor poursuivant le décret, & Garnier partie saisie, par laquelle le fief d'Auvilliers est adjugé au sieur de Boinville, dont le sieur Stopa devint héritier, moyennant 6925 liv. à quoi on l'avoit fait estimer, & ce, comme plus ancien créancier, avec restitution de fruits; & comme Garnier avoit payé le quint

au nommé Bouvart, ordonné qu'il le dédui
sur les fruits.

Le 25 juin 1686, le sieur de Boinville fi
la foi & hommage au seigneur de Hauches;
offre de payer les droits s'ils sont dus, ma
soutient qu'ils ne sont pas dus, Garnier évin
les ayant payés à Bouvart, & les ayant reten
sur les fruits; il offre de payer l'excédent. L
seigneur de Hauches ne poursuivit pas, il av
affermé ses droits à Simon le Blanc, représe
par Benigne Guerin, à compter du prem
janvier 1679, jusqu'au dernier de 1685, &
avoit les anciens droits cédés, & il étoit le mê
seigneur qu'en 1651; c'est ce qui se voit par
mémoire de Guerin, où il établissoit, qu'il ét
indifférent de savoir si l'adjudication étoit subro
gée à la vente faite à Garnier en 1651, ou
elle en étoit indépendante (*parce que dans l'*
& dans l'autre cas, le seigneur de Hauches
son fermier, qui le représentoit, pouvoit user de la
faculté de l'art. 79 de Paris, comme étant sei
gneur en 1651).

Simon le Blanc étoit mort alors; Bénig
Guerin, son légataire universel, ignoroit la mu
tion; cela resta jusqu'en 1708.

Le 20 décembre 1708, Bénigne Guerin, p
qualité de légataire universel de Simon le Bla
fermier de Hauches, & *ayant les anciens droi*
donna sa requête au juge d'Epernon pour assig
les héritiers du sieur de Boinville, à l'effet d'ex
hiber les titres d'acquisition du fief d'Auvillie
payer le quint, & cependant permis de sai
ès mains des fermiers d'Auvilliers. Ordonnan
du juge aux fins de la requête, saisies & arrê
Le sieur Stopa, héritier du sieur de Boinvill

adjudicataire de ce fief, intervint, prit le fait & cause de ses fermiers, soutint Guérin non recevable. 22 février 1709, appointement en droit. 30 juillet 1709, sentence par forclusion, qui déboute Guérin. Appel. Procès conclu en la seconde des enquêtes.

Le sieur Stopa fit trois objections principales pour soutenir le bien jugé de la sentence. 1°. L'adjudication du 22 septembre 1683 n'étoit point à prix d'argent; le sieur de Boinville n'avoit rien déboursé : donc point de quint. 2°. En tous cas l'adjudication de 1683 & le contrat de vente faite à Garnier ne faisoient qu'un seul & même titre, & Garnier a payé les droits de la première vente : 3°. quand il y auroit une option, elle appartiendroit au sieur Stopa, créancier de Garnier.

Guérin répondit : 1°. que si le feu sieur de Boinville n'avoit rien déboursé, l'adjudication lui avoit été faite, comme plus ancien créancier de Germain Chalanges, père des vendeurs de Garnier, pour la somme de 6925 liv. que c'étoit *datio in solutum*, qui équipolloit à vente, par conséquent devoit les droits.

2°. Que si Garnier s'étoit rendu adjudicataire pour le même prix de son contrat, son adjudication & son contrat n'auroient été qu'un même titre; mais que le décret étant devenu forcé, soit que Garnier se fût rendu adjudicataire, soit que ce fût un autre, dès qu'il y avoit un prix plus fort, que le premier seigneur avoit le choix des deux, suivant l'art. 79 de Paris, & le 84, auxquels articles la coutume de Montfort n'étoit point contraire.

Enfin, que le sieur Stopa ne pouvoit avoir

l'option, comme créancier exerçant les droits d Garnier. L'art. 79 de Paris donnoit ce choix a seigneur, que ce que le sieur Stopa pouvo prétendre étoit que le seigneur lui restituât le anciens droits, ou les imputât sur les nouveaux ce que Guérin offroit de faire, s'il étoit ain ordonné.

Sur le tout, arrêt par lequel on mit l'appell tion & sentence dont étoit appel au néant émendant, ayant égard à la requête de Bénig Guérin du 17 juin 1711, on condamne le sier Stopa, héritier du sieur de Boinville, adjudica taire, à payer audit Guérin la somme de 138 liv. pour le quint, *en rendant ou précomptan* par ledit Guérin, suivant ses offres, ce qui avo été payé par Garnier au nommé Bouvart po les droits de son acquisition; on condamne sieur Stopa en tous les dépens.

Cet arrêt, en ordonnant la restitution ou im putation des premiers droits, juge bien nett ment que l'option des seconds droits apparten au fermier lors du contrat, Guérin, ou du moi Simon le Blanc, dont il étoit légataire, avoit cession des anciens droits.

Nous allons rapporter une consultation s la question de savoir si le seigneur doit l Lods à son fermier lorsqu'il achète des terr mouvantes de sa seigneurie; cette consultati est de MM. du Cornet Berroyer, Macé, Lavigne, Maillard & Capon. Nous rappor rons en entier cette pièce intéressante, par qu'elle n'est pas susceptible d'analyse, & qu'il très-difficile de se la procurer.

Les soussignés, sur la question de savoir si seigneur de terre située en Bourbonnois, ap l'avoir affermée avec tous les droits seigneuriaux indépendans, ayant acquis, pendant le cours du bail, des héritages mouvans de la directe de sa terre, en doit ou non les droits à son fermier, & si celui-ci a une action pour les exiger du seigneur, ou s'il peut les compenser sur le prix de son bail, sont d'avis,

Que cette question n'en est pas une dans la coutume de Bourbonnois, y en ayant une disposition précise, art. 476, qui le décide très-clairement en faveur du fermier. Cet art. porte: *Si les seigneurs bailleurs acquièrent pendant la ferme aucune chose mouvante du censif compris en ladite ferme, ils en doivent les Lods & ventes; mais ne peut le fermier les prendre par prélation, s'il n'y a convenance au contraire.*

Aux termes de cet article, il ne peut y avoir de difficultés: la terre étant située dans la province de Bourbonnois, le seigneur doit les Lods au fermier pour les acquisitions qu'il fait pendant le cours du bail d'héritages mouvans de sa directe, à moins que dans le bail qui comprend tous les droits seigneuriaux, il n'y ait clause précise par laquelle le seigneur aura excepté ceux qui seront dus pour les acquisitions qu'il pourroit faire personnellement.

Indépendamment de cette disposition de coutume qui ne laisse aucun lieu de douter, à ne consulter que le sentiment des docteurs françois les plus respectables, le fermier ne seroit pas moins bien fondé à prétendre les droits dont il s'agit.

Dumoulin, §. 55, gl. 1. n. 113 (c'est le 78), décide absolument en faveur du fermier, qu'il eſt en droit d'exiger du ſeigneur, par action ou compenſer ſur le prix de ſon bail le quint ou Lods, de même que les droits ſeroient dû par le ſeigneur à l'uſufruitier de ſa terre, o à celui qui auroit droit de jouir pendant ſa vie ou pour tout autre temps, des droits ſeigneu riaux, & de même que le ſeigneur ſeroit oblig de payer à ſon fermier les cens & autres red vances ſeigneuriales dont les héritages par lu acquis ſeroient chargés.

D'Argentré, quelque diſpoſition qu'il ait eu en bien des choſes de penſer différemment d Dumoulin, eſt de même avis ſur l'article 7 de Bretagne, & dans ſon traité des Lods §. 26.

Brodeau ſur l'art. 78 de Paris décide de même que le ſeigneur doit les cens & les Lods à ſo fermier, à l'égard duquel il eſt cenſé pour un perſonne étrangère, nonobſtant la règle de droi qui dit, que dans une expreſſion générale l perſonne qui parle eſt cenſée exceptée, & qu ne ſoit pas à préſumer que, dans une ceſſio générale, le cédant ait entendu céder contre lu même; il conſeille au ſeigneur, pour ne pas tombe dans l'inconvénient, d'en faire une exception ex preſſe dans le bail; qu'autrement il doit s'im puter la faute de ne s'être pas expliqué plu clairement, ſelon la loi fameuſe *veteribu placet.*

Salvain dans ſon traité de l'uſage des fiefs & droits ſeigneuriaux ch. 82, après avoir dit qu la queſtion a été jugée par un arrêt du parlemen de Toulouſe du 20 juillet 1599, en faveur d duc de Ventadour, contre le fermier de ſe terres, rapporté par Cambolas, l. 3, ch. 5, examine les raiſons de part & d'autre ; il rapporte celles qui ſe trouvent dans Cambolas, & tout ce qu'on peut dire en faveur du ſeigneur, enſuite celles ſur leſquelles le fermier fonde ſon droit, qu'en paſſant bail il a pris ſes meſures ſur tout le contenu au terrier ; qu'il a fait état des droits de Lods & ventes, nul excepté ; que par contrat de bonne foi il s'eſt obligé de payer au ſeigneur le prix convenu, à quoi il ne ſauroit ſatisfaire, ſi le ſeigneur, de ſa part, ne le fait jouir des droits affermés ; qu'il pourroit ſe faire que pendant le cours de ſon bail, uniſſant à ſon domaine tous les fonds dépendans de ſa directe & mouvance, qui ſeroient expoſés en vente volontaire ou forcée, le fermier ſeroit en perte, non ſeulement des Lods & ventes, mais auſſi du courant des cens & redevances, qui ceſſeroient également d'être dus par la conſolidation du domaine utile au domaine direct ; qu'il n'y avoit aucun doute que le fermier ne fût en droit de prétendre une indemnité par rapport aux cens & redevances, quoique le ſeigneur ſoit inveſti de droit, & que nul ne ſoit créancier de ſoi-même ; le fermier pourroit également prétendre les Lods & ventes, non pas comme Lods, mais comme une récompenſe du dommage que l'acquiſition du ſeigneur lui a cauſé, de même que le ſeigneur eſt indemniſé de la perte de ſes droits quand l'héritage tombe en main-morte.

Dans cette diverſité d'opinions, il ſe détermine en faveur du fermier, par la déciſion de la loi *veteribus*, & ajoute, que lorſque le contrat peut recevoir deux explications, dont l'une eſt favorable au locateur, & l'autre au locataire, il faut

prononcer en faveur du locataire ; & il estim
que l'opinion de Dumoulin & de d'Argent
doit être plutôt suivie que l'arrêt du parleme
de Toulouse, qui paroît avoir des motifs & d
circonstances particulières, tirées du bail à ferme
& qui sont échappées à Cambolas.

On peut dire la même chose d'un arrêt rap
porté par Basnage sur l'art. 71 de Normandie.

Taizant sur la coutume de Bourgogne, titr
11, art. 1, n. 7, décide que les droits de Lod
& ventes sont dus au fermier par le seigneur
qui, ayant amodié tous les droits de sa terre
acquiert ensuite des fonds mouvans de sa directe
il rapporte un arrêt du parlement de Dijon d
27 mars 1684, rendu après un partage sur l'au
torité de Dumoulin, d'Argentré & Salvain
nonobstant l'arrêt du parlement de Toulouse.

Ce dernier arrêt du parlement de Dijon paroî
plus conforme aux véritables principes : on n
sauroit contester que le seigneur ne soit oblig
de payer par forme d'indemnité les cens & autre
redevances dont l'héritage tenu de lui est chargé
cependant ces cens & redevances ne sont pa
moins consolidés ou confus à l'instant de l'ac
quisition faite par le seigneur ; au moyen de cett
confusion ils ne sont plus dus au seigneur, de
même que le seigneur ne peut se devoir à lui
même pour l'acquisition qu'il fait dans sa
directe.

En second lieu, si le seigneur avoit aliéné
les droits de sa terre pour toujours, ou pour u
certain temps, nul doute que celui qui, en con
séquence de ce titre particulier, auroit droit de
recevoir les droits seigneuriaux, ne fût en droi
d'exiger du seigneur même les droits d'acquisition

qu'il pourroit faire : pourquoi n'en seroit-il pas de même du fermier ? N'a-t-il pas, en vertu de son bail, le même droit de jouir des droits seigneuriaux que celui à qui on les a vendus, ou que l'usufruitier de la terre à qui on n'a jamais contesté que le seigneur ne doive les droits seigneuriaux des acquisitions par lui faites dans sa terre pendant le cours de l'usufruit? Les mêmes raisons militent en faveur du fermier.

Ainsi les deux arrêts des parlemens de Toulouse & de Rouen, contraires aux véritables principes, ne doivent être d'aucune considération.

Aussi la question s'étant présentée au parlement de Paris, y a été jugée en faveur du fermier, de même qu'au parlement de Dijon, par deux arrêts contradictoires.

Le premier intervenu sur un ordre au rapport de M. le Clerc de Lesseville, le 5 septembre 1704, en faveur du fermier d'Inche en Artois.

Le second, en la grand'chambre au rapport de M. Ferrand, le 3 septembre 1718, entre les commissaires aux saisies réelles de Paris, étant aux droits du sieur Civadat, seigneur de Boisne, en la direction de Forcadel, & le nommé Gigaut, fermier de cette terre.

L'arrêt a confirmé une sentence arbitrale rendue par MM. Arraut, Freteau & Macé, le 26 avril 1716, déposée chez Buirette, notaire, qui avoit adjugé au fermier les Lods des acquisitions faites par le sieur Civadat dans la terre de Boisne, dont il étoit seigneur pendant le cours du bail de Gigaut.

La jurisprudence de Paris, ainsi que celle de Dijon, paroît certaine par ces trois arrêts : nul doute que de droit commun le fermier ne soit bien fondé à demander en sa faveur les droits des acquisitions par lui faites pendant le cours du bail ; à plus forte raison, est-elle insoutenable dans la coutume de Bourbonnois, qui en a disposition formelle en sa faveur.

Délibéré à Paris ce 22 juin 1722.

Passons à la question de savoir si dans la coutume de Melun & autres semblables les Lods & ventes qui se payent pour le rachat des baux à rentes rachetables, appartiennent à celui qui étoit fermier lors des baux à rente, ou à celui qui se trouve fermier de ces droits lors du rachat de la rente.

Pour la décision de cette question, il faut voir d'abord quels sont les termes de la coutume de Melun ; ensuite il faut examiner les principes & l'usage.

L'article 122 de la coutume de Melun porte *que si l'héritage chargé de cens est baillé à rente rachetable à temps ou à toujours, ne sera payé aucun droit de Lods & ventes au seigneur, sinon quand ladite rente sera rachetée.*

L'interprétation naturelle de cet article est que quoique les droits appartiennent au seigneur dès l'instant du bail à rente, & par conséquent à son fermier, néanmoins ils ne sont exigibles que lors du rachat de la rente ; ce sont des droits acquis lors du bail à rente, mais qui ne se payent que dans le temps du rachat, *dies cessit, sed nec dum venit* : c'est la seule différence qu'il y a entre cette coutume & l'article 83 de la coutume de Paris, où les droits dus par les baux à rente rachetable sont exigibles en même temps qu'ils sont acquis.

Cette interprétation de l'article 122 de la coutume de Melun est conforme aux principes, aux arrêts & à l'usage.

Il est de principe, que, pour juger des actions qui naissent en vertu des contrats, l'on doit toujours regarder le temps du contrat, & non pas le temps auquel les conditions du contrat sont accomplies : *Semper in stipulationibus id tempus spectatur quo contrahimus*. Il faut toujours remonter à la source qui produit le droit ou l'action ; c'est ce que décide Dumoulin en ces termes : *Debet attendi tempus quo jura semel cœperunt deberi, sed statim quod feudum venditum vel donatum est, incipiunt deberi jura feudalia, & illicò eorum obligatio est formata, & cessit*. De là vient que dans les contrats à faculté de réméré, on ne révoque pas en doute que les droits n'appartiennent au seigneur ou au fermier qui étoit lors du contrat, & non pas à celui qui l'étoit lors du réméré ; on l'a ainsi jugé par un arrêt solennel du 22 Décembre 1584, & c'est une jurisprudence constante qui a été suivie inviolablement depuis cet arrêt : l'on a décidé qu'il falloit regarder seulement le temps du contrat, *solum tempus inspicitur quo contractus initus est*. Il y a bien plus de raison de le décider dans l'espèce d'un bail à rente rachetable, puisque, lors du bail à rente, l'acquéreur devient propriétaire incommutable, il se fait un véritable changement de censitaire & de vassal ; au lieu que dans le réméré il est incertain, lors du contrat à faculté de réméré, si l'acquéreur sera propriétaire ; il ne commence à être véritablement propriétaire, qu'après que le temps marqué pour la faculté de réméré est expiré : si, nonobstant cette incertitude, l'on juge que les droits appa tiennent au fermier qui étoit au temps du co trat de réméré, & non pas à celui qui éto fermier, lorsque les droits se payent après que temps pour exercer le réméré est expiré, l'o doit le décider avec beaucoup plus de fondeme dans l'espèce du bail à rente rachetable, o l'acquéreur a tellement la propriété, que, s'il con tracte des dettes dans l'entre-temps du bail rente & du rachat, ses créanciers ont leur hyp thèque sur l'héritage donné à rente rachetable au lieu que les créanciers intermédiaires du ve deur n'en peuvent prétendre aucune.

Ainsi, rien n'est plus conforme aux principe que de décider, que dans la coutume de Me les droits doivent appartenir au fermier qui éto lors du bail à rente, & non pas à celui q l'étoit lors du rachat ; c'est de cette manière q l'article 122 de cette coutume doit être inte prété, conformément aux principes, & c'est juste interprétation que les arrêts & l'usage l ont donnée.

L'arrêt qui juge que cet article doit être ai entendu, est rapporté dans les arrêtés de M. Prêtre ; il est du 9 févier 1628 ; voici com ment s'explique ce magistrat : *Jugé en la co tume de Meaux, que d'un contrat de bail à re rachetable, & ladite rente étant rachetée, Lods & ventes sont dus au fermier du seign qui étoit au temps du contrat, & non à celui temps du rachat de la rente.* Cet arrêt doit ê d'une autorité d'autant plus grande, que ce qui le rapporte avoit une parfaite connoissan des motifs de cet arrêt & de sa décision, pu qu'il est rendu à son rapport ; ainsi l'on ne pe prétendre qu'il soit intervenu sur des circonstances particulières.

Cet arrêt est rendu dans la coutume de Meaux, qui porte, *que pour héritages baillés à rente perpétuelle ou à rachat n'est dû droit de Lods ou ventes, si ladite rente n'etoit rachetée.* Ce sont les termes de l'article 191 de la coutume de Meaux, qui sont plus forts que ceux de la coutume de Melun, qui dit seulement, *qu'il ne sera payé de droits que lors du rachat;* de sorte que quand les termes, *ne sera payé*, signifieroient la même chose dans la coutume de Melun, que ceux-ci, *qui ne sera dû*, il seroit toujours vrai de dire, suivant ce qui a été jugé par cet arrêt, que le mot *dû* ne veut dire autre chose qu'exigible : c'est ainsi que l'on doit entendre ce que disent Coquille & Brodeau sur cette question.

Non seulement les principes & les arrêts décident en faveur du précédent fermier, mais il a pour lui un usage inviolablement observé dans la coutume de Melun.

Il est certain que l'usage est le meilleur & le plus fidèle interprète des loix & des coutumes, *optima legum interpres consuetudo*; or, l'usage est, dans la coutume de Melun, que les droits se payent au fermier du temps du bail à rente, & non pas à celui du temps du rachat. Cet usage est justifié par deux actes de notoriété, l'un de la prévôté de Melun, du 16 janvier 1694, par lequel le prévôt, le substitut de M. le procureur général en cette prévôté, & quinze procureurs de ce siége, qui postulent aussi au bailliage, déclarent que *de tout temps la coutume & l'usage ont été de payer les droits de Lods &*

ventes de baux à rentes aux receveurs du temps desdits baux à rente, lorsque les rachats s'en sont faits, & non à ceux du temps desdits rachats; & qu'il y a plusieurs sentences, tant à ce siége qu'au bailliage & au présidial, qui l'ont ainsi jugé. Ce sont les termes de cet acte de notoriété.

Les officiers & les praticiens du bailliage de Milly déclarent la même chose par un acte de notoriété du 28 juillet 1695 : cela justifie l'usage constant de la prévôté de Melun & des autres siéges de cette coutume.

§. XXIX. *Quotité du droit de Lods & ventes dans la coutume de Paris.*

La coutume de Paris règle par l'article 76 le droit de Lods à la douzième partie du prix de la vente, c'est-à-dire, de douze deniers un denier, & d'une livre vingt deniers, ou seize deniers parisis pour livre; toutefois les seigneurs peuvent stipuler par les contrats d'accensemens, de plus grands droits.

C'est ce que dit la coutume d'Etampes, art. 48, que les Lods & ventes sont la douzième partie du prix, s'il n'y a titre, paction ou convention au contraire entre les seigneurs & les censitaires, d'en payer plus ou moins.

C'est aussi ce qui est porté par la coutume de Laon, art. 139.

Aussi y eut-il opposition formée par l'évêque de Paris, lors de la réformation de la coutume qui fut faite en l'année 1510, tant pour le domaine de son évêché, que pour l'abbaye de saint Magloire y annexée; par l'abbé de saint

Geneviève-du-Mont à Paris ; par le prévôt de Corbeil, & par les seigneurs qui ont des fiefs, seigneuries & censives dans les prévôtés & châtellenies dudit Corbeil & de Tournan en Brie ; par les religieux, prieur & couvent Saint Pierre-de Reuil en Brie ; par les sieurs de Bou, & en partie d'Evry-sur-Seine-les-Corbeil, de Bauché & d'Hermainville, qui soutenoient être en possession ; savoir, M. l'évêque de Paris, de prendre pour le droit de Lods & ventes cinq sous parisis pour livre, pour les terres qui sont en sa censive, & les autres seigneurs les ventes doubles ; savoir, trois sous quatre deniers pour livre, requérant y être maintenus & gardés, protestant que l'article qui règle les droits à moindre somme ne leur pourroit nuire ni préjudicier.

Sur quoi MM. les commissaires ordonnèrent, de l'accord & consentement de tous les assistans, que cet article demeureroit comme il étoit anciennement ; & néanmoins réservé audit évêque de Paris & aux seigneurs censiers & fonciers des prévôtés & châtellenies de Corbeil, Tournan & autres, de prendre droit de vente & saisine sur les héritages étant en leur censive, tels qu'ils leur sont & peuvent être dus ; réservé aux acheteurs & vendeurs leurs défenses au contraire, ainsi qu'il leur avoit été réservé par le procès-verbal de l'an 1510.

Ce qui étoit fort juste, comme remarque Dumoulin sur cet article, n. 7, 32.

Brodeau, n. 2, *in fine*, dit que MM. les évêques de Paris n'ont point persisté en leur opposition, & qu'il est de notoriété, que les ventes ne sont payées à leurs receveurs qu'à raison de la coutume ; que les autres seigneurs n'ont point fait juger leur opposition en général, mais q les seigneurs particuliers ont souvent contesté maintenu leurs droits, & que particulièrement l abbesse & religieuses de notre-dame d'Yerr & que les autres seigneurs d'Yerre, sur l preuve résultante de leurs titres & de leur po session immémoriale, ont été conservés & main tenus au droit de doubles ventes.

Chopin, sur ce titre, n. 6, rapporte des arrêts des 22 décembre 1531 & 30 mai 153 donnés en faveur desdites religieuses d'Yerre.

Ces deux arrêts sont aussi remarqués par Bro deau, n. 3, lequel en cite un autre, donné a enquêtes le 8 mars 1560, rendu au profit de dites religieuses, confirmatif de la sentence d prévôt de Paris.

Il remarque aussi une sentence donnée a requêtes du palais sur instance le 30 janvier 163 pour lesdites religieuses, contre M. de Bourilla comte de Cerny, confirmée par arrêt du 14 ao de la même année.

Quant aux seigneurs qui possèdent des fi dans la châtellenie & prévôté de Corbeil, auteur dit qu'il a vu trois sentences données a requêtes du palais, les 14 août 1490, 17 n vembre 1510 & 15 mai 1511, au profit dame Marie Chevalier, veuve de messire Je le Boulanger, premier président au parlemen dame de Grigny, en la prévôté de Corbeil, p tant condamnation contre les acquéreurs y nommés, de lui payer les Lods & ventes, raison de trois sols quatre deniers pour livre.

Ce même auteur dit qu'il y a eu arrêt don depuis la réformation de la coutume, le 18 ao 1582, en la seconde chambre des enquêtes,

rapp

rapport de M. le Picard, remarqué par Chopin, entre Me. Jean Lecomte, sieur de Marquerre, secrétaire du roi, & M. Holman, maître des comptes, par lequel arrêt il fut ordonné que l'affaire seroit plus mûrement examinée & communiquée au procureur général du roi, & cependant que, par provision, l'acheteur payeroit les Lods & ventes selon la coutume de Paris, après que les deux conseillers de la cour se furent transportés, par l'ordonnance d'icelle, au châtelet & en la chambre des comptes, pour savoir quel étoit l'usage pour la perception de ces droits.

Cet arrêt & ces sentences ayant été produits au procès d'entre Josias le Mercier, écuyer, sieur des Bordes, & de Grigny, appellans d'une sentence du prévôt de Paris, du 30 janvier 1610, & Françoise Passart, veuve de Guillaume le Roux, intimée, est intervenu arrêt du 27 juillet 1612, donné en la chambre de l'édit, au rapport de M. de Chaudieu, par lequel la cour a ordonné qu'il seroit informé par deux turbes, l'une faite au siége du présidial du châtelet de Paris, l'autre au siége de la prévôté de Corbeil, savoir si, nonobstant les articles 76 & 78 de la coutume de Paris, les seigneurs qui ont censives en la prévôté de Corbeil, ont droit, par l'usage pratiqué en icelle, de se faire payer des ventes à raison de trois sous quatre deniers pour livre, payables moitié par le vendeur & moitié par l'acheteur, quand il n'est point déclaré par le contrat que le payement doit être fait francs deniers au vendeur.

Ce même auteur dit que les turbes n'ont point été faites, les parties s'étant accordées, de sorte que, jusqu'à ce qu'il y ait eu des turbes faite le droit de double vente n'est point suffisa ment établi en la châtellenie de Corbeil, sin aux fiefs qui composent la seigneurie d'Yerre.

M. Ricard dit qu'il a vu un autre arrêt ren en la seconde chambre des enquêtes, au rappor M. Maudat, le 7 septembre 1655, au profit madame de Joyeuse, à cause de sa seigneurie Villecrême, en exécution d'un arrêt du 19 ju 1649, par lequel il avoit été ordonné que parties contesteroient plus amplement sur la pr tation & quotité du droit de Lods & ventes à madame la duchesse de Joyeuse, & informeroi de la quotité; contre lequel arrêt définitif Ben Roussel, bourgeois de Paris, s'étant pourvu p lettres en forme de requête civile, sa ca plaidée l'an 1656, les parties, sur les lettres, a été mises hors de cour & de procès.

§. XXX. *Le seigneur perçoit-il le droit Lods à raison de toutes les charges imposée l'acquéreur, des sommes que cet acquéreur quelquefois dans le cas de donner pour faire firmer son acquisition?*

Une des questions les plus sérieuses sur c matière, est celle de savoir si les Lods se pa des sommes que donne l'acquéreur pour f confirmer son acquisition.

On distingue; ou l'acquéreur donne des som au vendeur lui-même qui attaquoit le contra vente, ou il les donne à un tiers, qui, sans le propriétaire, avoit des droits, en vertu quels il auroit pu troubler l'exécution du cont ou c'est au vrai propriétaire dont la chose a vendue *à non domino*.

O

Pour savoir si ce qui est compté au vendeur sur une demande en rescision qu'il a intentée, est sujet à de nouveaux Lods, il faut examiner quels étoient les moyens de nullité ou de rescision dont il se servoit.

Si la vente étoit attaquée par le bénéfice de la loi 2, *ff. col. de resc. vend.* c'est-à-dire, par la lésion d'outre moitié, & que l'acquéreur, reconnoissant expressément qu'il y a lésion, paye le supplément du juste prix, il n'est pas douteux que les Lods ne soient dus de ce supplément.

Il en est de même lorsque c'est un mineur qui attaque une vente faite avec formalité, mais sur le prix de laquelle il prétend avoir été lésé, & que l'acquéreur, reconnoissant aussi cette lésion, paye un supplément au mineur.

Je tiens également pour le droit de Lods, lorsque la vente est attaquée par une nullité manifeste, telle que le défaut de formalité dans l'aliénation des biens des mineurs, ou telle que la nullité de l'aliénation d'un bien dotal, parce que la vente est censée ne commencer qu'au moment que le mineur ou la femme la confirment & la renouvellent, & par conséquent il n'y a d'autre prix que celui qu'ont stipulé alors les parties.

Mais s'il est question d'un moyen incertain, tel que le dol ou la crainte, ou tel que la lésion, en supposant qu'elle ait été contestée, la question devient plus difficile : on peut dire que l'acquéreur n'a payé quelque chose, que pour se racheter d'une vexation, mais que le contrat étoit valable & hors d'atteinte; & l'on peut dire au contraire que l'acquéreur, en transigeant, paroît avoir soupçonné son titre, qu'il en a reconnu le défaut, & que cette transaction est comme un nouveau contrat par lequel le vendeur a réglé à quel prix consentoit d'être privé de son bien.

Je crois que c'est la quotité de la somme donnée qui doit être le véritable nœud de cette question car, supposons que la poursuite du vendeur fût fondée sur la lésion d'outré moitié, & que l'acquéreur, après avoir contesté quelque temps transige enfin en donnant une somme considérable qui réponde à la moitié du prix ou qui en approche; ne sera-t-on pas convaincu que c'est moins pour se racheter d'une vexation, que cet acquéreur a payé, que pour parfournir le supplément ordonné par la loi?

La quotité de la somme donnée doit aussi décider quand la vente est attaquée par le dol & la fraude; l'importance de la somme fait présumer qu'il y avoit eu lésion dans le contrat; la lésion fait soupçonner la vérité de ce dol dont se plaignoit le vendeur; & cette espèce de démonstration est rendue parfaite, lorsqu'à cela se joint la méfiance que l'acquéreur a témoignée en cherchant à faire finir les poursuites.

Cependant comme tout cela ne consiste qu'en présomption, l'acquéreur, dans l'un & dans l'autre de ces cas, pourroit renvoyer le seigneur en offrant de prouver que la chose avoit été vendue sa juste valeur, parce qu'alors la présomption est détruite, & il demeure constant que l'acquéreur n'a eu d'autre pensée que de se racheter d'une vexation.

A l'égard des sommes données à un tiers qui sans être le propriétaire, avoit des droits en vertu desquels il auroit pu troubler l'exécution de la vente, on distingue; ou la chose a été d'ailleurs payée son juste prix, ou elle ne l'a pas été.

Au premier cas, ce qui a été donné à des tierces personnes, à un créancier pour se départir de ses hypothèques, à un substitué pour se départir d'une substitution future, ne doit point augmenter les Lods, parce que tout cela a été payé hors du prix & par des vues particulières. Mais au second cas, comme la chose est censée n'avoir été vendue à vil prix qu'en considération du trouble auquel l'acquéreur pourroit être exposé, ce qu'il lui en coute pour prévenir ce trouble ou pour le faire cesser, devant être considéré comme parfaisant dans l'intention des parties, le véritable prix de la chose doit par conséquent être sujet aux Lods envers le seigneur.

Les auteurs n'ont pas examiné un troisième cas, qui est lorsqu'on peut se convaincre par des faits certains que le vendeur & l'acquéreur, dans le temps de la vente, n'ont point connu ces droits étrangers dont l'acquéreur a cherché dans la suite à s'affranchir; c'est un cas où je crois qu'il n'y a point de distinction à faire, & où, sans considérer quel a été le prix, puisqu'on ne peut pas penser qu'il ait été diminué en considération de ce qui n'étoit pas connu, le seigneur n'a rien a prétendre à raison de ce que paye l'acquéreur pour mettre ces tierces personnes hors d'intérêt.

Voici une troisième question: lorsque la vente ayant été faite *à non domino*, & que l'acquéreur est recherché par le légitime maître; sur cela il faut encore distinguer deux cas.

Le premier, si la vente a éte faite au nom du propriétaire qu'on a promis de faire ratifier, & qui ne ratifie qu'en exigeant un prix plus fort. Dans ce cas, la ratification & la vente première ſont cenſées ne former qu'un ſeul & même acte d'où il s'enſuit, qu'il faut réunir les ſommes portées dans l'un & dans l'autre de ces deux actes, pour trouver le vrai prix ſur lequel doit être déterminé le payement.

Le ſecond cas eſt lorſqu'un poſſeſſeur qui croyoit être le maître de la choſe, quoiqu'il ne le fût pas, ayant vendu en ſon nom, l'acquéreur a payé enſuite tout de nouveau pour la maintenir contre le vrai propriétaire. Dumoulin diſtingue ſur cette queſtion, comme il a été fait ſur la précédente, ſi par le contrat de vente la choſe a été payée ſa juſte valeur, ou ſi elle ne l'a pas été; il refuſe les Lods au premier cas, & les adjuge au ſecond. D'Argentré ſoutient au contraire qu'en l'un & en l'autre cas il eſt dû des Lods de ce qui eſt payé au légitime maître.

L'opinion de Dumoulin eſt ſans doute la plus équitable & la plus conforme aux vrais principes. Il faut, quand la choſe n'a point été vendue ſa juſte valeur, réunir ce qui a été compté au propriétaire, & ce qui a été compté au poſſeſſeur, parce qu'on préſume que le vendeur ne ſe ſeroit pas contenté d'un prix ſi bas s'il n'avoit ſu qu'il vendoit la choſe d'autrui: c'eſt un prix unique qui a été diſtribué en deux contrats. Mais quand la choſe a été vendue ſon juſte prix, l'acquéreur ne peut plus être conſidéré comme ayant acheté la choſe pour un prix unique diſtribué en deux contrats; c'eſt un acquéreur qui a acheté deux fois la choſe, & qui a payé deux fois le prix à deux perſonnes différentes: mais comme un acheteur ne peut l'être qu'une fois, il faut que le ſeigneur choiſiſſe entre les deux contrats & les deux prix qui y sont exprimés. Il ne lui est pas permis de les réunir pour exiger les Lods de l'un & de l'autre.

Les charges imposées à l'acquéreur augmentent sans doute les Lods, lorsqu'elles vont aboutir à une utilité pécuniaire, soit qu'elles consistent directement en argent, comme quand l'acquéreur est chargé de payer des dettes à l'acquit du vendeur, soit qu'elles consistent en des soins à prendre, qui doivent entraîner des dépenses; comme si l'acquéreur étoit chargé d'aller dans un parlement pour suivre & solliciter un procès.

Les auteurs, traitant cette question, se sont partagés sur la manière dont il faut se régler lorsque l'acquéreur a été vaguement chargé d'acquitter les dettes d'une certaine hérédité, ou les dettes d'une société.

Si l'état de ces dettes est fixé, ou par le contrat même de vente, ou par des réglemens certains, on convient en ce cas, que le prix sur lequel les Lods doivent être pris, n'est autre que la masse réunie de ces dettes claires & connues.

Mais s'il y a des liquidations à faire, des contestations à vuider, Dumoulin & d'Argentré ont suivi des routes différentes.

Dumoulin dit que le parti qu'il faut prendre, est d'adjuger les Lods de la valeur de la chose vendue; que l'acquéreur doit cependant être écouté s'il veut prouver que toutes ces dettes à éclaircir & à liquider n'égaleront pas le montant de ce que la chose vaut; mais qu'il n'en est pas ainsi du seigneur, s'il prétendoit être reçu à prouver que ces dettes se porteroient au-

delà de la valeur de la chose, ou s'il prétendoi
que l'acquéreur fût tenu de faire procéder à un
liquidation. Il soutient même que le seigneur n
devroit pas être écouté, s'il offroit d'attend
les évènemens pour déterminer quels Lods
doit recevoir, parce que l'acheteur est cen
avoir acquis à fort fait, dans l'espérance d'ob
tenir quelque composition de la part des créa
ciers; qu'il n'a pas compté sur cette masse d
dettes comme sur un prix bien décidé qui d
retomber sur lui.

La doctrine de d'Argentré est, que le seigne
doit recevoir incontinent les Lods à raison
tout ce qui est certain, liquide & connu; ma
il ne pense pas, comme le fait Dumoulin, qu
l'égard des dettes illiquides, incertaines, le se
gneur soit réduit à n'exiger des Lods qu'à co
currence de la juste valeur de la chose, s'il aim
mieux attendre qu'il ait été fait des liquidatio
avec les créanciers.

Il me semble que je ne saurois approu
ni l'opinion de Dumoulin, ni celle de d'A
gentré, & qu'il y auroit à prendre une au
route, qui seroit, en condamnant l'emphithéo
de payer incontinent les Lods à raison de to
ce qui est liquide, d'ordonner entre le seigne
& lui la liquidation des dettes non contesté
& dont il est seulement question d'apurer
montant; & quant aux dettes litigieuses, de re
voyer à l'office du juge, qui, sur le degré d
doute, doit arbitrer équitablement pour comb
les parties sont censées avoir fait entrer ces pr
tentions incertaines dans le prix de la vente.

Les auteurs ont proposé l'exemple de bea
coup d'autres charges, qui trouvent leurs pla

dans les contrats de vente. Tels sont l'établissement ou la remise d'une servitude réelle, la charge d'une pension viagère, & l'imposition d'une rente.

A l'égard des servitudes, il est d'abord sensible que si c'est une servitude retenue sur la chose par le vendeur, on ne peut point la faire entrer en considération pour augmenter la masse des Lods, puisque la rétention de cette servitude, bien loin d'être une partie du prix de la vente, est un retranchement sur la chose vendue, en sorte que le fonds est censé avoir été vendu moins pleinement.

Si c'est une servitude que l'acquéreur établit sur un de ces héritages, ou de laquelle il affranchit son vendeur, les avis ont été partagés. Dumoulin semble dire, en quelque endroit, que l'estimation de cette servitude doit augmenter les Lods, & dans d'autres, il dit généralement, que les droits immobiliers dont l'acquéreur se charge, n'entrent point en compte; telle a été aussi l'opinion de d'Argentré, Brodeau, Duplessis, & cela me paroît indubitable, puisqu'il est de maxime certaine en cette matière, que ce qui est réel & immobilier n'est point considéré comme un prix qui puisse servir de fondement aux Lods & ventes.

Mais d'autant que ce contrat, s'il n'est point réputé vente, par rapport à cette servitude, est considéré du moins comme échange, il doit être sujet à tous les droits qui sont établis pour les échanges; d'où il s'ensuit, que cette doctrine commune des auteurs, que l'établissement ou la remise d'une servitude n'entre pas en compte pour les Lods, n'est point d'un grand usage dans les lieux où il est dû des Lods d'échanges.

Mais pour régler cette partie des Lods, fau il apprécier en soi cette servitude dont l'acqu reur s'est chargé, ou dont il a accordé la d charge, ou bien ne s'occupera-t-on que de valeur du fonds vendu, estimant ce qu'il pe valoir au-delà du prix qui a été stipulé en denie & déclarant que cette plus value est précisémen le prix que les parties ont attaché à la servitud Les Loix nous apprennent, que dans les échang les choses données tiennent respectivement lie de chose & de prix, *unaquæque res, pretii & l loco habetur;* mais dans l'espèce présente, comm les Lods se payent à raison du fonds vend c'est le fonds qui représente la chose; la ser tude est ce qui tient lieu de prix; & de là, re nant à ce principe que j'ai établi plus hau que les Lods se prennent sur le prix du cont & non sur la valeur effective de la chose, s'ensuit que, pour regler le droit de Lods, ne faut s'occuper que de l'estimation de la se vitude, puisque le vendeur peut s'être conte d'un prix qui soit au dessous de la juste val de son héritage, ou peut en avoir stipulé un q soit au dessus.

A l'égard des pensions viagères qui sont im posées à l'acquéreur, les uns ont pensé qu'il fall payer les Lods du capital auquel elles peuve être évaluées; d'autres, dont l'opinion paroît p équitable, ont déclaré que, soit que la pens ait été réservée au profit du vendeur ou d' tiers, il faut ne la considérer que comme u simple rétention d'usufruit, qui, bien loin d'ê une partie du prix, n'est qu'une détraction q diminue la vente.

§. XXXI. *Vins du marché.*

Les Lods ne se payent point à raison de tout ce que l'acquéreur a été obligé de débourser pour les proxénetes, pour les frais du contrat, pour les vins du marché, mais seulement de la somme qui a été convenue pour le prix du fief. Telle est la disposition de la coutume de Paris; elle ne donne pas les Lods de ce que le vendeur a reçu, de ce que l'acquéreur a déboursé, mais seulement de la somme qui forme le prix pour lequel le fief a été vendu.

Cette décision est de Dumoulin, mais elle est un peu trop absolue; il paroît qu'il s'en est apperçu lui-même: nous voyons en effet qu'il l'a restreinte au cas où les vins sont de valeur modique, *si emptor ultrà pretium dederit monilia ...ialia uxori vel filiis venditoris; si nihilominùs justo pretio emerit, non sunt illa computanda respectu quinti vel Laudimii, quia non sunt pars pretii, & domino directo nihil obest qui solidum quintum vel Laudimium justâ æstimatione rei consequitur*, *sur l'art.* 55, *hodie* 78, *de la coutume de Paris*, *gl.* 1, *n.* 136.

Laudimia non augere, nec pretium computari præter quam quod eorum in manus venditoris venerit; d'Argentré *sur Bret. art.* 59 *n.* 2.

Idem, Basnage sur Normandie, art. 173; & le Maître, des censives, ch. 2.

» Si le pot de vin du marché tourne au profit du vendeur, il faut distinguer; s'il est peu » important, & qu'il ait été donné par forme » d'harre, manuellement, & ne soit point écrit » dans le contrat, il n'augmente point les Lods

» & ventes. S'il est considérable, en sorte q
» soit présumé faire partie du contrat, ou q
» soit écrit dans le contrat, les Lods & ve
» en sont dus; c'est ce qui résulte de la doct
» de Dumoulin «. *Livonnieres, des fiefs, liv.* *ch.* 1. *Voyez Charondas sur Paris, art.* 77.

» On ne compte point dans le prix ni
» frais du contrat, ni les loyaux coûts, ni
» frais extraordinaires de criées, ni ceux de
» cret, parce que cela ne tourne point au pr
» du vendeur.

» On ne compte point non plus ce qui a
» donné pour épingle de la femme, pour
» entremetteurs, pour les vins du march
» s'il n'est excessif. En matière de contrat,
» appelle épingle, des menus présens que l
» fait aux femmes & filles, pour les engage
» donner leur consentement à l'acte. *Billeco* *des fiefs, liv.* 4, *ch.* 14, *sect.* 3.

Dans les adjudications par décret, les f ordinaires de criées, qui sont à la charge l'adjudicataire, n'augmentent point les Lods le quint : c'est l'avis des docteurs. *Vide* Poq de Livonnieres, en ses observations sur Dupine art. 156 d'Anjou; il y rapporte plusieurs ar qui l'ont décidé; la Thaumassiere, cent. 2, 14 de ses quest. en rapporte deux du 21 fév 1614 & 19 mars 1622.

Mais toutes les charges portées au contrat réductibles en argent, font partie du prix & a mentent les droits.

Par exemple, outre le prix, le vendeur sti qu'on lui délivrera certaines choses appréciab ou bien que l'on payera en son acquit certai dettes mobilières, ou que l'on se chargera d' ente constituée, ou d'une rente & pension viagère ; on estime la rente viagère à la moitié du apital au denier vingt : par exemple, 100 livres le rente font 2000 de principal ; si elle est viagère, on l'estime à 1000 livres, & cette estimation ugmente le prix ainsi que les autres charges cidessus. Dumoulin, §. 55, *hodie* 78, gl. 5, n°. 5 & suiv. ; d'Argentré, *de Laud.* §. 20, disent que outes charges réductibles en argent, ajoutées au ontrat, augmentent le prix. C'est l'avis de Duplessis, l. 2, *des censives*, ch. 1 ; de Pocquet de Livonnières, *traité des fiefs*, l. 3, ch. 1, section nique.

§. XXXII. *Dans la coutume de Vitry le cens est-il productif du droit de Lods ?*

Tout le monde conviendra qu'il faut un titre ien exprès pour affranchir le fief des droits de uint & de relief ; de même l'héritage censuel oit Lods & ventes, si le texte précis de la outume ou une convention particulière ne portent exemption à la règle générale.

C'est dans l'article 18 de la coutume de Vitry ue quelques jurisconsultes ont prétendu trouver ette dérogation. Or, il est clair que cet article n'est oint législatif par rapport aux Lods & ventes, nais purement hypothétique. Il suppose l'existence de censives qui ne portent pas Lods & entes ; cela doit s'entendre dans le même sens ue le passage de Dumoulin, quand le titre 'accensement est exclusif de Lods & ventes, uand il s'agit du *chercens* ; qui en est affranchi Orléans par le texte de la loi, & qui doit être ailleurs par convention, du cens, que l'on

nomme *cens stérile*, *cens truant*, *cens coti*
mais ce sont autant d'exceptions au droit co
mun qui doivent être justifiées.

Non seulement la coutume ne statue rie
cet égard en l'article 18, mais, dans un autre
ticle qui est le 117, elle décide textuelleme
» que *quand on vend* aucuns héritages char
» de cens fonciers envers le roi ou les égli
» dudit lieu *ou autres*, l'acheteur est tenu
» payer les ventes à raison de vingt deniers po
» livre, &c. «

On a voulu forcer le sens de cet article,
prétendre qu'il formoit un droit local pour
ville & le territoire de Vitry; mais cette op
nion a été doctement réfutée par Saligny,
plus ancien commentateur de la coutume; d'a
tres veulent que cet article n'ait pour objet q
de régler la quotité des Lods & ventes, qua
il est justifié qu'ils sont dus; mais la simple le
ture du texte suffit pour écarter cette idée.

Au surplus, ces deux paradoxes, dénués
consistance & d'autorités graves, ne peuve
soutenir le parallèle avec la jurisprudence co
tante du parlement. Trois arrêts rapportés p
Saligny, dont l'un sans date, les deux autres d
années 1634 & 1635, ont adjugé les Lods
ventes aux seigneurs censuels, conformémen
la coutume, quoiqu'ils n'eussent aucuns titr
pour les exiger. On n'en ajoutera ici que deux
le premier du 28 juin 1691, dans l'espèce d
quel les juges de Sainte Menehould avoient o
donné que les seigneurs de Baulni seroient ten
de déclarer s'ils entendoient soutenir que
droit de Lods & ventes leur appartenoit en ver
d'aucun titre ou possession. Les seigneurs o

appelé de cette sentence, & ont soutenu que le cens seigneurial qui leur étoit adjugé produisoit Lods & ventes par sa nature, sans titre ni possession; & par l'arrêt, la cour a infirmé la sentence, & a adjugé les Lods & ventes.

Le second est intervenu le au rapport de M. Rolland de Challerange, en faveur des seigneurs de Haucourt & Malancourt. Dans cette espèce, non seulement les seigneurs ne représentoient aucuns titres pour justifier de leur prétention de Lods & ventes, mais encore il existoit un premier arrêt du 10 août 1690, qui avoit condamné les habitans à reconnoître des censives & autres droits, sans faire aucune mention des Lods & ventes. Les habitans excipoient du silence de cet arrêt, comme d'un titre exclusif. Les seigneurs ont répondu, que comme les Lods & ventes étoient la conséquence nécessaire des censives adjugées par le premier arrêt, il étoit inutile de déclarer par des dispositions particuliéres un droit nécessairement & implicitement compris dans ceux sur lesquels il a statué.

Ils n'ont articulé aucune possession; ils se sont uniquement renfermés dans le point de droit; & la cour a adjugé le droit de Lods & ventes, suivant l'article 117 de la coutume de Vitry.

Il est bon de remarquer que les seigneurs qui ont obtenu ces différens arrêts ne justifioient d'aucune sorte de possession; il étoit même constant, à l'égard de plusieurs d'entre eux, qu'ils n'avoient jamais perçu de droits de Lods & ventes.

Il résulte de cette jurisprudence, non seulement que l'obligation de payer les Lods & ventes

dérive de celle d'acquitter un cens, mais enco
que la possession n'est pas nécessaire pour au
riser ou conserver le droit de percevoir les Lods
ventes; que ce droit est imprescriptible, comme
cens dont il est l'accessoire inséparable; de mê
que le quint & le relief sont des suites de
mouvance féodale, & que les droits de désh
rence & confiscation sont des dépendances in
visibles de la haute-justice.

Enfin la question vient d'être jugée *in term
nis*, en faveur du vicomte de Portieu, con
les habitans de Saint-Loup, village situé so
l'empire de la coutume de Vitry.

Les habitans prétendoient que le seigne
n'ayant ni titre ni possession relativement a
Lods & ventes, n'étoit pas en droit de
exiger; le seigneur répondoit, que tous les h
ritages lui devoient un cens, & que de dr
commun, le cens est productif du droit de Lo
suivant cette maxime de Dumoulin : *Laudim
& mulctæ ex naturâ census generaliter insunt.*

Cette maxime a prévalu : l'arrêt est du
août 1779, au rapport de M. Pasquier; il
imprimé.

§. XXXIII. *Coutume de Blois.*

Une différence essentielle à remarquer d
cette coutume entre les héritages tenus à cen
& ceux tenus à terrage. Les premiers, en
de mutation par vente, sont tenus aux Lods
ventes, à raison du douzième, comme dans
coutume de Paris : c'est la disposition de l'arti
115 de la coutume de Blois.

» *Item*, & si l'héritage *tenu à droit de* c

» est vendu, ou rente sur icelui, profit de vente » est dû par l'acquéreur audit seigneur censuel, » à raison du douzième denier du prix convenu » entre le vendeur & l'acheteur; pourvu que le » contrat soit à perpétuité, &c. «

Au contraire, les héritages *tenus à terrage* sont francs de Lods & ventes.

Pour héritages tenus à droit de terrage, dit l'article 135, *n'est dû aucun profit de vente ne relief, s'il n'y a convention contraire.*

XXXIV. *Le retrayant lignager est-il obligé de rendre la totalité des Lods, lorsque le seigneur a fait remise d'une partie à l'acquéreur?*

La question ne fait pas l'ombre d'une difficulté; il est certain que le retrayant est obligé de rembourser à l'acquéreur la totalité des droits de mutation, tels que le quint ou les Lods, quand même cet acquéreur n'en auroit payé qu'une partie, quand même il en auroit obtenu la remise entière.

» Le retrayant doit rendre à cet acquéreur le » profit entier, & non pas seulement la somme » qu'il a payée au seigneur «. Cette décision est de M. Potier, dans son traité des retraits, pag. 187: la raison que cet auteur en donne, c'est que cette faveur, personnelle à l'acquéreur, ne peut pas profiter à un tiers.

Dumoulin, qui tient cette opinion, même dans le cas où l'acquéreur n'a rien payé, appuie sa décision sur un motif encore bien plus satisfaisant: il faut, dit-il, que le retrayant rembourse la totalité des Lods, parce que, à cet égard, l'acquéreur doit être considéré comme cessionnai des droits du seigneur. *Quia non debetur ei ta quàm emptori, sed tanquàm cuilibet extran habenti jus cessum à patrono.*

François Quartier, d'Abbeville, ayant acqu certains fonds & héritages de Claude de Planche, & pour raison de ce payé les droits de Lo & ventes au seigneur censier & fait ensaisiner so contrat, il est assigné pardevant le sénéchal Ponthieu ou son lieutenant à Abbeville, à requête de Martin de la Planche, frère du ve deur, aux fins de lui délaisser par retrait lignag ses fonds & héritages qu'il avoit acquis, offr de le rembourser tant en principal que loyaux coû ce que Quartier accepte, rend le giron au dem deur, lui exhibe son contrat d'acquisition & quittances de Lods & ventes, suivant lesquel il demande son remboursement, tant au princi que loyaux coûts. Le demandeur en retrait so tient que le défendeur acquéreur n'avoit entiè ment payé les Lods & ventes prescrits par la co tume, & qu'il en avoit eu composition par seigneur censier; demande qu'il soit tenu d'af mer précisément quelle somme il a payé po lesdits Lods & ventes, offrant de la lui rembo ser, n'étant tenu à plus grande. Le défende acquéreur avoit soutenu, au contraire, qu'il n'ét tenu d'affirmer, puisqu'il exhiboit ses quittanc le juge ordonne que l'acquéreur, défendeur af meroit ce qu'il avoit payé pour lesdits Lods ventes, sinon que le demandeur en retrait ne rembourseroit que des deux tiers seulement. L quéreur interjette appel; pour lequel Me. Dout dit que l'acquéreur justifiant de sa quittance, n point obligé d'affirmer; s'il y a du gain & La profit procédant de la composition du seigneur, cela doit tourner au profit de l'acquéreur, en considération duquel le seigneur fait cette gratification, pour inviter chacun à acheter, & non point au profit du retrayant qui évince l'acquéreur & le constitue toujours en perte. Me. de Rimbaucourt dit, que la coutume qui a introduit le retrait lignager a voulu seulement que l'acquéreur *indemnis abeat ;* qu'il ne souffre aucune perte ni dommage ; qu'il soit remboursé tant du principal que loyaux coûts, mais non pas qu'il gagne & profite sur son marché ; s'en rapportant à son serment, on le constitue juge de sa cause ; autrement ce seroit ouvrir la porte à bien des fraudes pour déguiser le prix des contrats & faire mille tromperies.

La cour mit l'appellation & ce dont étoit appel au néant ; émendant, déchargea l'acquéreur de l'affirmation ordonnée, condamna le retrayant à le rembourser de tous les Lods & ventes portés par sa quittance, & conformément à la coutume, & sans dépens. Le mardi 8 janvier 1619, M. de Verdun, premier président, prononçant, qui dit à la fin de l'arrêt : *Ne plaidez plus cette cause pour les droits seigneuriaux.*

§. XXXV. *Prescription du droit de Lods.*

Dans une coutume qui donne au seigneur le droit de vente aux mutations, suffit-il pour s'en affranchir de prouver que l'on est depuis un temps immémorial en possession de n'en pas payer.

La question s'est élevée dans la coutume de Laon, qui porte, article 137 : *L'acheteur d'hé-*

ritages roturiers doit au seigneur foncier le d
de ventes. L'arrêt rendu au rapport de M. J
de Fleury, *consultis classibus*, entre M. l'évê
de Laon, & les habitans du comté d'Anisi,
du 13 février 1743. Il étoit question de sav
si la possession immémoriale pouvoit exemp
du payement des Lods & ventes dans la co
tume de Vermandois qui régissoit les parti
Il a été décidé en faveur de M. l'évêque
Laon, que les habitans devoient les payer, pa
que le cens emporte de sa nature les Lods
ventes, & que l'un comme l'autre est impr
criptible. On n'avoit rien négligé pour la défe
de ces habitans : on avoit exposé dans un m
moire savant, que l'exemption du payement d
Lods & ventes avoit sa source dans les tem
les plus reculés, qu'elle remontoit jusqu'à sa
Remi, archevêque de Rheims; qu'une taille rée
& d'autres droits exhorbitans tenoient lieu
payement des Lods & ventes.

Que les évêques de Laon n'avoient pa
d'autres titres pour le payement de la ta
reelle & des autres droits, que la possessio
qu'elle marchoit d'un pas égal avec l'immu
des Lods & ventes; qu'une possession de t
de siècles tenoit lieu d'un vrai titre, préfér
même au titre, puisque, selon la disposition
loix & la doctrine des docteurs, le droit co
mun reçoit la possession centenaire & imméu
riale contre les statuts & les loix arbitraires; q
suivant ces principes, on juge que quoique
laïques ne puissent posséder de dîmes qu'en pr
vant la possession inféodée avant le concile
Latran tenu en 1179, cependant la posses
centenaire suffit aux termes de la déclaration

1708, parce qu'elle est regardée avec le même respect que le titre même de l'inféodation; qu'elle est mise au niveau des premiers contrats; que les fermiers & les receveurs n'auroient pas négligé de prendre ce droit dans un million de ventes, ce qui leur auroit été accordé par la loi; qu'on ne devoit donc pas douter qu'ils eussent été contenus & subjugés par l'autorité d'un titre qui leur étoit connu; que l'existence de ce titre étoit prouvée par la possession, qui étoit elle-même le plus puissant & le plus lumineux de tous les titres.

Que les docteurs, notamment Me Julien Brodeau sur l'article 137 de la coutume de Laon, avoit mis en question, si dans cette coutume la possession immémoriale, sans titre, exemptoit du droit de ventes; que ce doute marquoit bien qu'il n'y avoit pas de loi positive qui en ordonnât le payement; que Me Claude Defatou, sur le même article, observoit que c'étoit une question si difficile à résoudre, qu'il y avoit plusieurs arrêts pour & contre; que Me Delalain, célèbre avocat au bailliage de Laon, avoit arrêté en 1614, aux états généraux, que le droit de Lods & ventes n'étoit pas général dans la coutume de Vermandois; que par conséquent l'immunité pouvoit être prouvée par la possession immémoriale; que c'est sur ce fondement qu'est intervenue une sentence aux requêtes du palais, confirmée par arrêt en date du 16 juillet 1715, qui, dans une contestation entre le chapitre de Laon & les habitans de plusieurs villages concernant les Lods & ventes, avoit ordonné, avant faire droit, que le chapitre rapporteroit les actes de notoriété des juges royaux dans l'étendue desquels sont les 17 villages

qui refusoient de payer les Lods & ventes, po
savoir si dans la coutume de Laon la taille rée
étoit compatible ou incompatible avec les Lo
& ventes; ce qui prouvoit évidemment que
droit de Lods & ventes n'étoit point un dro
général établi par la coutume de Vermandois,
que si en définitif ce chapitre a gagné, ce n'e
que parce qu'il a produit un grand nombre d
reconnoissances & de jugemens qui établissoie
une possession de plusieurs siècles; que si on co
sultoit les coutumes voisines, & notamment l'ar
cle 143 de la coutume de Rheims, conçu da
les mêmes termes que l'article 137 de la coutu
de Laon, on trouvoit un arrêt rapporté par Ch
pin, qui a jugé contre l'archevêque de Rheim
qu'il ne pouvoit exiger de Lods & ventes des ha
tans de Rheims, que pour les héritages en particul
que cet archevêque prouveroit par une possessi
immémoriale qu'ils y seroient assujettis; que
conséquent, dans les deux coutumes, c'étoit au s
gneur qui demandoit les Lods & ventes à prou
son droit par titres ou par une possession équip
lente à des titres.

Que Me René Chopin rapporte deux au
arrêts en faveur de la possession des vassaux, l'un
1552, l'autre de 1559, qui exigeoient la preu
de la perception des Lods & ventes; que Dic
Hérault, dans ses quest. ord. ch. 12, remarqu
que les tenanciers qui nioient la directe, avoi
été condamnés, en 1603, à payer les cens &
Lods & ventes aux religieux de saint Pierre, q
justifioient leur seigneurie & leur droit de c
sive; mais que ceux qui reconnoissoient la dire
par le payement d'un cens ou d'une prestati
& dénioient seulement les Lods & ventes,

articulant la possession immémoriale de n'en point payer, furent déchargés, en 1604, de la demande formée contre eux par le commandeur de la Neuville, parce qu'on ne devoit pas regarder les Lods & ventes comme un accessoire du cens, d'autant moins que la coutume de Laon admet le franc-aleu par l'article 133, selon lequel, par arrêt de 1731, la cour avoit jugé qu'une maison de la ville de Laon devoit être exempte, quoique le propriétaire ne rapportoit que cinq contrats de ventes, qui ne remontoient qu'à 80 ans, dans lesquels étoit porté, que la maison étoit possédée en franc-aleu.

Que nos meilleurs jurisconsultes, notamment Me Charles Dumoulin, §. 1, glos. 2, n. 14, soutenoient que, *prout feudum potest esse sine releviis, ità census potest esse sine Laudimiis*, parce que, selon M. d'Argentré sur l'article 59 de la coutume de Bretagne, & d'autres jurisconsultes dont on a fait valoir le suffrage, les droits de Lods ne sont qu'accidentels à la seigneurie; & on ajoutoit, que l'article 137 de la nouvelle coutume n'étoit point exclusif de la preuve de l'immunité par la possession qui n'étoit point attributive d'un droit nouveau & général, qui n'étoit pas même contraire à la jurisprudence de l'ancienne coutume; que les habitans d'Anisi avoient produit au procès un grand nombre de registres de recette du comté d'Anisi, depuis long-temps, dans lesquels il n'étoit fait nulle mention des Lods & ventes dans le comté d'Anisi; que M. l'évêque de Laon n'avoit ni pièces ni titres qui pussent établir le moindre droit ni la plus légère possession; que si la prétention de ce prélat avoit lieu, sa victoire mettroit le comté d'Anisi dans un état pire que si le plus cruel ennemi en é fait la conquête ; qu'il ne travailloit que po devenir plus riche, mais qu'il ne le pouvoit d venir qu'en immolant à ses intérêts la fortu & le sang de plusieurs milliers de victimes.

Tant de raisonnemens, tant d'autorités, ta de motifs dont on n'a fait ici qu'une cour analyse, mais qui sont rendus avec force dans u mémoire plein d'érudition, n'ont pu sauver l possession immémoriale du naufrage. La cour adopté les maximes consacrées dans cette matièr qu'on ne pouvoit opposer quelque prescriptio que ce fût contre le payement des Lods & vent dans la coutume de Vermandois, parce qu'i sont de la même nature que les cens ; on ajouté même dans la défense de M. l'évêque d Laon, qu'en supposant que les Lods & vent pussent se prescrire, ce ne seroit pas par la simp cessation du payement ; qu'il faudroit pour affe mir une pareille possession, qu'elle eût comment par une demande des droits de la part du se gneur, & du refus de la part des vassaux, parc qu'elle ne se formeroit que du jour de la contr diction, comme l'enseignent nos docteurs, notam ment M. d'Argentré sur l'article 278 de la cou tume de Bretagne, sur ces mots, *entre les se gneurs*, nomb. 3, qui s'exprime en ces termes *In talibus initium præscriptionis non fit à simpli solutionis cessatione, sed ab eâ die quâ vassal petenti domino debitum negaverit.* Coquille, su la coutume de Nivernois, titre des cens, artic 22, s'explique de même.

§. XXXVI. *Points sur lesquels Dumoulin & d'Argentré sont en contradition* (*).

D'Argentré sur la *coutume de Bretagne, art. 59, note 4, nombre 19*, demande s'il est dû des ventes de la résolution d'un contrat. Il résout que cela dépend de savoir pendant combien de temps il est permis de résilier un contrat. Il dit qu'il est constant, que devant la tradition actuelle de la possession, même après intervalle de temps, les parties peuvent résilier le contrat au préjudice du seigneur, encore qu'il y ait numération de prix, gages & assurances données & reçues en cas d'éviction, quand même il y auroit clause ordinaire de précaire & d'usufruit, pourvu que l'acheteur ne soit point encore entré en jouissance; & il ne croit pas que le seigneur, par un exploit en demande de retrait féodal, puisse prévenir les parties & les empêcher de résilier le contrat & le retracter si elles en ont envie, quoique Dumoulin soit d'un sentiment contraire.

Les passages de Dumoulin, à l'égard des ventes, sont *sur l'article 55 de la coutume de Paris* (qui est le 78 de la nouvelle), glos. 1, n. 33 & 34; à l'égard du rachat, sur l'article 22 (qui est le 33 de la nouvelle), glos. 1, quest. 1, depuis le nombre 11; à l'égard du retrait, sur l'article 13 (qui est le 20 de la nouvelle),

---

(*) Cette dissertation est extraite des commentaires d'Hevin, sur la coutume de Bretagne.

gl. 5, quest. 1, depuis le nomb. 11, quest. depuis le nombre 17 des décisions duquel D moulin, il est à observer qu'il n'a pas enseign qu'encore bien que le seigneur ait prévenu, rachat ou les ventes sont dus de la révocatio du contrat & du distrat, mais qu'ils sont d du contrat, par les raisons qu'il en rapporte bie au long, & auxquelles ne satisfait pas d'Argentré ni ne les réfute pas par des autorités & raison contraires.

D'Argentré sur la *coutume de Bretagne*, art 64, not. 1, nomb. 11, demande: Un fonds été vendu à faculté de réméré de cinq ans cette faculté n'étant pas encore finie, a été pro rogée d'autres quatre ans; si les neuf ans n'étan pas encore passés, le réméré est fait, les vente seront elles dues? Il dit que Dumoulin tient par tout qu'il n'est point dû de ventes, soit du con trat de vendition, soit du réméré. Sur l'art. 2 de la *coutume de Paris* (qui est un partie d l'art. 33 de la nouvelle), gl. 2, question 14 nomb. 51, & l'article 55 (qui est le 78 de l nouvelle), gl. premiere, n. 62, il ajoute, que Ti raqueau, du *retrait conventionnel*, §. 1, gl. 7 n. 24 & 37, est d'opinion contraire; le sen timent duquel il dit être plus dans les principe de droit.

D'Argentré insulte en ce lieu avec trop d'ai greur à Dumoulin, lequel résout la questio non par les décisions de droit, mais par la dis position des coutumes; car il enseigne que les ventes sont dues en sa coutume; mais il n'en est pas dû dans les autres: il n'ignoroit pas le sentiment de Tiraqueau, qu'il cite sur le même art. 78, gl. 1, nomb. 63; au reste, Dumoulin traite des ventes, & Tiraqueau du retrait lignager. Pour ce qui est de ce que d'Argentré, ajouté de Tiraqueau, du supplément de prix, *de retract. lin.* §. 1, gl. 18, nomb. 55 & 56, à savoir que le contrat étant une fois parfait, toutes fois & quantes qu'après intervalle de temps on y ajoute quelque chose par une nouvelle convention, c'est alors un nouveau contrat ; & cela, principalement & en plus forts termes, quand c'est au préjudice d'un tiers. Il est vrai que Tiraqueau, dans l'examen de sa question 8, raisonne de cette sorte, par manière d'argument ; mais au nomb. 68, il résout tout autrement dans les coutumes d'Anjou & du Maine.

L'opinion de Dumoulin demeure donc & saine & très-bonne, que dans les questions touchant ces conventions de réméré, il faut s'en tenir à la disposition des coutumes.

D'Argentré sur la coutume de Bretagne, art. 65, not. 1, nomb. 5, s'étonne de ce que Dumoulin sur la coutume de Paris, art. 55 (qui est le 78 de la nouvelle), gl. 1, nomb. 142, a enseigné que si quelqu'un achète la propriété d'un fonds de l'un & l'usufruit du même fonds d'un autre, par un contrat séparé, les ventes sont dues du prix de l'un & de l'autre contrat. Il en donne la raison, parce qu'en ce cas il y a deux considérations distinctes & séparées, & que la fraude qui procède du fait de l'un, n'est pas avec raison portée au fait de l'autre.

La décision de Dumoulin n'est pas fondée principalement sur les conjectures de fraude ; mais il prétend qu'un, vendant la propriété, & un autre, incontinent après, l'usufruit, il est dû des ventes des deux contrats, parce que le fonds est entiérement & pleinement acheté. La force de son raisonnement est en la diction *mox* c'est-à-dire, à l'instant, *in continenti* : aussi demeure-t-il d'accord au nomb. 143, qu'il faudroit dire autre chose si l'acheteur de la propriété du fonds en avoit acheté l'usufruit après une longue jouissance de cet usufruit par l'usufruitier : mais si la propriété & l'usufruit sont achetés d'abord & presque en même temps, il appert que le fonds & l'usufruit du fonds ont été exposés ensemble en même temps en vente, & que le dessein de l'acheteur a été d'acheter le fonds plein & entier de tous ceux qui y avoient quelque droit ; d'où Dumoulin infère incidemment, qu'il résulte une suspicion de fraude au préjudice du seigneur, de ce qu'il a acheté séparément la propriété d'un vendeur, & l'usufruit d'un autre.

D'Argentré traite élégamment ce qu'on pourroit dire en cette espèce par les principes du droit ; mais dans sa coutume, par cet art. 65, les ventes sont dues de la vente d'un usufruit ; par la coutume d'Anjou, art. 402, il n'en est point dû : la décision de cette question dépend donc de la disposition des coutumes ou des circonstances de l'affaire.

D'Argentré sur la *coutume de Bretagne*, art. 69, not. 1, traite, si un seigneur immédiat achetant un fonds de son sujet, les ventes en sont dues au seigneur suzerain ; il résout qu'il en est dû le tiers dans sa coutume, & il prend de là occasion d'impugner la doctrine de Dumoulin sur la *coutume de Paris*, *art.* 13 (qui est le vingtième de la nouvelle), gl. 1, quest. 12, & sur l'art. 30 (qui est le 43 de la nouvelle), gl. 1, n. 175 & 176; d'où il enseigne contre Boërius, qu'il n'est dû ni vente ni rachat.

D'Argentré est pour l'opinion de Boërius; Pontanus est pour l'opinion de Dumoulin sur la *coutume de Blois*, art. 81, & Mingon sur la *coutume d'Anjou, art.* 391, *finaliter*, où il reprend Boërius, sans le nommer. D'Argentré s'efforce d'attirer Tiraqueau à son opinion, *de retract. lineari*, §. 1, gl. 4, n. 112, parce que l'argument du retrait lignager aux ventes ou au rachat ne conclut pas. D'Argentré ajoute, que le doute qui étoit dans cette question a été tranché par sa coutume; ce qui est vrai : mais il n'en est pas de même dans les autres, quoiqu'il écrive contre Dumoulin. *tract. de laudimiis*, §. 25.

D'Argentré sur la *coutume de Bretagne art.* 71, not. 1, nomb. 5, n'approuve pas l'opinion de Dumoulin sur la *coutume de Paris*, art. 55 (qui est le 78 de la nouvelle), gl. 1, n. 138, 139 & 140, où il dit, que quand la chose d'autrui a été vendue, & que le seigneur de la chose a approuvé cette vendition, moyennant quelque argent qui lui a été donné, il n'est point dû de ventes de cet argent donné, pourvu quel eût été vendue son juste prix.

Dumoulin parle du consentement de transaction & ratification, & il dit, que du consentement donné ou de la transaction moyennant quelque argent baillé, il n'est dû aucunes ventes, mais que le mari vendant le propre de sa femme avec promesse de la faire ratifier, si elle ne ratifie cette vendition que moyennant quelque somme qu'on lui donne, en ce cas, il tient indistinctement, que cet argent donné pour sa ratification eſt imputé au prix du contrat pou augmenter les droits du ſeigneur, *nomb.* 139 n mais ce qu'il dit au *nombre* 138, qu'il n'eſt dû aucunes ventes du prix de la ratification, a lie quand le mari vend ſon fonds propre, & que la femme, moyennant certaine ſomme, renonce aux hypothèques qu'elle avoit deſſus pour raiſon de ſa dot & conventions matrimoniales, & cela, ſi ce fonds a été vendu ſon juſte prix.

D'Argentré ſur la *coutume de Bretagne*, art. 73, not. 4, n. 3, traite s'il eſt dû des ventes de partage entre cohéritiers, par quelque traité qu'il ſoit fait, avec argent donné pour retour & ſupplément, ou pour la portion entière de quelqu'un des héritiers, & il réſout qu'il n'en eſt point dû, & déſapprouve l'opinion de Dumoulin, lequel, ſur la *coutume de Paris*, art. 2 (qui eſt le trente-troiſième de la nouvelle), gl. 1, queſt. 22, depuis le nombre 69, dit qu'il en eſt dû, ſi on a commencé par donation vendition ou échange, contre le ſentiment de Chaſſanée.

L'uſage très-conſtant du Palais a embraſſé la doctrine de Dumoulin, & rejeté celle de d'Argentré, lequel dans ſon *traité du partage entre nobles*, *queſt.* 40, *nombre* 7, tempère aſſez équitablement ſon opinion, diſant qu'il n'eſt dû aucuns droits ſeigneuriaux, ſi un puîné vend ſa part de la ſucceſſion à ſon frère aîné; ce qui toutefois eſt improuvé par Chopin ſur la *coutume d'Anjou*, *liv.* 2, *titre des ventes*, *n.* 18.

Voyez les auteurs cités dans cet article.

*(Article de M. H*** avocat au parlement).*

LOER. Terme employé par les chartres générales de Hainaut & la coutume du chef-lieu de Mons, pour signifier *consentir.*

On a vu aux mots CONDITIONNER & DÉVOLUTION COUTUMIÈRE, quelles sont les qualités requises par ces deux loix municipales, pour que les majeurs puissent aliéner leurs biens-fonds.

Ceux qui n'ont pas toutes ces qualités ne sont cependant pas sans ressource. Leurs héritiers présomptifs peuvent *Loer*, c'est-à-dire, approuver les ventes ou autres aliénations qu'ils désireroient, & par ce moyen les rendre aussi valables, que si elles étoient faites par des personnes qui jouiroient d'une capacité entière ; c'est ce que supposent évidemment ces termes du chapitre 24 de la coutume du chef-lieu de Mons : » Ceux » qui seront à marier, sans père & mère, suffisamment âgés, comme devant est dit, aux » gens mariés & vefves non ayans enfans, qui » ne pourront finir (*venir à bout*) d'avoir le lot » de leurs plus prochains hoirs, s'ils veulent » leurs héritages de patrimoine vendre. . . . «.

Les chartres générales de Hainaut semblent, au premier abord, admettre une jurisprudence toute différente, par rapport aux biens qu'elles régissent, c'est-à-dire, aux fiefs & francs-aleux. Voici, en effet comme elles s'expliquent, chapitre 94, article 11 : » L'aliénation de fief ou alloet ci- » dessus, défendue à personne veuve ou mariée, » ne sera vaillable, ores que ce fût du gré & » par le lot de ses plus proches parens «. C'est d'après ce texte que Dumées dit en sa jurisprudence de Hainaut, *que la manière d'aliéner par le lot & gré de ses héritiers, n'est point reçue à l'égard des fiefs.* Mais cette interprétation d... être mise au nombre des erreurs dont l'ouvrage... cet auteur est parsémé. On suppose, dans le te... cité, un homme veuf ou remarié qui a des enfa... d'un mariage précédent ; & comme c'est l'inté... de ces enfans qui motive son incapacité d'ali... ner, on décide que leur consentement peut se... lever cette incapacité, & que s'ils sont mineur... leurs parens collatéraux ne peuvent suppléer... par leur consentement, à celui que la foible... de l'âge les empêche de donner valablemen... voilà le vrai sens de cet article.

Pour qu'un héritier présomptif puisse *Loer*, ... faut, suivant la coutume du chef-lieu de Mo... qu'il soit *mis hors de pain* ou émancipé, & qu'... ait atteint l'âge auquel cette coutume fixe ... capacité d'aliéner pour les personnes qui ont d'a... leurs toutes les qualités requises. C'est ce q... fait entendre très-clairement le chapitre 8, co... en ces termes : » Quand pères, mères ou p...
» rastres mettent leurs enfans ou enfans de le...
» femmes hors de leur pain, & puis leur fo...
» Loer & consentir les vendages des hérita...
» & rentes hypothéqués au droit desdits enfa...
» tels vendages & lot ne sont vaillables si le...
» dits enfans ne sont âgés ; à savoir, les fils ...
» vingt & un ans, & les filles de dix-huit an...
» & suffisamment mis hors de pain ou ma...
» riés «.

Si l'héritier présomptif n'a pas l'âge requis p... ce texte, il ne peut Loer que *par le su & co... sentement de deux des plus proximes du côté do... les héritages viendroient*, & il faut en outre u... autorisation judiciaire donnée avec connoissan...

de cause. Le chapitre cité est formel sur ces deux conditions.

Cette disposition nous facilite la réponse à une question assez importante. On vient de voir que les chartres générales ne permettent pas aux mineurs de *Loer* par l'organe de leurs parens collatéraux, l'aliénation des fiefs & francs-aleux que leur intérêt a rendus indisponibles entre les mains de leur père veuf ou remarié en secondes noces : mais je demande si le juge ne peut pas les y autoriser ? La coutume du chef-lieu de Mons ne laisse, comme on le voit, aucun doute sur l'affirmative ; & quoique sa disposition soit d'elle-même bornée aux rotures situées dans son ressort, il ne doit point y avoir de difficulté à l'étendre comme raison écrite aux fiefs & francs-aleux régis par les chartres générales. Un mineur peut, aux termes de l'article 4 du chapitre 94 de ces dernières loix, aliéner ses propres fiefs ou francs-aleux, pourvu que ce soit *par le su & consentement des deux plus proches parens habiles à lui succéder, & moyennant la remontrance & autorisation* du juge royal. Pourquoi ne pourroit-il pas, avec les mêmes formalités, consentir, sous des conditions avantageuses, à l'aliénation des fiefs & francs-aleux de son père ? Le moins est nécessairement renfermé dans le plus.

On dit vulgairement dans le chef-lieu de Mons, que *deux impuissans font un puissant*. Le sens de ce brocard est, qu'un héritier présomptif qui n'a pas toutes les qualités requises pour disposer de ses propres biens, peut, étant avenu à l'âge de dix-huit ou vingt & un ans, suivant son sexe, rendre par son consentement la personne à laquelle il doit succéder, capable d'aliéner lès siens. Ainsi, les biens d'une femme qui n'a pas d'enfans peuvent être aliénés par son mari, lorsqu'elle & son héritier présomptif y consentent : ce double consentement rend l'aliénation inattaquable, comme l'a jugé un arrêt du Parlement de Flandres, du 20 juin 1777, rendu en la grand'chambre au rapport de M. de Fleury. Voici le fait. François Rousseau & Antoinette Binot sa femme, n'ayant pas d'enfans, avoient vendu à Adrien Rousseau, père du mari, un héritage situé à Gomeignies, village du chef-lieu de Mons, qui étoit propre à la femme. La vente avoit été faite *du lot, gré & consentement* de Jean-Charles Binot, seul frère de la venderesse, & comme elle incapable d'aliéner, parce qu'il n'avoit pas non plus d'enfans. Dans la suite, le nommé Dulbrayère, héritier de l'un & de l'autre, attaqua cet acte comme nul ; il se fondoit, entre autres moyens, sur l'incapacité prononcée par la coutume contre les conjoints sans enfans ; mais comme cette incapacité étoit effacée par le consentement de l'héritier présomptif de la femme, la possession des héritiers de l'acheteur a été confirmée par l'arrêt cité : j'avois écrit pour ces derniers. La même chose avoit été jugée auparavant par arrêt du 22 juillet 1720, confirmé en révision le 17 juin 1722, au rapport de M. de Cambronne. Il s'agissoit de quelques rotures qui avoient été aliénées par la dame de Sarieux. Cette femme étoit, aux termes de la coutume, incapable de disposer de ses biens, parce qu'elle avoit des enfans d'un mariage précédent : mais comme ces enfans, aussi incapables d'ailleurs que leur mère, avoient consenti à l'aliénation, l'acquéreur fut maintenu par les arrêts cités.

Lorsque l'héritier présomptif refuse de consentir à la vente que voudroit faire un propriétaire pour subvenir à des besoins pressans, ce dernier doit s'adresser aux mayeur & échevins de la situation ; &, en justifiant de la nécessité où il se trouve, il obtiendra d'eux une autorisation qui suppléera au consentement de son héritier présomptif : remarquez cependant que les mayeur & échevins ne doivent accorder cette autorisation, qu'après avoir pris CHARGE D'ENQUÊTE (voyez ce mot), & que le propriétaire doit, à peine de nullité, affirmer, en procédant aux devoirs de loi, *qu'il fait la vente à bonne intention pour mieux faire que laisser*. Tout cela est prescrit formellement par le chapitre 24 de la coutume du chef-lieu de Mons.

On voit par ces différens détails, que la jurisprudence de Hainaut approche assez sur cette matière de celle d'Artois & de Boulonnois, où l'on ne peut aliéner ses propres que par trois voies, qui sont, le consentement des héritiers présomptifs, le remploi, & la NÉCESSITÉ JURÉE. Nous en parlerons à ce dernier mot.

Voyez les chartres générales de Hainaut, la coutume du chef-lieu de Valenciennes, celle du chef-lieu de Mons, la jurisprudence du Hainaut françois par Dumées, &c.

(*Article de M.* MERLIN, *avocat au parlement de Flandres*).

LOGEMENT. C'est, en parlant des troupes qui marchent ou séjournent dans le royaume, le lieu où on les loge, soit dans des casernes, soit chez les bourgeois ou habitans.

L'origine des Logemens & ustensiles de gens

de guerre, remonte à Louis XII, comme il paro
par une ordonnance de ce prince du 20 janvie
1514.

Les ſucceſſeurs de Louis XII ont porté ſur l
même matière différentes loix qui ont été éten
dues, reſtreintes ou modifiées par le titre 5 d
l'ordonnance du premier mars 1768, dont nou
allons rapporter les diſpoſitions.

» Article I. Toutes les troupes d'infanterie
» de cavalerie, de dragons ou autres, qui auro
» reçu des ordres de ſa majeſté pour loger dar
» quelques bourgs, villages, places frontières o
» villes de l'intérieur du royaume, ſoit qu'elle
» n'y faſſent que paſſer ou qu'elles doivent
» reſter en garniſon, ſeront logées dans les p
» villons ou caſernes, s'il y en a, ſoit que leſdi
» pavillons ou caſernes appartiennent à ſa majeſt
» ou qu'ils aient été faits aux frais des villes
» communautés; l'intention de ſa majeſté éta
» qu'aucun officier, bas-officier, ſoldat, caval
» ou dragon ne puiſſent être logé chez l'habitan
» qu'après que toutes les chambres deſdits bâ
» mens, deſtinées à chaque grade, auront é
» remplies.

» Défend à cet effet ſa majeſté d'emplo
» leſdits pavillons ou caſernes à d'autres uſag
» qu'à ceux de leur deſtination, & qu'il n'y ſo
» logé perſonne que ſes troupes: enjoignant
» majeſté aux gouverneurs & lieutenans gén
» raux de ſes provinces, & à ceux qui y com
» manderont en leur abſence, d'y tenir exact
» ment la main, & aux ingénieurs d'inform
» ſur le champ le ſecrétaire d'état ayant le dép
» tement de la guerre, des abus qui pourroi
» ſe commettre à cet égard.

» II. Dans tous les lieux où il n'y aura ni » pavillons ni casernes, ou lorsque lesdits pavillons ou casernes seront occupés par les troupes » de la garnison, les troupes arrivantes seront » logées chez les habitans, nonobstant tous privilèges, concessions & ordonnances à ce contraires, en quelque province ou pays qu'ils » aient eu lieu jusqu'à ce jour, sa majesté les » annullant & révoquant par la présente, pour le » fait du logement seulement.

» III. Dans toutes les villes du royaume, sans » exception, & dans les bourgs & villages sujets » aux Logemens des troupes, les maires & échevins, ou chefs des communautés, feront (si fait » n'a été) numéroter toutes les maisons sans » réserve; de manière qu'en commençant par le » numéro premier dans un quartier quelconque » desdites villes, bourgs ou villages, la maison » de la droite soit marquée du nombre Ier; celle » ensuite, de celui de II; le troisième, du nombre III: & dans le cas où l'on bâtira de nouvelles maisons dans les emplacemens vuides, on » les marquera du même numéro que la maison » précédente, avec le mot *bis*: Enjoignant sa » majesté aux intendans des provinces, d'y tenir » exactement la main.

» IV. Pour prévenir à l'avenir les contestations qui pourroient s'élever à l'égard des Logemens entre les troupes & les habitans des places » ou quartiers, aussi-tôt la présente ordonnance » reçue, le commandant, le major de la place, » le commissaire des guerres, le maire ou principal officier municipal de la ville, feront une » visite exacte des maisons sujettes au Logement, » & feront marquer à la porte sur un écriteau

» de fer-blanc, le grade de ceux qu'ils auro
» jugé pouvoir y loger convenablement, & pa
» reillement dans l'intérieur de chaque maiso
» les portes des chambres destinées au Logeme
» Les propriétaires ou principaux locataires de
» dites maisons ne pourront ôter lesdits écri
» teaux, ni les changer, sous peine de cinq cen
» livres d'amende, applicable à l'hôpital du lieu
» sur les ordonnances des intendans des pro
» vinces, & de plus forte punition en cas d
» récidive : les gouverneurs & lieutenans gén
» raux des provinces, &c, en leur absence, le
» commandans dans lesdites provinces & le
» intendans en icelles tiendront la main, chacu
» en ce qui les concerne, à l'exécution du pré
» sent article.

» Dans les lieux où il n'y aura point d'éta
» major ni de commissaires des guerres, ce q
» leur est prescrit par cet article sera exécu
» par un des premiers officiers de la principal
» juridiction de l'endroit.

» V. Les commandans & les majors des place
» en assistant à la visite prescrite par l'article 4
» ne décideront en aucune manière sur les Loge
» mens, devant se borner, dans cette visite,
» examiner si les Logemens qu'on marque à u
» officier, bas-officier ou aux soldats, cavaliers
» dragons, sont convenables aux grades des off
» ciers & au nombre des bas-officiers, soldats
» cavaliers ou dragons qui doivent les occuper.

» VI. Après cette visite, il sera dressé par l
» commissaire des guerres un état général d
» Logement, divisé en huit classes, contenan
» chacune les Logemens propres à être occupé
» par ceux qui y sont désignés ; savoir :

» Les lieutenans généraux dans la première
» classe.

» Les maréchaux de camp dans la seconde.

» Les brigadiers, colonels ou mestres de camp
» dans la troisième.

» Les lieutenans-colonels & les majors dans la
» quatrième.

» Les capitaines, les aides-majors, les officiers
» ou quartiers-maîtres chargés de la caisse, & les
» chirurgiens-majors dans la cinquième.

» Les lieutenans, sous-aides-majors, sous-
» lieutenans, porte-drapeaux, porte-étendards,
» porte-guidons, les quartiers-maîtres qui ne
» seront point chargés de la caisse, & les aumô-
» niers dans la sixième.

» Les fourriers, sergens, maréchaux des logis
» & tambours-majors dans la septième.

» Et les caporaux, brigadiers, soldats, cava-
» liers, dragons, tambours, timbaliers & trom-
» pettes dans la huitième.

» Il sera marqué sur cet état le nombre &
» l'espèce des chambres destinées, dans chaque
» maison, au Logement des troupes; il en sera
» fait six copies, signées chacune par le com-
» mandant, le major de la place, le commissaire
» des guerres, & le maire ou principal officier
» municipal de la ville, lesquels en garderont
» chacun une, pour y avoir recours en cas de
» plainte, soit de la part des troupes, soit de la
» part des habitans.

» La cinquième expédition sera déposée à
» l'hôtel-de-ville pour servir à faire l'assiette des
» Logemens, & la sixième sera remise ou en-
» voyée par le commissaire des guerres, à l'inten-
» dant de la province.

» VII. Les officiers municipaux feront part
» commissaire des guerres, des variations q
» pourront arriver par le changement des hab
» tans, afin qu'il en fasse note sur l'état qui re
» tera entre ses mains.

» VIII. Les commissaires des guerres & l
» officiers municipaux qui marqueront les Log
» mens destinés pour chaque classe, ordonnero
» que lesdits Logemens soient mis & mainten
» dans l'état convenable.

» IX. Lorsqu'en exécution de l'ordonnance d
» 5 juillet 1765, les villes voudront convertir
» Logement en argent, les officiers généraux
» les autres officiers de tout grade seront ten
» de se loger au moyen des sommes fixées p
» ladite ordonnance.

» X. Quand les villes ne voudront pas co
» vertir le Logement en argent, ou que l
» officiers généraux employés, ou autres, ma
» cheront avec les divisions des troupes, il le
» sera fourni des Logemens désignés pour le
» classe, tels qu'ils sont prescrits ci-après.

» XI. Le Logement d'un lieutenant géné
» sera de quatre grandes chambres garnies & u
» cabinet, tant pour lui que pour deux aide
» de-camp; une chambre garnie pour son secr
» taire, une cuisine, des chambres & lits suffis
» pour coucher ses domestiques de deux en deu
» & les écuries nécessaires pour le nombre d
» chevaux permis à son grade.

» XII. Le Logement d'un maréchal-de cam
» sera de trois grandes chambres garnies, & u
» cabinet, tant pour lui que pour son aide-d
» camp; une cuisine, des chambres & des li
» suffisans pour coucher ses domestiques de deu

» en deux, & les écuries néceſſaires pour le
» nombre de chevaux fixé à ſon grade.

» Il ſera de plus fourni à chaque maréchal
» de camp, qui en ſera en même temps inſpec-
» teur, une chambre garnie avec un lit pour ſon
» ſecrétaire.

» XIII. Le Logement de chaque colonel ou
» meſtre de camp & lieutenant-colonel, briga-
» diers, ſera de trois chambres garnies, une
» cuiſine, & des chambres & lits ſuffiſans pour
» coucher leurs domeſtiques de deux en deux, &
» des écuries néceſſaires pour le nombre de che-
» vaux fixé à leur grade.

» XIV. Le Logement de chaque colonel ou
» meſtre de camp qui ne ſeront pas brigadiers,
» ſera le même que celui des brigadiers; il ne
» leur ſera fourni des écuries que pour le nombre
» de chevaux fixé à leur grade.

» XV. Le Logement de chaque lieutenant-
» colonel ou major conſiſtera en deux chambres
» garnies, une cuiſine, & des chambres & lits
» ſuffiſans pour coucher leurs domeſtiques, &
» des écuries néceſſaires pour le nombre de che-
» vaux accordé à leur grade.

» XVI. Les uſtenſiles de cuiſine ſeront fournis
» par les hôtes aux officiers généraux conduiſant
» des diviſions, & aux officiers ſupérieurs qui
» marcheront avec leur régiment; mais dans les
» lieux de réſidence, garniſons ou quartiers, les
» officiers généraux & ſupérieurs s'en pourvoi-
» ront à leurs dépens; & en aucun cas les hôtes
» ne fourniront le bois ni le linge de table.

» Il ſera donné à chaque capitaine une cham-
» bre avec un lit, & une autre chambre avec un
» lit pour ſon valet.

» XVIII. Il sera donné aux lieutenans, ſo
» lieutenans, porte-drapeaux, porte-étenda
» porte-guidons, une chambre à deux lits p
» deux, & un cabinet avec un lit pour d
» valets; les commandans des régimens tiend
» la main à ce que les officiers de la même co
» pagnie soient logés le plus à portée de l
» troupe qu'il sera possible; & le lieutenant
» sous-lieutenant ensemble, autant que cel
» pourra.

» XIX. Les aides-majors & les sous-aid
» majors seront logés seuls, chacun dans u
» chambre, ainsi que le quartier-maître ou u
» autre officier chargé du détail de la caisse
» régiment.

» XX. Il sera de plus fourni aux officiers d'i
» fanterie, en temps de guerre seulement,
» aux officiers de cavalerie, de dragons ou
» troupes légères, soit en temps de paix, soit
» temps de guerre, des écuries pour le nom
» de chevaux réglé, dans l'un ou l'autre c
» pour chaque grade.

» XXI. Lorsqu'il n'y aura pas d'écurie
» nombre suffisant chez le bourgeois, les ch
» vaux pourront être mis dans les écuries d
» casernes destinées à la cavalerie, qui se trou
» ront vacantes; bien entendu qu'on mettra d
» chaque écurie autant de chevaux qu'elle pour
» en contenir, à raison de trois pieds pour chaq
» cheval.

» XXII. Il sera donné à chaque ingéni
» ordinaire du roi, lorsque son logement ne s
» pas fixé en argent, une chambre bien claire, po
» la facilité de son travail, avec un cabinet, a
» tant qu'il sera possible, & une autre cham
» avec un lit pour un son valet.

» XXIII. Les habitans des places qui auront des officiers logés chez eux, fourniront à chaque capitaine, lieutenant ou ſous-lieutenant, & autres officiers ſubalternes, un lit garni d'une houſſe entière & d'une paillaſſe, deux matelas ou un ſeul, avec un lit de plume, un traverſin, deux couvertures de laine l'hiver, & une l'été, des draps tous les quinze jours en été, & de trois ſemaines en trois ſemaines pendant l'hiver; une table, trois chaiſes, une armoire ou commode fermant à clef, un porte-manteau pour pendre les habits, un pot à l'eau & un plat, deux ſerviettes par ſemaine, & en outre, un lit de valet, compoſé d'une paillaſſe, un matelas, un traverſin, une couverture de laine, & des draps tous les mois.

» XXIV. Leſdits habitans fourniront pour les fourriers, ſergens ou maréchaux des logis, ſoldats, cavaliers ou dragons, un lit pour deux, garni d'une paillaſſe remplie de paille, d'un matelas ou bien d'un lit de plume, ſuivant les facultés, une couverture de laine, un traverſin, des draps tous les vingt jours, deux chaiſes ou un banc; une table, & place au feu & à la chandelle.

» Les fourriers, ſergens ou maréchaux des logis, ne coucheront, dans aucun cas, avec les ſoldats, cavaliers ou dragons.

» XXV. Les troupes devant faire ordinaire par chambrée, les hôtes qui logeront les ſoldats, cavaliers ou dragons de chaque chambrée, lorſque la troupe ſera en garniſon, ſeront tenus de ſupporter alternativement l'embarras de l'ordinaire de ladite chambrée, ſans être

» obligés de fournir les ustensiles de cuisi
» mais quand la troupe ne fera que passer,
» hôtes fourniront, indépendamment de la p
» au feu & à la chandelle, aux officiers des c
» pagnies, aux bas-officiers, soldats, cavalie
» dragons, les pots, plats, assiettes & autres us
» siles de cuisine.

XXVI. Le Logement & les fournitures d
» fixés pour les valets des officiers seront
» mentés en temps de guerre, lorsque lesdits
» ciers seront tenus d'avoir des équipages
» raison de cinq valets pour un capitaine
» cavalerie & de dragons, de quatre pour
» capitaine d'infanterie, de trois pour un lie
» nant ou sous-lieutenant de cavalerie ou
» dragons, & de deux pour un lieutenant ou s
» lieutenant d'infanterie.

» XXVII. En aucun cas, les hôtes ne pour
» être délogés de la chambre & du lit où
» auront coutume de coucher, sans néanm
» qu'ils puissent, sous ce prétexte, se soust
» à la charge du logement, suivant l
» facultés.

» XXVIII. Lorsque les troupes devront
» meurer dans les pavillons & casernes, le c
» missaire des guerres, le quartier-maître
» l'entrepreneur se rendront dans les mag
» destinés à contenir les fournitures, pour
» miner l'état & la qualité desdites fournitu
» & après que leur qualité aura été cons
» par un état dont chacun d'eux gardera
» copie signée de tous trois, l'officier majo
» le quartier-maître y fera prendre par les
» dats, cavaliers ou dragons qu'il aura m
» avec lui, celles qui seront nécessaires, do
» donnera son reçu audit entrepreneur.

» XXIX. Les officiers qui feront logés aux pavillons donneront pareillement à l'entrepreneur ou à son commis une reconnoissance des meubles, fournitures & ustensiles qui leur auront été livrés.

» XXX. On ne pourra se servir de ces fournitures que dans les chambres & quartiers assignés aux troupes, & pour le seul usage des compagnies.

» XXXI. Lorsque les troupes devront loger chez les habitans, tous les officiers seront tenus de donner à leurs hôtes des reçus de toutes les fournitures qui auront été faites, tant pour eux que pour les bas-officiers, soldats, cavaliers ou dragons de leur compagnie, ainsi que pour leurs valets, afin que, lors du départ du régiment, lesdits reçus puissent constater les dédommagemens qui devront être payés pour tout ce qui aura été perdu ou détruit.

» XXXII. Tous les gens de guerre, de quelque grade qu'ils soient, ne pourront rien exiger de leur hôte, au delà de ce qui est réglé ci-dessus.

» XXXIII. Lorsque le régiment devra être logé chez le bourgeois, les maire & échevins se rendront à l'hôtel-de-ville, pour procéder en diligence à la répartition du Logement, en conformité de la revue de route qui leur aura été présentée par l'officier major ou le quartier-maître qui sera venu au Logement.

» XXXIV. Les officiers municipaux feront le Logement de la troupe avec le commissaire des guerres qui devra en avoir la police ; & si le commissaire est absent, ils le feront seuls, & lui en remettront un contrôle signé d'eux.

» XXXV. Les officiers qui auront été envo
» à l'avance au Logement, ne pourront se mêl
» en aucune maniere, de l'assiette du Logeme
» ni avoir aucune préférence à cet égard.

» XXXVI. Dans les lieux où les troupes
» vront tenir garnison, le Logement sera t
» jours fait sur le pied complet pour toutes
» compagnies, & les billets excèdant l'effec
» seront réservés à l'hôtel-de-ville par paqu
» séparés, afin que, lorsqu'il arrivera des officie
» bas-officiers, soldats, cavaliers ou dragon
» après l'assiette du Logement, il leur soit do
» des billets dans le quartier de leur compagn

» XXXVII. Les officiers municipaux répa
» tont, alternativement & avec égalité, le Lo
» ment sur tous les habitans qui y seront suje
» de façon qu'aucun ne puisse loger deux fo
» avant que tous les autres aient logé u
» fois.

» XXXVIII. Ils observeront dans cette rép
» tition, de placer les cavaliers & les drag
» chez les habitans les plus aisés & le plus
» état de supporter à la fois le double Logem
» des hommes & des chevaux, sauf à ceux q
» n'auront point d'écuries, à s'arranger à l'ava
» pour en retenir à portée, dont ils donnero
» la déclaration aux officiers municipaux.

» XXXIX. Les officiers municipaux expédiero
» ensuite les billets de Logement, suivant l'ord
» des classes établies par l'article 6.

» XL. Les billets de Logement de chaq
» classe seront imprimés à l'avance sur
» grandes feuilles, divisibles en autant de co
» pons qu'il y aura de billets, de manière q
» quand on voudra asseoir le Logement d'u

troupe, il n'y ait qu'à rassembler la quantité de coupons de chaque classe, suivant le nombre de gens de guerre de chaque grade qu'il y aura dans ladite troupe.

» XLI. Les billets contiendront, indépendamment du numéro des maisons & des noms & qualités des hôtes, le nom de la rue, le grade & le nombre de ceux qui devront y loger, les chambres qu'ils devront occuper, & les fournitures qui devront leur être faites; lesdits billets seront signés par l'officier municipal chargé du détail du Logement.

» XLII. Les officiers municipaux ne logeront jamais des soldats, cavaliers ou dragons dans des censes ou maisons dépendantes du lieu du Logement, à moins qu'elles ne puissent contenir une ou deux compagnies avec les officiers; qu'elles ne soient éloignées que d'un quart de lieue tout au plus, à la réserve cependant du cas de foule, lequel sera constaté par un procès-verbal dressé par le commissaire des guerres, ou à son défaut, par le premier officier municipal; ce procès-verbal sera adressé sur le champ au secrétaire d'état ayant le département de la guerre, & à l'intendant de la province.

» XLIII. Les officiers municipaux observeront d'expédier lesdits billets ou paquets séparés, par compagnie, bataillon, escadron ou régiment, de manière que tous les hommes & les chevaux d'une même compagnie, d'un même bataillon ou escadron & régiment, soient logés de proche en proche, dans un même quartier, & que les fourriers, sergens, maréchaux des logis & officiers soient logés près la compagnie laquelle ils seront attachés, afin qu'ils soient

» plus à portée de veiller au maintien de
» discipline.

» XLIV. Les officiers municipaux observer
» pareillement de loger proche leur compag
» tous les trompettes & tambours des troupe
» cheval, & les tambours d'infanterie au cen
» du quartier qu'occupera le bataillon ou
» régiment.

» XLV. Les billets ne pourront contenir p
» chaque maison moins de deux soldats, ca
» liers ou dragons; & en ce cas, les hôtes
» conformeront à ce qui est prescrit par l'art
» 25; l'un des officiers municipaux rester
» l'hôtel-de-ville après l'assiette du Logeme
» pour remédier aux abus qui auroient pu s'i
» troduire à la distribution des billets.

» XLVI. Soit qu'un régiment soit caserné
» logé chez le bourgeois, les colonels ou mes
» de camp, lieutenans-colonels ou majors, ser
» toujours logés le plus près qu'il sera possi
» de leur régiment; les officiers majors, le p
» à portée qu'il se pourra de leur bataillon
» escadron, & les capitaines, lieutenans & so
» lieutenans, le plus près possible de leur co
» pagnie.

» XLVII. Lorsque le Logement sera conv
» en argent, en conformité des ordonnances
» 5 juillet 1765 pour les officiers supérieurs
» corps, du 25 octobre 1716 pour les capita
» & autres officiers inférieurs, ou de quel
» autre réglement approuvé de sa majesté,
» ordre ne sera pas moins observé par les o
» ciers pour les Logemens qu'ils loueront de
» à gré.

» XLVIII. Les billets de Logement étant
» pédi

» pédiés, & le quartier-maître les ayant reçus » des officiers municipaux, il remettra, par pa- » quets séparés, tous ceux des bas officiers, » soldats, cavaliers, dragons, trompettes ou tam- » bours de chaque compagnie au fourrier de ladite » compagnie.

» XLIX. Le quartier-maître gardera ceux des » officiers de l'état major, & de ceux qui y sont » attachés, pour les leur remettre lui-même.

» L. Il gardera pareillement ceux des tambours, » pour les remettre aux tambours majors.

» LI. Lorsqu'il arrivera des officiers, soldats, » cavaliers ou dragons qui n'auront pas été pré- » sens à la troupe lors de l'assiette du Logement, » les officiers municipaux leur donneront des » billets qu'ils leur auront réservés, dans le quar- » tier où sera logé leur compagnie, sur les certi- » ficats que le commissaire des guerres, en son » absence, le major de la place, donnera de leur » arrivée : s'il n'y a point dans le lieu de com- » missaire des guerres, ou d'état-major, le » commandant de la troupe donnera ledit certi- » ficat, & sera en outre tenu de faire voir aux- » dits officiers municipaux les soldats, cavaliers » & dragons pour qui il faudra de nouveaux » billets.

» LII. Lorsque les Logemens d'une troupe se- » ront une fois assis, ils ne pourront être changés » que par l'ordre de l'intendant de la province, » ou par celui des commissaires des guerres, » avec l'avis des officiers municipaux, desquels » changemens le commissaire signera les billets, » conjointement avec eux ; ils seront tenus d'in- » former sur le champ le commandant de la » province & le commandant de la place, des

» raisons qu'ils auront eues d'ordonner lesd
» changemens.

» LIII. S'il arrivoit que les officiers municipa
» surchargeassent de Logement quelques habitan
» pour en exempter d'autres qui devroient y êt
» sujets, ou dont leur tour seroit venu de loger
» le commissaire des guerres se fera représent
» par lesdits officiers municipaux les rôles d
» habitans ; & s'il y a abus, ils seront condamn
» par les intendans des provinces, sur la réqui
» sition des commissaires des guerres, à tren
» livres au moins de dommages & intérêts en
» vers ceux desdits habitans qui auront été lésé
» ledit commissaire expédiera seul les billets
» pour faire loger & déloger ceux qu'il convie
» dra, sans que personne puisse se dispenser de
» conformer, à peine de désobéissance, & de
» voir contraint.

» LIV. Sa majesté autorise pareilleme
» les commissaires des guerres à faire loger
» gens de guerre, tant chez les officiers mun
» cipaux, que chez ceux qui, par connivence
» autrement, auront souffert quelques abus
» sujet des Logemens.

» LV. Les villes qui voudront se d
» charger du Logement personnel, pourro
» louer des maisons suffisantes & convenab
» pour y caserner les troupes qui y seront
» garnison, pourvu que ce soit à leurs frai
» sans aucune augmentation sur les denrées,
» aux conditions de leur y faire fournir les
» tensiles nécessaires ; de ne faire mettre d
» les chambres desdites maisons qu'autant
» lits qu'elles pourront raisonnablement en c
» tenu, & de faire contribuer aux fournitur

» non seulement les habitans non exempts du » Logement, mais même, en cas de nécessité, » ceux des bourgs & villages dépendans desdites » villes.

» LVI. Cette dernière disposition n'aura » cependant lieu qu'après que les intendans des » provinces auront réglé la quantité & l'espèce » de fourniture que lesdits bourgs & villages » devront livrer à proportion de leurs facultés, » & de la quantité de troupes qui devra être » en garnison dans lesdites villes.

» Les fournitures seront faites en nature, sans » que, pour quelque raison que ce soit, il puisse » être fait, entre les chefs des villes & ceux des » bourgs & villages, aucuns arrangemens à ce con- » traires.

» LVII. Seront exempts du Logement » des gens de guerre & de toutes les contribu- » tions à icelui,

» 1°. Les ecclésiastiques étant actuellement » dans les ordres & pourvus de bénéfices, ou » chargés de fonctions qui exigent la résidence » dans le lieu.

» 2°. Les officiers étant actuellement au ser- » vice, ou qui s'en sont retirés après avoir ob- » tenu la croix de l'ordre royal militaire de saint » Louis, ou une pension de sa majesté.

» 3°. La noblesse du royaume qui n'est point » dans le service.

» 4°. Les veuves des officiers des troupes, » tués à la guerre, retirés avec la croix de saint » Louis ou une pension du roi ; celles des gen- » tilshommes ou autres, morts dans des charges qui leur procuroient pendant leur vie exemp-

» tion de Logement, lesquelles continueront
» d'en jouir pendant leur viduité.

» 5°. Les officiers commensaux des maisons
» royales, chargés d'un service annuel dans lesdites
» maisons, sans que ceux qui n'auront aucun
» titre de charge & ne rempliront aucun ser-
» vice, puissent prétendre à ladite exemption.

» 6°. Les conseillers secrétaires de sa majesté,
» maison couronne de France & de ses finances;
» les audienciers, contrôleurs & autres officiers de
» la grande chancellerie.

» 7°. Les présidens, conseillers, gens de sa
» majesté & autres officiers des parlemens, cham-
» bres des comptes, cours des aides & autres
» cours & conseils supérieurs.

» 8°. Les présidens & trésoriers généraux de
» France aux bureaux des finances des généralités
» du royaume.

» 9°. Les présidens, lieutenans particuliers,
» civils & criminels du siége principal de chaque
» lieu; ensemble les gens de sa majesté auxdits
» siéges, sans que les chefs & officiers des autres
» justices établies dans le même lieu puissent
» participer à la même exemption.

» 10°. Les grands-maîtres & maîtres particu-
» liers des eaux & forêts, tous les officiers des-
» dites maîtrises, à la seule exception des huissiers
» audienciers.

» 11°. Les officiers des élections.

» 12°. Les commissaires aux saisies réelles, &
» les receveurs des consignations, dont la finance
» excédera quatre mille livres.

» 13°. Les officiers & ouvriers des monnoies,
» excepté ceux qui, étant logés hors de

» hôtels, tiendroient cabaret ou boutique ou-
» verte.

» 14°. Le principal officier, le procureur du
» roi, & le receveur de chaque siége de l'ami-
» rauté.

» 15°. Les officiers de chancellerie près les
» cours supérieures.

» 16°. Les recteurs, régens & principaux des
» universités, exerçant actuellement.

» 17°. Les gardes étalons.

» 18°. Tous les officiers & cavaliers des com-
» pagnies de maréchaussées.

» 19°. Les maires, mayeurs, bourguemestres,
» échevins, consuls, jurats ou syndics des villes
» & communautés, pour le temps de leur ad-
» ministration seulement; ces exemptions ne
» pouvant être prétendues au delà, sous quelque
» prétexte que ce soit.

» 20°. Les trésoriers & receveurs généraux &
» particuliers, ayant le maniement actuel des de-
» niers de sa majesté.

» 21°. Les commis des fermiers des domaines,
» gabelles, aides, traites foraines, douanes do-
» maniales, & autres fermes de sa majesté, ainsi
» que les débitans de sel.

» 22°. Les receveurs des décimes.

» 23°. Les employés aux poudres & salpêtres.

» 24°. Les monnoyeurs & les changeurs
» en titre ou par commission, qui ont été établis
» dans les départemens; mais les changeurs seu-
» lement jouiront de cette exemption, quand
» même ils tiendroient boutique ouverte.

» 25°. Les étapiers, non seulement pour les
» maisons ou ils demeureront, mais encore pour

» celles où seront leurs magasins, servant à la
» fourniture de l'étape.

» 26°. Les commis chargés de la fourniture
» des lits dans les garnisons, les gardes-maga-
» sins des habillemens & armes de la milice,
» les commis des vivres & des fourages, mé-
» decins, chirurgiens, directeurs & contrôleurs
» des hôpitaux militaires, gardes-magasins des
» effets du roi, & tous les employés pour le service
» du roi.

» 27°. Les directeurs des bureaux des lettres,
» les maîtres des postes établis par brevets de sa
» majesté, les commis des postes, ainsi que les
» courriers ordinaires employés par les fermiers
» des postes, quoique faisant commerce & tenant
» cabaret.

» 28°. les lieutenans & les greffiers du premier
» chirurgien du roi.

» 29°. Les commanderies & fermes de l'ordre
» de Malte.

» 30°. Les chefs & inspecteurs des manu-
» factures établies par lettres-patentes du roi.

» 31°. Les messageries seront exemptes de
» Logement effectif, en observant cependant
» que quand, par la raison du commerce qu'
» les maîtres desdites messageries feront ou
» du cabaret qu'ils tiendront, on marquera des
» Logemens dans leurs maisons & écuries, on
» devra leur laisser de quoi remplir le service dont
» ils sont chargés.

» LVIII. Les privilégiés ne jouiront de
» leur exemption, que pour les maisons ou
» parties d'icelles qu'ils occuperont personnelle-
» ment, sans que les particuliers non exempts,
» qui pourroient les louer en tout ou en partie

» puissent participer, sous quelque prétexte que ce » puisse être, à ladite exemption.

» A l'égard des privilégiés à titre de charge » ou emploi, des officiers des élections, & de » tous autres officiers de judicature ou de fi- » nance, dont les charges exigent résidence, ils » ne jouiront de l'exemption du Logement » qu'autant qu'ils rempliront leurs fonctions, & » qu'ils résideront dans le lieu de leur établisse- » ment tout le temps prescrit par la déclaration » du roi du 13 juillet 1764, à moins cepen- » dant qu'ils n'eussent des lettres d'honoraires » ou de vétérances; dans lequel cas, étant dis- » pensés de résidence, ils devront jouir des » mêmes priviléges & exemptions qu'ils avoient » étant en place.

» LIX. Ceux qui, étant exempts par leur état, » leur charge ou emploi, feront commerce à » boutique ouverte, ou tiendront cabaret, seront » déchus de leur exemption, & assujettis au Loge- » ment comme marchands ou cabaretiers, pen- » dant tout le temps qu'ils feront ledit com- » merce, à la réserve de ceux désignés aux » nombres 24, 27 & 31 de l'article 57, & des » gardes étalons.

» LX. En cas de foule, le Logement sera » fait indifféremment chez les exempts & non » exempts, en suivant néanmoins l'ordre des » exempts; de manière que les ecclésiastiques » soient logés les derniers, & ainsi des autres, » dans l'ordre qu'ils ont été nommés ci dessus, » en se conformant, pour constater le cas de foule, » à ce qui est prescrit par l'article 42 du présent » titre.

» LXI. Si quelques autres personnes que celles

» ci-dessus nommées prétendent jouir de
» l'exemption du Logement des gens de guerre,
» soit par concession particulière ou autrement,
» elles se pourvoiront pardevant l'intendant de la
» province, qui décidera de la validité de leur
» titre, & connoîtra, supérieurement & privati-
» vement à tous autres, des détails des Loge-
» mens; & ce qui sera par lui ordonné à cet
» égard, sera exécuté par provision, sauf à ceux
» qui se croiront lésés par leur ordonnance, à
» adresser leurs représentations au secrétaire
» d'état ayant le département de la guerre, pour
» en rendre compte à sa majesté, & y être par
» elle pourvu.

» LXII. Défend très-expressément sa majesté
» aux soldats, cavaliers & dragons de ses troupes
» de frapper ou insulter les maires, échevins,
» consuls, juges & autres magistrats des lieux
» où ils seront en garnison, ou par lesquels ils
» passeront lorsqu'ils seront en route; voulant
» majesté que, sur la réquisition des magistrats
» les accusés soient mis en prison, pour être
» jugés par les juges du lieu, suivant la nature
» & les circonstances du délit.

» LXIII. Dans le cas ou lesdits magistrats
» officiers municipaux auroient été insultés ou
» frappés par des officiers des troupes de sa
» majesté, le commandant de la place ou celui
» de la troupe les feront mettre en prison, &
» ils en informeront sur le champ le comman-
» dant de la province & le secrétaire d'état
» ayant le département de la guerre, qui prendra
» les ordres de sa majesté pour faire interdire
» & même casser lesdits officiers, suivant l'exi-
» gence du cas.

» LXIV. Toutes exemptions & priviléges » seront suspendus lorsqu'il s'agira des troupes » de la maison du roi ; elles seront distribuées » dans les maisons les plus convenables, sans » nulle exception, pour quelque raison que ce » puisse être ; de manière que lorsque toutes les » maisons convenables des sujets au Logement » seront occupées, on désignera celles des » derniers exempts, & ensuite des autres, » en remontant jusqu'aux premiers, s'il est né- » cessaire.

» LXV. Dans chaque ville où il y aura des » brigades des gardes du corps en quartier, il » sera fait par les officiers municipaux, de con- » cert avec les commissaires des compagnies, & » sous l'autorité de l'intendant de la province, » un état du Logement des gardes de chaque » brigade, sur le pied complet, dont il sera » remis une copie au commandant de la brigade.

» LXVI. Lesdits officiers municipaux donne- » ront de quatre en quatre semaines, de nou- » veaux billets de Logement aux gardes effectifs » qui seront présens au quartier, de manière » qu'ils soient logés successivement chez tous les » habitans compris audit état, & que la charge » dudit Logement soit également partagée » entre eux.

» LXVII. Sa majesté voulant que les gardes » fassent ordinaire chez leurs hôtes, par cham- » brées de quatre gardes chacune, chaque habi- » tant qui aura un garde logé chez lui, sera » obligé de lui fournir (indépendamment d'une » chambre & d'un lit garni pendant quatre se- » maines), pendant une de ces quatre semaines » seulement pour l'ordinaire de la chambrée de

» ce garde, le feu pour cuire la viande &
» soupe de ladite chambrée, sept chandelles
» huit à la livre, huit serviettes, deux napp
» une marmite, & les plats, assiettes, cuille
» fourchettes, siéges & autres ustensiles néc
» saires pour la table.

» LXVIII. Sa majesté défend à ses gar
» de rien exiger de plus de leurs hôtes, que
» qui est fixé par l'article ci-dessus, ni de re
» chez eux plus long-temps qu'il ne sera po
» par leur billet de Logement, ou de faire d
» ficulté d'accepter de nouveaux billets q
» leur seront délivrés de quatre en quatre
» maines.

» LXIX. Si dans le nombre des Logem
» qui auront été marqués pour les gardes,
» s'en trouvoit quelques-uns qui ne fussent p
» bons, ou qu'il ait été commis quelques ab
» de la part des officiers municipaux sur le
» desdits Logemens, les commandans des b
» gades s'adresseront à l'intendant de la provin
» pour y pourvoir; & lesdits officiers muni
» paux auront pareillement recours à lui dans
» cas qui pourront l'exiger.

» LXX. L'intention de sa majesté est qu
» observe pour le Logement des troupes de
» maison tout ce qu'elle a prescrit pour les gar
» du corps «.

L'article 16 du titre 6 de l'ordonnance cit
veut que les officiers qui se logent par force
sans billet du commissaire des guerres ou d
officiers municipaux, soient mis en prison po
huit jours, & que ceux qui changent entre e
les Logemens qui leur ont été donnés, soie
mis aux arrêts pour quinze jours.

Si les soldats, cavaliers ou dragons changent ntre eux leurs Logemens sans permission, ils oivent être punis de quinze jours de prison; s'ils s'établissent en d'autres Logemens que ux qui leur ont été assignés, ils doivent être nis conformément aux peines portées par les ns publiés à l'arrivée des troupes. Telles sont s dispositions des articles 17 & 18 du même tre.

Par arrêt rendu au conseil d'état du roi le 19 vril 1777, sa majesté a fait un règlement général latif au Logement des gardes françoises dans aris (*).

(*) *Cet arrêt contient les quatorze articles suivans :*

Article I. Les quartiers de la ville & fauxbourgs de ris, qui ont jusqu'à présent été affectés au logement du giment des gardes-françoises, continueront d'y être assus. Il sera en conséquence formé par les prévôt des marhands & échevins de ladite ville de Paris, un relevé général toutes les maisons situées dans lesdits quartiers; lequel ontiendra le montant du loyer de celles qui sont louées, s sommes auxquelles celles qui sont occupées par les prorétaires, sont imposées pour les vingtièmes, la distincon des anciennes maisons & leurs taxes, l'indication des aisons qu'on prétendra exempter du Logement, & les otifs de cette prétention : il sera fait dudit relevé trois xpéditions, dont l'une sera remise au secrétaire d'état yant le département de la maison du roi, la seconde restera ure les mains desdits prévôt des marchands & échevins; la troisième sera délivrée au maréchal des logis dudit égiment.

II. Il sera dressé & arrêté, chaque année, & à compter premier janvier dernier, par lesdits prévôt des marchands échevins, un rôle des maisons sujettes au Logement, & s sommes auxquelles les propriétaires d'icelles auront été posés; duquel rôle il sera délivré une expédition audit aréchal des logis. Veut sa majesté que par provision, les

L'ordonnance de la marine du 25 mars 1
a déterminé ce qui devoit être observé au

---

taxes des anciennes maisons subsistent dans lesdits rôle
le même pied qu'elles ont été ci-devant fixées, & qu
maisons nouvellement construites, & celles qui le s
par la suite, soient imposées à trente livres par mille l
soit du prix du loyer de celles qui seront louées, so
l'évaluation faite pour l'imposition aux vingtièmes
celles qui seront occupées par les propriétaires; sauf
la confection du relevé général mentionné au préc
article, être par sa majesté fixé, tant pour les anc
maisons que pour les nouvelles, telle autre proportion
sera vu appartenir.

III. Les particuliers qui refuseront ou qui sero
retard de payer, de six mois en six mois, en janv
juillet de chaque année, les sommes pour lesquelles
maisons seront imposées, y seront contraints par les
ordinaires & accoutumées.

IV. Le prévôt des marchands de la ville de Paris, a
lement en charge, & ceux qui en sont ou seront sort
ront exempts de la contribution au logement dont il s
pour toutes les maisons qui pourront leur appartenir
échevins, le procureur du roi & le greffier de ladite
& les conseillers de ville, en seront pareillement ex
pendant le temps qu'ils seront en charge, & non autre
& ce, pour les maisons qui leur appartiennent, &
lesquelles ils feront leur demeure actuelle.

V. Les colonels, capitaines, lieutenans & enseign
milice bourgeoise, quartiniers, cinquanteniers & diz
de ladite ville, jouiront pareillement de la même exem
pour les maisons à eux appartenantes, dans lesquell
feront leur demeure actuelle, & qui seront situées
l'étendue du quartier où ils exercent les fonctions de
charges.

VI. Les ecclésiastiques, les gentilshommes faisant a
lement profession des armes, les officiers des cours de
lement, grand-conseil, chambre des comptes, cou
aides & cour des monnoies; les chefs, avocats & proc
de sa majesté des autres compagnies & juridictions ro
de la ville de Paris; les secrétaires du roi de la g

au Logement à bord des vaisseaux du roi : le titre 85 contient à cet égard les dispositions suivantes.

---

hancellerie, les officiers & commensaux de la maison de sa majesté & des princes de la famille royale, jouiront aussi de l'exemption dudit logement ou contribution à icelui, pour les maisons à eux appartenantes, & dans lesquelles ils feront leur demeure actuelle.

VII. Ceux qui seront pourvus en survivance, des charges & offices auxquels l'exemption est accordée par les précédens articles, ne jouiront de l'exemption que dans le cas où ils auroient tout à la fois la survivance & l'exercice desdites charges & offices : & les titulaires d'iceux conserveront leur exemption, lorsqu'après s'être demis, ils auront obtenu des lettres d'honneur & de vétérance.

VIII. Les veuves des exempts du Logement, ci-dessus mentionnés, ainsi que les gentilshommes qui ne sont plus au service du roi, seront tenus de contribuer audit Logement pour toutes les maisons qui leur appartiendront, à l'exception seulement des veuves des officiers en charge ou honoraires des cours souveraines de la ville de Paris, & de celles des secrétaires du roi de la grande chancellerie, aussi en charge ou honoraires ; lesquelles jouiront de ladite exemption pendant leur viduité. Déclare en outre sa majesté que son intention n'est pas que les enfans desdits officiers jouissent de cette exemption, à moins qu'ils ne soient continués dans leurs charges.

IX. Entend sa majesté que les personnes dénommées aux précédens articles jouiront seules de l'exemption de Logement ; sa majesté révoquant & annullant toute autre exemption personnelle qui pourroit avoir été accordée, ou dont on prétendroit se prévaloir : & à l'égard des rues ou parties de rues enclavées dans les quartiers sujets au Logement, & auxquelles on prétendroit que l'exemption en auroit été attribuée, ordonne sa majesté que les propriétaires des maisons situées dans lesdites rues ou parties de rues, seront tenus de remettre, dans trois mois de la date du présent arrêt, les titres & pièces relatives à ladite exemption, ès mains du secrétaire d'état ayant le département de la maison

» Article 1000. L'officier général aura
» son Logement la chambre du conseil &

du roi, pour, sur son rapport, être par sa majesté
ce qu'il a partiendra.

X. Veut sa majesté que, conformément aux arrêts
son conseil d'état des 15 mai 1722 & 21 décembre 1
les propriétaires ayant titre d'exemption pour les maisons
seront par eux occupées, ne jouissent de ladite exemption
que pour les portions desdites maisons qu'ils occuperont
eux & leurs familles, & qu'ils soient tenus de contribuer
auxdits Logemens pour les portions qu'ils en loueront
seront censés en louer, encore qu'elles fussent occupées
des personnes qui, par leurs qualités, charges ou emplois
auroient droit au même privilége.

XI. Veut sa majesté que les maisons occupées par les
sonnes exemptes, ci-dessus désignées, mais qui ne leur
partiendront pas, soient sujettes audit Logement, de
que si elles étoient louées à des personnes non exemptes

XII. Les propriétaires des maisons seront seuls chargés
du payement du Logement; leur faisant sa majesté,
formément à l'ordonnance du 28 février 1705,
expresses inhibitions & défenses de charger leurs locataires
dudit payement, à peine de nullité & de cinq cents l
d'amende.

XIII. L'ordonnance du 21 avril 1775 sera exécutée
vant sa forme & teneur : ordonne en conséquence
majesté que les propriétaires des terreins sur lesquels
& seront construites des maisons louées ou vendues à
dans les quartiers sujets au Logement, occupées par
ou vente à vie, encore qu'elles soient habitées par
personnes exemptes, & quelques traités ou conventions
aient été faits pour assurer la jouissance a ceux qui o
à vie lesdites maisons, soient & demeurent tenus d'acquitter
le Logement par eux-mêmes; leur faisant sa majesté défenses
d'en charger ceux qui occupent leurs maisons, à peine
nullité & de cinq cents l v es d'amende.

XIV. En cas de contestations sur le fait desdits Logemens
ou contributions à iceux, veut sa majesté qu'elles soient
jugées sommairement & sans frais par les prévôt des
chands & échevins de la ville de Paris, auxquels elle

première chambre de stribord, où il couchera, & la chambre en avant, pour lui servir de cabinet; & le capitaine de pavillon occupera la première chambre de bas-bord.

» Article 1001. Le capitaine du vaisseau où il n'y aura pas d'officier général, aura la chambre du conseil & la première chambre de stribord; les autres officiers choisiront leur Logement par rang d'ancienneté, dans les petites chambres du gaillard ou de la dunette, ou dans les Logemens particuliers de la grande chambre; lesquels seront en toile sur tringles, sans aucune cloison ni meubles d'attaches, s'ils sont dans le cas d'être levés pour faciliter le service de l'artillerie.

» Article 1002. Le commandant d'une frégate ou autre bâtiment, dans lequel il n'y aura pas de chambre de conseil sur le gaillard, ne jouira que de la première chambre à stribord, attenante à la grande chambre, & réglera le Logement des officiers subalternes qui serviront sous ses ordres, suivant leur ancienneté.

» Article 1003. Les officiers des troupes embarquées pour faire le service sur les vaisseaux, prendront leur Logement après les officiers de vaisseau.

» Article 1004. L'écrivain du vaisseau & le

---

attribue à cet effet toute juridiction & connoissance, l'interdisant à toutes ses autres cours & juges; & que ce qui sera par eux ordonné soit exécuté par provision, sauf l'appel au conseil. Fait au conseil d'état du roi, sa majesté y étant, tenu à Versailles le 19 avril 1777.

Signé, AMELOT.

» maître canonnier logeront dans la sainte-bar
» l'un à bas-bord, l'autre à stribord.

» Article 1005. Seront couchés en avant
» chambres de la sainte-barbe l'aumônier &
» chirurgien, l'un à stribord, & l'autre à b
» bord.

» Article 1006. Les gardes du pavillon
» de la marine coucheront & mangeront s
» le gaillard d'arrière à bas-bord du grand
» bestan; si le détachement est nombreux,
» qu'ils ne puissent pas tous s'y placer, les
» anciens coucheront à la sainte-barbe.

» Article 1007. Si le nombre des vaiss
» ou les circonstances exigent qu'il soit emb
» qué un intendant de l'armée, il sera logé
» les vaisseaux immédiatement après le géné
» le commissaire général, en son absence, a
» le capitaine de pavillon ou capitaine-comm
» dant; le commissaire ordinaire après les c
» taines de vaisseau, & avant les capitaines
» frégate; & le sous-commissaire aura toujo
» & dans tous les cas, la dernière des cham
» qui se trouveront pratiquées dans quelque
» timent que ce soit.

» Article 1008. Défend très-expressémen
» majesté aux commandans de ses vaisseaux
» autres officiers embarqués, d'exiger pour l
» chambres aucuns meubles que ceux qui se
» d'attache, & réglés comme faisant partie
» emménagemens, conformément aux devis
» rêtés par sa majesté «.

LOGEMENT DES CURÉS. Les paroissi
doivent fournir le Logement à leurs curés;
la disposition du concile de Langres, tenu

1455 ; du concile de Rouen, tenu en 1581 ; de celui de Bourges, tenu en 1584, &c. L'article 52 de l'ordonnance de Blois veut que les marguilliers & les paroissiens soient tenus, même par contrainte, à loger convenablement les curés. Ce réglement a été renouvelé par l'article 3 de l'édit de Melun en 1580, par les déclarations de février 1657, & de mars 1666. L'édit de 1695 prescrit une procédure pour parvenir aux constructions & aux réparations du Logement des curés, de la nef, des églises, de la clôture des cimetières, &c. Cet édit ne détruit point les transactions & les arrêts qui étoient avant ce temps entre les décimateurs & les habitans.

Autrefois les curés prétendoient devoir être meublés. On voit même quelques arrêts qui ont justifié cette prétention ; mais il y a long-temps que cette jurisprudence a changé. On ne leur donne plus que le Logement ; s'ils ont besoin d'une cave & d'un grenier pour la dixme, les habitans ne sont pas tenus de les leur fournir, à moins que ce ne soit pour leur provision ; ils ne sont obligés qu'aux grosses réparations qui sont devenues nécessaires par vétusté ou par cas fortuit. Les curés qui ne sont pas réduits à la portion congrue, sont obligés de faire à leurs presbytères les réparations dont les usufruitiers sont tenus. La déclaration du 27 janvier 1716, adressée au parlement de Rouen, les y condamne jusqu'à concurrence du tiers de leur revenu, & décharge les doyens ruraux de la garantie où ils étoient à cet égard. Le curé successeur s'adresse aux habitans, & ceux-ci ont recours contre les héritiers du dernier curé, lorsqu'il a laissé périr le presbytère, faute d'entretien. En vertu de l'arrêt du conseil d'état du 26 décembre 1684, curés peuvent s'adresser directement aux intend pour les réparations du presbytère que le su rieur, en visite, a jugées nécessaires par son p cès-verbal.

Les curés doivent occuper leur presbytère, ne peuvent point le louer à d'autres.

LOI. Règle qui, étant établie par autor divine ou humaine, oblige les hommes à c taines choses, ou leur en défend d'autres.

On peut diviser les Loix en Loix naturell en Loix divines & en Loix humaines.

Les *Loix naturelles* ne sont autre chose certaines règles de justice & d'équité que la se raison naturelle a établies entre tous les homn ou, pour mieux dire, que l'auteur de la na a gravées dans tous les cœurs.

Les Loix naturelles sont fondées sur la d rence essentielle qui se trouve entre le bien le mal; elles ont une justice immuable, & est la même par-tout; &, soit que les L soient écrites ou non écrites, aucune auto humaine ne peut les abolir ni y rien chan Ainsi, la règle qui oblige le dépositaire à ren le dépôt, celle qui oblige à prendre soin de chose empruntée, celle qui défend d'offe autrui, & les autres semblables, sont des L naturelles & immuables qu'on observe par-tou

» La Loi naturelle, dit Cicéron, n'est p » une invention de l'esprit humain, ni un » blissement arbitraire que les peuples aient » mais l'impression de la raison éternelle » gouverne l'univers. L'outrage que Tarqui » à Lucrèce, n'en étoit pas moins un crin parce qu'il n'y avoit point encore à Rome de Loi écrite contre ces sortes de violences. Tarquin pécha contre la Loi naturelle, qui étoit Loi dans tous les temps, & non pas seulement depuis l'instant qu'elle a été écrite. Son origine est aussi ancienne que l'esprit divin ; car la véritable, la primitive & la principale Loi, n'est autre que la souveraine raison du grand Jupiter «.

Les Loix naturelles ayant leur justice & leur autorité, qui est toujours la même, elles règlent également & tout l'avenir & tout ce qu'il peut avoir de passé qui reste indécis.

Si d'une Loi naturelle, appliquée à quelque cas qu'elle paroît comprendre, il résulte une décision opposée à l'équité, il faut en tirer la conséquence que cette Loi est mal appliquée, & que c'est par quelque autre règle que ce cas doit être jugé. C'est ainsi, par exemple, que la Loi qui veut que le prêteur puisse retirer la chose prêtée quand il le juge à propos, produiroit un effet contraire à l'équité, si l'on autorisoit ce prêteur à retirer la chose dans le temps où elle se trouve employée à l'usage pour lequel il l'a prêtée, & dont elle ne pourroit être détournée sans dommage. En cas pareil, la question doit se décider par la règle qui veut que le prêteur laisse jouir l'emprunteur, & que la grâce faite ne soit pas pour le premier une occasion d'être injuste envers le second.

Les Loix divines sont celles que dieu a données aux hommes, & qui se trouvent renfermées dans l'écriture sainte. Tels sont les préceptes du décalogue, & ceux qui se trouvent répandus dans l'évangile.

Les Loix humaines sont toutes celles qui so faites par les hommes revêtus de la puissan publique.

Il est probable que les premières Loix humai furent les Loix domestiques que chaque père famille fit pour établir l'ordre dans sa maiso ces Loix ne laissoient pas d'être importantes, que dans les premiers temps les familles formoi comme autant de peuples particuliers.

Lorsque les hommes commencèrent à se r sembler dans des villes, ces Loix privées se tro vèrent insuffisantes pour contenir une société p nombreuse; il fallut une autorité plus forte q la puissance paternelle. De l'union de plusie villes & pays, il se forma divers états que l soumit au gouvernement d'une puissance, soit m narchique, soit aristocratique ou démocratique; a lors ceux qui furent revêtus de la puissance sou raine donnèrent des loix aux peuples qui l étoient soumis, & créèrent des magistrats pour faire observer.

Quoique toute Loi soit censée émanée prince ou des personnes à qui l'exercice de l'a torité souveraine est confié, il arrive néanmo que comme ceux qui gouvernent ne peuvent tout faire par eux-mêmes, ils chargent ordin rement de la rédaction des Loix les plus hab jurisconsultes; & lorsque ceux-ci ont dressé projet de Loix, la puissance publique y met sceau de son autorité, en les adoptant & les faut publier en son nom.

Chez les anciens, les sages & les philoso furent les premiers auteurs des Loix.

Les premières Loix ne pourvurent qu'aux gra inconvéniens; les Loix civiles régloient le d des Dieux, le partage des terres, les mariages, les successions; les Loix criminelles n'étoient rigoureuses que pour les crimes que l'on redoutoit le plus; & à mesure qu'il survint de nouveaux désordres, on tâcha d'y remédier par de nouvelles Loix.

Ceux qui donnèrent des Loix aux nations voisines des Juifs, empruntèrent beaucoup de choses dans les Loix de Moïse.

En Egypte, les rois eux-mêmes s'étoient soumis à de certaines Loix; leur nourriture, leurs occupations étoient réglées, & ils ne pouvoient s'écarter de ces règles, sans être sujets aux peines qu'elles prononçoient.

Osiris, roi d'Egypte, régla le culte des dieux, le partage des terres, la destination des conditions. Il défendit d'user de prise de corps contre le débiteur; la rhétorique fut bannie des plaidoyers, pour prévenir la séduction. Les Egyptiens engageoient les cadavres de leurs pères, ils les donnoient en nantissement, & c'étoit une infamie à eux de ne les pas dégager avant leur mort; il y avoit même un tribunal où l'on jugeoit les hommes après leur mort, afin que la crainte d'une telle flétrissure portât les vivans à la vertu.

Amasis prononça la peine de mort contre le meurtrier volontaire, le parjure, le calomniateur, & contre ceux qui, pouvant secourir un homme, le laissoient assassiner.

En Crète, Minos établit la communauté des tables & des repas : il voulut que les enfans fussent élevés ensemble, écarta l'oisiveté & le luxe, fit observer un grand respect pour la divinité & pour les maximes fondamentales de l'état.

Lycurgue, qui donna des Loix à Lacédémo
institua aussi, à l'imitation de Minos, les tab
communes & l'éducation publique de la jeunesse
il consentit à l'établissement d'un sénat qui te
pérât la puissance absolue des rois par une auto
rité au moins égale à la leur; il bannit l'or
l'argent, & les arts superflus, & ordonna q
les terres fussent partagées également entre to
les citoyens; que les ilotes, espece d'esclave
cultiveroient les terres, & que les spartiates
s'occuperoient qu'aux exercices qui les rendroie
propres à la guerre.

Lorsque les parens pouvoient prouver que le
enfans étoient mal-sains, il leur étoit per
de les tuer. Lycurgue pensoit qu'un homme
capable de porter les armes ne méritoit plus
vivre.

Les jeunes gens des deux sexes luttoient ense
ble; ils faisoient leurs exercices tout nus en pl
publique.

On ne punissoit que les voleurs mal-adroi
afin de rendre les Spartiates vifs, subtils
défians.

Il étoit défendu aux étrangers de s'arrêter à Spar
de peur que leurs mœurs ne corrompissent cel
que Lycurgue avoit introduites.

Dracon, premier législateur d'Athènes,
des Loix si rigoureuses, qu'on disoit qu'el
étoient écrites plutôt avec du sang qu'avec
l'encre. Il punissoit de mort les plus petites faute
& alla jusqu'à faire le procès aux choses ina
mées; une statue, par exemple, qui en tor
bant avoit écrasé quelqu'un, étoit bannie de
ville.

Mais comme les pauvres souffroient beaucou

des vexations de leurs créanciers, Solon fut choisi pour réformer les abus, & déchargea les débiteurs.

Il accorda aux citoyens la liberté de tester, & permit aux femmes qui avoient des maris impuissans, d'en choisir d'autres parmi leurs parens.

Ces Loix prononçoient des peines contre l'oisiveté, & déchargeoient ceux qui tuoient un adultère. Elles défendoient de confier la tutelle d'un enfant à son plus proche parent.

Celui qui avoit crevé l'œil à un borgne étoit condamné à perdre les deux yeux.

Il étoit interdit aux débauchés de parler dans les assemblées publiques.

Solon ne fit point de Loi contre le parricide, ce crime lui paroissoit inoui; il craignit même, en le défendant, d'en donner l'idée.

Il voulut que ses Loix fussent déposées dans l'aréopage.

Les Loix d'Athènes passèrent dans la suite à Rome; mais, avant d'y avoir recours, Romulus, fondateur de l'empire Romain, donna des Loix à ses sujets; il permit aussi au peuple assemblé de faire des Loix qu'on appela plébiscites.

Toutes les Loix faites par Romulus & par ses successeurs rois furent appelées Loix royales, & renfermées dans un code appelé Papyrien.

Les sénatusconsultes ou arrêts du sénat avoient aussi force de Loi.

Vers la fin de l'an 300 de Rome, on envoya en Grèce des députés, pour choisir ce qu'il y auroit de meilleur dans les Loix des différentes villes de ce pays, & en composer un corps de Loix; les décemvirs, substitués aux consuls, rédigèrent ces Loix sur dix tables d'airain, au-quelles peu après ils en ajoutèrent deux autres c'est pourquoi ce corps de Loix fut nommé Loi des douze tables, dont il ne nous reste plus que quelques fragmens.

Les préteurs & les édiles faisoient des édits qui avoient aussi force de Loi.

Outre les droits de souveraineté dont Auguste fut gratifié par le peuple, on lui donna le pouvoir de faire des Loix; cette prérogative lui fut accordée par une Loi nommée *Regia*.

Auguste donna lui-même à un certain nombre de jurisconsultes le droit d'interpréter les Loix & de donner des décisions auxquelles les juges seroient obligés de conformer leurs jugemens.

Théodose donna pareillement force de Loi aux écrits de plusieurs anciens jurisconsultes.

Les Loix Romaines ont été toutes renfermées dans les livres de Justinien, qui sont le digeste & le code, les institutes & les novelles.

Les successeurs de Justinien ont aussi fait quelques Loix; mais il y en a peu qui se soient conservées jusqu'à nous.

Les Romains portèrent leurs Loix dans tous les pays dont ils avoient fait la conquête; ce fut ainsi que les Gaules les reçurent.

Dans le cinquième siècle, les peuples du Nord inondèrent une partie de l'Europe, & introduisirent leurs Loix chez les vaincus.

Les Gaules furent envahies par les Visigots, les Bourguignons & les Francs.

Clovis, fondateur de la monarchie Françoise laissa à ses sujets le choix des Loix du vainqueur ou de celles du vaincu; il publia la Loi salique.

Gondebaud, roi de Bourgogne, fit une ordonnance, appelée de son nom *Loi Gombette*.

Théodoric fit rédiger la Loi des Ripuariens & celles des Allemands & des Bavarois.

Ces différentes Loix ont été recueillies en un même volume, appelé *code des Loix antiques*.

Sous la seconde race de nos rois, les loix furent appelées capitulaires.

Sous la troisième race, on leur a donné les noms d'ordonnances, édits & déclarations.

Le pouvoir législatif n'appartient en France qu'au roi seul : ainsi, quand les cours délibèrent sur l'enregistrement de quelque nouvelle Loi, ce n'est pas par une autorité qui leur soit propre, mais seulement en vertu d'un pouvoir émané du roi même, & des ordonnances qui permettent de vérifier s'il n'y a point d'inconvénient dans la nouvelle Loi qui est présentée. Les cours ont la liberté de faire des remontrances ; & quand le roi ne juge pas à propos d'y avoir égard, les cours procèdent à l'enregistrement.

Les Loix doivent être connues ou tellement exposées à la connoissance de tout le monde, que personne ne puisse impunément y contrevenir, sous prétexte de les ignorer. Ainsi les Loix naturelles étant des vérités immuables, dont la connoissance est essentielle à la raison, on ne peut pas dire qu'on les ait ignorées, comme on ne peut pas dire qu'on ait manqué de la raison qui les fait connoître : mais les Loix humaines n'ont leur effet qu'après que les formalités nécessaires pour les faire connoître ont été remplies.

Quoique la justice des Loix humaines soit fondée sur l'utilité publique & sur l'équité, motifs qui y donnent lieu, comme elles tirent leur autorité de la volonté du législateur, & qu'ell n'ont d'effet qu'après qu'elles ont été publiées, ell ne règlent que l'avenir, & ne touchent point l passé. Ainsi, les affaires qui se trouvent indécil lorsque le législateur donne des Loix nouvelle, doivent se juger conformément aux dispositio des Loix antérieures, à moins que, par quelqu motifs particuliers, les nouvelles Loix ne porte expressément, que leurs dispositions s'étendront s le passé, ou que sans cette expression, elles doivent servir pour régler le passé. Tels seroie les cas où elles ne feroient que rétablir une L ancienne, ou une règle d'équité naturelle do quelque abus auroit altéré l'usage, ou qu'ell régleroient des questions sur lesquelles il n'y avo eu précédemment ni Loi, ni coutume. C'est ains par exemple, que quand le roi ordonna que l prix des offices se distribueroit par ordre d'hyp thèque, cette Loi fut la règle selon laquelle dut se juger les procès qui étoient indécis, dans l provinces où il n'y avoit point de coutu contraire.

De ce que les Loix nouvelles règlent l'aveni il faut tirer la conséquence, qu'elles peuvent, sel le besoin, changer les suites que devoient av les Loix antérieures; mais c'est toujours sans d ner atteinte aux droits qui peuvent être acq à quelques personnes. Ainsi, par exemple, av l'ordonnance d'Orléans, on pouvoit faire d substitutions en plusieurs degrés jusqu'à l'infi & elle borna les substitutions qui se feroie l'avenir, à deux degrés outre l'institution : m comme cette Loi ne faisoit pas cesser l'effet d substitutions qui l'avoient précédée, l'ordonna de Moulins réduisit au quatrième degré, ou l'institution, les substitutions antérieures à l'ordonnance d'Orléans, & en même temps elle excepta les substitutions dont le droit étoit déjà échu & acquis, quoique ce fût au delà du quatrième degré.

Soit que les Loix humaines aient été établies par le législateur ou par une coutume, elles peuvent être abolies ou changées par une Loi expresse ou par un long usage qui y soit contraire.

Les Loix répriment & punissent non seulement ce qui blesse évidemment le sens de leurs dispositions, mais encore tout ce qui, paroissant n'avoir rien de contraire aux termes dans lesquels ces dispositions sont conçues, est directement ou indirectement opposé à l'intention du législateur; & en général tout ce qui est fait en fraude de la Loi & pour l'éluder. Ainsi les Loix qui défendent de faire des donations ou des legs à certaines personnes, annullent les dispositions qui ont lieu en faveur d'autres personnes interposées pour faire passer la libéralité à celles à qui l'on ne peut donner.

Lorsqu'une Loi défend à toutes sortes de personnes en général, ou à quelques-unes en particulier, de pratiquer un certain commerce, de faire de certaines conventions, &c. tout ce qui intervient au préjudice d'une telle défense doit être annullé ou réprimé selon la nature de la convention, quand même la Loi n'auroit point exprimé la peine de nullité, & qu'elle auroit laissé les autres peines indéterminées.

Quand il se présente un cas qui n'est réglé par aucune Loi expresse, il faut le décider d'après les principes naturels de l'équité, qui est la Loi universelle, qui s'étend à tout.

Il ne faut pas regarder comme des choses co traires à l'équité ou à l'intention du législateu les décisions qui paroissent rigoureuses, quand est évident que cette rigueur est indispensab pour l'exécution de la Loi. C'est pourquoi si u testateur, après avoir dicté & relu son testamen en présence des notaires & des témoins, meu en prenant la plume pour le signer ; ou si, apr qu'il l'a signé, on oublie de faire signer l'un d témoins, ou qu'on omette quelque autre formali prescrite par la Loi ou par la coutume, ce te tament sera absolument nul, quelque certitu qu'il y ait de la volonté du testateur, parce q ces formalités sont le seul moyen que les Lo admettent pour prouver cette volonté. D'où suit, que la rigueur qui annulle tous les testame qui ne sont pas revêtus des formalités prescri par les Loix, est essentielle à ces mêmes Loi & que ce seroit les anéantir que d'y apporter tempérament.

Si la rigueur du droit n'est pas une suite n cessaire de la Loi, & que, par une interprétati qui modère cette rigueur, ou par un tempé ment que demande l'équité, la Loi puisse av son effet, il faut alors préférer l'équité à la rigue que paroît demander la lettre de la Loi. Ain lorsqu'un testateur ordonne que dans le cas où femme qu'il a laissée grosse accouchera d'un fi il aura les deux tiers de la succession, & elle tiers, & que si c'est une fille, la mère & la fil partageront également la succession ; s'il vient naître un fils & une fille, la rigueur du dr semble exclure la mère, parce qu'elle n'étoit p appelée au cas qui est arrivé : mais il est de l' quité que le père ayant voulu que la mère p part à sa succession, soit qu'elle eût un fils ou une fille, & lui ayant donné la moitié moins qu'auroit le fils, & autant qu'auroit la fille, cette volonté soit exécutée en la manière qu'elle peut l'être; & que pour cela le fils ait la moitié, & que l'autre moitié se partage également entre la mère & la fille.

Pareillement, si le père & le fils venoient à périr en même temps, soit dans un combat, soit dans un naufrage, sans qu'il fût possible de savoir lequel des deux seroit mort le premier, & que la veuve, mère du fils, demandât contre les héritiers du père, les biens que sa mort auroit transmis au fils, la rigueur du droit excluroit la mère, attendu que le père & le fils étant morts ensemble, sans qu'il parût que le fils eût survécu, on ne pourroit pas dire qu'il eût succédé au père: mais l'équité voudroit que dans ce doute on favorisât la mère, & que pour cela le père fût présumé mort le premier, selon les Loix communes de l'ordre naturel.

Il faut néanmoins observer que ce qu'on vient de dire ne doit s'appliquer qu'aux biens auxquels les mères succèdent suivant l'ordonnance de Charles IX, vulgairement appelée l'édit des mères.

Il résulte de ce qu'on vient de dire, qu'on ne peut établir pour règle générale, ni que la rigueur doive être toujours suivie, ni qu'elle doive toujours céder aux tempéramens d'équité. En effet, cette rigueur devient injustice dans les cas où la Loi souffre qu'on l'interprète par l'équité; & elle est au contraire une juste règle dans les cas où une telle interprétation blesseroit la Loi. Ainsi, dans chaque fait, on doit se déterminer selon les circonstances & ce que demande l'esprit de Loi.

Les obscurités, les ambiguités & les aut défauts d'expression qui peuvent rendre doute le sens d'une Loi, & toutes les autres difficul relatives à la manière de bien entendre & d'a pliquer les Loix, doivent se résoudre par le se le plus naturel, qui se rapporte le plus au suje qui est le plus conforme à l'intention du lég lateur, & que l'équité favorise le plus : il fa pour cela considérer la nature de la loi, le motifs, les rapports qu'elle a aux autres Loi les exceptions qui peuvent la restreindre, & e fin tout ce qui peut servir à en développ l'esprit.

Si dans une loi il se trouve que le législate a omis d'exprimer une chose essentielle, & do l'expression auroit donné à cette Loi sa perfe tion, on peut en ce cas suppléer à ce qui a é omis, & étendre la disposition de la Loi à ce qu étant compris dans l'intention du législateur, ma quoit dans les termes.

Si au contraire les termes d'une Loi en e priment clairement le sens & l'intention, il fa s'y conformer : mais si le véritable sens de Loi ne peut pas être suffisamment entendu p les interprétations qui peuvent s'en faire sel les règles qu'on vient de donner, ou que sens étant clair, il en résulte quelque effet n sible au bien public, on doit alors recourir souverain, pour qu'il manifeste sa volonté sur qui peut être sujet à *interprétation*, *déclarati* ou *modération*, soit pour faire entendre la L ou pour y apporter du tempérament.

C'est ainsi que le parlement fit des remo

nances à Charles VII sur les *déclarations*, *interprétations* & *modifications* qui étoient à faire aux anciennes ordonnances, & qu'en conséquence intervint l'ordonnance de 1445.

C'est aussi en conformité de ces règles, que l'article premier de l'ordonnance de Moulins, & les articles 3 & 7 de l'ordonnance du mois d'avril 1667, veulent que les parlemens & les autres cours fassent leurs remontrances sur ce que les ordonnances peuvent renfermer de contraire à l'utilité ou commodité publique, ou qui soit sujet à *interprétation*, *déclaration* ou *modération*.

Les loix qui favorisent ce que le bien public, l'humanité, la religion, la liberté des conventions & d'autres motifs de ce genre rendent favorables, & celles dont les dispositions sont en faveur de quelques personnes, doivent s'interpréter avec l'étendue que peut y donner la nature de ces motifs, jointe à l'équité, & ne doivent pas s'interpréter durement, ni s'appliquer d'une manière qui puisse préjudicier aux personnes que ces loix ont voulu favoriser.

Les Loix qui restreignent la liberté naturelle, celles qui établissent des peines, celles qui prescrivent de certaines formalités, celles qui permettent l'exhérédation, & les autres semblables, doivent s'interpréter de manière qu'on n'en applique pas les dispositions à des cas auxquels elles ne s'étendent point, & qu'au contraire on y donne les tempéramens d'équité & d'humanité dont elles sont susceptibles.

Si quelque Loi ou quelque coutume se trouve établie par des considérations particulières, contre d'autres règles ou contre le droit commun, elle ne doit être tirée à aucune conséquence au delà des cas qu'elle a prévus.

Quand les Loix où il se trouve quelque dou ou quelque autre difficulté, ont rapport à une au Loi qui peut en éclaircir le sens, il faut pré férer à toute autre interprétation celle que don cette autre Loi.

Si les difficultés qui peuvent se rencontrer da l'interprétation d'une Loi ou d'une coutume, trouvent expliquées par un ancien usage confirm par une longue suite de jugemens uniformes on doit s'en tenir au sens indiqué par u tel usage, qui est le meilleur interprète de Loix.

Lorsqu'une province ou une ville n'a poi de règles déterminées pour décider certaines di ficultés concernant des choses qui y sont pra quées, & que ces difficultés n'étant résolues par le droit naturel, ni par les Loix écrites, de pendent des coutumes & des usages, il fa les juger par les principes qui dérivent des co tumes de ces lieux mêmes; & si ces princip n'éclaircissent pas la matière, on doit s'en ra porter à ce que décident à cet égard les co tumes voisines, sur-tout celles des principal villes.

Toute Loi doit être étendue à ce qui est essen à l'objet qu'elle a en vue : c'est pourquoi de Loi qui permet aux garçons à se marier à l'â de quatorze ans, & aux filles à l'âge de douz dérive la conséquence, que ceux qui se marie à cet âge peuvent s'obliger valablement, relati ment à la dot, au douaire & aux autres con ventions matrimoniales.

Lorsqu'une Loi autorise à faire quelque chos on en tire des conséquences du plus au moin Ainsi celui qui a le droit de donner ses bie est à plus forte raison fondé à les vendre ; & celui qui a le droit d'instituer des héritiers par un testament, peut à plus forte raison faire des legs.

Quand au contraire une Loi fait des défenses, on en tire des conséquences du moins au plus. Ainsi le prodigue à qui l'on a interdit l'administration de ses biens, ne peut pas, à plus forte raison, les aliéner.

Observez que cette extension des Loix du plus au moins, ou du moins au plus, doit être limitée aux choses qui sont de même genre que celles dont la loi dispose, ou qui sont telles que l'esprit de la Loi s'y applique naturellement. Mais il ne faut pas tirer la conséquence du plus au moins, ni du moins au plus, quand il s'agit de choses de différent genre ou qui sont telles que le motif de la Loi ne doive pas s'y étendre. Ainsi la Loi qui autorise les adultes mineurs à se marier & à hypothéquer leurs biens pour les conventions matrimoniales, ne doit pas être étendue à d'autres conventions, quoique moins importantes. Pareillement, les Loix qui notent d'infamie seroient mal à propos étendues à la privation des biens, quoique l'honneur soit plus considérable que le bien.

Lorsqu'une Loi fait cesser la recherche d'un abus qu'elle pardonne pour le passé, il faut en conclure qu'elle le défend pour l'avenir. Au surplus, le législateur a coutume d'exprimer ces défenses. C'est ainsi que l'édit de 1606, qui empêche la recherche de ceux qui avoit perçu des intérêts d'argent prêté par obligation, ne manqua pas de défendre ces intérêts pour l'avenir.

Quand un droit arrive à une personne par l
disposition d'une Loi, ce droit lui est acqu
par l'effet de la Loi, soit que cette personn
sache ou ignore cette Loi, & soit aussi qu'el
sache ou ignore le fait d'où dépend le droit qu
la Loi lui donne. C'est ainsi que le fils succèd
à son père, quoiqu'il ignore son droit d'héritier
& qu'il ne soit pas instruit de la mort de so
père.

Les personnes qui usent librement de leu
droits peuvent renoncer à ce que la Loi étabi
en leur faveur. Un majeur, par exemple, pe
renoncer à une succession qui lui est échue; i
peut négliger de faire usage d'une grâce, d'un pr
vilége qui lui est accordé : mais cette liber
de renoncer à ses droits ne s'étend pas aux ca
où une personne tierce seroit intéressée, ni à ceu
où la renonciation seroit contraire à l'équité o
aux bonnes mœurs, ou à la défense de quelq
Loi.

Les Loix doivent produire leur effet indépen
damment de la volonté des particuliers; & a
cun ne peut empêcher que les Loix ne règle
ce qui le concerne. Un testateur, par exemple,
ne peut faire aucune disposition qui soit contrai
à celles des Loix.

Les réglemens que les cours & les autr
tribunaux font sur les matières de leur compé
tence, ne sont point des Loix proprement dite
& ne sont que des explications qu'ils donne
pour l'exécution des Loix, & ces règlemens so
toujours censés faits sous le bon plaisir du roi
& en attendant qu'il lui plaise manifester
volonté.

LOI APPARENTE. On appelle ainsi en Normandie un bref ou des lettres royaux qu'on obtient en chancellerie, à l'effet de recouvrer la possession d'un héritage dont on est propriétaire & que l'on a perdu.

Cette forme de revendication est particulière à la coutume de Normandie.

Pour pouvoir agir par Loi apparente, il faut que trois choses concourent.

1°. Que le demandeur justifie son droit de propriété, & qu'il a perdu la possession depuis moins de quarante ans.

2°. Que celui contre qui la demande est faite soit possesseur de l'héritage, & qu'il n'ait aucun droit à la propriété.

3°. Que l'héritage contentieux soit désigné clairement dans les lettres par sa situation & par ses confins.

Pendant cette instance de revendication, le défendeur demeure toujours en possession de l'héritage; mais si par l'évènement il succombe, il est condamné à la restitution des fruits par lui perçus depuis la demande en Loi apparente.

LOI DE BEAUMONT. Sur la fin du douzième siècle parut dans la Champagne une chartre qui fut regardée comme une espèce de météore, parce que les hommes y sont comptés pour quelque chose. La liberté & la propriété, ces deux divinités tutélaires de l'espèce humaine, présidèrent à la rédaction de cette Loi: elle est de Guillaume aux blanches mains, archevêque de Rheims, & cardinal du titre de Sainte-Sabine. Ce prélat, fondateur de la ville de Beaumontles-Argonnes, donna ce diplôme à sa nouvel colonie en 1182.

Cette chartre, connue sous la dénomination *Loi de Beaumont*, fut publiée en latin & françois ; elle contient 54 articles : on en trou le texte françois dans l'histoire de Lorraine, p dom Calmet, *tome second, aux preuves, pa* 537 ; le texte latin se trouve dans le dépôt la chambre des comptes de Bar. Les articles 3, 4, 5 & 6, déclarent les droits que le fo dateur réservoit à son domaine. L'article 5 ét blit la bannalité des fours au vingt-quatrième l'article 6, celle des moulins au vingtième.

L'article 8 porte : *A ces choses, nous vo octroyons l'usance des eaux & des bois* ; & da le texte latin : *Ad hæc concedimus vobis usu aquæ & nemoris liberum* ; ce qui signifie que concession des droits & de la rivière avoit so prix dans la redevance des cens & des charg imposées, & notamment dans la soumission à bannalité des fours & des moulins.

Le surplus de la Loi de Beaumont contie l'établissement d'une commune, d'une justice composée des membres de la communauté pou la régir, & des réglemens contre les délits & le crimes.

La sagesse de cette Loi opéra une révolution non seulement dans le petit pays d'Argonne o elle se trouvoit établie, mais encore dans toute les provinces qui l'entouroient ou qui l'appro choient : la Lorraine, le Barrois, le Verdunois la Champagne, accoururent à la Loi de Beau mont. Les choses en vinrent au point, que le seigneurs ne se tenoient plus assurés de conse ver leurs hommes, s'ils ne consentoient à leu jurer la Loi de Beaumont ; ainsi la publication de cette Loi fut pour l'humanité une époque mémorable.

Le Clermontois, qui, dans la plus grande portion, fait partie du pays d'Argonne, marqua bientôt aux seigneurs qui le gouvernoient, le désir le plus vif d'être régi par la Loi de Beaumont : elle fut accordée à la plupart, & peut-être à tous les lieux qui composent le Clermontois. Plusieurs en ont conservé les chartres particulières ; celle de la ville de Varennes, donnée par Thibaut, comte de Bar, est de 1243, au mois de novembre (*) ; celle de la ville de Stenay fut antérieure, puisqu'on la trouve rappelée dans une chartre du même prince, du mois de février 1243. Stenay n'est qu'à deux lieues de Beaumont ; c'est la même forêt de Dieutet qui donne des bois à la ville de Beaumont & à celle de Stenay. On reconnoît au reste l'effet de cette Loi à des signes certains dans les lieux où elle a été établie, & qui ont su en conserver la possession. Quand on trouve dans les lieux du Clermontois des fours & des moulins bannaux au profit du seigneur, & en faveur des habitans, une justice municipale, des bois communaux chargés du chauffage des fours, & la possession de pêcher en la rivière, on peut se tenir assuré que ces lieux ont été jurés à la Loi de Beaumont : voici les principaux articles de cette Loi.

Article I. » Que chaque bourgeois qui aura » maison dans la ville de Beaumont, payera au

(*) Dom Calmet, *Preuves*, page 458.

» ſeigneur douze deniers par chacun an, à pein
» de deux ſous d'amende.

» II. Qu'il ſera loiſible aux bourgeois de ven-
» dre & acheter dans la ville de Beaumont, ſan
» vinaige & ſans tonnelieu payer.

» III. Que chaque fauchée de prés payera
» quatre deniers le jour de la fête de ſain
» Remi.

» IV. En la terre qui eſt cultivée, vous payerez
» de douze gerbes, deux ; & en la terre qui ſera
» miſe de bois à champs, vous payerez de qua-
» torze gerbes, deux.

» V. Nous ferons fours en la ville de Beau-
» mont, qui nôtres ſeront, auxquels vous ap-
» porterez votre pain à cuir par ban, & de vingt
» quatre pains, vous payerez ung.

» VI. Nous y ferons auſſi moulins, où vous
» venres moudre par ban, ou au moulin de l'eſ-
» tagne & de vingt ſeptiers, vous payerez ung.

» VII. Si aucun homme eſt accuſé de ſes dîmes
» ou de ſes tertaiges, ou dou ban des moulins
» ou du fond briſié, qu'il s'en purgera par ſo
» ferment ſeul.

» VIII. A ces choſes, nous vous octroyons
» l'uſauce des eaux & des bois, ſi comme entre
» vous & les hommes de Leſtagne, & les hommes
» d'Oüe, & les frères de Belvat, diviſé ſera.

» IX. En la ville de Beaumont, li jurés ſeron
» établis, & li maires auſſi, qui nous jurera feauté
» & répondra à nos meniſtres des rentes & de
» iſſues de la ville, maire ni les mairiers, ni le
» jurés, ne demorront en leurs offices que pa
» un an, ſi ce n'eſt par le conſentement de tous.

» XXVIII. Ce qui ſera fait devant les jurés
» ſera ſéant & ſtable, ſans contredire.

» LIV. Li archevêque donnera procuration pour » le plaids général, trois fois l'an, au mayeur & » aux jurés, pour chacune fois cinq sous, & li » maire & jurés, tant qu'ils seront en leurs offices, » seront quittes chacun de la rente d'une mesure » & d'un courtis «.

Nous n'avons rapporté de cette chartre que les principaux articles; quant au surplus, les uns concernent l'établissement & la juridiction des maire & échevins dans la ville de Beaumont; & les autres concernent la propriété des bois des habitans de ce lieu.

Il a été jugé par un arrêt du conseil d'état du roi du 9 mai 1769, que l'usage des bois accordés aux habitans de Beaumont par la chartre de 1182, emportoit la pleine propriété de ces bois, & que, d'un autre côté, la concession en avoit été faite à titre onéreux, parce que Guillaume, archevêque de Rheims, avoit établi des cens sur les prés des habitans, un droit de terrage sur leurs terres, & la bannalité des fours & moulins. Et en conséquence, sa majesté permet aux habitans de la ville de Beaumont de vendre à leur profit cent soixante-dix arpens de bois de réserve, à l'effet d'en employer le prix aux besoins exprimés dans l'arrêt, sans la retenue au profit de sa majesté, ni du tiers-denier, ni du triage.

Quant à la juridiction des maire & échevins de la ville de Beaumont sur les bois de la communauté & sur les bourgeois de cette ville dans les cas ordinaires, ils l'ont toujours exercée en vertu de la chartre de 1182, ainsi qu'il est justifié par un acte de notoriété des maire & gens de justice de la ville de Beaumont, du 4 janvier 1746.

Voilà donc, par cet arrêt de 1769, le sens de

la Loi de Beaumont bien déterminé dans la conceſſion qu'elle porte de la rivière & des bois. C
qui a été déclaré n'être que pour l'uſage des membres, étoit une véritable propriété pour le corp
de la communauté des habitans.

Le ſens de la Loi étant une fois bien détermi
dans le lieu de ſon application originaire & principale, que de conſéquences doivent en deſcendre

1°. Les bois & les eaux concédés à des communautés, ſuivant la Loi de Beaumont, ſont poſ-
ſédés par elles à titre onéreux, puiſque, à raiſo
de cette conceſſion, elles ſont ſoumiſes à la bannalité & au chauffage des fours, & à la bannalit
des moulins; auſſi n'y a-t-il point eu de triag
revendiqué pour le roi dans les bois communs d
Beaumont.

2°. Puiſque la bannalité des fours & celle d
moulins ſont le prix de la conceſſion des eaux
des bois, il doit s'enſuivre que ceux qui n
prennent aucune part dans les profits de la commune, quant aux bois ou à la rivière, ne ſont p
tenus d'en payer le prix.

(*Article de M. H***, avocat au parlement*

LOI BURSALE. C'eſt une Loi dont le principal objet eſt de procurer au ſouverain quelque
finance pour fournir aux beſoins de l'état. Ain
toutes les Loix qui ordonnent quelque impoſitio
ſont des Loix burſales. On comprend même da
cette claſſe celles qui établiſſent quelque formalité pour les actes, lorſque la finance qui e
revient au prince eſt le principal objet qui a fa
établir ces formalités. Tels ſont les édits & décl
rations qui ont établi la formalité du papier & d
parchemin timbré, & celle de l'inſinuation laïqu

Il y a quelques-unes de ces Loix qui ne sont pas purement bursales ; savoir, celles qui, en procurant au roi une finance, établissent une formalité qui est réellement utile pour assurer la vérité & la date de actes. Tels sont les édits du contrôle, tant pour les actes des notaires que pour les billets & promesses sous signature privée. Les Loix purement bursales ne s'observent pas avec la même rigueur que les autres. Ainsi, lorsqu'un nouveau propriétaire n'a pas fait insinuer son titre dans le temps porté par les édits & déclarations, le titre n'est pas pour cela nul ; l'acquéreur encourt seulement la peine du double ou du triple du droit, & il dépend du fermier des insinuations, d'admettre l'acquéreur à faire insinuer son contrat, & de lui faire remise du double ou du triple droit.

LOI COMMISSOIRE ou PACTE DE LA LOI COMMISSOIRE. C'est une convention qui a lieu entre le vendeur & l'acheteur, & suivant laquelle si le prix de la chose vendue n'est pas payé en entier dans un certain temps, la vente devient nulle s'il plaît au vendeur.

Ce pacte est appelé *Loi*, parce que les conventions sont les Loix des contrats ; on l'appelle *commissoire*, parce que le cas de ce pacte étant arrivé, la chose est rendue au vendeur, *res venditori committitur* ; le vendeur rentre dans la propriété de la chose, comme si elle n'avoit point été vendue. Il peut même en répéter les fruits, à moins que l'acheteur n'ait payé des arrhes ou une partie du prix, auquel cas l'acheteur peut retenir les fruits, pour se récompenser de la perte de ses arrhes, ou de la portion qu'il a payée du prix.

La Loi commissoire a son effet, quoique le

vendeur n'ait pas mis l'acheteur en demeure d payer ; car le contrat l'avertit suffisamment, *di interpellat pro homine.*

La peine de la Loi commissoire n'a pas lie lorsque, dans le temps convenu, l'acheteur a off le prix au vendeur & qu'il l'a consigné ; autreme les offres pourroient être réputées illusoires. E n'a pas lieu non plus lorsque le payement du pri été retardé pour quelque cause légitime.

Quand on n'auroit pas apposé dans le contrat vente le pacte de la Loi commissoire, il est to jours au pouvoir du vendeur de poursuivre l'ach teur pour le payement du prix convenu ; &, à d faut de payement, il peut faire déclarer la ven nulle & rentrer dans le bien par lui vendu ; m avec cette différence, que dans ce cas l'achete en payant même après le temps convenu, deme propriétaire de la chose à lui vendue ; au lieu q quand le pacte de la Loi commissoire a été a posé dans le contrat, & que l'acheteur n'a p payé dans le temps convenu, le vendeur peut fa résoudre la vente, quand même l'acheteur offri alors de payer.

Mais, soit qu'il y ait pacte ou non, il faut to jours un jugement pour résoudre la vente, s quoi le vendeur ne peut, de son autorité priv rentrer en possession de la chose vendue.

Le pacte de la Loi commissoire n'a pas lieu fait de prêt sur gage ; c'est-à-dire, que l'on ne p pas stipuler que si le débiteur ne satisfait pas d le temps convenu, la chose engagée sera acqu au créancier ; un tel pacte est réputé usuraire, moins que le créancier n'achète le gage pour juste prix.

LOIX FORESTIÈRES. On appelle ainsi les réglemens qui concernent la police des eaux & forêts. M. Becquet, grand maître des eaux & forêts au département de Berry, a donné au public, en 1753, les Loix forestières, en deux volumes in-4°. C'est un commentaire historique & raisonné sur l'ordonnance des eaux & forêts, & sur les réglemens qui l'ont précédée & suivie.

LOI GODEFROY. C'est ainsi que l'on appelle la deuxième Loi écrite qui a été donnée à la ville de Cambrai & au comté de Cambresis. Cette dénomination lui vient de l'évêque Godefroy, qui l'a portée en 1227.

Les évêques, & après eux les archevêques de Cambrai avoient autrefois la supériorité territoriale, & ils en exerçoient tous les droits sous le ressort de l'empire d'Allemagne. Les contestations fréquentes qu'ils essuyoient à ce sujet de la part des bourgeois de Cambrai, qui tendoient toujours à l'indépendance, les obligeoient de temps en temps de recourir à l'empereur. C'est à cette occasion qu'en 1184 Frédéric I donna à cette ville & à tout le Cambresis la première Loi écrite qui y ait paru.

De nouvelles dissensions la mirent presque en oubli. L'évêque Godefroy se vit obligé, trente-trois ans après la promulgation qui en avoit été faite, de la renouveler, de l'étendre. Il la divisa en soixante trois articles, &, pour la mettre à la portée de tout le monde, il la publia en deux langues, en latin & en françois. On sera peut-être bien aise d'en voir ici le préambule.

In nomine sanctæ & individuæ trinitatis, GODEFRIDUS, dei gratiâ, Cameracensis episcopus, universis fidelibus tàm presentibus quàm fu[...] in perpetuum : Sicut olim per Moïsen dom[...] plebi suæ leges dedit conscriptas, quæ bonos [...] pace foverent, & à malis compescerent insolen[...] sic & fortè fortiùs his diebus quibus crevit mal[...] super terram, idem voluit observari ut scu[...] leges tradant subjectis rectores & principes po[...] lorum . . . .

Undè notum fieri volumus universis, quòd cùm inter nos & etiam prædecessores nostros, ex unâ parte, & cives nostros cameracenses ex aliâ, dudùm orta fuisset diùque durasset contentio super dominio civitatis, & ex hoc frequenter turbatio inter clerum & populum oriretur; tandem per serenissimos dominos nostros FEDERICUM, *piissimum imperatorem, &* HENRICUM *illustrem regem filium ejus, ac* PRINCIPES *imperii ac regni Alemanniæ solemni judicio declaratum fuisset, quod ad nos & successores nostros & ad ecclesiam nostram pertinebat omninò dominium antedictum. . . . Nos omnimodis affectantes ut de cætero viverent in pace & justitiâ cives nostri, &c.*

» Nous voulons ke [...]
» neute co se soit à tou[...]
» comme entre nous &[...]
» prédécesseurs, d'une [...]
» & nôs citains de Cam[...]
» d'autre, grant, pi[...]
» asut, meute, conten[...]
» & longuement eût [...]
» d'endroit le signourie [...]
» cité; & de chou des[...]
» biers avenist souvent[...]
» le clergiet & le pe[...]
» empardesin par nos [...]
» signours FÉDERI très [...]
» empereur & le roi H[...]
» son fils, & les PRINC[...]
» l'empire & del regne[...]
» lemaigne par solenn[...]
» gement, fust déclaré [...]
» nous & à nos succe[...]
» & à notre église par[...]
» doutout li signourie de[...]
» dite. . . . Nous en to[...]
» manières desirant ke[...]
» en-avant notre citain[...]
» quissent en pais & en [...]
» tice, &c. «

Cette loi règle tout ce qui concerne l'inst[...] tion des prevôt & échevins de Cambrai, l[...] ministration de la justice civile & crimine[...]

forme & l'usage des duels, les peines qu'on oit infliger aux homicides, les réparations d'in- ures, & d'autres objets semblables. Les dispo- nons qu'elle renferme sur tous ces points sont resque toutes tombées en désuétude, elles ne euvent plus servir qu'à nous faire connoître ancienne jurisprudence de cette province. C'est ans la coutume rédigée en 1574, & homo- oguee par l'archevêque Louis de Bertaymont, u'il faut en chercher les Loix & les usages tuels. M. Desjaunaux a commenté cette cou- ume; mais son ouvrage est très-imparfait : on ssure même qu'il a fait des vœux sur la fin de s jours pour en supprimer jusqu'au dernier emplaire.

(*Article de M. MERLIN, avocat au parlement Flandre*).

LOIX DE LA GUERRE. Ce sont les règles ue les nations sont convenues d'observer entre les-même pendant la guerre; comme la suf- ension des hostilités pour enterrer les morts; sûreté que l'on donne à ceux qui viennent our porter quelque parole, de ne point empoi- onner les armes, ni les eaux, &c.

LOIX MUNICIPALES. On appelle ainsi s Loix particulières de chaque ville, de chaque ovince.

Les Loix municipales sont opposées aux Loix énérales, lesquelles sont communes à toutes les ovinces qui composent un état. Ainsi les or- onnances, édits & déclarations sont ordinaire- ent des Loix générales; au lieu que les cou-

tumes des provinces & des villes ſont des Lo
municipales.

LOI PORTATIVE. Une Loi, dans le l
gage des coutumes des Pays-Bas, ſe prend qu
quefois pour une compagnie de juges. C
dans ce ſens que l'on ſe ſert en Cambreſis, c
mots *Loi portative*, pour déſigner un corps
juridiction exploitant hors du territoire du ſeign
qui l'a créé.

Suivant l'article premier du titre 5 de la co
tume de cette province, on ne peut aliéner v
lablement un héritage de quelque nature q
ſoit, ſans en faire la déshéritance ou deſſai
entre les mains des officiers du ſeigneur don
relève immédiatement. Cet uſage, conform
celui de tous les pays de nantiſſement, eſt tr
ancien dans le Cambreſis ; nous avons ſous
yeux une chartre de l'empereur Rodolphe,
mois de juin 1284, qui condamne l'abus introd
depuis peu à Cambrai de vendre les biens-fon
ſans la préſence & le concours des échevins.

La plupart des coutumes de nantiſſement p
mettent aux propriétaires de ſe deſſaiſir par p
cureur des héritages qu'ils veulent aliéner ; m
celle de Cambreſis eſt plus ſévère. L'article 3
titre cité porte, que » devoirs de Loi pour désh
» ritances, rapports ou hypothèques d'héritage
» ne ſe peuvent faire & paſſer par procureur,
» ce n'eſt pour une communauté, collége ou co
» vent «.

On a douté ſi cette diſpoſition devoit avoir l
en cas de maladie ou d'autre empêchement lé
time. Voici ce que répond M. Pollet en
recueil d'arrêts du parlement de Flandre : » P

» ces mots, *ne se peuvent faire*, la coutume » rend l'impuissance absolue, & empêche qu'on » ne puisse autoriser un particulier à passer des » devoirs de Loi par procureur, pour quelque » cause que ce soit, même pour une maladie » mortelle. Résolution du 28 mars 1696, sur la » requête présentée par Jacques Chauwin, mar- » chand à Valenciennes, après que les autres » chambres ont été consultées. M. Visart a dit » qu'il l'avoit encore vu refuser «.

Cette rigueur mettroit quelquefois les particu- liers dans l'impossibilité de se dessaisir, & consé- quemment de disposer en aucune manière de leurs biens, si le placard de 1618, qui défend de passer les devoirs de Loi hors de l'auditoire de la sei- gneurie dont relèvent les biens qui en sont l'objet, avoit été reçu en Cambresis : mais il n'a point été publié en cette province, & en conséquence, on a continué, après comme avant cette loi, d'y pra- tiquer deux moyens inventés pour procurer aux personnes empêchées légitimement ou trop éloi- gnées, la facilité de se dessaisir de leurs héritages, sans se transporter sur les lieux mêmes de la situation.

Le premier de ces moyens est, que les officiers & hommes du seigneur se rendent eux-mêmes au domicile du propriétaire pour recevoir sa dessai- sine. Mais cette voie est très-dispendieuse, sur- tout lorsque le propriétaire demeure fort loin de la seigneurie. C'est pourquoi l'on a plus souvent recours à un expédient plus simple, celui de la *loi portative*. Voici en quoi elle consiste.

Quand il faut passer des devoirs de Loi dans un autre endroit que celui où siége la justice, & que les officiers de la seigneurie ne sont pas requis, ou n'aiment pas à s'y transporter, on établit sur les lieux un nouveau corps de juridiction, auq l'usage de la province a donné le nom de *L portative*.

Mais à qui appartient la nomination de ce Loi? Cette question ne peut être décidée q par une distinction. Les devoirs de Loi concern les fiefs doivent être passés en présence d'un ba & de quatre hommes de fiefs; & ceux qui conc nent les rotures, en présence d'un mayeur & d' certain nombre d'échevins. Ainsi, lorsqu'il est qu tion de passer hors d'une seigneurie des devo de Loi pour des biens féodaux qui y sont situ le seigneur doit nommer un bailli sur les lieu & engager quatre de ses vassaux à commettre pareil nombre de particuliers de l'endroit où d se faire la dessaisine, pour y intervenir *comme le dessservans, pour cette fois seulement*. La raison cette pratique est très-sensible : d'un côté, l'art 10 du titre 5 de la coutume de Cambresis por que *baillis, prévôts, mayeurs, ou lieutenans, peuvent constituer lieutenans pour en leurs no être présens à passer devoirs de Loi* : c'est donc seigneur qu'appartient, à l'exclusion de son b titulaire, la nomination du bailli *ad actum*, doit présider la *Loi portative*, créée pour la d saisine d'un fief; d'un autre côté, le seigneur son bailli titulaire ne peuvent créer des hom de fiefs par commission; la qualité d'homme fief ne peut appartenir qu'à celui qui possède corps féodal ou qui est nommé par celui-ci p remplir à sa place les devoirs de vassalité dan cour du seigneur. C'est donc avec raison que l exige pour la création d'une *Loi portative* d'ho mes de fiefs, des commissions expresses des vass du seigneur de qui relève le bien dont il s'agi faire la déshéritance.

Si le bien dont on veut passer les devoirs de Loi hors du lieu de la situation, est une main-ferme, c'est-à-dire ; s'il est tenu en roture, c'est le seigneur ou le bailli indifféremment qui compose la *Loi portative* ; ce qu'il fait en commettant par acte des personnes qu'on lui indique sur les lieux, pour faire les fonctions de mayeur & d'échevins. L'égalité du pouvoir du bailli à celui du seigneur en cette matière, est fondée sur le texte même de la coutume. *Le seigneur du lieu*, dit l'article 4 du titre 5, *ou le bailli*, *peut créer mayeur & échevins nouveaux pour recevoir dessaisine & bailler saisine d'héritages, & en passer & solenniser les devoirs de Loi.* Le mayeur ou prévôt (car ces deux noms sont synonimes en plusieurs endroits) ne peut créer une Loi portative, ce n'est point à lui qu'appartient la nomination des échevins, & l'on a déjà vu qu'il ne peut pas, aux termes de l'article 10 du titre 5, *constituer lieutenant pour, en son nom, être présent à passer devoirs de Loi.* Il faut cependant excepter de cette règle les propriétaires des mairies héréditaires, car l'article cité lui permet, non pas à la vérité de nommer les échevins qui doivent composer la Loi portative, mais de commettre le mayeur qui doit la présider.

Il faut remarquer ici une inconséquence des usages du Cambresis sur cette matière. La qualité d'échevin n'est pas moins attachée à la glèbe, que celle d'homme de fief ; l'une dépend du titre de censitaire, comme l'autre du titre de vassal. Comment donc a-t-on pu permettre au seigneur ou à son bailli, de composer lui-même les *Loix portatives* d'échevins, tandis que l'on a réservé aux propriétaires de biens féodaux le droit de nommer les personnes qui doivent former les *Loix portatives* d'hommes de fiefs? Il est évident que l'on auroit dû, pour se conformer exactement aux vrais principes des juridictions seigneuriales, restreindre aux seuls censitaires la faculté de commettre des échevins *ad actum*, pour recevoir des devoirs de Loi hors du territoire de leur seigneur, parce qu'encore une fois, la juridiction étant attachée à la glèbe, le droit de juger & d'intervenir dans les dessaisines & saisines, ne peut appartenir qu'aux *pairs féodaux & cottiers*, ou à ceux qu'ils commettent pour les représenter à cet effet.

Quoi qu'il en soit, l'usage de nommer par le seigneur ou son bailli, les échevins qui composent les *Loix portatives*, est si constant, qu'il a été reconnu & consacré de nos jours par une Loi précise. Voici ce que porte là-dessus l'article 11 des lettres-patentes sur arrêt, données le 23 juillet 1773, pour terminer toutes contestations entre l'archevêque duc de Cambrai, & les échevins de la même ville. » La Loi portative ou les gens » de Loi qu'il y aura lieu de nommer à l'effet de » recevoir, lors de ladite ville & banlieue, les » œuvres de Loi pour héritages situés dans des » territoires dépendans de la justice de l'arche» vêque dans ladite ville & banlieue, seront nom» més par ledit archevêque, ou en son absence par » le bailli de l'archevêché «.

Il est inutile de dire que les *Loix portatives* ne peuvent procéder aux devoirs de Loi dans le territoire où elles sont établies, sans *pareatis* du seigneur du lieu. Cela est trop clair pour avoir besoin de preuve; voyez au surplus l'article MAIN-MOYENNE. Voyez aussi DEVOIRS DE LOI, ECHEvins, Hommes de fiefs, Hommes cottiers, &c.

(*Article de M. Merlin, avocat au parlement de Flandre*).

LOI SALIQUE. C'est la Loi des francs ou des premiers François ; ce qui se prend en deux sens ; c'est à-dire, ou pour le droit public de la nation, qui comprend, comme disent les jurisconsultes, tout ce qui sert à conserver la religion & l'état, ou pour le droit des particuliers, qui sert à régler leurs droits & leurs différends les uns par rapport aux autres.

Nous avons un recueil des Loix de nos premiers ancêtres : il y en a deux textes assez différens pour les termes, quoiqu'à peu de chose près les mêmes pour le fond ; l'un, encore à moitié barbare, est celui dont on se servoit sous la première race ; & l'autre a été réformé & publié par Charlemagne en 798.

Le premier texte est celui qui nous a d'abord été donné en 1557 par Herold, sur un manuscrit de la bibliothèque de Fulde, qui, au jugement d'Herold, avoit 700 ans d'antiquité ; ensuite en 1720 par M. Eccard, sur un manuscrit de la bibliothèque du duc de Wolfenbutel, écrit au commencement de la seconde race : enfin, en 1727 par Sechelter, sur un manuscrit de la bibliothèque du roi, n°. 1589. Ce texte a 80 articles, ou plutôt 80 titres dans le manuscrit de Fulde, 94 dans le manuscrit de Wolfenburel, 100 dans le manuscrit du roi.

Le second texte est celui que nous ont donné Tiller, Pithou, Goldast, Lindenborg, le célèbre Bignon, & Baluse, qui l'avoit revu sur onze manuscrits. Il n'a que 71 articles, mais avec une remarque que ce nombre varie beaucou dans divers exemplaires.

Goldart a attribué ce recueil à Pharamond, & a ſuppoſé en conſéquence le titre qu'il lu a donné dans ſon édition. M. Eccard rejett avec raiſon cette opinion, qui n'eſt fondée ſu aucune autorité; car l'auteur même des geſtes, qui parle de l'établiſſement de cette Loi, aprè avoir rapporté l'élection de Pharamond, ne l lui attribue pas, mais aux chefs de la nobleſſ & premiers de la nation. *Quæ conſiliarii eoru priores gentiles*, ou, ſuivant une autre leçon *quæ eorum priores gentiles tractavérunt*; & de l façon dont ſa narration eſt diſpoſée, il fait en tendre que l'élection de Pharamond & l'inſtitu tion des Loix ſe firent en même temps. » Apr » la mort de Sunnon, dit-il, ils réſolurent d » ſe réunir ſous le gouvernement d'un ſeul roi » comme étoient les autres nations; ce fut auſ » l'avis de Marchomir, & ils choiſirent Phar » mond ſon fils. C'eſt ainſi alors qu'ils commen » cèrent à avoir des Loix qui furent dreſſées p » leurs chefs & les premiers de la nation, Salo » gan, Bodogan & Widogan au delà du Rhin » à Salehaim, Badehaim & Widehaim «. Ce Loi fut dreſſée dans l'aſſemblée des états d chacune de ces provinces; c'eſt pourquoi el n'eſt pas intitulée *lex* ſimplement, mais *pact Legis ſalicæ*.

L'ancienne préface du recueil, écrit à ce qu paroît ſous Dagobert, ne reconnoît point no plus d'autre auteur de ces loix que ces mêm ſeigneurs, & on ne peut raiſonnablement aujou d'hui propoſer une autre opinion, ſans quelq autorité nouvelle.

Une note qui est à la fin du manuscrit de Wolfenburel, dit que ce premier roi des François n'autorisa que 62 titres; qu'ensuite, de l'avis de ses seigneurs, il ajouta les titres 63 & suivans, jusques & compris le 78; que long-temps après Childebrand (c'est Childebert) y en ajouta cinq autres qu'il fit agréer facilement à Clotaire son frère cadet, qui lui-même en ajouta dix nouveaux, c'est-à-dire, jusqu'au 93, qu'il fit réciproquement approuver par son frère.

L'ancienne préface dit en général que ces Loix furent successivement corrigées & publiées par Clovis, Thierry, Childebert & Clotaire, & enfin par Dagobert, dont l'édition paroît s'être maintenue jusqu'à Charlemagne : Clovis, Childebert & Clotaire firent traduire cette Loi en langue latine, & en même temps la firent réformer & amplifier. Il est dit aussi que Clovis étoit convenu avec les francs, de faire quelques additions à cette Loi.

Elle ne paroît même qu'un composé d'articles faits successivement dans les parlemens généraux ou assemblées de la nation; car son texte le plus ancien porte presque à chaque article des noms barbares, qui sont sans doute les lieux de ces parlemens.

Childebert & Clotaire, fils de Clovis, firent un traité de paix; & dans ce traité, de nouvelles additions à la Loi salique; il est dit que ces résolutions furent prises de concert avec les francs, & l'on regarde cela comme un parlement.

Le plus célèbre des articles de cette loi est celui qui se trouve au titre 62 *de alode*, où est prononcée l'exclusion des femelles en faveur des mâles dans la succession de la terre salique;

de terrâ verò salicâ nulla portio hereditatis mulieri veniat, sed ad virilem sexum tota terræ hereditas perveniat. Il s'agit ici en général de toute terre salique dont les filles étoient exclues, à la différence des autres aleux non saliques auxquelles elles succédoient.

M. Eccard prétend que le mot *salique* vient de *sala*, qui signifioit maison, qu'ainsi la terre salique étoit un morceau de terre autour de la maison.

Ducange croit que la terre salique étoit toute terre qui avoit été donnée à un franc lors du partage des conquêtes, pour la posséder librement, à la charge seulement du service militaire, & que, comme les filles étoient incapables de ce service, elles étoient aussi exclues de la succession de ces terres. Le même usage avoit été suivi par les ripuariens & par les anglois de ce temps, & non par les saxons ni par les bourguignons.

L'opinion qui paroît la mieux établie sur le véritable sens de ce mot *alode*, est qu'il signifie *hereditas aviatica*, c'est-à-dire, un propre ancien. Ainsi les filles ne succédoient point aux propres : elles n'étoient pourtant exclues des terres saliques que par des mâles de même degré.

Au reste, dans le pays même où la Loi salique étoit observée, il étoit permis d'y déroger, & de rappeler les filles à la succession des terres saliques, & cela étoit d'un usage assez commun. C'est ce que l'on voit dans le onzième livre des formules de Marculphe. Le père amenoit sa fille devant le comte ou le commissaire, & disoit : » Ma chère fille, un usage ancien

» impie ôte parmi nous toute portion paternelle » aux filles; mais ayant considéré cette impiété, » j'ai vu que comme vous m'avez été donnés » tous de dieu également, je dois vous aimer » de même; ainsi, ma chère fille, je veux que » vous héritiez par portion égale avec vos frères » dans toutes mes terres «, &c.

La Loi salique a toujours été regardée comme une des Loix fondamentales du royaume, pour l'ordre de succéder à la couronne, à laquelle l'héritier mâle le plus proche est appelé à l'exclusion des filles en quelque degré qu'elles soient.

Cette coutume nous est venue de Germanie, où elle s'observoit déjà avant Clovis. Tacite dit que dès-lors les mâles avoient seuls droit à la couronne; il remarque comme une singularité que les peuples de Germanie appelés *sitones*, étoient les seuls chez lesquels les femmes eussent droit au trône.

Cette Loi fut observée en France sous la première race, après le décès de Childebert, de Cherebert & de Gontrand, dont les filles furent exclues de la couronne.

Mais la première occasion où l'on contesta l'application de la Loi salique, fut en 1316, après la mort de Louis Huttin; Jeanne sa fille, qui prétendoit à la couronne, en fut exclue par Philippe V son oncle.

Cette Loi fut encore réclamée avec le même succès en 1328, par Philippe de Valois, contre Edouard III, qui prétendoit à la couronne de France, comme étant fils d'Isabelle de France, sœur de Louis Huttin, Philippe-le-Long & Charles IV, qui regnèrent successivement, & moururent sans enfans mâles.

Enfin, le 28 juin 1593, Jean le maître, pe
fils de Gilles le Maître, premier président, pro
nonça le célèbre arrêt par lequel la cour décla
nuls tous traités faits & à faire pour transférer
couronne en maison étrangère, comme étant con
traires à la Loi salique & autres Loix fondamen
tales de ce royaume; ce qui écarta toutes l
prétentions de la ligue.

La Loi salique écrite contient encore une cho
remarquable, savoir, que les francs devoient êt
juges les uns des autres avec le prince, & qu'
devoient décerner ensemble les Loix de l'aveni
selon les occasions qui se présenteroient, so
qu'il fallût garder en entier ou réformer
anciennes coutumes qui venoient d'Allemag

Au reste, la Loi salique est bien moins
code de Loix civiles, qu'une ordonnance crim
nelle. Elle descend dans les derniers détails
le meurtre, le viol, le larcin, tandis qu'elle
statue rien sur les contrats ni sur l'état des p
sonnes & les droits des mariages : à peine efleu
t-elle la matière des successions; mais ce qui
de plus étrange, c'est qu'elle ne prononce la pei
de mort contre aucun des crimes dont elle parl
elle n'assujettit les coupables qu'à des compo
tions; les vengeances privées y sont même
pressément autorisées; car elle défend d'ôter
têtes de dessus les pieux, sans le consenteme
du juge ou sans l'agrément de ceux qui les
avoient exposées.

Cependant sous Childebert on inséra par add
tion dans la Loi salique la peine de mort p
l'inceste, le rapt, l'assassinat & le vol : on
défendit toute composition pour les crime
& les juges devoient en connoître hors
parlement.

Cette Loi, de même que les autres Loix des barbares, étoit personnelle & non territoriale, c'est-à-dire, qu'elle n'étoit que pour les francs; elle les suivoit dans tous les pays ou ils étoient établis; & hors les francs, elle n'étoit Loi que pour ceux qui l'adoptoient formellement par acte ou déclaration juridique.

On suivoit encore la Loi salique pour les francs, du temps de Charlemagne, puisque ce prince prit soin de la réformer; mais il paroît que depuis ce temps, sans avoir jamais été abrogée, elle tomba dans l'oubli, si ce n'est la disposition que l'on applique à la succession à la couronne; car par rapport à toutes les autres dispositions qui ne concernoient que les particuliers, les capitulaires, qui étoient des Loix plus récentes, fixèrent davantage l'attention. On fut sans doute aussi bien aise de quitter la Loi salique, à cause de la barbarie qu'elle marquoit de nos ancêtres, tant pour la langue que pour les mœurs; de sorte que présentement on ne cite plus cette Loi qu'historiquement, ou lorsqu'il s'agit de l'ordre de succéder à la couronne.

LOIX SOMPTUAIRES. Ce sont les Loix qui réforment le luxe, qui règlent la dépense dans les festins, dans les habits, dans les bâtimens, &c.

Les Loix somptuaires de Zaleucus, ancien législateur des Locriens, sont fameuses. Elles ordonnoient qu'une femme ne se feroit point accompagner dans les rues de plus d'un domestique, à moins qu'elle ne fût ivre; qu'elle ne pouvoit point sortir de la ville pendant la nuit, à moins que ce ne fût pour commettre la fornication; qu'elle ne porteroit point d'or ni broderie sur ses habits, à moins qu'elle ne proposât d'être courtisanne publique; que hommes ne porteroient point de franges ni galons, excepté quand ils iroient dans de mauvais lieux, &c.

Chez les Romains, ce fut le tribun Orchius qui fit la première Loi somptuaire; elle fut appelée de son nom *orchia*, de même que les suivantes prirent le nom de leur auteur: elle régloit le nombre des convives; mais elle ne fixa point la dépense. Elle défendit seulement de manger les portes ouvertes, afin que l'on ne fît point de superfluité par ostentation. Il est parlé de cette Loi dans Aulu-Gelle & dans Macrobe.

Cette Loi défendoit aussi à toutes les femmes, sans distinction de condition, de porter des habits d'étoffe de différentes couleurs, & des ornemens d'or qui excédassent le poids d'une demi-once. Elle leur défendit pareillement d'aller en voiture, à moins que ce ne fût pour assister à une cérémonie publique, ou pour un voyage éloigné au moins d'une demi-lieue de la ville ou du bourg de leur demeure.

Les dames Romaines murmurèrent de cette loi, &, vingt ans après, l'affaire fut mise en délibération dans les comices ou assemblées générales. Les tribuns demandèrent que la liberté fût rétablie; Caton fut d'avis contraire, & parla fortement en faveur de la Loi; mais l'avis des tribuns prévalut, & la Loi fut révoquée.

Le luxe augmenta beaucoup lorsque les Romains furent de retour de leurs expéditions en Asie; ce qui engagea Jules-César, lorsqu'il fut parvenu à l'empire, à donner un édit, par lequel il défendit l'usage des habits de pourpre & de perles, à l'exception des personnes d'une certaine qualité, auxquelles il permit d'en porter les jours de cérémonie seulement. Il défendit aussi de se faire porter en litière, selon la coutume qui en avoit été apportée d'Asie.

Auguste voulut réprimer le luxe des habits; mais il trouva tant de résistance, qu'il se réduisit à défendre de paroître au barreau ou au cirque sans habit long.

Tibère defendit aux hommes l'usage des habits de soie.

Néron défendit à toutes personnes l'usage de la pourpre.

Alexandre sévére eut dessein de régler les habits selon les conditions; mais Ulpien & Paul, deux de ses conseillers, l'en détournèrent, en lui observant que ces distinctions feroient beaucoup de mécontens; que ce seroit une semence de jalousie & de division; que les habits uniformes seroient un signal pour se connoître & s'assembler, ce qui étoit dangereux par rapport aux gens de certaines conditions, naturellement séditieux, tels que les esclaves. L'empereur se contenta donc d'établir quelque distinction entre les habits des sénateurs & ceux des chevaliers.

Le luxe croissant toujours malgré les précautions que l'on avoit prises pour le réprimer, les empereurs Valentinien & Valens défendirent, en 367, à toutes personnes privées, hommes & femmes, de faire broder aucun vêtement; les princes furent seuls exceptés de cette Loi. Mais l'usage de la pourpre devint si commun, que les empereurs, pour arrêter cet abus, se réservèrent

à eux ſeuls le droit d'envoyer à la pêche
poiſſon qui ſervoit à teindre la pourpre :
firent faire cet ouvrage dans leurs palais, & p
rent des précautions pour empêcher que l'on n
vendît de contrebande.

L'uſage des étoffes d'or fut d'abord inte
aux hommes par les empereurs Gratien, Val
tinien & Théodoſe, à l'exception de ceux q
auroient obtenu permiſſion d'en porter : il arr
de là que chacun prit l'habit militaire ; les ſé
teurs mêmes affectoient de paroître en public a
cet habit. C'eſt pourquoi les mêmes empere
ordonnèrent aux ſénateurs, greffiers & huiſſie
lorſqu'ils alloient en quelques endroits pour re
plir leurs fonctions, de porter l'habit de l
état, & aux eſclaves de ne porter d'autres hab
que les chauſſes & la cape.

Les irruptions fréquentes que diverſes nati
firent dans l'empire ſur la fin du quatrième ſiè
& au commencement du cinquième, y ay
introduit pluſieurs modes étrangères, cela do
lieu de faire trois Loix différentes, dans
années 397, 399 & 416, qui défendirent
porter dans les villes voiſines de Rome &
Conſtantinople, & dans la province voiſine,
cheveux longs, des hauts de chauſſe &
bottines de cuir, à peine, contre les perſon
libres, de banniſſement & de confiſcation de to
leurs biens, & pour les eſclaves, d'être co
damnés aux ouvrages publics.

L'empereur Théodoſe défendit, en 424, à tou
perſonnes ſans exception, de porter des hab
de ſoie & des étoffes teintes en pourpre,
mêlées de pourpre, ſoit vraie ou contrefaite :
défendit d'en receler, ſous peine d'être tra
comme criminel de lèſe-majeſté.

Le même prince & Honorius défendirent, sous même peine, de contrefaire la teinture de ouleur de pourpre.

Enfin, la dernière Loi romaine somptuaire, qui st de l'empereur Léon en 460, défendit à toutes ersonnes d'enrichir de perles, d'émerandes ou hyacintes, leurs baudriers, le frein des brides u les selles de leurs chevaux. La Loi permit eulement d'y employer les autres sortes de pierreries, excepté aux mords des brides; les hommes ouvoient avoir des agraffes d'or à leurs casaques, ais sans autres ornemens, le tout sous peine une amende de 50 livres d'or.

La même Loi défendit à toutes personnes, aures que celles qui étoient employées par le prince dans son palais, de faire aucun ouvrage d'or ou e pierres précieuses, à l'exception des ornemens ermis aux dames, & des anneaux que les ommes & les femmes avoient droit de porter.

En France, le luxe ne commença à paroître ue sous Charlemagne, au retour de ses conquêtes Italie. L'exemple de la modestie qu'il donnoit ses sujets n'étant pas assez fort pour les contenir, fut obligé de faire une ordonnance en 808, ui défendit à toutes personnes de vendre ou cheter le meilleur soyon en robe de dessous, plus cher que vingt sous pour le double, dix sous pour le simple, & les autres à proportion; & le ochet, qui étoit la robe de dessus, étant fourré e martre ou de loutre, trente sous, & de peau e chat, dix sous, le tout sous peine de quarante ous d'amende.

Il n'y eut point d'autres Loix somptuaires jus-

qu'à Philippe-le-Bel, qui, en 1294, défen
aux bourgeois d'avoir des chars, & à tous bou
geois de porter aucunes fourrure, or, ni pierr
précieuses, & aux clercs de porter fourrure a
leurs qu'à leur chaperon, à moins qu'ils ne fusse
constitués en dignité.

La quantité d'habits que chacun pouvoit avo
par an, est réglée par cette ordonnance ; savoi
pour les ducs, comtes, barons, de 6000 livr
de rentes, & leurs femmes, quatre robes ; les pré
lats deux robes, & une à leurs compagnons,
deux chappes par an ; les chevaliers de 3000 livr
de rente, & les bannerets, trois robes par an,
compris une robe pour l'été, & les autres pe
sonnes à proportion.

Il est défendu aux bourgeois, & même a
écuyers & aux clercs, s'ils ne sont constitués
dignité, de brûler des torches de cire.

Le prix des étoffes est réglé selon les cond
tions ; les plus chères, pour les prélats & l
barons, sont de vingt-cinq sous l'aune, & po
les autres états à proportion.

Sous le même règne s'introduisit l'usage d
souliers à la poulaine, qui étoient une espèce
chaussure fort longue, & qui occasionnoit bea
coup de superfluités. L'église cria beaucoup con
cette mode ; elle fut même défendue par de
conciles, l'un tenu à Paris en 1212, l'autre
Angers en 1365, & enfin abolie par des lett
de Charles V en 1368.

Les ouvrages d'orfévrerie au dessus de tr
marcs furent défendus par Louis XII en 1506
cela fut néanmoins révoqué quatre ans après, so
prétexte que cela nuisoit au commerce.

Charles VIII, en 1485, défendit à tous ses sujets
le porter aucun drap d'or, d'argent ou de soie,
oit en robes ou doublures, à peine de confisca-
ion desdits habits, & d'amende arbitraire. Il
ermit cependant aux chevaliers ayant 2000 liv.
e rente, de se vêtir de toutes sortes d'étoffes
e soie, & aux écuyers ayant pareil revenu, de
e vêtir de damas ou satin figuré ; il leur défendit,
ous les mêmes peines, les velours & autres étoffes
e cette qualité.

Le luxe ne laissant pas de faire des progrès,
rançois I, par une déclaration de 1543, défendit
tous princes, seigneurs, gentilshommes, de quel-
ue état qu'ils fussent, à l'exception des deux princes
nfans de France, du dauphin & du duc d'Or-
ans, de se vêtir d'aucun drap ou toile d'or ou
'argent, & de porter aucunes broderies, passe-
ens d'or ou d'argent, velours ou autres étoffes
e soie barrée d'or ou d'argent, soit en robes,
yes, pourpoints, chausses, brodure d'habille-
ent, ou autrement, en quelque sorte ou manière
ue ce fût, sinon sur les harnois, à peine de
ille écus d'or d'amende, de confiscation, &
'être punis comme infracteurs des ordonnances.
l donna néanmoins trois mois à ceux qui avoient
e ces habillemens, pour les porter ou pour s'en
éfaire.

Les mêmes défenses furent renouvelées par
enri II, en 1547, & étendues aux femmes, à
exception des princesses, dames & demoiselles
ui étoient à la suite de la reine, & de madame,
œur du roi.

Ce prince fut obligé de donner en 1549 une
éclaration plus ample que la première ; l'or &
argent furent de nouveau défendus sur les habits,
xcepté les boutons d'orfévrerie.

Les habits de ſoie cramoiſie ne furent per[mis] qu'aux princes & princeſſes.

Le velours fut défendu aux femmes de juſti[ce] & des autres habitans des villes, & aux ge[ns] d'égliſe, à moins qu'ils ne fuſſent princes.

Il ne fut permis qu'aux gentilshommes de por[ter] ſoie ſur ſoie.

On régla auſſi la dorure que l'on pourroit mett[re] ſur les harnois.

Il fut dit que les pages ne ſeroient habil[lés] que de draps, avec une bande de broderie [de] ſoie ou velours.

Les bourgeoiſes ne devoient point prendre [le] titre de demoiſelles, à moins que leur maris [ne] fuſſent gentilshommes.

Enfin, il fut défendu à tous artiſans & ge[ns] de pareil état ou au deſſous, de porter des hab[il]lemens de ſoie.

Il y eut des explications données ſur pluſie[urs] articles de cette déclaration, ſur leſquels il y av[oit] des doutes.

L'article 145 de l'ordonnance d'Orléans, [qui] paroît être une ſuite des remontrances que [les] députés de la nobleſſe & du tiers-état avoi[ent] faites ſur le luxe, défendit à tous les habit[ans] des villes, d'avoir des dorures ſur du plomb, [du] fer ou du bois, & de ſe ſervir des parfums [des] pays étrangers, à peine d'amende arbitraire, [&] de confiſcation des marchandiſes.

Cette diſpoſition, qui étoit fort abrégée, [fut] étendue à tous les autres cas du luxe par [des] lettres patentes du 22 avril 1561, qui rég[la] les habillemens ſelon les conditions.

Cette ordonnance n'ayant point eu d'exécuti[on] fut renouvelée par une déclaration du 17 jan[vier] 15

1563, qui défendit encore de nouveaux abus qui s'étoient introduits, entre autres, de porter des vertugadins de plus d'une aune & demie de tour.

Cependant, par une déclaration de 1565, le roi permit aux dames d'en porter à leur commodité, mais avec modeſtie.

Ceux qui n'avoient pas la liberté de porter de l'or & de l'argent, s'en dédommageoient en portant des étoffes de ſoie figurée, qui coutoient auſſi cher que les étoffes mêlées d'or ou d'argent, de ſorte qu'on fut obligé de défendre cette contravention.

Henri III ordonna, en 1576, que les Loix ſomptuaires de ſes prédéceſſeurs ſeroient exécutées: il en fit lui-même de nouvelles en 1577, & 1583.

Il y en eut de ſemblables ſous Henri IV en 1599, 1601 & 1606.

Louis XIII en fit pareillement pluſieurs en 1613, 1633, 1634, 1636 & 1640.

Louis XIV prit auſſi grand ſoin de réformer le luxe des meubles, des habits & des équipages, comme il paroît par ſes ordonnances, édits & déclarations de 1644, 1656, 1660, 1661, 1663, 1664, 1667, 1669, 1700, 1704.

La multiplicité de ces Loix fait voir combien on a eu de peine à les faire obſerver.

Quant aux Loix faites pour réprimer le luxe de la table, il y en eut chez les Lacédémoniens & chez les Athéniens. Les premiers étoient obligés de manger enſemble tous les jours à frais communs; les tables étoient pour quinze perſonnes; les autres mangeoient auſſi enſemble tour à tour dans le prytanée, mais aux dépen du public.

Chez les Romains, après la ſeconde guerr punique, les tables étant devenues trop nom breuſes, le tribun Orchius régla que le nombr des conviés ne ſeroit pas de plus de neuf.

Quelque temps après le ſénat défendit à tou magiſtrats & principaux citoyens de dépenſer plu de 120 ſous pour chaque repas qui ſe donnero après les jeux mégaléſiens, & d'y ſervir d'autre vi que celui du pays.

Le conſul Fannius fit étendre cette Loi à tou les feſtins, & la Loi fut appelée de ſon nom *Fannia*. Il fut défendu de s'aſſembler plus d trois, outre les perſonnes de la famille, les jou ordinaires, & plus de cinq les jours de noc ou de fêtes. La dépenſe fut fixée à cent ſous p repas les jours des jeux & fêtes publiques; tren ſous les jours de noces ou de fêtes, & dix ſou les autres jours. Il fut défendu de ſervir des vo lailles engraiſſées, parce que cette préparatio coutoit beaucoup.

La Loi *Didia*, en renouvelant les défenſes pr cédentes, ajouta, que non ſeulement ceux q inviteroient, mais encore ceux qui ſe trouveroie à un repas contraire aux Loix, ſeroient pun comme prévaricateurs.

La dépenſe des repas fut encore réglée ſel les jours & les occaſions par la Loi *Licinia*. Ma comme elle permettoit de ſervir à diſcrétion to ce que la terre produiſoit, on inventa des ragoû de légumes ſi délicats, que Cicéron dit les avoi préférés aux huîtres & aux lamproies qu'il aim beaucoup.

La Loi *Cornelia* renouvela toutes les précédentes, & régla le prix des vivres.

Jules-César fit auſſi une Loi ſomptuaire; mais tout ce que l'on en ſait, eſt qu'il établit des gardes dans le marché, pour enlever ce qui y étoit expoſé en contravention, & des huiſſiers qui avoient ordre de ſaiſir juſque ſur les tables ce qui étoit échappé à ces gardes.

Auguſte mitigea les Loix ſomptuaires, dans l'eſpérance qu'elles ſeroient mieux obſervées. Il permit de s'aſſembler juſqu'à douze, d'employer aux repas des jours ordinaires juſqu'à 200 ſous; à ceux des calendes, ides, nones, & autres fêtes, 300; & aux jours des noces & du lendemain, juſqu'à 1000 ſeſterces.

Tibere permit de dépenſer depuis 300 ſeſterces juſqu'à 2000, ſelon les différentes ſolennités.

Le luxe des tables augmenta encore ſous Caligula, Claude & Néron. Les Loix ſomptuaires étoient ſi mal obſervées, que l'on ceſſa d'en faire.

En France, les capitulaires de la deuxième race & les ordonnances de ſaint Louis *défendirent l'ébriété*; ce qui concernoit plutôt l'intempérance que le luxe.

Philippe-le-Bel, par un édit de l'an 1294, défendit de donner dans un grand repas plus de deux mets & un potage au lard, & dans un repas ordinaire, un mets & un entre-mets. Il permit, les jours de jeûne ſeulement, de ſervir deux potages aux harengs & deux mets, ou un ſeul potage & trois mets. Il défendit de ſervir dans un plat plus d'une pièce de viande, ou d'une ſeule ſorte de poiſſon; enfin, il déclara que toute groſſe viande ſeroit comptée pour un mets, &

que le fromage ne passeroit pas pour un mets s'il n'étoit en pâte où cuit dans l'eau.

François I fit un édit contre l'ivrognerie ; d[u] reste il ne régla rien pour la table.

Mais, par un édit du 20 janvier 1563, Charle[s] IX mit un taux aux vivres, & régla les repa[s]. Cet édit porte, qu'en quelques noces, festins o[u] tables particulières que ce soit, il n'y aura qu[e] trois services ; savoir, les entrées, la viande o[u] le poisson, & le dessert ; qu'en toutes sorte[s] d'entrées, soit en potage, fricassées ou pâtisserie[s] il n'y aura au plus que six plats, & autant po[ur] la viande ou le poisson, & dans chaque plat u[ne] seule sorte de viande ; que ces viandes ne sero[nt] point mises doubles, comme deux chapons, de[ux] lapins, deux perdrix pour un plat ; que l'o[n] pourra servir jusqu'à trois poulets ou pigeonneau[x] les grives, becassines & autres oiseaux semblable[s] jusqu'à quatre, & les alouettes & autres espèc[es] semblables, jusqu'à une douzaine ; qu'au desse[rt] soit fruits, pâtisserie, fromage ou autre chose, ne pourra non plus être servi que six plats, tout sous peine de deux cents livres d'amen[de] pour la première fois, & quatre cents livres po[ur] la seconde.

Il ordonne que ceux qui se trouveront à [un] festin où l'on contreviendra à cette Loi, le déno[n]ceront dans le jour, à peine de 40 livres d'amend[e] & si ce sont des officiers de justice qui se trouve[nt] à de pareils festins, qu'ils aient à se retirer aus[si]tôt & procéder contre les contrevenans.

Que les cuisiniers qui auront servi à ce rep[as] seront condamnés pour la première fois à [..] livres d'amende, à tenir prison quinze jours [au] pain & à l'eau ; pour la seconde fois au dou[ble] de la prison, & pour la troisième au quadruple, au fouet & au bannissement du lieu.

Enfin, il défend de servir chair & poisson en un même repas.

La disette qui se fit sentir en 1573 donna lieu à une déclaration du 20 octobre, par laquelle le roi manda aux gens tenant la police générale de Paris, que pour faire cesser les grandes & excessives dépenses qui se faisoient en habits & en festins, ils fissent de nouveau publier & garder inviolablement toutes ses ordonnances somptuaires. Et afin que l'on pût être averti des contraventions à cet égard, il voulut que les commissaires de Paris pussent aller & assister aux banquets qui se servoient. Une déclaration du 18 novembre suivant enjoignit aux commissaires du châtelet & juges des lieux, chacun en droit soi, de faire les perquisitions nécessaires pour la découverte des contraventions.

La ville de Paris étant bloquée en 1591, les magistrats, dans une assemblée générale de police, rendirent une ordonnance portant défense de faire aucun festin ou banquet en salle publique, soit pour noces ou autrement, jusqu'à ce que, par justice, il en eût été autrement ordonné; & à l'égard des maisons particulières, il fut défendu d'y traiter plus de douze personnes.

La dernière Loi touchant les repas, est l'ordonnance de 1629, dont quelques articles concernent la réformation du luxe des tables; il y est dit qu'il n'y aura que trois services d'un simple rang chacun, & de six pièces au plus dans chaque plat. Tous les repas de réceptions sont abolis; il est défendu aux traiteurs de prendre plus d'un écu par tête pour noces & festins.

LOMBARDS. On appelle ainsi à Paris des particuliers nés dans certains endroits d'Italie d'où sont venus en France les premiers ramoneurs de cheminées.

Nos rois ont accordé aux Lombards le privilége de pouvoir vendre & colporter dans toutes les villes du royaume, même à Paris, du cristal taillé, de la quincaillerie & d'autres menues marchandises mêlées, mais sans pouvoir étaler ces marchandises en boutique. C'est ce qui résulte de différentes lettres-patentes des 18 janvier 1635, 11 janvier 1645, & 18 juin 1716, qui ont toutes été enregistrées au parlement.

Les marchands merciers & les orfévres ont plusieurs fois attaqué ce privilége des Lombards, mais leurs tentatives ont toujours été inutiles, comme le prouvent trois arrêts du parlement de Paris, rendus, tant contre les marchands merciers de cette ville, que contre ceux de Pontoise, les 6 mars 1646, 24 mai 1702, & 8 mai 1739, & deux arrêts du conseil des 17 septembre 1696, & 17 février 1756, rendus contre les merciers de Bayeux, & contre les orfévres du Hâvre-de-Grâce.

LORRAINE. Ce duché, aujourd'hui province de France, est trop connu pour qu'il soit nécessaire de retracer les évènemens qui le concernent (*), ce seroit d'ailleurs nous écarter du plan de cet

(*) On connoît pareillement le caractère loyal des lorrains, leur aptitude aux arts, aux sciences, & sur-tout leur attachement inviolable pour leurs souverains. Il y a plusieurs histoires de cette province; dans le nombre, on distingue celle de M. l'abbé Bexon, chanoine de la Sainte-Chapel

ouvrage. Nous nous bornerons donc à donner une courte notice de ce que sa législation peut avoir de particulier, tant en matière civile que bénéficiale.

Cette province est, comme toutes celles du royaume, regie par des lois de deux espèces, des ordonnances & des coutumes.

Dans tous les temps les souverains de cette province ont apporté une attention toute particulière à la législation; mais le règne de Leopold est sur-tout l'époque à laquelle il faut s'arrêter.

Louis XIV s'étoit emparé de la Lorraine, elle étoit depuis près de 60 ans sous la domination françoise, lorsque Léopold fut rendu à ses états par le traité de Riswik. Les campagnes étoient incultes, les villes abandonnées, les tribunaux déserts, & les loix Lorraines tombées en désuétude. Le bon, le juste Léopold employa le reste de ses jours à regénérer cette province. L'agriculture, les arts, les sciences, les campagnes, les villes, les tribunaux, rien n'échappa à ses soins paternels. La législation en fut sur-tout l'objet. Il savoit que de bonnes loix sont le présent le plus salutaire qu'un prince puisse faire à ses sujets. Il en a fait sur toutes les parties de l'administration. On y retrouve ce qu'il y a de plus intéressant & de plus sage dans celles de ses prédécesseurs, en sorte que le receuil de ses

---

de Paris. Ce judicieux écrivain ne s'est pas, comme tant d'autres, contenté de donner des relations de siéges & de batailles; politique, morale, administration, législation, sciences, arts, commerce, histoire naturelle, son plan embrasse tout; & toutes les parties de ce vaste plan sont remplies d'une manière satisfaisante.

ordonnances est vraiment le code Lorrain. C'est peut-être le plus beau monument de la sagesse humaine.

Léopold signala son avènement au trône par le retablissement de sa cour souveraine de Nanci ; ce fut le premier acte de sa puissance; il ne pouvoit pas mieux commencer un règne qui devoit être celui du patriotisme & de la justice. Cette cour est également recommandable par son attachement pour ses souverains & pour les loix.

Quelque temps après, les regards du prince se portèrent sur les avocats ; il crut devoir à cet ordre de citoyens un témoignage de sa bienfaisance & de sa considération. En conséquence, par arrêt de son conseil du 28 novembre 1698, il ordonna *que les six plus anciens avocats suivant l'ordre du tableau, suivans & étant près de la cour souveraine, seront francs & exempts de toutes charges, impositions, logemens, fournitures de gens de guerre & autres prestations pendant leur vie, avec défenses aux officiers de l'hôtel de ville de Nanci, & à tous autres de les cotiser ou de les comprendre dans les rôles & jets, à peine de désobéissance.* La cour souveraine s'empressa d'imprimer à cet arrêt du conseil la sanction de son autorité.

Après avoir pourvu par des loix particulières aux objets de l'administration qui requéroient le plus de célérité, Léopold sentit la nécessité d'une loi générale sur la forme des procédures civiles & criminelles, & sur le fait des eaux & forêts : cette loi parut en 1701; elle a beaucoup d'analogie avec les ordonnances de France de 1667, 1669 & 1780; mais, plus étendue, elle est aussi plus sage ; on voit que l'on a profité des fautes échappées aux rédacteurs de la loi françoise.

Cette ordonnance, dont on admire encore la sagesse, donna lieu à un évènement très-extraordinaire ; on aura peine à croire qu'il soit arrivé dans le dix-huitième siècle. On ne peut trop en rappeler les détails, c'est une grande leçon pour tous les princes.

Cette ordonnance étoit à peine publiée en Lorraine, que le pape, sans aucune forme de procès, sans avertissement préalable, fait placarder dans tous les carrefours de la ville de Rome, un décret par lequel, *de son autorité pontificale*, il la déclare nulle & défend aux tribunaux de s'y conformer, aux jurisconsultes d'y avoir recours, & à tous les individus de la chrétienté de la lire.

Léopold se conduisit avec la dignité d'un souverain. Il fit défense de publier le décret de Rome dans ses états ; ordonna que ses loix seroient suivies, & son procureur général interjeta appel au pape mieux informé. On ne peut mieux connoître les détails de cette importante affaire, que par cet acte d'appel ; nous allons en transcrire quelques passages.

Pardevant le notaire apostolique immatriculé en cour de Rome, demeurant à Nanci, soussigné, & en présence des témoins en bas nommés, à ce expressément appelés & aussi soussignés, comparut en personne messire Jean-Léonard Bourcier, conseiller d'état de son altesse royale, & son procureur général en sa cour souveraine de Lorraine & Barrois, lequel nous a dit & déclaré qu'il est informé qu'il a paru depuis peu un bref sous le nom de notre saint père le pape, daté du 22 du mois de septembre dernier, affiché à Rome le 26 du même mois, qui condamne l'ordonnance de son A. R. du mois de juillet 1701, avec défenses à toutes personnes de quelque état & condition qu'elles soient, même celles qui ont besoin d'une expression particulière, de la lire, retenir ou s'en servir, à peine d'excommunication, & que les motifs contenus dans ce bref sont, que cette ordonnance non seulement donne atteinte aux immunités & libertés de l'église, mais encore les détruit & les renverse entiérement.

Comme le requérant est touché d'un profond respect & d'une vénération très-religieuse pour tout ce qui part de l'autorité du saint siége, il ne peut dissimuler la juste douleur qu'il a conçue de voir que ceux qui l'ont sollicitée secrètement pour leurs intérêts particuliers, aient eu assez peu d'égards pour la majesté du souverain pontife, non seulement pour lui représenter le sujet dont il s'agit sous des couleurs étrangères, mais encore pour l'engager à imprimer une flétrissure de cette qualité sur un ouvrage qui porte le caractère auguste du pouvoir d'un souverain, & qui ne blesse en aucune manière les droits sacrés que dieu a donnés à son église.

Notre saint père le pape est trop éclairé pour ne pas voir que ce bref intéresse tous les souverains du monde; qu'il n'est point de têtes couronnées qui n'y doivent être sensibles; que tous les princes de cette qualité ont reçu de dieu le pouvoir de donner des loix à leurs sujets dans les affaires civiles & temporelles, & que c'est les attaquer dans la partie la plus essentielle de leur autorité, que de tâcher de soumettre leurs ordonnances à ses foudres spirituelles; que celui dont il est le vicaire en terre commença sa mission par un acte solennel d'obéissance aux loix de la puissance temporelle qui commandoit alors; qu'il enseigna depuis à toute la nation chez laquelle il vivoit, de payer le tribut au monarque même qui opprimoit sa liberté, & que l'apôtre par la bouche duquel le saint esprit a annoncé de si grandes vérités aux hommes, établit pour l'un des principaux fondemens du christianisme, la soumission aux loix des potentats, qu'il pratiqua lui-même, lorsqu'injustement accusé, il se servit de l'appel qu'elles lui présentoient, pour justifier son innocence.

Rien dans ces dispositions n'offense la liberté ecclésiastique, tout y est du bon ordre, conforme, en la plupart des choses, à ce qui se pratique dans la monarchie françoise, si chrétienne & si bien policée, dont l'ordonnance a servi de modèle à celle de S. A. R. comme ayant été suivie long-temps dans ses états, qui ont été gouvernés par les mêmes règles que la France, pendant près de soixante ans qu'ils ont été sous la domination de cette couronne.

La cour de Rome ne prétend pas sans doute qu'il y ait dans l'ordonnance de France rien qui soit soumis à sa censure, ni qui offense les droits de l'église; si elle ne le prétend pas pour l'une, elle ne peut pas le prétendre pour l'autre.

Mais en quoi il paroît que la religion de notre saint père le pape a été évidemment surprise, & que ceux qui ont dressé son bref se sont laissés abuser d'une illusion fort sensible, c'est que le

bref condamne l'ordonnance de S. A. R. da
les deux parties dont elle est composée : o
ces deux parties comprennent dix à douze co
d'ordonnances entièrement distincts & sépa
l'un de l'autre, dans la plupart desquelles
n'y a rien qui touche directement ou indirect
ment l'église.

Ils n'ont pas même osé spécifier en détail
articles qu'ils prétendent contraires à la libe
de l'église, sans doute pour ne point les expo
au jugement public, qu'ils ont appréhendé
leur devoir pas être favorable, croyant qu'il ét
plus sûr & plus court de censurer tout l'ouvra
de peur que l'examen des articles particuliers do
on se plaint, ne diminuât le respect qu'on d
portér à ce bref.

Cependant tout le corps entier de ces ordo
nances, compris dans les deux parties qui
composent, est condamné par le bref don
s'agit, & par conséquent leurs dispositions
sauroient plus servir de règle à la justice d
l'intention de ces officiers du pape.

Mais peuvent ils se persuader que les é
de S. A. R. demeureront tout à coup sans ordo
nance & sans règles ? Que la justice y chome
& qu'on se verra en Lorraine dans le mê
état auquel étoient les hommes, lorsqu'ils ma
geoient des glands dans les forêts dans le prem
âge du monde ? Peuvent-ils se persuader q
n'y aura plus ni officiers, ni tribunaux,
juges, ni notaires ? Que les jugemens qui po
ront être rendus, les contrats passés, les a
entre vifs & à cause de mort, seront nuls,
que tout retombera dans l'anarchie & dans

confusion ? Ou bien prétendent-ils qu'il faudra aller à Rome demander des règles pour plaider, prier le pape qu'il lui plaise créer des tribunaux, des juges, des greffiers, des notaires & des huissiers; de régler sur quel pied on payera le avocats & procureurs, combien de ballivaux il faudra laisser par arpent dans les bois, & de combien de perches sera composé l'arpent.

Il est désagréable d'être obligé de descendre à ces réflexions & à ces raisonnemens; mais il est difficile de ne pas ressentir de la douleur & du mépris tout ensemble pour les effets d'une si indigne surprise.

Ils ne se sont pas contentés de faire signer ce bref à notre saint père le pape, mais encore ils l'ont fait afficher publiquement dans Rome & placarder injurieusement le nom de S. A. R. à la face de la capitale du monde chrétien.

Il faut voir cette pièce en entier, elle annonce dans le magistrat qui en est l'auteur, autant de logique & de jugement, que d'érudition & de savoir; autant de respect pour la religion, que de zèle & d'attachement aux loix.

Outre ces loix générales, Léopold en a donné une quantité de particulières sur les donations, les testamens, &c. A l'instant où un abus se faisoit sentir, il étoit réformé par une ordonnance; il en existe pour l'encouragement & la perfection de tous les arts, singulièrement pour le premier de tous, l'agriculture. On ne peut pas lire sans attendrissement celles faites pour le soulagement des pauvres; c'est là qu'il faut apprendre à détruire la mendicité.

Dans plusieurs seigneuries, sur tout dans celles du domaine, les habitans étoient main-mor-

tables. Par un édit d'avril 1711, Léopold abol
ce reste odieux de l'ancienne servitude. Ce so
les termes de la loi. Mais comme l'humani
ne faisoit pas taire en lui la justice, il subrog
par forme d'indemnité une redevance annuel
en grains aux droits & profits resultans de l
main-morte, exemple que notre gouvernem
n'a imité que long-temps après.

Une chose que l'on aura peine à croire, l
main-mortes refusèrent d'abord le bienfait d
prince. Deux ans après, par une ordonnance du
septembre 1713, il fut obligé de suspendre l'exé
cution de l'édit, attendu, porte cette ordonnanc
*que toutes les communautés nous ont fait tant d
remontrances sur les dommages & les oppressio
quelles souffriroient de l'exécution de notre édit
nous suppliant de remettre les choses au mêm
état quelles étoient auparavant.*

L'humanité de Léopold se fait encore appe
cevoir d'une manière bien sensible dans une dé
claration du 30 juin 1711, par laquelle il perme
aux curés de la campagne, » qui sont en po
» session paisible d'avoir des volieres sous le to
» dans les maisons dépendantes de leur presby
» tère, de les y conserver & entretenir, à con
» dition néanmoins qu'ils ne seront compos
» que de cent ou cent vingt boulins au plus
» & qu'il ne leur sera loisible de se servir de
» profits qu'ils en pourront tirer que pour leu
» secours, & *celui de leurs paroissiens dan
» le cas de maladie, & pour exercer le dro
» d'hospitalité auquel ils sont engagés par leu
» état;* sans qu'il leur soit permis d'en faire au
» cune vente ni commerce, à peine de priva
» tion de la grace que nous leur accordons pa

» ces présentes, pour en jouir à notre bon plaisir, » & sans tirer à conséquence «.

Une déclaration du 15 février 1725, porte, » que toutes personnes capables de tester, qui » feront leur testament olographe ou authenti- » que, dans toutes les villes, bourgs & lieux » où il y a des hôpitaux, seront obligés de faire » un legs *tel que leur piété leur suggérera à l'hô-* » *pital du lieu* de leur résidence ordinaire ; à » faute de quoi, nous voulons que la dixième » partie des meubles meublans, délaissés par lesdits » testateurs qui n'auront fait lesdits legs, appar- » tiennent de plein droit auxdits hôpitaux «.

Il n'y a pas une année du règne de Léopold qui ne soit marquée par quelque loi de cette espèce. Ce règne trop court finit en 1729, épo- pe funeste à laquelle les Lorrains perdirent un ère, & tous les souverains un modèle.

François-Etienne, fils du duc Léopold & Elisabeth Charlotte d'Orléans, né le 8 décem- re 1708, fut reconnu duc de Lorraine après la ort de son père, le 9 mars 1729; il étoit ors à la cour de Vienne, d'où il arriva en Lor- ine le 9 novembre 1729. En 1730, il rend à ersailles la foi & l'hommage au roi de France, premier février, pour le duché de Bar. L'an 731, il part de Luneville le 25 avril pour ruxelles, d'où, après avoir parcouru la Flandre utrichienne, il passe en Hollande, de là en ngleterre. Il repasse à son retour par la Hol- nde, pour se rendre en Allemagne ; parcourt s états d'Hannovre, de Wolfenbutel, de russe, & arrive le 20 mars 1632 à Dreslaw. 28 du même mois, pendant son séjour en ne ville, il est nommé par l'empereur vice-roi de Hongrie. Il arrive à Vienne le 14 avr suivant. L'an 1735, il acquiesce au traité conclu le 3 octobre de cette année, entre l'empereur & le roi de France ; traité par lequel il étoit dit qu'il céderoit à Stanislas, roi de Pologne, les duchés de Lorraine & de Bar, pour la Toscane qu'on lui donneroit en échange. L'an 1736, le 12 février, il épouse à Vienne Marie-Thérèse fille aînée de l'empereur. Le 31 décembre suivant, il ratifie les conventions de l'empereur & du roi de France, portant, que Stanislas seroit mis dès-lors en possession des duchés de Lorraine & de Bar, pour être après lui réunis à la couronne de France ; que cependant le duc François Etienne n'entreroit en possession de la Toscane qu'après la mort du grand duc régnant.

Stanislas Leczinski, roi titulaire de Pologne, est reconnu duc de Lorraine & de Bar l'an 1737, en vertu du traité fait le 3 octobre 173 entre l'empereur & le roi de France. Le baron de Mechu prend possession du duché de Bar au nom de ce prince, le 8 février 1737, & du duché de Lorraine le 21 mars suivant. Le avril, Stanislas arrive à Luneville avec la reine son épouse, & y établit son séjour. Ce prince durant l'espace de 29 ans qu'il a gouverné la Lorraine, a été comme un astre bienfaisant qui ne cesse de répandre ses douces influences sur les terres soumises à son aspect. Il a protégé l'agriculture, animé le commerce, encouragé les arts. Son économie lui a fourni des ressources pour faire chaque année un ou plusieurs établissemens. Enfin, ce prince éprouvé par tant de revers, & si digne néanmoins de la plus constante prospérité, termina ses jours par un accident des plus

funeste

funestes. Le 5 février 1766, comme il étoit seul le matin dans sa chambre, s'étant approché de sa cheminée, le feu prit à sa robe de chambre, & fit un progrès si rapide, qu'avant qu'on pût y apporter du secours, il avoit affecté tout le côté gauche du roi ; on le mit en hâte au lit. Les plaies pendant dix jours parurent répondre aux désirs des médecins : mais le 21, il tomba dans un assoupissement qui dura jusqu'au 23, qu'il expira sur le soir dans la quatre-vingt-neuvième année de son âge, étant né l'an 1677. Stanislas avoit épousé Catherine de Berin Opalinska, morte à Luneville, âgée de 66 ans, le 19 mars 1747. Le seul fruit de ce mariage fut Marie-Charlotte-Sophie-Félicité, femme de Louis XV.

C'est ainsi que s'est opérée la réunion de la Lorraine à la France ; réunion depuis si long-temps désirée par le ministère françois, que n'avoit pu effectuer la puissance de Louis XIV, & que la politique du cardinal de Fleuri est venu à bout de consommer.

Par des lettres-patentes, données à Meudon le 18 janvier 1737, Stanislas prit possession du Barrois. Comme ces lettres confirment tous les priviléges de la province, tous les usages, toutes les loix antérieures, nous allons en transcrire les principales dispositions.

» STANISLAS, &c..... Connoissant le fidèle » attachement que nos nouveaux sujets ont eu » jusqu'à présent pour les ducs nos prédécesseurs, & espérant que dieu, qui destine à » son gré les sceptres & les couronnes, disposera les cœurs des sujets qu'il nous a soumis » à nous rendre avec zèle & fidélité l'obéissance

» qu'ils nous doivent comme à leur seul & lé-
» time souverain ; notre premier soin est de le
» dônner des marques de notre affection pat
» nelle, en déclarant dès à présent que no
» intention est de conserver les priviléges
» l'église, de la noblesse & du tiers-état, les
» noblissemens, graduations & concessions d'ho
» neur faites par les ducs de Lorraine nos p
» décesseurs, notamment les priviléges & i
» munités de notre université de Pont-à-Mo
» son, le tout conformément à la conventi
» du 28 août de l'année dernière : A ces caus
» nous déclarons par ces présentes, que no
» prenons actuellement & réellement posses
» du duché de Bar, marquisat de Pont-à-Mo
» son, terres, fiefs & seigneuries, droits
» avenues qui en dépendent, sans aucune exc
» tion, pour les posséder en souveraineté, a
» & de même que les princes de la maison
» Lorraine en ont joui ou dû jouir ; nous av
» donné nos pleins-pouvoirs au sieur de la G
» laisière, conseiller aux conseils du roi tr
» chrétien, notre très-cher & très-amé frère
» gendre, maître des requêtes ordinaires de
» hôtel, & au sieur de Mechu, maréchal de no
» cour, à l'effet de se transporter incessamm
» en notre bonne ville de Bar, pour y recev
» en notre nom le serment de fidélité des p
» sidens, conseillers & gens tenant notre cha
» bre des comptes, baillis de Bar, Saint-Mihi
» Pont-à-Mousson, Etain, du Bassigny & aut
» auxquels nous avons ordonné de se rendre
» personne en ladite ville de Bar au jour qui l
» sera indiqué par nosdits commissaires. Voul
» que, quant à présent, les officiers de no

» dite chambre, ceux des bailliages, prévôtés, » grueries & autres juridictions; comme aussi » les receveurs particuliers des finances, notai- » res-tabellions, gardes-notes, & tous autres » juges & officiers actuellement établis dans notre » duché de Bar pour l'administration de la jus- » tice, police & finances, en titres d'office ou » par commissions, continuent d'exercer, sous » notre autorité, les fonctions de leurs charges, » offices ou commissions, jusqu'à ce qu'il en soit » par nous autrement ordonné, & de jouir des » honneurs, profits & émolumens qui leur sont » attribués, sans être tenus de prendre de nou- » velles provisions, commissions ou autres let- » tres, dont nous les dispensons quant à présent; » enjoignons aux juges & autres officiers, dans » tous les cas sur lesquels nos intentions n'au- » ront pas été expressément déclarées par nos » édits, déclarations & arrêts de notre conseil, de se conformer aux ordonnances & réglemens » des ducs nos prédécesseurs, notamment à ceux de notre très-cher & très-amé frère le duc de Lorraine, & à ceux du duc Léopold son père de glorieuse mémoire, coutumes, styles & usages jusqu'à présent observés dans notre duché de Bar. Voulons au surplus que les traités & concordats faits entre les ducs nos prédécesseurs & les princes & états voisins, soient observés & exécutés selon leur forme & teneur, & que les différens ordres de notredit duché de Bar continuent de jouir des prérogatives, immunités, & autres distinctions dans lesquelles ils ont été jusqu'à présent maintenus & gardés «.

Il existe dans cette province une coutume générale, & plusieurs particulières.

La générale, rédigée en 1594, est intitulée *Coutumes générales des trois bailliages de Lorraine, Nanci, Vosges & Allemagne.*

Cette coutume divise les personnes en deux classes générales, les clercs & les Laïques.

Entre les clers, *aucuns sont mariés, aucuns non.*

Les laïques sont de trois sortes, les gentilshommes, les ennoblis, & les roturiers.

Les gentilshommes se partagent en deux ordres: *les anciens sont de l'ancienne chevalerie; les autres non.* Les quatre premiers sont juges souverains dans certains cas déterminés par l'article 5.

Entre les roturiers, les uns sont francs, les autres affranchis; d'autres enfin sujets envers leur seigneur à certaines servitudes réelles ou personnelles.

Les femmes mariées, de quelque qualité qu'elles soient, suivent la condition de leur mari, noble ou roturier, libre ou serf pendant leur mariage, *& durant leur viduité*, article 1[illegible]

Cette coutume fait encore une distinction entre les légitimes & les bâtards.

Les bâtards *avoués* par les gentilshommes *sont de condition des ennoblis, pourvu qu'ils suivent l'état de noblesse, & porteront tels noms & titres que leur père voudra leur donner*, à la charge toutefois *de barrer* les armes de leur père, *& leur sera loisible, ni à leurs descendans, d'ôter les barres*, article 13.

Les bâtards des ennoblis sont roturiers.

Les uns sont sous leur puissance; les autres sous celle d'autrui. Les premiers sont *les pères les femmes veuves, les fils mariés, les mineurs ou majeurs de vingt ans, & autres étant en âge de vingt ans accomplis.*

Les femmes mariées ne peuvent disposer, *même par testament*, sous l'autorisation de leur mari.

Tel est, suivant la coutume, l'état des personnes dans cette province.

A l'égard des héritages, les uns sont de franc-aleu; les autres féodaux, les autres censuels.

Les fiefs sont purement d'honneur. Les roturiers ne peuvent en posséder, & les gens d'église doivent en acquitter les charges, à moins qu'ils n'en aient obtenu l'amortissement.

La commise par désaveu n'a pas lieu dans cette province; le vassal qui déclare par serment qu'il croit tenir son héritage en aleu, *il ne le commet encore que par après, & se trouve être fief.*

L'hommage est imprescriptible; mais le cens se prescrit par trente ans, sans distinguer si le détenteur représente le preneur à cens à titre universel ou à titre singulier; si par son contrat d'acquisition l'héritage lui a été déclaré censuel ou allodial; disposition très-exhorbitante du droit commun, de laquelle il résulte, ainsi que de plusieurs autres, que la maxime *nulle terre sans seigneur* n'est pas connue dans cette province; que les terres y ont conservé leur franchise primitive.

Quant à la justice seigneuriale, la coutume a cette particularité, *que droits de bannalités, four, moulins & pressoirs appartiennent régulièrement au haut-justicier, si par usage ou droits particuliers il n'appert du contraire.* Les coutumes d'Anjou

& du Maine ont à peu près la même disposition.

Encore une autre particularité ; c'est que les terres féodales, censuelles ou de main morte ne tombent pas dans la confiscation au profit du seigneur justicier, *ains retournent à celui à qui appartient la main-morte, ou au seigneur censier ou féodal de la chose*. Il a été un temps où cette disposition formoit le droit commun de l'Europe.

Enfin les sujets d'un seigneur ayant haute justice ne peuvent s'assembler en communauté sans le signifier aux officiers de la seigneurie, qui peuvent se trouver à l'assemblée s'ils le jugent à propos. On pourroit inférer de cette disposition, qu'autrefois tous les habitans de cette province étoient *hommes de poëte*.

Les rentes constituées sont réputées meubles.

Cette coutume diffère du droit commun dans les successions, en ce *qu'en successions directes de gentilshommes, tant qu'il y a fils ou descendant, ils excluent les filles. En collatérale, si avant qu'il y a frères ou descendans d'iceux, les sœurs ne succèdent aucunement ; ains par toute succession, soit mobilière, soit immobilière, et indistinctement somme de deniers, selon l'ordonnance du père, s'il en a précisément ordonné, & s'il n'en a ainsi ordonné, telle que les qualités, moyens & facultés de leur maison la peuvent donner, outre & pardessus les habillemens convenables à la décence de leur état, & frais de festin de noces, le tout, à l'arbitrage des parens ; où ils ne tomberoient d'accord, ou en sourdroient difficultés entre les parties, à ce qui en sera arbitré ou jugé.*

Cet article de la coutume de Lorraine, ce

forme au droit primitif des fiefs, paroît formé de deux textes, l'un du livre des fiefs, l'autre de l'assise du comte Godefroy pour la Bretagne. *Si quis decesserit filiis & filiabus superstitibus, succedunt tantùm filii æqualiter*, lib. feud. lib. 1, ch. 8. *Majores natu integrum dominium habeant, & junioribus pro posse suo provideant de necessariis ut honestè viverent.* Assise du comte Geoffroi de l'an 1185.

Sur le préciput de l'aîné, la coutume est très-analogue à celle de Champagne; elle est calquée sur celle de Paris, relativement aux moulins & pressoirs qui peuvent se trouver dans l'enclos de la maison que l'aîné prend pour son préciput.

C'est dans la coutume de Lorraine que l'on a puisé cet espèce d'axiome : *mariage, mort & vendage de fait tout louage.* M. Pithou, & après lui Brodeau, prétendent qu'il y a dans la coutume une faute d'impression; qu'au lieu de *louage* il faut lire *liage*; ce qui signifie que par le mariage, les enfans sortent de dessous la puissance de leur père, &c. Voyez le glossaire du droit françois de Raymon, avec les notes de Lauriere, au mot *Louage.*

Les récompenses faites aux serviteurs sont censées legs pieux, & en ont les prérogatives.

Biens vendus par autorité de justice peuvent être rachetés *par le débiteur dans la quinzaine.*

Les fruits sauvages *assis en lieux ou champs ouverts*, appartiennent à tous les habitans. Les arbres ne peuvent être coupés sans la permission du seigneur haut-justicier.

Le droit de pêche est prescriptible.

Tels sont les points qui caractérisent la coutume de Lorraine, & sur lesquels elle s'écarte plus du droit commun.

En général, cette coutume est très-sage, beaucoup mieux rédigée que quantité d'autres.

Il y a deux commentaires de cette coutum le premier, par Canon, assesseur au bailliage Vosges, *in-4°.; à Epinel, chez Ambroise Am broise* 1634.

Le deuxième, par Abraham Fabert, échev de la ville de Metz, *in-fol*; à Metz, chez Clau Bouchere, 1657.

Ces deux commentaires sont médiocres; seroit bien à désirer que quelque avocat au pa lement de Nanci voulût se donner la peine d faire un nouveau; c'est le vœu de toute la pr vince. Dans le nombre des jurisconsultes qui com posent le barreau de Nanci, il en est plusieu d'un très-grand mérite, & capables d'exécut cette entreprise de la manière la plus distingué

Passons aux loix canoniques & bénéficiales.

Le vaste pays des Gaules comprenoit différe corps qualifiés de Gaule Belgique, Gaule Celt que & d'Aquitaine, dont les bornes étoient l monts Pyrénées, la mer septentrionale, le Rh & les Alpes.

La Lorraine & le Barrois, compris dans Gaule Belgique, étoient gouvernés pour la pl grande partie, au civil, par les loix de la vil de Trèves, qui en étoit la métropole.

Lorsque la foi éclaira successivement les divers provinces des Gaules, on suivit dans l'égli l'ordre qui étoit établi dans l'état.

La ville de Trèves étant la plus considérab de la Gaule Belgique, elle y fut, pour l'eccl siastique, tout ce qu'elle y étoit pour le civil

& les villes de Metz, Toul & Verdun, qui en dépendoient, subirent le même sort; ainsi, la Lorraine & le Barrois, qui sont principalement dans ces trois diocèses, furent assujettis, pour l'ecclésiastique, à la métropole de Trèves.

Il y a néanmoins, dans ces deux provinces, certains petits districts qui font partie des archevêchés de Mayence, Besançon, Reims, & des évêchés de Strasbourg, Basle, Châlons-sur-Marne, & Langres, qui en sont les suffragans; mais nous n'en faisons mention que pour l'exactitude. Il est aisé de juger en effet que les concordats & les usages de ces églises n'ont pu faire règle dans le corps de deux états principalement soumis à la métropole de Trèves & aux évêchés qui en relèvent.

Des différentes provinces du royaume, il n'en est point qui ait eu plus à lutter contre les entreprises de la cour de Rome, que les duchés de Lorraine & de Bar; mais, dans tous les temps, les ducs ont opposé à ces entreprises la résistance la plus ferme.

Le duc Charles, dont le règne fut heureux, long & paisible, se montra singuliérement attentif à maintenir les anciens usages de la province; il paroît que tout ce qui intéressoit l'église l'occupoit particulièrement.

Par cinq ordonnances des 9 janvier 1571, 10 janvier 1572, 15 avril 1576, 18 juillet, 12 mai 1595, il défendit aux gens d'église & aux hôpitaux d'aliéner leurs biens-meubles & immbles, sans son consentement formel, à peine de nullité.

Il régla, dans trois ordonnances des 26 juin 1563, 27 juin 1567, & 14 septembre 1572, la manière de percevoir les dixmes, prémices, terrages, & d'empêcher toutes fraudes à cet égard, sous les peines qu'il prononça.

Il renouvela les ordonnances des ducs ses prédécesseurs, portant défenses de posséder aucun bénéfice dans ses états sans permission, par deux déclarations des 18 juin 1568 & 4 août 1570.

Il statua dans une autre ordonnance du 12 janvier 1583, que les comptes des fabriques se rendroient pardevant les prevôts, maires & gens de justice des lieux, à la participation des parties publiques, & en présence des curés & vicaires.

Protecteur des dogmes de l'église, il défendit la polygamie sous peine de mort, dans une ordonnance du 5 avril 1582; &, par une autre ordonnance du 12 janvier 1573, il ordonna l'observation des dimanches & des fêtes, sans pouvoir s'occuper aux œuvres serviles & manuelles, sous peine de certaines amendes, jusqu'à trois fois, & de punition corporelle pour la quatrième.

Il condamna toutes lettres d'expectatives & de coadjutoreries de bénéfices de son patronage ducal, dans deux ordonnances des 29 août 1588 & 16 octobre 1604, & il obligea les bénéficiers de résider dans leurs bénéfices, sous les peines de droit, par une autre ordonnance du mois d'août 1588.

Enfin, pour exciter l'émulation parmi les ecclésiastiques, il affecta dans une ordonnance du 23 décembre 1596, toutes les dignités, prébendes & chanoinies de sa collation qui viendroient à vaquer au mois d'août de chaque anrée, aux gradués de l'université de Pont-à-Mousson, pour en être pourvus par lui, suivant l'ordre des temps & prééminence des degrés, en préférant les docteurs aux licenciés, ceux-ci aux bacheliers, & les premiers reçus aux derniers, sans que cette disposition fût un obstacle à l'admission des résignations qui se feroient entre ses mains, pour en pourvoir d'autres que les gradués.

Le règne du duc Henri II son successeur en 1608, ne fut pas de longue durée; mais il fit exécuter toutes les ordonnances des ducs ses prédécesseurs, & renouvela celle du duc Charles III son pere, contre les blasphémateurs.

Le duc Charles IV, qui succéda au duc Henri en 1624, ne fut pas moins jaloux de la conservation des anciens usages. Il fit en conséquence plusieurs ordonnances pour le culte extérieur de l'église, touchant les matières qui étoient du ressort de la juridiction laïque.

La première année de son règne, le 9 septembre 1624, il ordonna que toutes personnes malades, alitées, se confesseroient le troisième jour, & si la maladie étoit violente, & qu'il y eût danger de mort, qu'on appelleroit le curé ou autre confesseur aussi-tôt, sous peine de vingt francs d'amende, contre les père & mère, chefs de famille & autres attachés aux malades, avec injonction aux médecins, chirurgiens & apothicaires, de les avertir de leur état jusqu'à trois fois, passé lesquelles ils ne les visiteroient qu'après que les malades auroient été confessés.

Par une ordonnance du même jour, il renouvela ses défenses de blasphêmer, sous peine d'amende les deux premières fois, du carcan ou

pilori pour la troisième fois, d'exil pendant de
ans pour la quatrième, d'avoir la langue perc
d'un fer chaud avec bannissement de quatre a
pour la cinquième, & la langue entiérem
coupée pour la sixème.

Par édit du 21 avril 1629, il défendit de
pourvoir contre des partages faits depuis cinq an
même sur le fondement des dispenses de vœ
& de professions, sauf à être adjugé des pensio
viagères aux religieux & religieuses relevés
leurs vœux.

Par une ordonnance du 5 mai 1629, il enjo
gnit aux officiers des lieux de pourvoir à la gar
des cures vacantes & des biens laissés par l
curés décédés, pour les conserver à leurs héritie
& fixa le commencement de l'année ecclésiastiq
au premier janvier, entre les successeurs aux b
néfices & les héritiers des prédécesseurs, po
en partager les fruits à proportion du temps
la jouissance de ceux-ci; il ordonna encore q
les parens des prêtres & ecclésiastiques sécuii
leur succèderoient *ab intestat*, conformément à
coutume de Lorraine, dans tous leurs biens, me
bles & immeubles, à la charge néanmoins
payer à leurs évêques un marc d'argent évalué
dix francs Barrois, par forme de reconnoissanc
pour être par eux appliqués à l'usage qui étoit
motif de leurs prétentions à la succession d
prêtres de leur diocèse: cette disposition
tombée dans le non usage; mais, pour s'en d
dommager, les évêques de Toul prétendent
droit de joyeux avènement, que plusieurs cu
n'ont pas refusé de payer.

Par les art. 1, 3, 5 & 7 d'une autre ordonna
du même jour 5 mai 1629, il fut statué, q

pour l'exécution de toutes commiſſions ou jugemens des juges d'égliſe, on ſeroit tenu de prendre *pareatis* des juges ordinaires; que pour irrévérence commiſe à l'égliſe, les eccléſiaſtiques pourroient punir les ſcandaleux à une aumône ou à une quantité de cire, juſqu'à concurrence de cinq francs, ſauf aux juges temporels à procéder autrement contre les coupables; que les ſalaires, rétributions & autres droits pour le ſervice de l'égliſe, comme la célébration de la ſainte meſſe, obsèques, enterremens, baptêmes & adminiſtration de ſacremens, ſeroient payés conformément au réglement de l'évêque, à charge qu'il ſeroit approuvé par le ſouverain; enfin que, conformément à l'indult du pape Léon X, nul eccléſiaſtique ne pourroit être attiré à Rome en première inſtance, à peine de punition exemplaire, tant contre les exécuteurs des mandemens, citations & commiſſions, que contre ceux qui les auroient obtenus.

Le duc Charles IV, frappé de l'abus des dots dans les couvents des religieuſes, les proſcrivit formellement dans deux autres ordonnances des 5 mai 1629, & 28 ſeptembre 1641, nonobſtant leſquelles & les ſaints canons, dont elles ne ſont qu'une confirmation, cet abus a continué de régner avec un el excès, qu'on ne peut entrer dans les couvens les plus riches, qu'en y portant des dots plus conſidérables que dans ceux qui ſont moins aiſés.

Par une ordonnance du 28 ſeptembre 1664, la recherche de toutes les fondations de bénéfices, tant royales que particulières, de leurs titres conſtitutifs, des ſervices & prières qui y étoient attachés, & des cauſes de leur ceſſation, fut ordonnée à la diligence des procureurs géné-raux, pour ensuite les revenus des bénéfices être saisis & appliqués à l'usage qui seroit fixé par le saint siége; il ne paroît pas que cet article ait été exécuté.

Nous venons de parler d'un édit du 9 janvier 1571 concernant l'aliénation des biens d'église; comme il est important d'en connoître les détails, nous allons en transcrire le dispositif: » Savoir » faisons, que nous meus du zèle de piété, & » désirant que l'intention & volonté des dona-» teurs & fondateurs desdits colléges soit suivie » & entretenue, même que le divin & saint » service y soit célébré comme d'ancienneté, » avons, de notre puissance & autorité souve-» raine, prohibé & défendu, prohibons & défen-» dons à tous doyens, prévôts, abbés, abbesses, » prieurs, prieuses, curés & autres personnes » ecclésiastiques, gouverneurs de commanderies » & hôpitaux, de ne vendre ni aliéner les biens » appartenans à leurs églises, soit meubles ou » immeubles, ni les mettre hors de leurs mains, » à quelque titre d'aliénation que ce soit, sans » notre exprès consentement & permission, si-» & à peine de nullité de tous les contrats qui » sur ce seroient faits & passés, & de perdition » des deniers qui auroient été déboursés pour » acquérir contre ceste notre défense & prohibi-» tion, sans espérance de recours en garantie » contre les vendeurs ou aliénans. Si man-» dons, &c «.

Le 15 novembre 1579, le même duc Charles III donna un édit portant, que dans ses états on se conformera à l'avenir au calendrier gré-gorien, de manière que dès *le premier jan-*

vier prochainement venant, l'on dira l'an 1580 pour être continué des lors à l'avenir pour toujours, &c.

On trouve dans un édit du même prince, de l'an 1572, la disposition de notre fameux édit de 1695, concernant la possession des ecclésiastiques; cet édit de 1572 porte : » Et voulons » que pour recueillir les dixmes de vins, les » propriétaires à qui ils appartiennent puissent aussi » commettre gens durant les vendanges pour » recueillir leurs dixmes aux champs ès-lieux ou » l'on a accoutumé les y prendre & recevoir, » sinon pour visiter les caves & voir s'il aura » été mal ou bien dixmé; & si aucuns sont » trouvés mésusans, seront amendables d'une » amende de dix francs, & quant à la perception d'autres rentes & profits appartenans aux » gens dudit état ecclésiastique, d'autant que » plusieurs refusent de payer icelles, si donc on » ne leur fait apparoir de titres, voulons & ordonnons aux justices de nosdits pays, qu'en » faisant apparoir par les demandeurs & poursuivans qu'ils sont en la possession & jouissance » de recevoir lesdites rentes par trois années continuelles & immédiates auparavant leur plainte » & doléance formées, sur lesdits refus ils aient » à les maintenir & conserver en leurdite possession & jouissance, sans autrement les contraindre de faire preuve ni exhibition de leurs » titres; & pour ôter plus grande liberté de » plaider, ordonnons auxdits juges que, tant sur » lesdites matières de dixmes que refus de payer » lesdits cens, rentes & revenus, ils procèdent à » l'adjudication sommairement & de plein droit, » & aux fins de dépens, dommages & intérêts s'ils

» y échéent, nonobstant oppositions ou appell
» tions que nous voulons n'avoir lieu en c
» cas «.

Une ordonnance du 5 mai 1629, contrai
en ce point au droit commun du royaume & à l
saine jurisprudence, affranchit les curés des ba
nalités de fours, moulins & pressoirs. L'article
de cette ordonnance est conçu en ces terme:
» Que les curés, & vicaires faisant la fonctio
» de curé, en quelque lieu que ce soit de n
» pays & terres de notre obéissance, & leu
» domestiques ordinaires & nécessaires à le
» service, ne pourront être contraints d'envoy
» moudre leurs grains ès moulins bannaux, au
» quels nos autres sujets & ceux des seigneu
» hauts-justiciers, tant ecclésiastiques, que n
» vassaux, sont tenus envoyer les leurs, ni mêm
» d'envoyer leurs raisins aux pressoirs bannaux
» cuire aux fours bannaux, & de laquelle bannal
» nous les avons déclarés & déclarons exempts
» charge néanmoins qu'ils ne pourront envo
» moudre leursdits grains en autres moulins, ni le
» raisins en autres pressoirs, ou cuire en aut
» fours situés hors nosdites terres, à peine
» confiscation desdits grains, raisins & pains
» eux envoyés hors icelles «.

Nous avons un monument très-précieux d
jurisprudence du parlement de Lorraine, sur
portions congrues, les charges des dixmes,
dans une réponse faite par MM. les avocats
cette cour à M. de Lagalaiziere, alors ch
celier de Stanislas. Cette réponse, la voici.

Les décimateurs sont chargés de payer
curés ou vicaires perpétuels la portion congr

s'il en a fait l'option, & s'il a fait choix du fixe de la cure, lequel est plus ou moins considérable, suivant les titres & l'usage des paroissiens, ils doivent l'en laisser jouir.

Si les décimateurs sont obligés de faire réédifier ou réparer l'église, il faut distinguer les dixmes ecclésiastiques, d'avec les inféodées, & épuiser les premières, avant de retomber sur les secondes.

Cet épuisement se fait par le produit des dixmes ecclésiastiques pendant dix années, & le surplus est à la charge des dixmes inféodées; mais s'il n'y en a point, & en cas d'insuffisance du rapport des dixmes ecclésiastiques pendant dix années, les paroissiens sont obligés de suppléer; & dans tous les cas on commence par les revenus de la fabrique, s'il y en a une.

Si un curé ou vicaire perpétuel a fait choix de la portion congrue, suivant qu'elle est réglée par les ordonnances, le décimateur doit la lui payer en faisant état du produit de son bouverot; & si l'évêque a trouvé nécessaire d'établir un vicaire résidant dans l'un des villages de la paroisse, les décimateurs payent encore la pension du vicaire.

Dans les succursales, les habitans payent la pension du vicaire, à moins que l'ordinaire, en connoissance de cause & après information de *commodo & incommodo*, n'ait jugé nécessaire l'établissement d'un vicaire residant; auquel cas le curé paye la pension de son vicaire, s'il a opté le fixe de sa cure, & le décimateur, si le curé est à portion congrue.

Les paroissiens des annexes & succursales logent leur vicaire ou prêtre desservant leur église, & au par delà ils sont encore obligé de contribuer au logement de leur curé, à proportion du nombre, le tout s'il n'y a titre en possession contraire.

Délibéré par le batonnier & conseil de MM. les avocats à la cour, dont copie a été délivrée à M. Durival, secrétaire de M. le chancelier, le 2 septembre 1741, signé du Mauduy de Baucharmois.

La question de savoir si la Lorraine est un pays d'obédience est traitée avec toute l'étendue & la profondeur qu'elle mérite par M. Thibaut, procureur général de la chambre des comptes de Nanci : ce magistrat, aussi bon citoyen que jurisconsulte éclairé, établit de la manière la plus solide la négative, & prouve, par des raisons supérieures à toute critique, que cette province est un pays non d'obédience, mais d'usage.

Si l'on entend par pays d'obédience, dit ce savant magistrat, ceux qui sont soumis à toutes les constitutions des papes, conciles, règles de chancellerie & bulles généralement quelconques, rien ne prouve mieux que la Lorraine n'est pas de cette nature, que l'inégalité & l'interruption de l'exercice de la plupart de ces réserves apostoliques, le manque d'acceptation de plusieurs, & le refus que firent toujours les ducs de Lorraine & la nation, d'admettre la bulle *in cœna domini*, certains articles du concile de Trente, & même différens canons répandus dans les décrétales & dans le sexte.

Si au contraire par la qualification de pays d'obédience, on conçoit un état qui n'a ni concordat, ni indult, & où quelques chapitres, monastères & collateurs ont souffert des atteintes à leur droit d'élection & de collation, par la puissance des papes qui leur ont fait souffrir quelquefois, & non pas sans interruption, le joug de quelques règles de la chancellerie romaine, la qualification de pays d'obédience nous doit d'autant moins effaroucher, qu'étant devenus pays d'indult, le roi y est subrogé dans les droits de la cour de Rome, & une partie de nos collateurs sont rentrés dans les leurs. Développons ces deux vérités.

La Lorraine, dans sa courte étendue, renferme beaucoup d'abbayes de différens ordres, & l'on ne peut nier que la cour de Rome n'en ait conféré plusieurs en titre & en commande dans les seizième & dix-septième siècles ; mais elle n'a point usé de ce droit sur quantité d'autres qui ont joui perpétuellement du droit d'élire leurs abbés ; telles sont en particulier celle de Freistrof, ordre de Citeaux ; celle de sainte Marie majeure, ordre de Prémontré ; celle de Domevre, ordre de saint Augustin, congrégation de chanoines réguliers de saint Sauveur ; celle de Longeville, ordre de saint Benoît ; il y en a même plusieurs autres ; mais nous nous contentons d'en rapporter une de chaque ordre ; ce qui suffira pour faire connoître que les papes n'ont usé que d'un pouvoir limité & restreint sur certains monastères de la Lorraine, & non sur tous. C'est ce que nous avons appelé inégalité d'exercice dans les réserves apostoliques.

L'interruption de cet exercice est aussi constante que son inégalité ; à l'abbaye près de saint Mihiel, ordre de saint Benoît, qui ne cessa d'être possédée en commande pendant deux siècles sur des collations pontificales, tous les autres monaftères de la Lorraine rentrèrent en règle, & élurent leurs abbés, à l'affiftance d'un commiffaire, fous le règne du duc Léopold. La deuxième règle de chancellerie ceffa par conféquent d'y avoir tout fon effet. Le retour de la liberté eft favorable, & fans l'indult, plufieurs monaftères feroient fondés à fecouer le joug de cette réferve apoftolique.

J'ai dit, ajoute M. Thiebaut, que plufieurs règles de la chancellerie n'ont point été acceptées en Lorraine; & de foixante onze, on n'y a reçu en effet comme loi fage dans la difcipline eccléfiaftique, que la règle dix-neuvième *de viginti diebus, five de infirmis refignantibus;* la règle vingtième *de idiomate*, la règle vingt-unième *de non impetrando beneficium per obitum viventium;* la règle vingt-unième *de fubrogandis colligantibus;* la règle trentième, *de verifimili notitia obitus;* la règle trente-fixième, *de triennali poffeffore;* & la règle trente-feptième du pape Innocent VIII, *de publicandis refignationibus.*

Des foixante-quatre autres règles, la plupart ne concernent que la forme des expéditions, à la réferve de dix, comme nous l'avons dit, touchant la difpofition des bénéfices, entre lefquelles les feconde, quatrième & neuvième ont fait le motif des plaintes du clergé féculier & régulier de la Lorraine, parce que c'eft en vertu de ces règles que les papes ont conféré de temps à autre les abbayes, les premières dignités des chapitres, les prieurés *omni die & menfe*, & les canonicats & cures du patronage eccléfiaftique par alternative de huit ou de fix mois.

Mais la troifième règle qui fait vaquer en cour de Rome un bénéfice réfigné par le pourvu d'un autre bénéfice incompatible, sur-tout en fait de patronage laïque, n'eut jamais lieu. Elle n'eut pas plus d'effet, lorsqu'au mépris d'une assignation le patron ecclésiastique usa de son droit, lequel fut toujours préféré à celui du saint siége.

Le pape Clément XII accorda au roi, le 15 janvier 1740, un indult ou bref apostolique, concernant la disposition des bénéfices consistoriaux & autres y mentionnés, situés dans la Lorraine & Barrois. En conséquence, le roi fit expédier des lettres-patentes au mois d'août de ladite année; l'indult & les lettres-patentes ont été enregistrées au parlement de Paris & au parlement de Nanci, sans approbation de ce qui y est contenu au sujet de l'abbaye de Moyen Moustier, ni des clauses contraires aux maximes du royaume, aux libertés de l'église gallicane, déclaration du roi & arrêts de la cour. *Mém. du clergé, tom. 2, pag. 1073 & suiv.*

M. Thibault nous apprend, page 191, que l'indult cité de Clément XII n'a été exécuté jusqu'à présent que conformément au concordat & aux usages & maximes de France, à tel point, que quoique cet indult donne au roi la disposition des bénéfices ou prieurés collatifs, sa majesté, non plus que le roi de Pologne, n'en ont point voulu user, parce que ce droit ne leur est pas donné par le concordat : il faut voir, dans le chapitre suivant, la savante explication que l'auteur a donnée dudit indult de Clément XII; il s'y propose la question de savoir si la Lorraine, par sa réunion à la France, jouira des droits ou des effets des libertés de l'église gallicanne, & prouve l'affirmative, qui semble d'elle-même incontestable, d'après les principes établis dans le nouveau commentaire de l'article premier des libertés de l'église gallicane; il nous dit aussi que l'édit de 1695, concernant la juridiction ecclésiastique, étoit comme reçu & exécuté d'avance sous le règne de Stanislas, & que la bulle *in cœna domini* n'a trouvé que des oppositions en Lorraine.

Il n'y a que deux tribunaux souverains en Lorraine, le parlement de Nanci, & la chambre des comptes. La compétence respective de ces deux tribunaux ayant donné lieu à plusieurs conflits, Léopold en détermina les limites d'une manière aussi claire que précise, par un édit du 31 janvier 1701. L'importance de cette loi, sa discordance sur plusieurs points avec les usages du royaume, nous imposent l'obligation d'en rapporter les principaux articles. Cette loi porte:

» Notre chambre des comptes de Lorraine, » à laquelle nous avons attribué & attribuons, » par ces présentes, la juridiction de cour des » aides & cour des monnoies, aura l'audition, » examen, clôture & appurement des comptes » de tous les officiers comptables de notre duché » de Lorraine, terres & seigneuries y annexées; » connoîtra pareillement en dernier ressort de la » régie, économie & administration de tous nos » domaines & droits domaniaux actuellement en » nature de domaine, & dont le revenu n'est » point engagé ni aliéné, même de la mauvaise » administration qui pourroit en être faite par » nos engagistes ou détenteurs, lorsque notre » procureur-général en icelle sera seul partie contre lesdits engagistes ou détenteurs; & » au cas que lesdits engagistes ou détenteurs au-

» roient difficultés contre les débiteurs des cens, » rentes, droits & revenus dépendans de nos » domaines aliénés ou engagés, les actions en » seront poursuivies en première instance à la » justice ordinaire, & par appel, à notredite » cour. Notredite chambre des comptes connoîtra » aussi des actions & poursuites pour la réunion » de nos domaines aliénés, & liquidation des » remboursemens & imputations à faire en con- » séquence; & lorsqu'un droit & héritage sera » contesté ou dénié appartenir à notre domaine, » soit par action intentée au pétitoire, soit au » possessoire, tant en demandant qu'en défendant, » la connoissance en appartiendra, en première » instance, aux bailliages, & par appel, à notre » chambre des comptes, à laquelle nous attri- » buons aussi la connoissance en première instance, » & à l'exclusion des bailliages, de l'indemnité » due pour les biens amortis dans les hautes- » justices de nos domaines; & dans celles des » ecclésiastiques & seigneurs particuliers, la con- » noissance en appartiendra en première instance » aux juges des bailliages, sauf l'appel à notredite » cour.

» La connoissance des actions intentées pour » droit de déshérence, bâtardise & aubaine, » même des droits de main-morte, tant dans les » hautes-justices de notre domaine, que dans les » terres & justices des seigneurs, appartiendra en » première instance à la justice ordinaire, sauf » l'appel en notredite cour, demeurant néan- » moins à notredite chambre la régie & admi- » nistration de tous les biens & revenus qui pro- » viendront desdits droits d'aubaine, déshé-

» rence & bâtardise, après qu'ils nous seront
» adjugés.

» Notredite chambre des comptes connoîtra
» pareillement, à l'exclusion de tous autres juges,
» des surtaux, franchises & exemptions accordées
» à nos fermiers & à leurs sous-fermiers, en exé-
» cution de leurs baux, nous réservant à nous
» & à notre conseil la connoissance de toutes
» autres franchises & exemptions, même du fait
» de noblesse, l'interdisant à tous autres juges,
» voulons néanmoins que toutes lettres de no-
» blesse soient entérinées en notredite chambre
» des comptes, conformément à l'ordonnance
» du 11 juin 1573, & enregistrée en notredite
» cour.

» Notredite chambre connoîtra aussi, seule &
» à l'exclusion de tous autres juges, des difficul-
» tés d'entre les fermiers & sous-fermiers des
» droits de nos domaines, de leurs associés &
» commis pour le fait des fermes, comptes &
» contestations en résultantes; elle connoîtra pa-
» reillement des appellations, des jugemens ren-
» dus par les officiers des salines, & des régle-
» mens qu'il conviendra faire au sujet desdites
» salines.

» Elle connoîtra aussi en cause d'appel, de
» toutes actions concernant la propriété, les
» mesus & délits commis dans les bois & forêts de
» nos domaines, ensemble dans ceux des commu-
» nautés qui en dépendent.

» Et à l'égard des bois, eaux & forêts des
» communautés dépendantes des hautes-justices,
» qui ne sont de notre domaine, ensemble de
» ceux des seigneurs & autres particuliers, la
» connoissance en appartiendra, par appel, à

» notredite cour, de même que de ceux qui dépendent de nos domaines aliénés ou engagés ; » & au cas que notre procureur-général en notredite chambre intenteroit action en sa qualité, » & sans être joint à aucune partie, contre un » engagiste ou détenteur, pour dégradations ou » mauvaise exploitation, la connoissance en appar- » tiendra à notredite chambre des comptes de » Lorraine.

» Notredite chambre connoîtra aussi, & à l'ex- » clusion de tous autres juges, de la fabrication » de nos monnoies, des mines, par-tout où elles » puissent être situées, circonstances & dépen- » dances ; des crimes & délits commis par les » entrepreneurs, ouvriers ou commis & préposés à » la fabrication desdites monnoies, pour raison » de ce, même du billonnage & enlèvement des » espèces & matières d'or & d'argent, & par » prévention, avec les juges de nos bailliages, » du crime de fabrication, altération ou exposi- » tion de fausse monnoie, commis par des étran- » gers & autres que les ouvriers de ladite » monnoie «.

Les bois communaux sont assujettis à un droit inconnu dans les autres provinces du royaume. Voyez ci-après, TIERS-DENIERS.

Voyez le recueil des ordonnances de Lorraine imprimé à Nanci chez François Bubin ; les deux commentateurs de la coutume de cette province ; les coutumes de Saint-Michel, Epinal, &c. ; la coutume du Val-de-Lierre, petit canton dans les Vosges, qui se gouverne par des usages particuliers ; sur les loix bénéficiales, le traité de M. Thibaut, procureur-général de la chambre des comptes de Nanci ; sur la constitution des cha-

pitres nobles de cette province, les articles ci dessus, Remiremont en Epinal, ouvrage de deux plumes très-connues dans la littérature; enfin l'excellent ouvrage que M. Durival vient de donner au public sur la Lorraine.

(*Article de M. H***, avocat au parlement*)

LORRIS (COUTUME DE). Les coutumes de Lorris passent pour les plus anciennes du royaume suivant lesquelles une grande partie de la France étoit régie, notamment les duchés d'Orléans & de Nemours, les bailliages de Montargis, Crepy, & les ressorts & exemptions d'iceux; les comtés de Guyenne, de Sancerre; les baronnies de Beaugency, Sully, Montfaucon, Aubigny, Meun; le pays & seigneurie de Gâtinois, jusqu'à la rivière d'Yonne, de Beausse, de Sologne, de Courtenay, de Puysaye; pays & duché de Berry sous le ressort de Concorsault, & partie de celui de Bourges, Châtillon, Saint-Brisson, Chaumont en Bassigny, & plusieurs autres.

Elles ont tiré leur nom de la châtellenie de Lorris en Gâtinois, & leur origine, des coutumes & priviléges que le roi Louis VI, dit *le Gros*, accorda aux habitans de Lorris, Courpatel & Chantelou, dont la chartre originale ayant été consumée dans l'incendie de partie de la ville de Lorris, lorsque le roi Philippe-Auguste y étoit; ce prince, par chartre donnée à Bourges l'an 1187, reconnoît la perte de leurs titres par l'accident du feu, & confirme les coutumes que le roi Louis-le-Gros, son ayeul, leur avoit octroyées, & le roi Louis-le-Jeune continuées, en tant que besoin seroit, les accorde de nouveau. Quelques-uns ont même cru que les coutumes de Lorris étoient e[...]

usage dès le temps du roi Philippe I, en conséquence du passage d'Aimoin, liv. 5, chap. 45 de son histoire, où, parlant du délaissement fait par Foulques Réchin, du comté de Gâtinois, au roi Philippe I, il dit : *Rex autem juravit se servaturum consuetudines terræ illius, aliter enim nolebant milites ei facere sua hominia.*

Le même roi Louis-le-Gros, à la prière de Blanchard, sieur du Moulinet, accorda les coutumes de Lorris aux habitans de la paroisse & seigneurie du Moulinet ; & depuis, Louis VII, son fils, ayant acquis cette terre à titre d'échange, de Robert fils de Blanchard, il en donna la moitié aux abbé & religieux de Saint-Benoît-sur-Loire, & à leur prière, confirma aux habitans de ce lieu les coutumes de Lorris, par chartre donnée à Lorris l'an 1159.

Elles furent depuis communiquées à plusieurs lieux ; le roi Philippe-Auguste les donna aux habitans de Voisines, dépendans de Saint-Benoît-sur-Loire, par chartre donnée à Sens en 1187.

Le roi Louis-le-Jeune ayant été associé en pariage en la ville de Lorêts, ce fut à condition que le prévôt royal ne pourroit être établi sans le consentement de l'abbé & religieux de Bonneval, qui faisoient le pariage, & qu'il prêteroit le serment de garder les coutumes du pays. Par titre de l'an 1159, confirmé par autre du roi Philippe-Auguste à Paris, l'an 1195, Pierre de France, seigneur de Montargis, fils du roi Louis-le-Gros, accorda les mêmes coutumes aux habitans de Montargis, par titre de l'an 1170, confirmé par le roi Philippe V, dit *le Long*, par lettres-patentes données à Châteauneuf-sur-Loire. En avril 1320, Pierre de France donna les mêmes coutumes aux habitans de Bois-le-Roi, l'an 117

Le roi Philippe-Auguste conceda ces mêm privileges & coutumes aux habitans de Dimon par chartre donnée à Fontainebleau l'an 119 confirmée par Charles VI en 1408.

A l'imitation des rois & enfans de France, l grands du royaume accordèrent les mêmes co tumes aux habitans de leurs terres. Etienne, pr mier du nom, comte de Sancerre, les donna a habitans de sa ville de Sancerre & aux habita de Barlien; le titre pour Barlien est de l'an 119 dans lequel il qualifie les coutumes de Lorri *regias & liberas consuetudines quas Lorriaci ha tatoribus rex Ludovicus instituit.* Le même l conceda aux habitans de Saint-Brisson; & Etien de Sancerre, seigneur de Châtillon, les confirr par titre de l'an 1210. *Libertates illas & consi tudines quas ipsis firmaverat comes Stephan pater meus, videlicet usus & consuetudines Lorria*

Le comte Guillaume, fils d'Etienne, les don aux habitans de l'Etang de Lorris, l'an 1190.

Thibault-le-Bon, comte de Blois & de Troy les octroya aux habitans de Chaumont en Bassign par acte passé à Troyes l'an 1190; ce que co firma Thibault, roi de Navarre, comte Pala de Champagne & de Brie, au mois de m 1228; & après lui Thibaut son fils, aussi de Navarre & comte des mêmes comtés, l' 1259, & le roi Philippe-le-Bel, l'an 1292; com aussi le roi Philippe de-Valois, l'an 1332.

Robert de Courtenay & Mahaud, dame Meun, sa femme, accordèrent les mêmes co tumes aux habitans des châtellenies de Meun de Saint-Laurent sur Baranjou, ès années 12 & 1234.

Ces coutumes ne contenoient dans l'origine que trente-six à trente-sept articles, dont les principaux avoient pour objet le cens dû par les maisons & héritages, les droits de péage, tontine, forage, ban, vin, les gages de bataille, &c. l'amende due par les pléges du vaincu; d'où vient le proverbe : *En la coutume de Lorris le battu paye l'amende.*

Voici l'article de ces anciennes coutumes relatif au cens, nous allons le transcrire, parce qu'il sert à prouver que la maxime, *nulle terre sans seigneur*, étoit dès-lors admise & reçue dans cette province. *Quicumque in Lorriaci parochiâ domum habebit, & pro cumque aripenno terræ, si in eadem parochiâ habuerit, sex denarios census tantùm persolvat.*

Cette coutume a été successivement augmentée des différens titres qui la composent aujourd'hui. Elle fut compilée & rédigée par écrit en 1330, &; à ce que l'on prétend, sous les yeux & du consentement de Philippe-de-Valois.

En 1494, nouvelle rédaction de cette coutume dans la ville de Montargis, pour les bailliages d'Orléans & Montargis, en vertu de lettres-patentes de Charles VIII, du 28 janvier 1493.

Il n'existoit, comme l'on voit, à cette époque, qu'une seule coutume pour Orléans & Montargis. Ces deux bailliages suivoient également la coutume de Lorris. Dumoulin rend témoignage de cette vérité en ces termes : *Consuetudines Lorriacenses & Aurelianenses affines esse quippe cùm fuerint ab initio una consuetudo.* Sur l'ancienne coutume de Paris, §. 1, gl. 4.

En 1497, le duché d'Orléans ayant été réuni à la couronne, Louis, duc d'Orléans, depuis appelé Louis XII, ayant succédé au roi Charles

VIII, donna des lettres-patentes l'an 1509, po la rédaction des coutumes du bailliage & duch d'Orléans; ce qui fut exécuté, & ces coutum qualifiées, les coutumes du bailliage & prévô d'Orléans, lesquelles d'ancienneté avoient é vulgairement appelées *les coutumes de Lorris* pour ce que Lorris est l'une des châtellenies dud bailliage où elles furent rédigées par écrit.

A la rédaction, ceux de Montargis, & l plupart de ceux qui étoient régis par les ancienn coutumes de Lorris, furent appelés, & n'y com parurent pas; au contraire, les officiers de Mo targis, en l'an 1530, obtinrent lettres du r François premier, pour la rédaction & publica tion des coutumes de Lorris, selon qu'elle avoient été auparavant commencées au lieu d Montargis, où furent appelés & comparure tous ceux du bailliage de Montargis & des terre de Gient, Nemours, Sancerre, Beausse, Sologne Gâtinois & autres lieux. Les officiers d'Orléan y formèrent opposition, soutenant que ceux d Montargis étoient du bailliage d'Orléans; qu Montargis n'avoit été qu'un siége des cas royau des exempts & privilégiés pendant l'apanage d'Or léans, lequel étant fini, les choses retournoien à leur premier état, & ceux de Montargis étoien sujets à la coutume de Lorris, rédigée à Orléan en l'an 1509, qui n'étoit que la même qui avoi été autrefois rédigée à Lorris, l'une des châte lenies du duché d'Orléans au temps du roi Phi lippe. Sur cette opposition dont ceux de Mon targis empêchérent l'effet, les parties furent ren voyees en la cour, & cependant passé outre à l rédaction, comme du tout le procès-verbal fa foi.

Depuis ce temps, les coutumes de Lorris ont été divisées en deux, les unes ayant été appelées de Lorris Orléans, & les autres de Lorris Montargis. Par les premières sont régis le duché & bailliage d'Orléans & siéges qui y ressortissent, & ceux dont les seigneurs ou officiers ont comparu à la rédaction faite en la ville d'Orléans, en l'an 1509, & à la réformation de l'an 1583, à laquelle ont assisté ceux de la ville de Lorris, siége particulier du bailliage d'Orléans, auxquels les anciennes coutumes de Lorris ont été premiérement accordées, & qui ont tiré leur nom de la ville de Lorris. Les coutumes de Lorris Montargis sont gardées en la ville, prevôté, bailliage & ressort de Montargis & autres lieux de Gâtinois, Beausse, Sologne, Sens, Melun, Auxerrois, & autres dénommés au procès-verbal d'icelles.

Nous venons de parler du proverbe, *dans la coutume de Lorris le battu paye l'amende.* Pasquier en développe le sens & l'origine, livre 8, chap. 29 de ses recherches. Comme ce passage renferme aussi des notions sur l'antiquité de cette coutume, nous allons le transcrire.

» Quand un homme, qui au jugement du » peuple avoit bonne cause, toutefois par mal» heur a été maltraité en justice, on dit en com» mun proverbe, *qu'il est des hommes de Lorris,* » *où le battu paye l'amende.* Lisez la coutume » que nous appelons de Lorry, vous n'y trouvez » point cet article, lequel toutefois a été autre» fois en usage; au moins trouvai-je que le roi » Louis leur ayant accordé plusieurs priviléges; » depuis, Philippe son petit fils les leur con» firma. La confirmation se trouve au mémorial

» de la chambre des compte, qui traite des an-
» nées 1448, jusqu'en l'an 1468, encore qu
» ce titre soit âgé de huit vingt ans plus que o
» mémorial. Mais il faut que par occasion q
» se présenta lors, il y ait été inséré & pon
» entre autres articles cestui particuliérement. S
» *homines de Loriaco vadis duelli temerè dede-*
» *rint, & præpositi assensu antequàm obsides dede-*
» *rint, concordaverint, duos solidos & sex dena-*
» *rios uterque persolvat. Si de legitimis hominibu*
» *duellum factum fuerit, obsides devicti centu*
» *& duodecim solidos persolvent.* Il y a plusieur
» autres articles; & pour vous montrer la longue an-
» cienneté de ce titre, il y a au bout de c
» mots: *Sic signatum regni nostri octavo, adstan-*
» *tibus in palatio nostro quorum nomina supposit*
» *sunt & signa. S. comitis Theobaldi dapife*
» *nostri, S. Guidonis buticularii, S. Guidoni*
» *camerarii, S. Radalphi constabularii. Data*
» *vacante cancellariâ*; qui est à dire, que si au-
» cuns habitans de Lorry follement jettent le
» gage de bataille, & que puis après, du con-
» sentement du prévôt, ils accordent, l'un &
» l'autre sera condamné en l'amende de deu
» sous six deniers; & s'ils combattent, les plege
» de celui qui aura été vaincu seront tenus d
» payer cent douze sous aux autres gages d
» bataille, le vaincu perdroit bien sa cause; ma
» je ne vois point qu'il fût bien tenu de paye
» aucune amende; & par aventure, de là vint c
» usage, quand un homme maltraité paye l'amende
» on dit qu'il est de la coutume de Lorry, où l
» battu paye l'amende «.

Il y a dans la province de Berry plusieur
seigneurie

seigneuries & contrées qui se gouvernent par la coutume de Lorris.

Lorsque l'on procéda à la rédaction de la coutume de Berry en 1539, tous les seigneurs de la province furent assignés en vertu de lettres-patentes decernées à cet effet. Parmi les nobles comparans, l'on voit d'abord le comte de Sancerre (*), puis François de Chasseron, seigneur de Montfaucon, en personnes, sous protestation, disent-ils, que leur comparution ne préjudiciera point à la déclaration qu'ils entendent faire que leurs terres sont régies par la coutume de Lorris.

Viennent ensuite les seigneurs de Marmagne, Cru, Vauvrilles, Berlieres, Verrieres, Cresancy, Chassy, Nuisement, grand & petit Manay, Avor, Farges & Boisboulon, en personnes, & les seigneurs de la Motte Couchon, Douay & la Garde, par procureurs, tous vassaux de la baronnie de Montfaucon.

Entre les opposans pour la coutume de Lorris, on trouve le baron de Montfaucon en personne, qui déclare, tant pour lui que pour ses vassaux, manans & habitans de sa baronnie, ses sujets, qu'ils étoient tous régis & gouvernés selon les coutumes de Lorris, redigées l'an 1531, à raison de quoi n'avoient dû ni pu être appelés à la rédaction des coutumes de Berry, èsquelles ils n'entendoient aucunement, eux, leurs terres & seigneuries, être compris, régis & gouvernés.

Le bailliage de Bourges prétendit qu'à cause

(*) La Thaumassière, coutume de Berry, *proc. verb.* page 669.

que ces seigneurs étoient dans son ressort, ils devoient suivre la coutume de Berry. Mais les commissaires se contentèrent d'appointer les parties respectives, sans toutefois préjudicier au droit des seigneurs opposans. Les oppositions sont demeurées indécises, & ces seigneurs ont toujours continué de suivre universellement la coutume de Lorris.

Les coutumes de Berry furent homologuées par arrêt de la cour du 8 juin 1540, à la charge de toutes les oppositions formées singuliérement par le comte de Sancerre & le baron de Montfaucon, tant pour eux que pour leurs vassaux. Trente-neuf ans après, en 1579, parut le premier commentaire de ces coutumes, fait par l'abbé de Montveron, avocat du roi au bailliage de Bourges, & qui pouvoit avoir assisté lui-même à la rédaction, ou du moins apprendre de la bouche même de ceux qui s'y étoient trouvés, tous les détails de cette grande affaire.

» Plusieurs seigneurs, dit-il, sont fondés à » demander les droits seigneuriaux à eux dus, » leur être payés suivant la coutume de Lorris, » selon laquelle ils mettent en fait avoir été » servis desdits droits, quoiqu'ils ne se soient » opposés à la rédaction des présentes coutumes » pour être régis & gouvernés, soit pour le » regard desdits droits, soit en autre cas, suivant » la coutume de Lorris, comme ont fait quelques » ques seigneurs ayant terres au dedans du » pays de Berry, ainsi qu'il appert par le procès- » verbal.

Que conclut l'abbé de ce que ces seigneurs n'ont formé nulle opposition, & de ce qu'ils n'ont point expressément réclamé la coutume de Lorris?

» Et par-tout l'argument des droits seigneuriaux
» aux autres cas n'est valable, de manière qu'il
» ne faut faire conséquence, si l'on jouit de la
» coutume de Lorris pour les droits seigneuriaux,
» que l'on doive aussi être régi par icelle en autres
» affaires.

» Depuis, ajoute l'abbé, c'est-à-dire, depuis
» l'homologation, les coutumes de Berry &
» Lorris ont été réglées par cinq arrêts; à savoir,
» qu'en successions & autres matières où il est
» question de partage, droits seigneuriaux, criées
» & autres différends entre les sujets des comtes,
» barons & seigneurs qui se sont opposés, tant
» pour eux que pour leurs sujets, à la rédaction
» desdites coutumes de Berry, & avec lesquels
» avoient été homologuées les coutumes de
» Lorris, ils se doivent arrêter, payer faire &
» parfaire selon lesdites coutumes de Lorris;
» nonobstant que les comtés, baronnies & sei-
» gneuries soient au dedans du duché de Berry;
» & nonobstant l'arrêt d'appointement intervenu
» à la rédaction desdites coutumes de Berry. »

L'abbé rapporte ensuite les espèces de ces cinq arrêts de réglement des .... février 1517, 18 janvier 1555, 11 mars 1558, 8 mars 1560, & du .... 1572 (*).

Les cantons de la province de Berry qui suivent la coutume de Lorris, doivent-ils, sur les points omis par cette coutume, recourir à celle de Berry ou au droit romain.

(*) Ragneau, sur la coutume de Berry, page 651; la Thaumassière, sur la même coutume, page 583, citent aussi ces mêmes arrêts.

Cette question repaît fréquemment; la Tha-
maſſiere, *dans ſes queſtions ſur la coutume*
Berry, ſeconde centurie, chapitre 100, la di-
cute avec beaucoup de ſoin; voici de quelle manière il s'exprime.

La coutume de Lorris eſt obſervée en pl-
ſieurs juſtices du reſſort du duché & bailliag-
de Berry, comme au comté de Sancerre, &
la baronnie de Montfaucon, néanmoins ce n'e
que comme coutume locale, la coutume
Berry demeurant toujours pour générale,
faiſant loi dans toute l'étendue du pays & duch
de Berry, ès cas qui ne ſont exprimés que p
celle de Lorris, qui y eſt locale, d'où vient q
s'il ſe préſente quelque queſtion qui ne ſo
terminée par la coutume de Lorris èſdites terr
où elle eſt locale, il faut avoir recours à c
coutumes, plutôt qu'à celles de Paris ou
droit romain. Conformement à cette maxime
l'an 1653 fut jugé en la prévôté de cet
ville, qu'au comté de Sancerre qui eſt régi p
la coutume de Lorris, qui n'a determiné l'â
requis pour faire teſtament, on devoit recou
à celle de Berry, comme générale, qui perm
de teſter à 18 ans, & non au droit Romain
ainſi que les arrêts ont jugé entre perſonnes
Montargis où ladite coutume eſt générale, par
que, comme nous avons dit en notre centurie
queſt. 1, on ne doit avoir recours au droit r
main qu'à défaut de la coutume, & celle
Berry fait loi par toute la province ès cas om
par les coutumes locales; & partant elle d
plutôt être ſuivie que la diſpoſition des lo
Romaines, quoique pour lors maître Robert
chevalier, doyen des avocats, qui plaidoit e

la cause, soutînt, suivant l'opinion de l'Hoste, sur l'art. 5, tit. des droits des gens mariés de la coutume de Lorris, qu'en ladite coutume on devoit se conformer à celle de Paris, art. 293, qui permet de tester des meubles & conquêts à vingt ans, mais pour disposer des propres, désire l'âge de 25 ans accomplis; le sentiment duquel ne fut suivi en Berry, & ne doit pas même être gardé à Montargis, comme contraire aux arrêts de la cour, qui, en semblables rencontres, nous renvoyent au droit romain plutôt qu'à la coutume de Paris, comme nous avons dit ci-devant. Je plaidois en cette cause, ajoute la Thaumassière, pour Anne Daulny, héritière instituée par Romble Daulny, âgé de 18 ans seulement, le testament duquel fut confirmé, nonobstant les raisons alléguées par Jean Moreau, qui débattoit le testament, & qui acquiesça à la sentence du prévôt de Bourges, ayant appris en consultation des plus fameux avocats, qu'elle étoit très-juridique.

Pour la même raison il a été jugé au comté de Sancerre, que la femme succède au mari, à l'exclusion du seigneur haut-justicier, par arrêt du 7 septembre 1600, au profit de Marin Moulier & Anne Ducarroy sa femme, auparavant veuve de Jean Migourdin, contre le seigneur comte de Sancerre, quoique la coutume de Lorris, observée audit comté de Sancerre, ne décide la question, la cour ayant jugé qu'il falloit avoir recours à la coutume de Berri, qui est générale en tout le duché, sauf ès cas décidés particulièrement par la coutume de Lorris, gardée par forme de coutume locale; ce qui se peut remarquer par le titre de ces coutumes qui ont été qualifiées générales par MM. les commissfaires en leur procès-verbal de rédaction d'icelles & par la cour en son arrêt d'homologation. L'arrêt est au long rapporté par Chenu, cent. 1, quest. 79; par Montholon, arrêt 92; Bouguier, lettre *S*, nomb. 12; Brodeau, sur Louet, lettre *E*, nomb. 22.

Suivant la même maxime, quoique la coutume de Lorris ne parle du droit de suite des dixmes, l'on pratique en toute la province de Berry la disposition de l'article 18, titre des droits pred. en cette coutume générale, & ainsi aux autres cas qui ne sont particulièrement décidés par la coutume de Lorris.

Voyez les différens commentaires de la coutume de Lorris, Montargis, & sur-tout la Thaumassiere, qui nous a fourni la majeure partie de cet article. (*Article de M. H***, avocat au parlement*)

LOT. Portion d'un tout qui se partage entre plusieurs personnes. Il se dit principalement en matière d'hérédité & de succession.

Dans les successions, l'aîné fait les Lots; c'est ordinairement le cadet qui choisit.

Quelquefois on les fait tirer par un enfant, ou bien la distribution s'en fait par convention.

Entre cohéritiers, les Lots sont garans les uns des autres.

Lot se dit aussi, en matière bénéficiale, en parlant du partage des terres & des revenus d'une abbaye ou d'un prieuré, entre l'abbé & le prieur commendataire & les religieux. Les Lots sont au nombre de trois: l'abbé en a le choix; les religieux choisissent ensuite, & le troisième Lot, qu'on appele tiers Lot, demeure encore entre les mains de l'abbé pour l'acquit des charges: les revenus des offices conventuels n'entrent jamais dans les Lots.

LOTERIE. Sorte de banque où les lots sont tirés au hasard.

L'usage des Loteries est fort ancien. Les romains, pour célébrer les saturnales, en imaginèrent dont tous les billets, qu'on distribuoit *gratis* aux convives, gagnoient quelque prix.

Cette invention étoit une manière galante de marquer sa libéralité, & de rendre la fête plus vive & plus intéressante, en mettant d'abord tout le monde de bonne humeur.

Auguste goûta beaucoup cette idée; & quoique les billets des Loteries qu'il faisoit consistassent quelquefois en de pures bagatelles, ils étoient imaginés pour donner matière à s'amuser encore davantage; mais Néron, dans les prix que l'on célébroit pour l'éternité de l'empire, étala la plus grande magnificence en ce genre. Il créa des Loteries publiques en faveur du peuple, de mille billets par jour, dont quelques-uns suffisoient pour faire la fortune des personnes entre les mains desquelles le hasard les distribuoit.

L'empereur Héliogabale trouva plaisant de composer des Loteries, moitié de billets utiles, & moitié de billets qui gagnoient des choses risibles & de nulle valeur: il y avoit, par exemple, un billet de six esclaves, un autre de six mouches, un billet d'un vase de grand prix, & un autre d'un vase de terre commune, ainsi du reste.

En 1685, Louis XIV renouvela dans ce royaume la mémoire des anciennes Loteries romaines ; il en fit une fort brillante au sujet du mariage de sa fille avec M. le duc. Il établit dans le sallon de Marly quatre boutiques remplies de ce que l'industrie des ouvriers de Paris avoit produit de plus riche & de plus recherché. Les dames & les hommes nommés du voyage tirèrent au sort les bijoux dont ces boutiques étoient garnies.

Aujourd'hui nos Loteries de France ont communément pour objet de parvenir à faire des fonds destinés à quelques œuvres pieuses ou à quelque besoin de l'état.

On ne peut établir ni publier aucune Loterie que ce ne soit en vertu d'une permission du roi. Il y a à ce sujet divers arrêts de réglement, dont le dernier, émané du conseil d'état le 20 septembre 1776, porte en termes exprès » qu'il ne pourra être publié & affiché aucunes » Loteries dans le royaume, de quelque nature » qu'elles soient, ni distribué aucuns billets, » sans que lesdites Loteries soient autorisées par » sa majesté. Fait défenses à tous négocians, » marchands, banquiers, & à toutes personnes, » de quelque qualité & condition qu'elles soient, » de se charger de la distribution d'aucuns bil- » lets de Loteries étrangères, ou autres qui » n'auroient pas été autorisées par sa majesté, » à peine de restitution des sommes reçues pour » les billets distribués, de trois mille livres » d'amende, & de plus grande peine, si le cas » y écheoit ».

Par un autre arrêt rendu au conseil d'état le 30 juin 1776, le roi a supprimé les Loteries de l'école royale militaire, de l'hôtel de ville de Paris, de la générale d'association, & des communautés religieuses : il a en même temps été créé une nouvelle Loterie, sous le nom de *Loterie royale de France*, à la régie de laquelle ont été unies la Loterie des enfans trouvés & celle de piété, que l'arrêt cité a conservées.

Le roi ayant jugé nécessaire pour la sûreté du public & celle de l'administration, d'établir une police & une discipline exactes parmi les colporteurs des Loteries en province, & de faire connoître les obligations dont ces colporteurs sont tenus envers le public & l'administration de la Loterie royale de France, sa majesté a rendu en son conseil le 21 décembre 1776, un arrêt qui contient les dispositions suivantes :

» Article I. Aucun particulier ne pourra à » l'avenir vendre, distribuer, crier & colporter » des billets & listes de la Loterie royale de » France, ainsi que des Loteries de piété & des » enfans-trouvés y réunies, s'il n'est avoué de » l'administration de ladite Loterie, & par elle » pourvu d'une commission & d'une plaque ou » écusson de cuivre, portant d'un côté les armes » du roi, & de l'autre ces mots : *Loterie royale* » *de France*, & le numéro du bureau auquel » le colporteur sera attaché.

» II. Nul ne pourra obtenir lesdites commis- » sions, s'il ne justifie à l'administration d'un » extrait de baptême en bonne forme, qu'il est » né sujet de sa majesté, ayant l'âge au moins » de trente ans, qu'il sait lire & écrire, & s'il » ne rapporte un certificat de ses bonnes vie & » mœurs, signé du curé de sa paroisse & trois » personnes notables du lieu qu'il habite, en- » semble du consentement du receveur desdites » Loteries, de lui confier des billets pour être

» vendus & colportés dans la ville où le bur
» de la Loterie royale est établie; desquels bil
» ledit receveur demeurera responsable, dev
» être signés de lui & délivrés uniquement
» lui audit Colporteur.

» III. Celui qui sera pourvu de commiss
» & de plaque, ne colportera des billets
» listes de Loteries que pour celui desdits re
» veurs qui sera autorisé par l'administratio
» l'employer, lequel receveur en fera la p
» sentation & déclaration au bureau gén
» de l'administration; & dans le cas de chan
» ment, soit du receveur, soit du colporte
» ils seront tenus l'un & l'autre d'en faire la
» claration au susdit bureau.

» IV. Seront tenus lesdits colporteurs de p
» ter leur plaque ou écusson attachée en é
» dence au-devant de leur vêtement, & de por
» leur commission sur eux, à peine de *cent liv*
» *d'amende*; ils ne pourront, sous quelque p
» texte que ce puisse être, prêter à qui que
» soit leurs commission ou plaque, à peine
» *trois cents livres d'amende & de prison*, t
» contre celui qui auroit fait le prêt, que con
» celui qui l'auroit accepté : pourront même l
» porteurs de commissions & plaques être ar
» tés sur le champ.

» V. Lesdits colporteurs pourront vendre
» distribuer lesdits billets & listes des Loteri
» par les rues, places & marchés seulemen
» & non dans leurs maisons, depuis sept heu
» du matin jusqu'à six heures du soir, à comp
» du 15 octobre jusqu'au 15 mars; & depuis
» heures du matin jusqu'à huit heures du so
» à compter du 16 mars jusqu'au 14 octob

» Leur défend sa majesté d'en colporter hors » lesdites heures, & de vendre des reconnois-» sances desdites Loteries, ou autres imprimés » quelconques, à peine de *cent livres d'amende*, » & de prison en cas de récidive.

» VI. Aucun des receveurs desdites Lotéries » ne pourra employer un plus grand nombre de » colporteurs que celui qui sera fixé par l'admi-» nistration.

» VII. Aucuns colporteurs ne pourront vendre » & distribuer des billets & listes des Loteries » dans les villes, autres que celle où réside le » receveur au bureau duquel ils sont attachés » par leurs commissions & le numéro de leurs » plaques ; & ce, à peine de *trois cents livres* » *d'amende* & d'interdiction entière de leurs » fonctions : permettons aux receveurs desdites » villes de faire dresser, en leur présence, par » un huissier sur ce requis, procès-verbal au » nom & à la requête d'Antoine Blanquet, » contre les colporteurs d'une autre ville que celle » qu'ils habitent, lorsqu'ils contreviendront au » présent arrêt & réglement.

» VIII. En cas de maladie, absence ou autre » cause d'interruption de service d'un colporteur, » il pourra être suppléé par un colporteur dit » *surnuméraire*, ayant les qualités requises par » l'article 2 du présent arrêt, lequel colporteur » surnuméraire aura le consentement du receveur » & l'autorisation de l'administration : auquel » cas & pendant l'intervalle du temps où le » colporteur ordinaire sera privé de son service, » le colporteur surnuméraire sera pourvu de sa » plaque & de sa commission, sur laquelle le » receveur certifiera préalablement de la permis-

» ſion qu'il a reçue de l'adminiſtration, qui l'a
» toriſe, pendant ledit temps, à colporter
» vendre des billets.

» IX. Ceux des colporteurs qui, par le
» âge, infirmité, retraite volontaire ou deſtitut
» de la part de l'adminiſtration, ceſſeront le
» fonctions, & les héritiers ou repréſentans
» colporteurs qui décéderont, ſeront tenus, da
» la huitaine, de remettre aux receveurs, po
» être renvoyées au bureau de l'adminiſtratio
» les plaques & commiſſions qui leur avoie
» été délivrées, à peine de *cent livres d'*
» *amende.*

» X. Les ſieurs intendans & commiſſaires d
» partis dans les provinces & généralités d
» royaume, & le ſieur lieutenant de pol
» pour la ville & faubourgs de Paris, conn
» tront de toutes les conteſtations relatives a
» colportages & diſtributions de billets de
» Loterie royale de France & autres y réunie
» ainſi que des contraventions au préſent ar
» & réglement; ſa majeſté leur attribuant tou
» cour & juridiction néceſſaires à cet effet, ſa
» l'appel au conſeil : fait défenſes ſa majeſté
» toutes ſes cours & autres juges de prend
» connoiſſance deſdites conteſtations & cont
» ventions, & aux parties de ſe pourvoir aille
» que pardevant leſdits ſieurs commiſſaire
» ſous peine de nullité & caſſation de pr
» cédures, & de tous dépens, dommages
» intérêts «.

Les porteurs de billets gagnans doivent jouir
à dater de l'époque du tirage de chaque Lo
rie, d'un terme de ſix mois pour recevoir
payement des lots qui leur ſont échus : après

lui, ces billets sont nuls. Cela est ainsi réglé par l'article 4 du plan de la Loterie approuvé par le roi & annexé à la minute de l'arrêt du 30 juin 1776.

Par arrêt du conseil d'état du 4 août 1776, il a été ordonné que les directeurs, receveurs & autres employés de l'administration de la régie de la Loterie royale, jouiroient des priviléges accordés aux commis des fermes par l'ordonnance du mois de juillet 1681 (*).

(*) *Cet arrêt est ainsi conçu :*

Le roi s'étant fait représenter en son conseil l'arrêt rendu en icelui le 30 juin dernier, portant établissement pour trente années, d'une Loterie sous le nom de *Loterie royale de France*, laquelle sera regie par les administrateurs nommés à cet effet par ledit arrêt; l'article 11 du titre commun pour toutes les fermes de l'ordonnance du mois de juillet 1681, & l'article 12 de l'arrêt du conseil du 26 avril 1774, concernant la prise de possession du bail des fermes générales, sous le nom de Laurent David; sa majesté auroit jugé nécessaire de faire jouir les directeurs, receveurs & autres employés de la régie de ladite Loterie, des mêmes priviléges qui sont accordés aux employés des fermes. A quoi voulant pourvoir : oui le rapport du sieur de Clugny, conseiller ordinaire au conseil royal, contrôleur général des finances; sa majesté étant en son conseil, a ordonné & ordonne, que les directeurs, receveurs & autres employés de la régie & administration de la Loterie royale de France, jouiront des mêmes priviléges qui sont accordés aux employés des fermes par l'article 11 du titre commun pour toutes les fermes de l'ordonnance du mois de juillet 1681, sans que dans le cas où aucuns desdits employés feroient par eux ou par leur famille quelque commerce ou exploitation compatible avec les fonctions de leurs emplois, & pour raison de quoi ils seroient compris dans les rôles des tailles & autres impositions, ils puissent néanmoins, sous ce prétexte, être déchus des priviléges relatifs à leur personne, tels que l'exemption de tutelle & curatelle, de collecte,

Toutes les contestations relatives aux Loteri doivent être portées à Paris pardevant le lie tenant général de police, & dans les province pardevant les intendans & commissaires départi sauf l'appel au conseil. C'est ce qui résulte d l'article 14 de l'arrêt du conseil du 30 ju 1776.

Un jugement rendu en dernier ressort le mars 1779 par M. le lieutenant-général police, & MM. les conseillers tenant la chamb du conseil de police du châtelet de Paris, cor missaires du conseil en cette partie, *a condam Jean-Jacques Duchesne, dit Toutet, Rivière Defer, précédemment maître de pension à Laigl & alors sans état, à être attaché au carcan pe dant trois jours consécutifs, avec écriteaux d vant & derrière, portant ces mots* (falsificate de billets de Loteries); *à la marque & a galères à perpétuité, pour falsifications de bill des Loteries royale de France, de Piété & Enfans-Trouvés, à l'aide desquels il a excroq & fait excroquer différens buralistes desdites I teries; & Marie Tiret, veuve de Joseph Le dit Alexandre, perruquier de la comédie de Sa Cloud, elle coëffeuse, à assister à ladite exécutio bannie pour cinq ans, & en trois livres d'ame*

---

de logement de gens de guerre, de guet & de garde corvées & autres services publics, dont lesdits empl seront personnellement exempts, sans exception d'aucun & en justifiant seulement des procurations & commis desdits sieurs administrateurs : enjoint sa majesté au lieutenant général de police pour la ville de Paris, & sieurs intendans & commissaires départis dans les provi & généralités du royaume, de tenir la main à l'exéc du présent arrêt. Fait, &c.

envers le roi, pour avoir été recevoir chez lesdits buralistes, auxquels elle a indiqué des qualités & demeures fausses & supposées, les lots prétendus échus auxdits billets falsifiés par Duchesne, avec lequel elle vivoit en mauvais commerce, & être véhémentement suspecte d'avoir eu connoissance desdites falsifications.

LOUAGE. C'est une sorte de contrat dont on distingue deux espèces : l'une est le contrat de Louage des choses ; nous en avons traité à l'article BAIL : l'autre est le contrat de Louage d'ouvrage, & c'est de celui-ci qu'il sera question dans cet article.

Le contrat de Louage d'ouvrage est une convention par laquelle l'un des contractans s'oblige de payer à l'autre une certaine somme pour un ouvrage que ce dernier s'oblige de faire.

Le contrat de Louage d'une chose diffère principalement du contrat de Louage d'ouvrage, en ce que dans le premier il s'agit de l'usage d'une chose accordée pour un certain prix au preneur, & que dans le second c'est un ouvrage à faire qui en est l'objet. Dans celui-là, c'est le preneur qui est tenu de payer le prix du Louage au bailleur ; dans celui-ci au contraire, c'est le bailleur qui doit payer le prix du Louage.

Le contrat de Louage d'ouvrage est un contrat synallagmatique, qui forme des obligations réciproques ; il a d'ailleurs beaucoup d'analogie avec le contrat de vente. Justinien dans ses instituts, dit qu'on doute si certains contrats sont contrats de vente ou contrats de Louage, & voici la règle que cet empereur donne pour les discerner. Quand c'est l'ouvrier qui a fourni la

matière, c'eſt un contrat de vente : ſi au co-
traire on a fourni à l'ouvrier la matière de l'o-
vrage dont on l'a chargé, c'eſt un contrat d
Louage. Si, par exemple, je fais marché avec
tailleur pour qu'il me faſſe un habit & qu'il m'
fourniſſe l'étoffe, c'eſt un contrat de vente; ma
ſi je lui fournis l'étoffe, c'eſt un contrat d
Louage.

Il faut remarquer que pour que le contrat ſo
contrat de Louage, il ſuffit qu'on fourniſſe
l'ouvrier la principale matière qu'il doit employ
pour faire l'ouvrage : ainſi, lorſque je rem
des diamans à un bijoutier pour m'en faire un
bague, l'or ou l'argent qu'il fournit pour l
monture de la bague, n'empêche pas que l
contrat ne ſoit un contrat de Louage, parce qu
les diamans qui m'appartiennent, ſont ce qu
y a de principal dans la bague.

La principale obligation qui dérive du contrat de Louage d'ouvrage, conſiſte à payer à l'ouvrier la ſomme convenue pour le prix de l'ouvrage.

L'ouvrier ne peut régulièrement demande
cette ſomme qu'après qu'il a fait l'ouvrage &
qu'il l'a fait recevoir, ou qu'il a mis le bailleu
en demeure de le recevoir. Cependant ſi les pa-
ties contractantes étoient convenues expreſſéme
ou tacitement que le prix ſeroit délivré en to
ou en partie avant que l'ouvrage fût fait, i
faudroit exécuter la convention.

Indépendamment du prix convenu, le bailleu
doit auſſi payer celui des augmentations qu'i
a été néceſſaire de faire & qui n'ont pas é
prévues lors du marché. Par exemple, ſi dan
l'endroit où je me ſuis chargé de conſtruire u

m.

mur pour vous, il s'est trouvé, au lieu d'un terrein solide sur lequel je comptois, des terres rapportées qui m'ont assujetti à une augmentation d'ouvrage; vous devez me payer le prix de cette augmentation.

Quand le bailleur soutient que les augmentations qui ont eu lieu n'étoient pas nécessaires, ou que les parties ne sont pas d'accord sur le prix, le juge doit nommer des experts pour examiner si ces réparations étoient nécessaires, & pour en déterminer le prix.

Une autre obligation du bailleur consiste en ce qu'il doit faire ce qui dépend de lui pour mettre le preneur en état d'exécuter l'ouvrage convenu. Ainsi, en conséquence du marché que vous avez fait avec un architecte pour vous construire une maison dans un certain endroit, vous devez lui fournir & à ses ouvriers un passage pour aller dans cet endroit & pour y conduire les matériaux nécessaires à la construction dont il s'agit.

Vous êtes d'ailleurs tenu de faire conduire à temps dans cet endroit les matériaux que par le marché vous vous êtes obligé de fournir à vos frais.

Si vous négligez de satisfaire à cette obligation, le preneur peut vous faire condamner à ses dommages & intérêts, & même faire prononcer la résolution du marché, faute par vous de remplir votre engagement dans le délai que le juge aura fixé.

Il arrive quelquefois que, dans un marché d'ouvrage à la journée, on stipule que le bailleur, après la perfection de l'ouvrage, donnera au preneur, outre le prix des journées, une certaine somme de gratification, *s'il est content d* *l'ouvrage.* Il faut prendre garde que ces termes, *si je suis content de l'ouvrage*, ne doivent pa être entendus en ce sens, que le bailleur puiss selon sa volonté être reçu à dire qu'*il est mé content de l'ouvrage*, pour se dispenser de paye la gratification promise : il est évident qu'une telle interprétation rendroit la clause inutile ; c'est pourquoi le bailleur doit être tenu de payer l gratification, s'il ne justifie que l'ouvrage a quel que défaut considérable qui lui donne un just sujet de mécontentement.

Quant aux obligations que contracte le pre neur par le contrat de Louage d'ouvrage, la prin cipale consiste à exécuter l'ouvrage dont il s'e chargé. Mais doit-il exécuter cet ouvrage lu même, ou peut-il le faire faire par une autr personne ? Il faut distinguer ; s'il s'agit d'un o vrage ordinaire, le preneur peut le faire faire sa décharge par une autre personne ; mais s'il e question d'un ouvrage de génie dans lequel o considère le talent personnel de celui qui s'e chargé de le faire, il faut qu'il exécute l'ou vrage lui-même. Tel seroit le cas où un peint se seroit chargé d'orner de tableaux une galeri

Il faut d'ailleurs que le preneur achève l'o vrage dans le temps porté par le marché, sin il doit être tenu des dommages & intérêts q résultent du retard. Ainsi, dans le cas où j'aur traité avec un architecte pour me construire u maison & la rendre habitable avant le premi janvier de l'année suivante, il seroit tenu m'indemniser du loyer que j'aurois perçu si maison eût été achevée dans le temps fixé.

Le preneur seroit pareillement tenu des do

mages & intérêts du bailleur, si l'ouvrage étoit défectueux, soit par le vice des matériaux, soit par l'impéritie du preneur ou des ouvriers qu'il auroit employés. La raison en est, que celui qui se charge d'un ouvrage, s'oblige de le faire conformément aux règles de l'art.

Si l'ouvrier soutient que l'ouvrage dont le bailleur se plaint est recevable & n'est pas défectueux, le juge doit en ordonner la visite.

Lorsque l'ouvrier n'a pas employé convenablement les matières que le bailleur lui a fournies, & que par son impéritie il les a gâtées & mises hors d'état d'être employées à l'ouvrage pour lequel elles étoient destinées, il faut qu'il en fournisse d'autres de pareille qualité, ou qu'il en paye la valeur au bailleur.

Par exemple, si j'ai fourni un bloc de marbre à un sculpteur pour en faire une certaine statue, & que son ouvrage ne soit pas recevable, il sera obligé de le garder pour son compte & de me payer la valeur de mon marbre.

Observez néanmoins que si ce n'est pas par la faute de l'ouvrier que les choses fournies ont été gâtées en les employant; mais par un vice propre à ces choses, il ne doit point être tenu de cette perte, à moins que, par une clause particulière du marché, il ne se soit expressément chargé du risque de ce cas fortuit.

Si les choses fournies par le bailleur pour exécuter l'ouvrage, se sont perdues ou ont été volées depuis qu'elles ont été remises à l'ouvrier pour les employer, celui-ci est tenu de les payer ou d'en fournir d'autres de pareille qualité.

Si, par quelque accident de force majeure, l'ouvrage vient à périr avant qu'il soit reçu ou même avant qu'il ſoit achevé, c'eſt au bailleur à ſupporter cette perte, & l'ouvrier doit être pay du travail fait jusqu'au moment où l'ouvrage eſ péri.

Suppoſez, par exemple, qu'un maître maço ſe ſoit obligé à me conſtruire une maiſon dan mon jardin, & à fournir pour cet effet le matériaux néceſſaires, il eſt certain qu'à meſur que la maiſon s'élève, elle devient un acceſſoi du terrein ſur lequel on la bâtit; d'où il ſuit, qu ſi une inondation ou un tremblement de terr viennent à détruire l'ouvrage fait par le maîtr maçon, j'en dois ſupporter la perte, conformé ment à la règle *res perit domino.*

S'il n'étoit pas prouvé que l'ouvrage, avan d'avoir été reçu, eût péri par un accident d force majeure, on préſumeroit qu'il eſt péri pa la faute de l'ouvrier; & en conſéquence on rejet teroit la demande qu'il formeroit pour être pay de cet ouvrage.

Quand un ouvrage eſt achevé, le bailleur do le recevoir, c'eſt-à-dire, l'approuver s'il n'y trou point de défectuoſité; ſi, au contraire, il trou l'ouvrage défectueux, & qu'en conſéquence ne veuille pas le recevoir, le juge doit en ordo ner la viſite par experts.

L'ouvrage eſt préſumé reçu quand le baille a laiſſé paſſer un certain temps ſans s'en plaindre & ſur-tout lorſqu'il en a payé le prix ſans pro teſtation.

Le contrat de Louage d'ouvrage peut ſe r ſoudre par le conſentement des parties; & cette réſolution a lieu avant que l'ouvrage ait é commencé, elle n'occaſionne point de dommag & intérêts, à moins qu'il n'en ait été ſtipu pour le cas où la convention ſeroit réſolue.

Si, au contraire, la résolution du contrat n'a lieu que depuis l'ouvrage commencé, le bailleur est obligé de payer à l'ouvrier le prix de ce qui a été fait, à moins que les parties n'en soient convenues autrement.

Le contrat de Louage d'ouvrage peut aussi quelquefois se résoudre par la volonté de l'une des parties. Ainsi, lorsque le bailleur ne juge plus à propos de faire faire l'ouvrage pour lequel il avoit traité, il peut résoudre le marché, en avertissant l'ouvrier & en l'indemnisant.

Cette règle doit avoir lieu quand même l'ouvrage seroit commencé. C'est pourquoi aussi-tôt que le bailleur a signifié à l'ouvrier qu'il ne veut plus que l'ouvrage se continue, l'ouvrier doit discontinuer. Il faut seulement qu'en ce cas le bailleur paye le prix de ce que l'ouvrier a fait, indépendamment des dommages & intérêts qui peuvent résulter de l'inexécution du marché.

Et si le bailleur avoit payé d'avance la totalité du prix de l'ouvrage, il seroit fondé à répéter ce prix, sous la déduction de la valeur de ce que l'ouvrier auroit fait, & de ce qui lui seroit dû pour dommages & intérêts.

Quoique le bailleur puisse faire résoudre le contrat de Louage d'ouvrage, il en est autrement de l'ouvrier; celui-ci est obligé d'exécuter le marché tel qu'il a été conclu.

Mais le contrat dont il s'agit se résout-il par la mort de l'ouvrier? Il faut à cet égard distinguer deux cas: le premier a lieu quand l'ouvrage, qui est le sujet de la convention, peut se faire par d'autres comme l'ouvrier contractant auroit pu le faire: par exemple, si j'ai traité avec un menuisier pour rétablir les parquets d'un appartement, les héritiers de l'ouvrier sont tenus d'exécuter le marché, comme le défunt auroit été obligé de l'exécuter lui-même.

Le second cas se rencontre quand l'ouvrage énoncé au contrat est tel, que l'on a considéré le talent personnel de l'artiste avec lequel on a traité. Il est certain qu'alors la mort de l'artiste résout la convention, s'il est décédé avant d'avoir été mis en demeure de remplir son obligation; en effet, cette obligation étant d'un fait personnel à l'artiste, il est clair qu'elle doit être éteinte par son décès, puisque le talent qui en faisoit l'objet n'existe plus.

Mais il en seroit différemment si l'artiste avoit été mis en demeure de faire l'ouvrage : dans ce cas-ci, ses héritiers seroient tenus des dommages & intérêts occasionnés par la négligence du défunt.

Enfin, le contrat de Louage d'ouvrage se résout lorsqu'une force majeure empêche l'exécution du marché; & en ce cas l'ouvrier ne peut point exiger de dommages & intérêts. Tel seroit le cas où un fleuve ayant changé son lit, l'auroit établi sur un terrein où je devois, en ma qualité d'architecte, vous construire la maison pour laquelle j'avois traité avec vous. Il est évident que le marché ne pouvant plus s'exécuter, il est nécessairement annullé, sans que je puisse vous demander des dommages & intérêts, puisque ce n'est pas par votre fait que le marché ne s'est point exécuté. Cependant, si j'avois fait des dépenses pour mettre des matériaux sur place, il seroit juste que j'en fusse remboursé.

LOUVAIN. Ville de Brabant, célèbre par son université. Louis XV en ayant fait la conquête dans le cours des dernières guerres de Flandre, on représenta à sa majesté que le pape Sixte IV avoit ordonné en 1483, à la sollicitation des souverains des Pays-Bas, que le recteur de cette université auroit dorénavant le pouvoir de nommer, du consentement de cinq députés, des facultés supérieures, un clerc gradué à tout collateur ecclésiastique ayant plus de six bénéfices à sa disposition, & cela une fois pendant la vie de ce collateur, si c'étoit un particulier, & tous les dix ans, si la collation appartenoit à un chapitre ou à une communauté ecclésiastique; que le pape Léon X avoit attribué, par une bulle de 1513, le même droit de nomination à la faculté des arts de la même université, & que quoique ces bulles eussent été confirmées par Adrien VI, Clément VII, Grégoire XIII & Paul X, & par les princes, sous les dominations desquels les Pays-Bas avoient passé depuis, il y avoit néanmoins des collateurs qui refusoient de déférer aux lettres de nomination, sur le fondement qu'ils n'étoient pas obligés de reconnoître des priviléges accordés à une université, pendant qu'elle étoit sous une domination étrangère, jusqu'à ce qu'ils eussent été confirmés par l'autorité du roi.

En conséquence de ces représentations, Louis XV donna, le 3 mars 1747, une déclaration par laquelle il confirma le droit de nomination porté par les bulles citées, avec défenses cependant de l'exercer sur d'autres bénéfices que ceux situés dans les pays conquis depuis le commencement de la guerre qui régnoit alors.

La ville de Louvain ayant été rendue à la mai-son d'Autriche par le traité de paix de 1748, cette loi est devenue sans objet, du moins pou tout le temps que les choses resteront sur le mêm pied.

(*Article de M. MERLIN, avocat au parlemen de Flandre*).

LOYAUX COUTS. Ce sont les sommes qu l'acquéreur a été obligé de payer, outre le prix d son acquisition.

Un retrayant doit indemniser l'acquéreur, no seulement du prix principal & de ce qui en fai partie, mais encore de tous les Loyaux coûts d l'acquisition.

Ces Loyaux coûts sont, 1°. ce que l'acquéreu a donné à la femme, aux enfans ou aux do mestiques du vendeur, pour pot de vin, épingles coiffes, &c., pourvu qu'il paroisse par le contrat que ces choses ont fait partie des conditions de l vente : car si l'acquéreur avoit fait ces présens pa pure libéralité & sans que cela eût été stipulé pa le contrat, il ne pourroit pas en exiger le rembour sement.

2°. Les Loyaux coûts comprennent tous le frais de contrat, c'est-à-dire, le contrôle, l'insi nuation, le centième denier, le papier, le par chemin, & les salaires des notaires, tant pour l minute que pour les expéditions délivrées au ven deur & à l'acquéreur.

3°. On met aussi au rang des Loyaux coût ce que l'acquéreur a donné au proxénète o entremetteur du marché, jusqu'à concurrenc néanmoins de ce qu'il est d'usage de donner ces sortes de gens en pareil cas.

4°. On comprend encore dans les Loyaux coûts les frais de voyages que l'acquéreur a faits par lui-même ou par un expert qu'il a envoyé pour visiter l'objet de l'acquisition : ceci est fondé sur ce qu'il est de la prudence d'un acquéreur de connoître la chose qu'il veut acheter. Les frais de voyage pour passer le contrat sont pareillement des Loyaux coûts.

Observez toutefois que ces frais de voyages ne peuvent être répétés qu'autant que l'acquéreur a fait ces voyages relativement à son acquisition : car s'il les eût faits pour d'autres affaires, & que l'objet de son acquisition eût seulement prolongé le temps des voyages, il ne pourroit répéter que la dépense qui lui auroit été occasionnée par cette prolongation.

5°. On regarde aussi comme Loyaux coûts les intérêts du prix que l'acquéreur a payé au vendeur. Le retrayant doit les payer, à compter du jour du payement de l'acquisition, jusqu'aux offres de les rembourser, à moins que l'acquéreur n'ait perçu les fruits de l'héritage : en ce cas, ce dernier est censé indemnisé de la privation de la jouissance du prix qu'il a payé.

Si la demande en retrait n'a été formée qu'après une mauvaise récolte, l'acquéreur est-il fondé à répéter les intérêts du prix de son acquisition, en offrant de compter des fruits qu'il a perçus? L'article 138 de la coutume de Paris décide la question à l'égard d'un retrait sur un bail à rente rachetable : *Et quant aux arrérages échus dedans l'an précédant l'ajournement*, porte cet article, *l'acheteur les peut mettre en Loyaux coûts, en rendant par lui les fruits qu'il auroit perçus pendant ledit an.* Cette décision est fondée sur ce que l'acquéreur doit être entièrement indemnisé. Il semble que par analogie il devroit en être de même à l'égard des intérêts du prix d'une chose vendue : cependant le Prêtre rapporte un arrêt du 18 août 1626, par lequel les religieuses de l'Annonciade, sur qui le duc d'Elbeuf avoit rétiré l'hôtel de Mayenne, ont été déboutées de leur demande des intérêts du prix de leur acquisition, sous les offres qu'elles faisoient de compter des loyers de cet hôtel.

6°. On répute encore Loyaux coûts les frais faits par l'acquéreur pour purger les hypothèques & assurer son acquisition.

7°. Il en est de même des frais de l'action que l'acquéreur a dirigée contre le vendeur pour l'obliger à exécuter le contrat ; mais en ce cas le retrayant doit être subrogé à l'acquéreur, pour répéter ces frais au vendeur.

8°. Au nombre des Loyaux coûts doivent aussi être comptés les frais d'instance que l'acquéreur a faits sur la demande en retrait formée contre lui, lorsqu'il n'a pas contesté.

9°. Il faut pareillement comprendre dans les Loyaux coûts le droit de franc-fief que l'acquéreur a pu payer, lorsque le retrayant est lui-même sujet à ce droit, attendu qu'en ce cas le premier se trouve avoir acquitté le droit pour le second : mais on demande si, lorsque le retrayant est exempt de ce droit, il est néanmoins tenu de le rembourser à l'acquéreur, qui a été obligé de le payer ? Il paroît résulter des dispositions de l'article 19 de l'arrêt du conseil du 13 avril 1751, qu'en ce cas l'acquéreur doit s'adresser au fermier, pour obtenir la restitution du droit de franc-fief, pourvu qu'il soit encore dans un temps utile. Voici comme cet article est conçu :

» Tout roturier acquéreur de fief sera contraint au payement du droit de franc-fief après l'an & jour de sa possession, sans pouvoir, sous aucun prétexte, en être dispensé : s'il a été formé contre lui une action en retrait, soit féodal, soit lignager, & qu'il s'élève quelque contestation à ce sujet, l'acquéreur sera tenu de faire juger l'instance dans les dix-huit mois qui suivront son année de possession, sans que ladite instance puisse empêcher ni retarder le payement du droit de franc-fief : dans le cas où le retrait seroit adjugé dans les dix-huit mois, les droits seront restitués, si le retrayant est exempt de franc-fief ; & dans le cas où il ne seroit adjugé qu'après ledit délai de dix-huit mois, l'acquéreur ne pourra en demander la restitution ni contre le retrayant, ni contre le fermier. Veut sa majesté que ledit délai d'un an coure du jour & date du contrat d'acquisition ou autre titre de possession, sans aucun égard aux dispositions des coutumes qui prorogent l'action en retrait, faute d'avoir exhibé le contrat ou autrement, & que le délai de dix-huit mois pour faire juger l'instance en retrait, coure du jour de l'expiration de l'année ; dérogeant à cet effet, & pour ce regard seulement, à toutes coutumes & réglemens «.

10°. Enfin, on regarde comme Loyaux coûts les profits seigneuriaux que l'acquéreur a payés pour son acquisition, les frais de réception de foi & hommage, d'aveu & dénombrement, & de déclaration au terrier, lorsqu'il en a été donné.

Lorsque le seigneur a fait remise à l'acquéreur une partie des droits seigneuriaux, le retrayant ne doit pas profiter de cette remise, & il e obligé de délivrer à l'acquéreur tout ce que celu ci auroit payé, si le seigneur ne lui eût fait a cune remise. C'est l'avis de Dumoulin & de pl sieurs autres.

Mais il en est différemment à l'égard des r mises que les administrateurs des domaines d roi sont tenus de faire à ceux qui acquièrent d biens dans les mouvances de sa majesté : en c de retrait, le retrayant ne doit rembourser à l'a quéreur que les droits qu'il a réellement payé & le montant des remises qui lui ont été fait doit être payé par le même retrayant aux adm nistrateurs des domaines. C'est ce qui résulte d l'article 4 de l'arrêt du conseil du 16 juin 177 que nous avons rapporté précédemment à la pa 506 & suivantes du tome 21.

Le temps auquel le retrayant doit rembours les Loyaux coûts n'est pas fatal comme celui d doit se faire le remboursement du prix principa à moins qu'ils ne se trouvent réglés par le co trat même ou par des quittances authentique écrites sur le contrat. Quand les choses ne so pas ainsi, il suffit que le retrayant offre de rem bourser les Loyaux coûts après que la liquidati aura été faite.

LOYER. Voyez BAIL.

LUXE. Voyez LOIX SOMPTUAIRES.

MACEDONIEN. On appelle *sénatusconsu Macédonien*, un decret du sénat de Rome, q fut ainsi nommé du nom de Macédo, fame usurier, à l'occasion duquel il fut rendu.

Ce particulier vint à Rome du temps de Vespasien, &, profitant du goût de débauche dans lequel étoit la jeunesse romaine, il prêtoit de l'argent aux fils de famille qui étoient sous la puissance paternelle, en leur faisant reconnoître le double de ce qu'il leur avoit prêté; de sorte que quand ils devenoient usans de leurs droits, la plus grande partie de leur bien se trouvoit absorbée par les usures énormes de ce Macédo. C'est pourquoi l'empereur fit rendre ce sénatusconsulte, appelé *Macédonien*, qui déclara toutes les obligations faites par les fils de famille, nulles, même après la mort de leur père.

La disposition du sénatusconsulte Macédonien se trouve rappelée dans les capitulaires de Charlemagne.

Il y a divers arrêts du parlement de Paris, qui, en conformité de cette loi, ont défendu de prêter aux enfans de famille. Papon en rapporte un de la veille de noël 1526, qui fait défense à tout marchand, de donner ou vendre à crédit aucune marchandise aux fils de famille sans le consentement de leurs pères, & aux mineurs, sans le consentement de leurs tuteurs ou curateurs, à peine de perte de leurs marchandises & d'amende arbitraire.

Mornac rapporte un autre arrêt du 17 mars 1614, qui a condamné à un bannissement perpétuel un nommé Santeuil, qui prêtoit de l'argent aux enfans de famille.

Brodeau, sur Louet, en rapporte un troisième rendu toutes les chambres assemblées le 26 mars 1624, qui fait défense à toutes sortes de personnes, de quelque état & condition qu'elles

ſoient, de prêter de l'argent aux enfans de famil
quand même ils ſe diroient majeurs, & qu'i
mettroient l'extrait de leur babtiſtaire entre l
mains des prêteurs, à peine de nullité des pro
meſſes, de confiſcation des choſes prêtées, & d
punition corporelle.

Obſervez toutefois, que quoique le ſénatuſ
conſulte Macédonien ſoit obſervé dans tous l
pays de droit écrit, il n'a pas lieu dans les pay
coutumiers : les défenſes que les arrêts y o
faites en différens temps de prêter aux enfa
de famille, ne concernent que les mineurs, a
tendu que, dans ces pays, les enfans majeurs ſo
affranchis de la puiſſance de leur père & de cell
de leurs tuteurs ou curateurs.

Obſervez auſſi, que quoique le ſénatuſconſul
Macédonien annulle les obligations des enfan
de famille, cauſées pour prêt d'argent ou pou
cautionnement, ils ne peuvent néanmoins dirig
aucune action pour répéter les payemens qu'i
ont faits en conſéquence de ces obligations.

La nullité prononcée par le ſénatuſconſul
Macédonien n'a pas lieu à l'égard d'une obliga
tion contractée par le fils de famille, & dont l
père a profité, ni lorſque l'emprunt a été fai
avec le conſentement du père.

Il en ſeroit de même à l'égard d'un prêt fai
pour acquitter une dette que le fils de famil
auroit été condamné à payer.

Voyez au digeſte le titre ad ſenatuſconſul
Maced. *Brodeau, ſur Louet; les arrêts de Pap*
& d'Expilly; les queſtions alphabétiques de Bre
tonnier, &c. Voyez auſſi les articles PRÊT,
USURE, PUISSANCE PATERNELLE, MINEUR, &c

MACHINATION. Action par laquelle on dresse des embuches à quelqu'un pour le surprendre, pour l'outrager, &c.

La loi veut que la seule Machination pour assassiner ou pour outrager quelqu'un, soit punie de mort, quand même le crime n'auroit pas été consommé. Voyez ce que nous avons dit sur ce sujet à l'article ASSASSIN.

MAÇONNERIE OU CHAMBRE DES BATIMENS. On désigne ordinairement sous le nom de *chambre des bâtimens* ou Maçonnerie, une jurisdiction royale, immédiate au parlement, établie au palais à Paris depuis plusieurs années, & créée dans l'origine pour connoître de tout ce qui a rapport à la construction, sûreté & police des bâtimens; recevoir les entrepreneurs, faire observer leurs statuts & les règles de leur art; décider toutes les contestations qui naissent pour raison de leurs ouvrages, soit entre eux, soit entre leurs fournisseurs & ouvriers, &c.

Par les mots *maçon* & *entrepreneur*, on entend en général l'architecte ou l'ouvrier qui conduit, dirige ou entreprend les constructions & les ouvrages en fait de bâtimens; & comme la Maçonnerie en est la base & la principale partie, il est assez dans l'usage de confondre la dénomination générique de maçon avec celle d'entrepreneur.

La construction des bâtimens, leur solidité, les accidens qui peuvent résulter des défectuosités de la bâtisse, le rapport qu'ils ont non seulement avec la fortune & l'aisance des citoyens, mais encore avec la sûreté publique, ont dans tous les temps paru mériter la plus grande attention de la part des souverains ; & le gouvernement a pris un soi[n] particulier de tout ce qui pouvoit y avoir trait.

C'est par ces motifs que bien des siècles avan[t] qu'il fût question de maîtrises, de jurandes, d[es] communautés d'arts & métiers, nos rois avoien[t] jugé nécessaire d'établir une juridiction particulière, soit pour leurs bâtimens, soit pour ceux des particuliers, & de créer un juge général des œuvre[s] de Maçonnerie, charpentes & autres construction[s] en tout genre, chargé de la visite & police de[s] bâtimens, de l'examen des entrepreneurs, de leu[r] réception, de punir leurs malversations & malfaçons, & de procurer aux loix & règles des bâtimens leur pleine exécution.

Louis IX, non moins connu par les établissemens qu'il a faits & par la sagesse de ses ordonnances, que par sa piété, crut devoir donne[r] une juridiction fixe & sédentaire au général de[s] bâtimens, & créa dans son palais une juridiction spécialement destinée à connoître de tout ce qu[i] auroit rapport à la bâtisse, & à veiller aux abu[s] qui peuvent en résulter.

Cette juridiction, la plus ancienne des tribunau[x] ordinaires de Paris, après le châtelet, existoit déj[à] en 1317, ainsi qu'on le voit par des ancienne[s] ordonnances ou statuts donnés le mardi d'après noel de la même année, & registrés depuis au parlement le 3 septembre 1574, en vertu de lettres-patentes confirmatives de Charles IX, du 9 avril précédent.

Aux termes de ces ordonnances, article 4, le juge général étoit ce qu'on appeloit alors le *maître maçon du roi*, charge à laquelle étoient attachés en ce temps les droits, les pouvoirs & les fonctions attribués depuis au titre de surintendant des bâtimens

bâtimens, & ensuite au directeur général : c'étoit du nom de ce général des bâtimens qu'étoient intitulés tous les jugemens rendus en fait de bâtimens ou pour les entrepreneurs. Sa qualité, ainsi qu'on le voit par des provisions de cet office, données en 1573 & 1590, & par des lettres-patentes du 16 mai 1598, registrées le 12 mars 1601, étoit de *maître général des œuvres & bâtimens du roi, ponts & chaussées de France :* & encore aujourd'hui les provisions des trois juges généraux de cette juridiction leur donnent le titre de *conseillers du roi, maîtres généraux de ses œuvres & bâtimens, ponts & chaussées de France.*

C'est sans doute par ces motifs & d'après ces circonstances que le surintendant ou le directeur général des bâtimens, ayant succédé aux principales & premières prérogatives du maître général des bâtimens du roi, on a soutenu avec raison qu'ils étoient naturellement & éminemment les chefs de la chambre des bâtimens ; qu'ils devoient y avoir la séance & présidence d'honneur, de même que le connétable à la connétablie, l'amiral à l'amirauté, le prévôt de Paris au châtelet, & que ce tribunal étoit le véritable siége des bâtimens, ponts & chaussées de France, & de tout ce qui est attribué aux places de surintendant & directeur général, ou de ce qui peut se référer aux constructions & ouvrages de bâtisse.

Une juridiction dont l'objet a été long-temps trop peu connu, à raison de son importance & des avantages que le public en retire, mérite un certain détail : pour le rendre de manière que l'on trouve facilement ce dont les justiciables de cette chambre ou les citoyens qui y ont des intérêts à discuter, auront besoin d'être instruits, soit sur son origine, ses droits, sa compétence, son autorité, ses fonctions & son utilité; soit sur les entrepreneurs & ouvriers, on suivra par ordre alphabétique ce qui a ou peut avoir trait au tribunal des bâtimens.

Après avoir ainsi présenté les objets relatifs à la juridiction, on rendra compte dans le même ordre de tout ce qui a rapport aux entrepreneurs qui en sont les principaux justiciables, en examinant leurs différentes qualités, leurs droits, leurs obligations, la garantie qu'ils doivent, le privilége qu'ils peuvent communiquer, & leur administration.

PREMIÈRE SECTION.

Sur la juridiction des juges généraux des bâtimens.

Cette juridiction rendue fixe & sédentaire au temps de saint Louis, dans l'ancien palais de nos rois à Paris, est composée de trois juges & maîtres généraux, d'un procureur du roi, un substitut, un greffier en chef, un principal commis du greffe, & trois huissiers. L'appel des sentences qui s'y rendent est relevé immédiatement au parlement; les audiences s'y tiennent le lundi & le vendredi matin: les avocats au parlement y plaident, & les procureurs y occupent ainsi qu'aux autres tribunaux de l'enclos du palais.

C'est au parlement & en la grand'chambre que les trois juges & le procureur du roi sont examinés & reçus. Quant à leur installation, elle se fait par un conseiller de grand'chambre, lequel en qualité de commissaire de la cour, se rend avec l'un des greffiers de la grand'chambre & deux huissiers du parlement, en la chambre de bâtimens, où il est reçu par les maîtres généraux à l'entrée du parquet, &, prenant la place du président, il siége avec eux. Le procureur du roi portant la parole, & le greffe de la grand'chambre tenant la plume, on fait lecture des provisions & de l'arrêt de réception : sur les conclusions du procureur du roi, le commissaire du parlement installe le nouveau pourvu, & lui donne la place sur le même banc où il est assis; après quoi un des huissiers de la grand'chambre appelle une cause, qui est jugée par le commissaire & les généraux, ou remise.

Le commissaire se retire ensuite, reconduit jusqu'à l'issue du parquet par les généraux, & jusqu'à la dernière porte par le nouvel officier.

On ignore l'époque fixe de la création du maître & juge général des œuvres & bâtimens du roi; tous les monumens attestent seulement que la juridiction devint sédentaire du temps de saint Louis.

Une ordonnance de 1317, confirmée par lettres-patentes de Charles IX, du 9 avril 1774, enregistrées le 3 septembre 1574, indique une partie des droits qu'il avoit à cette époque, & des fonctions dont il étoit tenu; elle est composée de dix-huit articles, dont voici les principaux.

Par l'article 4, le roi accorde *la maîtrise des maçons à son maître maçon, pour autant de temps qu'il lui plaira, & jurera de garder bien & loyaument le métier, tant pour le pauvre que pour le riche, le foible comme pour le fort.*

Suivant l'article 5, *le mortellier & le plâtrier sont de la même condition & établissement que les maçons*; c'est-à-dire, comme l'explique l'article 9, que *le mortellier & le plâtrier sont en la même juridiction du maître qui garde le métier de maçon*, & qu'ils sont tenus, aux termes des articles 10 & 11, de jurer devant le maître général auquel ils doivent *cinq sous parisis*, *qu'ils ne mettront rien avec le plâtre & le mortier*, & qu'ils en donneront *bonne & loyale mesure*.

En cas de contravention de la part des justiciables, ils doivent être punis par une amende, & même s'ils sont *coutumiers*, le maître des œuvres *peut leur défendre le métier*. Cette peine peut également être prononcée, suivant l'article 13, toutes les fois que les maçons & autres justiciables refusent *d'obéir aux commandemens* du maître général.

Ces droits de juridiction & les fonctions du général des bâtimens ont été développés par la suite, à proportion que la capitale a augmenté, & que les bâtimens s'y sont multipliés. Nos rois ont chargé le maître général de faire visiter toutes les semaines les atteliers & bâtimens, vérifier les fautes & abus, en recevoir le rapport, juger & punir les délinquans, faire réparer les vices & mal-façons, & pourvoir à la sûreté pnblique.

Comme un seul ne pouvoit point suffire à tous ces devoirs, Louis XIV créa, par édit de 1645, deux autres juges généraux, sous le titre d'alternatif & triennal, avec les mêmes prérogatives qu'avoit l'ancien : on voit par le même édit, qu'il existoit aussi, à cette époque, un maître général ancien de charpenterie ; & qu'il eut pour cette partie une création de deux généraux alternatif & triennal, qui tous exerçoient leur juridiction & tenoient leurs audiences au palais dans la même chambre que les maîtres généraux des œuvres de maçonnerie ; aussi, lorsqu'il a été établi dans cette chambre un procureur du roi, ses provisions ont-elles été données avec le titre de procureur du roi de la chambre de la Maçonnerie & bâtimens, comme ayant un égal droit de veiller à la police des divers métiers relatifs aux bâtimens, & sur les maîtres de ces différentes professions.

Tous ces développemens & accroissemens de la juridiction des bâtimens vont être plus spécialement expliqués, en indiquant, par ordre alphabétique, les objets dont elle a la connoissance, la qualité des justiciables, la nature & le nombre des offices de la chambre.

Carriers, préaulliers & jardiniers.

On entend par ces différens titres, les entrepreneurs & ouvriers qui travaillent à fouiller & extraire les pierres & terres, pratiquer galeries ou préaux dans les carrières, faire des terrasses extérieures ou intérieures.

Ces divers métiers sont soumis à la juridiction des généraux des bâtimens, ainsi que cela résulte des lettres-patentes d'Henri IV du 17 mai 1595, registrées au parlement le 22 juin suivant, & du 16 mai 1598, registrées le 12 mars 1601.

La chambre des bâtimens, en exerçant sa juridiction à ce sujet, doit principalement veiller à ce que les excavations soient faites de manière qu'il n'en puisse résulter aucun accident ; que les piliers laissés dans les masses & carrières soient assez fréquens & de force suffisante pour empêcher les éboulemens des terres ; que les excavations ne soient point poussées jusques sous le bâtimens, cours & chemins : elle doit encore veiller, lorsque la pierre est arrivée sur les atteliers pour être mise en œuvre, qu'il ne soit point employé de grosses pierres défectueuses pour les coins & chaînes. Dans ce cas, les commissaires préposés pour la police sont obligés *de les faire casser pour être mises en moellons ; & alors elles ne sont payées aux carriers que sur le pied de moellons.* Telle est la disposition d'une ordonnance imprimée, portant réglement, du 10 janvier 1738.

Charpentiers.

Quand, par sa destination & son emploi, la charpente ne seroit point une suite nécessaire de la Maçonnerie, la connexité & l'identité de ces deux professions résulteroient d'une foule de circonstances tirées d'actes & titres communs aux deux communautés.

1°. Dans tous les temps elles ont été réunies sous le titre de *confrérie de saint Blaise*, dont l'administration dépendoit du juge général des bâtimens, & se faisoit sous son autorité.

2°. Des lettres-patentes de Charles VI, données à Paris au mois de février 1404, sur les représentations des maîtres & jurés *ordonnés sur le fait des métiers de Maçonnerie & charpenterie à Paris*, annoncent que la visite des ouvrages de ces deux métiers se faisoit conjointement & par les mêmes personnes.

3°. L'hôtel-dieu ayant desiré, en 1714, d'acquérir la chapelle saint Blaise, qui étoit alors située rue Galande, & qui formoit le point de réunion des deux communautés, sous l'inspection des généraux des bâtimens, il y eut une délibération le 8 février 1714, pour autoriser les maçons &

charpentiers à traiter, *conjointement avec MM. les généraux*, sur la demande des administrateurs de l'hôtel-dieu.

4°. Il fut question, en 1740, de réparer la chapelle saint Blaise, commune aux maçons & aux charpentiers : le nommé la Croix, juré de la communauté des charpentiers, présenta à cet effet une requête en la chambre des bâtimens, où il fut rendu sur cette demande une sentence le 4 juin 1740.

5°. La police sur les ouvrages de Maçonnerie & de charpente est presque indivisible : les rapports en sont continuels ; & un usage aussi ancien que la chambre atteste que les jurés, en faisant les visites pour la police des bâtimens, réunissent leurs observations sur les deux parties, & que la chambre, en prononçant sur les procès-verbaux de ces visites, statue sur le tout, & ne sauroit faire autrement, puisque si tout ne concouroit pas ensemble, on ne pourroit point continuer les ouvrages.

6°. Enfin, aux termes de l'édit de 1645, le maître général des œuvres de Maçonnerie & celui des œuvres de charpente, n'ont au palais qu'un même auditoire, & il a été confirmé pour les généraux alternatif & triennal, créés par cet édit. Il n'y a même qu'un seul procureur du roi établi pour la Maçonnerie & pour les autres parties des bâtimens. Cet établissement de la partie publique est une preuve que les deux juridictions sont réunies & subsistent toujours.

S'il n'y a point en ce moment de titulaire particulier des offices créés plus spécialement pour la charpente, il suffit que ces offices aient été créés pour qu'il puisse y être pourvu, ou pour en ordonner la réunion aux généraux existans, à cause du rapport de tout ce qui regarde les bâtimens.

Chaux.

Comme il n'est pas possible que la solidité se rencontre dans un ouvrage dont les matériaux n'ont pas la qualité requise, la chaux, dont l'emploi est si fréquent & si nécessaire, est un des objets qui, dans la visite des commissaires de police, doit fixer leur attention, & dont il est important qu'ils rendent compte aux juges des bâtimens par le procès-verbal de visite. L'article 11 de l'ordonnance en forme de statuts de 1317, dont on a déjà parlé, veut que le maître général punisse par des amendes & interdictions les carriers & mortelliers qui se trouveront en contravention à cet égard.

Les généraux, sous l'autorité de qui cette police doit se faire, sont donc fondés & obligés à s'en occuper, & à arrêter les abus trop multipliés qui se commettent, soit dans la manipulation, soit dans le débit de la chaux.

Cette partie de commerce, pour ce qui regarde la conduite de la chaux sur les ports, appartient sur ce point aux juges de l'hôtel-de-ville; mais, une fois débitée aux constructeurs, c'est à la chambre des bâtimens à qui seule il appartient de connoître de la qualité de la chaux, de sa préparation & de son emploi, pour juger de la nature du mortier & de sa solidité. C'est ce qui résulte de deux sentences de 1736 & 1738, imprimées, publiées & affichées.

Commissaires de police pour la visite des bâtimens, matériaux, mal-façons & dangers.

Dans le temps où le maître général des œuvres & bâtimens du roi a été créé, le petit nombre de bâtimens qui se construisoient dans la capitale, n'exigeoit que peu de visites, & le juge pouvoit par lui-même & sans le secours des maîtres de l'art, visiter les constructions vicieuses & les bâtimens en danger : mais cette possibilité cessant à mesure que Paris est devenu plus considérable, il a fallu redoubler de soins & de vigilance. Le général a donc été obligé de commettre des personnes de l'art pour visiter les atteliers & les dangers, & lui en faire rapport ; & les maîtres, obligés par les statuts de 1317 d'obéir à ses ordonnances, ont été nommés pour cette police & les vérifications.

Quelques maîtres se refusant à l'exécution de ces ordonnances, & la fortune des citoyens ainsi que leur sûreté se trouvant intéressées à ces visites, le souverain crut devoir munir du sçeau de l'autorité royale ce qui jusques-là n'avoit été, en quelque sorte, qu'une conséquence de la juridiction du maître général, & l'effet d'une précaution nécessaire.

Henri IV donna, le 17 mai 1595, des lettres-patentes, où il exposa, » que par les ordonnances » anciennes faites par les prédécesseurs rois sur le » fait des métiers des maîtres maçons, tailleurs » de pierre, plâtriers, mortelliers, préaulliers, » & autres ouvrans desdits métiers, *droit de jus-* » *tice avoit été donné & attribué de tout temps &* » *ancienneté aux maîtres généraux des œuvres*,

» *pour corriger, amender & réprimer les abus*
» *& malversations des maîtres & autres desdits*
» *métiers sujets à ladite justice*, même pour le
» plâtre, visitation des œuvres, matières & autres
» concernant lesdites ordonnances, registrées en
» parlement.... & d'autant que lors de cet éta-
» blissement il y avoit peu d'œuvres dudit métier,
» à cause du peu de bâtimens, l'autorité d'icelle
» justice auroit été limitée selon le temps....
» tellement qu'aucuns des mésusans ne se corri-
» geant de leurs entreprises & mal-façons, dont
» proviennent les ruines des bâtimens & édifices,
» au grand préjudice *de nos bâtimens*, & aussi de
» ceux de nos sujets «.

Sur cet exposé, le roi, par ses lettres-patentes, s'exprime ainsi : » Voulons & ordonnons que le
» maître général de nos œuvres, ou son lieute-
» nant (*), puisse & lui soit loisible juger &
» condamner les mésusans & autres personnes su-
» jettes à icelle justice, à telles peines, réparations
» & amendes qui se trouveront au cas appartenir
» &c..... Enjoignons aux maîtres dudit métier
» de faire les recherches des malversations en
» *tous les atteliers & autres lieux qu'il appartien-*
» *dra, suivant le réglement qui en sera fait pa*

(*) Avant l'édit de 1645, portant création de deux maîtres généraux alternatif & triennal, le maître général des œuvres & bâtimens du roi avoit un lieutenant, ou par commission émanée de lui, ou par provisions du souverain qui l'assistoit à l'audience, & le suppléoit en cas d'absence ou empêchement. Depuis l'édit de 1645, les deux généraux créés à l'instar de l'ancien, président à leur tour une année & alors l'ancien & l'autre, qui ne sont point en exercice siégent comme assesseurs, & le suppléent au besoin.

» *ledit maître général*, & l'assister en son audi-
» toire à l'exercice de ladite justice au lieu accou-
» tumé «.

Ces lettres-patentes furent enregistrées au parlement le 22 juin 1595.

Ces dispositions se trouvent répétées dans d'autres lettres-patentes d'Henri IV, données à Rennes le 16 mai 1598, & registrées au parlement de Paris le 12 mars 1601. Ces secondes lettres furent occasionnées sur les difficultés élevées par le prévôt de Paris, qui prétendit que toutes les visites de police à faire dans la ville & fauxbourgs de Paris, ne devoient être faites que de son autorité, & qu'on devoit les rapporter à l'audience du châtelet. Henri IV ordonna de nouveau la visite des mal-façons, en contraignant à ce faire les ouvriers par toutes voies, *même par corps*, pour le rapport en être fait devant le général, & non pardevant le prévôt de Paris ou son lieutenant, attribuant en tant que de besoin toute cour & justice au maître général, pour être relevée au parlement en première instance immédiatement, pour être ladite justice faite dans l'enclos du palais, & icelle interdite au prévôt de Paris ou son lieutenant.

Malgré l'enregistrement de cette loi, M. le prévôt de Paris éleva différentes difficultés qui furent jugées au parlement par arrêt sur productions respectives du 7 septembre 1616. Cet arrêt, en ce qui regarde la police & visite des bâtimens, ordonne que le maître général des œuvres & bâtimens du roi, *commettra seul des maîtres jurés* (*) *maçons ou maçons non jurés*

(*) On appeloit anciennement *jurés*, des entrepreneurs qui, sur des commissions générales pour les visites, étoient

pour faire la recherche des malversations ès attteliers & bâtimens, lesquels lui feront le rapport sans prendre aucun salaire.

Il y a eu un semblable arrêt rendu, le 1 septembre 1673, contradictoirement avec les officiers du châtelet; cet arrêt a terminé & mis fin à toutes les difficultés qui s'étoient élevées depuis près d'un siècle entre le châtelet & la chambre des bâtimens, tant au sujet de la police des bâtimens, qu'au sujet de la réception des maîtres & autres droits appartenans aux généraux des bâtimens, & dont on aura occasion de parler par la suite.

Aux termes des lettres-patentes de 1595 & 1598, les visites de police & les vérifications des mal-façons dans les bâtimens sembloient restreintes à la ville & fauxbourgs de Paris; l'utilité de ces visites ayant fait désirer que le maître général pût les étendre par-tout où la sûreté publique l'exigeroit, l'édit de 1645, en créant deux nouveaux généraux, ajouta qu'ils continueroient les mêmes visites, & qu'ils commettroient quelqu'un pour les lieux éloignés.

Enfin, l'édit du mois de mai 1690, en créant 50 experts jurés, dont 25 entrepreneurs, ordonne que *les jurés de la seconde colonne seront tenus de faire toutes les semaines, sans frais, la visite & police dans les atteliers & bâtimens qui se construiront dans la ville & fauxbourgs de Paris & qu'à cet effet, deux d'entre eux seront pr*

reçus & avoient serment en justice. A ces jurés ont succédé depuis les experts bourgeois, & les experts entrepreneurs créés par édit du mois de mai 1690.

successivement selon l'ordre de leur tableau, assistés de six maîtres maçons, pour faire leur rapport en la manière accoutumée, des contraventions qui seront venues à leur connoissance. L'édit fixe ensuite l'application des amendes qui sur les rapports seront prononcées par le maître des œuvres des bâtimens du roi.

En conséquence de ces loix multipliées & des arrêts du parlement, la chambre des bâtimens, par différentes sentences des 16 juin 1690, 10 janvier 1738, 13 novembre 1752, & premier juin 1770, suivies pour la plupart d'impression, publication & affiche, ont reglé & déterminé les jours où les visites de police devoient être faites, le lieu où les jurés & maîtres devoient s'assembler, l'heure de leur départ, la durée de leurs visites, la forme des procès-verbaux, les objets & matières à vérifier, & ce qui devoit être fait après la rédaction des procès-verbaux: voici les principaux chefs de ces réglemens.

Les visites de police devant se faire *toutes les semaines*, & les jours n'en étant point déterminés, il dépend du juge général qui est en exercice pour présider, de régler un ou deux jours suivant que l'exigent la multiplicité des constructions ou les avis que le procureur du roi peut avoir reçus pour raison de mal-façons ou dangers dans les constructions: c'est sur ces considérations que la sentence du 16 juin 1690 ordonne que les préposés *pour la police & la recherche des abus & mal-façons, conformement aux commissions à eux données par le général, seront tenus de vaquer aux visites, les samedis & mardis de chaque semaine*, à peine de 15 liv. d'amende contre chacun des défaillans.

Ainsi, lorsqu'il arrive qu'il n'y a qu'une visite par semaine, c'est parce que le général l'a ainsi réglé par l'ordonnance particulière qu'il donne à la fin de chaque mois, pour indiquer les polices du mois suivant. Peut-être seroit-il à désirer, aujourd'hui sur-tout où de toutes parts on n'apperçoit que des constructions, & où malheureusement on s'occupe plus des beautés des coupes & desseins, que de leur solidité & de leurs proportions, que les visites se fissent exactement deux fois la semaine; il y auroit même un moyen, en les rendant également utiles au public, qu'elles fussent moins à charge aux commissaires. La visite est faite par deux jurés & six maîtres, assistés d'un des huissiers de la chambre, qui, après avoir dressé l'intitulé du procès-verbal, reçoit les observations & remarques des commissaires, telles qu'elles lui sont dictées par un expert ou par l'ancien: on n'auroit qu'à diviser cette bande, peut-être trop nombreuse, en deux parties, dont l'une se transporteroit tel jour en tel quartier, & l'autre à un jour différent dans un quartier opposé: les jurés & maîtres semblent le désirer, & il dépend du juge général de le régler ainsi, puisque, pour ces fixations de pure convenance, & qui ne sont que des moyens pour faciliter l'exécution de loix subsistantes, on n'a pas besoin d'une nouvelle loi.

Suivant les sentences ci-dessus rapportées, les commissaires ainsi nommés pour faire la police pendant un mois, doivent, 1°. s'assembler au bureau de la communauté les jours indiqués par l'ordonnance du général, & s'y trouver au plus tard à 8 heures du matin, pour vaquer jusqu'à deux heures.

2°. L'huissier de service doit se rendre à la même heure au bureau, où, en rédigeant l'intitulé de son procès verbal, comme fait à la requête du procureur du roi de la chambre, il énonce l'heure à laquelle les commissaires de police sont sortis du bureau, avec le nom de ceux qui se trouvent absens, & les causes de leur absence, s'ils les ont fait dire ou si elles sont connues des autres commissaires.

3°. Les jurés & maîtres de police nommés par le juge sont tenus de vaquer, & ne peuvent s'en dispenser que pour motifs légitimes, dont ils doivent donner ou faire donner avis au procureur du roi de la chambre; sinon on substitue un autre commissaire aux frais de l'absent, qui est condamné en l'amende : si les causes de l'absence sont légitimes, le commissaire est nommé pour un des mois suivans.

4°. Avant de sortir du bureau, les commissaires doivent ouvrir la boîte qui y est placée, & où l'on met des avis relatifs aux lieux & atteliers où il y a des mal-façons, afin de s'y transporter ainsi qu'aux endroits où l'huissier a reçu l'ordre du procureur du roi & des juges pour faire quelque vérification. Il est défendu à l'huissier de recevoir sur son procès-verbal la signature des commissaires nommés qui n'auront point assisté à la visite, ou qui l'auront quittée avant l'heure prescrite; l'huissier doit même en ce cas faire mention de ceux qui se retirent pendant la visite.

5°. Les commissaires, en visitant les bâtimens pour savoir s'ils sont conformes aux règles de l'art, & s'il n'y a rien de contraire à la sûreté publique, doivent également vérifier la qualité des matériaux & les mesures ; & s'il se trouve des mortiers, des plâtres ou pierres défectueux, ils sont autorisés à faire casser les pierres pour être mises en moellons, & à faire jeter les plâtres & mortiers.

6°. Comme le plâtre est un des cimens & liaisons dont on fait le plus d'usage à Paris, le général nomme six maîtres pour faire une fois le mo au moins, dans les carrières, fours & cullées à plâtre des faubourgs & banlieue, les mêmes visites de police, avec un huissier de la chambre, qui reçoit le procès-verbal, à l'effet de visiter la pierre employée, la disposition & sûreté des carrières, examiner si les fours sont couverts, si les plâtriers ne mettent point des poussières, soit dans les fours, soit parmi le plâtre, si la cuisson a été faite à un degré suffisant ; si on n'a pas mêlé de la marne avec des pierres à plâtre.

7°. Comme en fait de sûreté publique, il ne peut y avoir ni privilége ni exemption, les commissaires de police pour les bâtimens & plâtres sont autorisés à se transporter dans tous les bâtimens publics & privés, sans distinction du titre & de la qualité des propriétaires.

8°. Les commissaires doivent déclarer dans le procès-verbal la nature & la destination des ouvrages, la qualité des matériaux, l'état où est la construction, les mal-façons qu'ils ont apperçues & le danger qui pourroit en résulter : ils doivent aussi déclarer le lieu, le nom du propriétaire, celui de l'entrepreneur, ou si l'ouvrage est fait par le propriétaire, par économie, à la simple journée des ouvriers, & en leur fournissant to les matériaux, échafauds, cordages & équipages

fa

ſans marché avec eux, ni entrepriſe de leur part, ſur les droits des maîtres.

9°. Lorſque par la viſite il ſe trouve des ouvrages contre les règles de l'art, ou que l'on rencontre quelque péril imminent ou prochain, les délinquans ſont aſſignés par l'huiſſier qui a reçu le procès-verbal, & qui, la veille de l'audience, eſt tenu d'en remettre une copie ſignée au procureur du roi, à la requête duquel l'aſſignation a été donnée.

10°. Comme il arrive ſouvent que les delinquans aſſignés cherchent à atténuer leurs contraventions en propoſant des réflexions, ou alléguant des faits contraires au contenu du procès-verbal de viſite, les commiſſaires ſont obligés de ſe trouver à l'audience, pour y entendre (ainſi que cela ſe pratique pour les commiſſaires au châtelet aux audiences de police) la lecture des procès-verbaux, & donner aux juges les éclairciſſemens qui peuvent leur être demandés ; & s'ils y manquent ſans motif légitime, ils ſont condamnés en l'amende.

C'eſt ſur le rapport de ces procès-verbaux & ſur les concluſions priſes à l'audience par le procureur du roi, que les juges ſtatuent ſommairement, ſans délais ni procédures, & par forme de police, ſur ce qui réſulte du rapport des commiſſaires.

Si l'ouvrage eſt défectueux, la chambre en ordonne la démolition & reconſtruction, ſuivant les règles de l'art, *aux frais & dépens de l'entrepreneur, ſans répétition contre le propriétaire*, & ſous la conduite d'un expert ou entrepreneur nommé d'office au choix du préſident ; ce commiſſaire doit rapporter le procès-verbal de rétabliſſement au greffe, & le dicter à celui des huissiers de la chambre auquel le procureur du roi a remis la sentence pour la faire exécuter, *le tout sans répétition de la part de l'entrepreneur contre les propriétaires.*

Souvent, lorsque les mal-façons sont considérables, & qu'il est important que le propriétaire veille par lui-même au rétablissement, conjointement avec le commissaire nommé à cet effet, la sentence, en condamnant l'entrepreneur, ordonne qu'elle sera notifiée au propriétaire, qui, dans ce cas, peut intervenir & demander non seulement l'entier & prompt rétablissement des ouvrages, mais encore les indemnités qui peuvent lui être dues, par le défaut de perfection des ouvrages dans le temps convenu, & par le défaut de location ou de jouissance.

11°. Il arrive aussi que, dans le cas de danger public ou évènemens extraordinaires, la chambre des bâtimens fait par elle-même des visites, ou commet des maîtres.

Le débordement des eaux de la seine ayant, sur la fin de 1740, submergé des bâtimens & maisons voisines de cette rivière; plusieurs de ces maisons ayant été entraînées avec des dommages considérables, il fut représenté à la chambre par les syndics des entrepreneurs, que les caves & souterreins des maisons avoient été & étoient encore remplis d'eaux, qui, par leur séjour, lavoient & détruisoient les fondations; ce qui pourroit occasionner une continuation de chutes & d'accidens s'il n'y étoit promptement pourvu.

Sur cette réquisition, les juges généraux des bâtimens rendirent, le 2 janvier 1741, une sentence qui fut imprimée & affichée, & dont il est important de connoître les dispositions, parce qu'elle peut servir de règle en pareil cas.

» Nous, ayant égard au requisitoire des syndics & adjoints de la communauté, & vu la » connoissance que nous avons prise par nous-» mêmes des accidens survenus à plusieurs maisons » & bâtimens, & de ceux dont les propriétaires » sont menacés par l'insolidité de leurs maisons; » ordonnons que les maîtres qui composent ladite » communauté seront tenus de se transporter » dans les maisons des propriétaires pour lesquels » ils travaillent chacun en particulier, soit que » lesdites maisons avoisinent la rivière; ou que » les caves, souterreins & fondations d'icelles se » trouvent inondés par le débordement d'eau, » à l'effet par chacun desdits maîtres de faire la » visite des caves, souterreins, fondations & autres » parties d'icelles qui pourroient avoir été sub-» mergées, & lavées par la crue desdites eaux; » dresser des états & déclarations des dégrada-» tions, causées par le déchaussement des murs » & lavage des mortiers, ensemble du péril qui » pourroit en résulter, tant dans l'intérieur des » maisons que dehors; lesquelles visites faites, » ainsi que les états & déclarations du péril des-» dites maisons, seront tenus lesdits maîtres de » ladite communauté de les rapporter par écrit, » & de les déposer sur le champ au greffe de » la chambre des bâtimens, au palais à Paris, » sans aucun frais contre les propriétaires, pour » y être par nous pourvu; enjoignons auxdits » maîtres de la communauté, dans le cas où il » se trouveroit un péril imminent, de mettre des » ouvriers dans l'instant pour faire faire les étaye-» mens nécessaires pour la conservation desdites » maisons & bâtimens, dont nous sera donné » avis dans le jour; & attendu l'intérêt & la

» sûreté publique, ordonnons que tous les pro-
» priétaires de maisons avoisinant la rivière, ou
» dont les caves, souterreins ou fondations
» d'icelles seront submergés & lavés par le
» débordement & crue des eaux, seront tenus
» de souffrir faire lesdites visites, états & décla-
» rations, même les étayemens dans les cas ci-
» dessus prescrits; & comme il peut arriver qu'au-
» cuns propriétaires de maisons, qui, par esprit
» d'économie, font travailler par des compagnons
» à la journée, & dont en ce cas les maisons,
» quoiqu'en péril, ne seroient point visitées,
» ordonnons que dans le lendemain de notre
» présente ordonnance, chacun desdits proprié-
» taires, ou en leur absence les principaux loca-
» taires seront tenus de faire faire la visite de
» leur maison, soit par leurs architectes ou par
» les jurés experts qu'ils jugeront à propos, les-
» quels architectes ou jurés dresseront aussi des
» déclarations de l'état & péril desdites maisons,
» en feront faire les étayemens, s'il y a lieu,
» lesquelles déclarations ils seront tenus de dé-
» poser en notre greffe au palais, sans aucuns
» frais, au plus tard trois jours après lesdites
» visites, pour sur icelles être par nous statué,
» soit par notre transport sur les lieux, ou celui
» des jurés & maîtres de la visite & police des
» bâtimens par nous préposés à cet effet, & être
» par nous ordonné, pour la sûreté & l'intérêt
» public, ce que de raison; & attendu le cas
» dont il s'agit, qui ne peut, sans un risque
» évident, être différé, ordonnons que les archi-
» tectes, les jurés & maîtres de ladite commu-
» nauté, & les propriétaires des maisons seront
» tenus, chacun à leur égard, de se conformer

» à la présente ordonnance sous les peines de
» droit ; enjoignons aux syndic & adjoint de
» ladite communauté, & aux jurés & maîtres
» d'icelle, de tenir la main à l'exécution des
» présentes ; & pour qu'elles ne puissent être
» ignorées, ordonnons qu'à la diligence du syn-
» dic, elles seront imprimées, distribuées à cha-
» cun des maîtres, & affichées par-tout où
» besoin sera, & exécutées nonobstant opposi-
» tions ou appellations quelconques, & sans
» préjudice d'icelles, comme s'agissant de fait de
» police, &c. «.

La chambre des bâtimens prend la même précaution de se transporter sur les lieux & d'en faire la visite par elle-même, lorsque, par la négligeance ou impéritie des entrepreneurs ou ouvriers, il arrive, à la suite des fouilles ou autres ouvrages, des chutes & accidens auxquels il s'agit de remédier, où dont il est essentiel d'arrêter les suites.

Un entrepreneur de Paris ayant fait faire inutilement pendant deux ans, dans une maison située rue du fauxbourg saint Jacques, différens ouvrages pour empêcher la filtration des eaux de la fosse d'aisance dans les caves voisines, il imagina de creuser dans une seconde cave pratiquée au dessous de la première, une espèce de puisart où les eaux se réuniroient. Il établit pour cet ouvrage quatre compagnons auxquels il expliqua son idée. Les voûtes des deux caves étoient soutenues chacune par deux piliers : les piliers inférieurs portoient sur la terre ferme, & n'avoient que 3 à 4 pouces de fondation ; il étoit par conséquent d'une nécessité indispensable de ne fouiller qu'à une certaine distance des piliers, & même de placer des étais. On ne prit aucune de ces précautions; la fouille du puisart fut faite le long d'un pilier jusqu'à la profondeur de plus de quatre pieds : le pilier ainsi découvert & poussant naturellement au vide, s'écroula bien-tôt, & entraîna dans sa chute celle de la voûte, & avec elle le pilier supérieur & la voûte de la cave supérieure. Un des quatre ouvriers fut écrasé sous les décombres; un second eut la cuisse fracassée & beaucoup de contusions; les deux autres, se trouvant sous un angle qui n'écroula pas, ne reçurent que quelques blessures. A l'inspection du local, on avoit peine à concevoir comment le bâtiment élevé sur cette partie avoit résisté à l'ébranlement causé par cette chute.

Cet évènement arriva le 12 décembre 1771; un commissaire du châtelet fit la levée du cadavre, & donna les ordres nécessaires pour faire détourner les voitures qui auroient pu perpétuer l'ébranlement : d'un autre côté, deux des juges généraux de la chambre des bâtimens, sur le requisitoire & en présence du procureur du roi, se transportèrent sur le lieu, pour aviser à tout ce qui avoit rapport à la police particulière des bâtimens; malgré l'état continuel du danger où l'ébranlement avoit mis la maison, ils en vérifièrent l'état, &, par l'intelligence & l'activité de leurs soins, il fut dans le moment posé des étais suffisans pour prévenir tous les périls. On commit ensuite le sieur *Jacob*, architecte expert, pour faire faire le rétablissement avec solidité & sous son inspection: & pour statuer sur la faute de l'entrepreneur, on renvoya à l'audience, où le 30 décembre 1771, contradictoirement avec l'entrepreneur qui s'en rapporta à la prudence des juges, il fut rendu une sentence conforme aux conclusions du procureur du roi, de laquelle il est également nécessaire de rapporter les principales dispositions, tant pour servir en pareil cas, que parce qu'elle rappelle différentes maximes dont la connoissance importe également aux entrepreneurs & aux propriétaires.

» *La chambre* faisant droit sur les conclusions » du procureur du roi, ordonne que les réglemens » concernant la construction des bâtimens seront » exécutés selon leur forme & teneur : ce faisant, » pour avoir, par C....... maître maçon, fait » fouiller & ouvrir un puisart dans l'aire de la » seconde cave d'une maison située grande rue » du faubourg saint Jacques, & creuser au droit » des fondations de ladite maison le long des » murs & d'un des piliers qui portoit la clef des » voûtes, sans laisser la distance nécessaire & sans » prendre la précaution de faire étayer, & avoir » par-là occasionné la chûte & l'écroulement des » piliers & voûtes des caves supérieures & infé- » rieures, & par suite la mort & les blessures » d'ouvriers, ainsi qu'il est énoncé au procès- » verbal, ordonne que lesdits piliers & voûtes » continueront d'être réédifiés sous la conduite de » *Jacob*, expert à ce commis par l'ordonnance » provisoire, laquelle à cet effet demeure défini- » tive, *& ce aux frais de C..... sans répéti-* » *tion contre les propriétaires* : interdit ledit C... » de sa profession de maître maçon & entrepre- » neur pendant six mois, à compter de ce jour ; » lui fait défenses de récidiver & faire les fonc- » tions de maître pendant le temps de son inter- » diction, à peine de déchéance de la maîtrise, » & le condamne en 100 livres d'amende, appli- » cable conformément aux lettres-patentes, sur

» laquelle sera prélevé le droit de l'huissier chargé
» des significations ; ordonne pareillement, pour
» prévenir les dégradations & les filtrations dans
» les caves des eaux de la fosse d'aisance dont il
» s'agit, que, sous la conduite dudit Jacob, juré
» à ce commis, & aux frais & dépens des pro-
» priétaires, toutes les réparations nécessaires à
» ladite fosse seront faites : dont & du tout
» ledit Jacob sera tenu de mettre au greffe, dans
» un mois, son procès-verbal de rétablissement,
» assisté d'un des huissiers de la chambre à ce
» commis.

» Enjoint aux syndic & adjoint de la commu-
» nauté, & à tous architectes, jurés & maîtres
» maçons, entrepreneurs, conducteurs, compa-
» gnons & ouvriers, qui auront connoissance,
» soit par eux, soit autrement, des évènemens,
» chutes & accidens qui peuvent survenir, ou
» des ouvrages entrepris sans précaution & avec
» danger pour le public ou les ouvriers, d'en
» donner avis sur l'heure à un des juges géné-
» raux de la chambre, & au procureur du roi ou
» à son substitut, à peine de dix livres d'amende
» contre les architectes, entrepreneurs & ouvriers,
» de tous dépens, dommages & intérêts, de dé-
» chéance de maîtrise contre les maîtres ; d'inca-
» pacité d'y être admis contre les autres, & sous
» telle autre peine qu'il appartiendra, même
» d'être poursuivis extraordinairement s'il y a
» lieu.

» Ordonne que lorsque les architectes, entre-
» preneurs, experts, maîtres maçons & ouvriers,
» même les propriétaires faisant travailler à leur
» journée, voudront faire percer, démolir ou
» réédifier un mur mitoyen, ou démolir une

» maison adossée contre un mur mitoyen, ils » seront tenus, avant d'y procéder, de faire faire, » aux termes des loix, coutumes & réglemens, » sommation aux propriétaires voisins de se garantir & soutenir de leur côté; & dans le cas » où lesdits voisins seroient négligens de le faire, » lesdits architectes, entrepreneurs, maîtres maçons, ouvriers & propriétaires ne pourront » passer outre auxdits percemens, démolitions & » rétablissemens, sans avoir préalablement dénoncé lesdites significations au procureur du » roi de la chambre, ou à son substitut, pour » ce qui est de la ville, fauxbourgs & banlieue » de Paris; & pour les autres villes & endroits, » aux juges des lieux, pour lesquels, à cet effet, » la présente sentence servira de commission rogatoire, pour être sur lesdites dénonciations ordonné par la chambre ou par les juges ce qu'il » appartiendra; le tout à peine de demeurer garans & responsables de tous évènemens, & » de telle autre peine qu'il appartiendra, même » d'être poursuivis extraordinairement s'il y a » lieu; ordonne que, dans le cas de chute des » bâtimens & autres évènemens de cette espèce, » tous ouvriers qui se trouveront aux environs, » & qui seront appelés pour donner aide & secours, seront tenus de s'y rendre à quelque » construction qu'ils puissent être employés, & » de prêter leurs échaffauds & équipages, à peine » de cent livres d'amende, même d'être emprisonnés sur le champ.

» Ordonne que le présent jugement sera imprimé au nombre de quatre cents exemplaires, » publié l'audience tenant, & affiché en cette » ville de Paris & par tout où besoin sera, aux

» frais & dépens dudit Cambaut, & inscrit sur
» le registre des déclarations de la communauté
» à la première assemblée, à la diligence du syndic
» de la communauté, &c. «.

Le procureur du roi avoit observé dans son requisitoire, que pour mieux remplir les vues d'intérêt public dont on devoit être animé dans le cas d'évènemens aussi funestes, c'étoit le cas d'ordonner qu'un exemplaire de la sentence dont il requéroit l'impression, fût envoyé à chacun des commissaires au châtelet, non que par-là on entendît toucher à aucun de leurs droits, mais uniquement afin de les mettre à portée, s'ils étoient prévenus de quelque accident, de vouloir bien donner au procureur du roi de la chambre des bâtimens un avis qui ne tend qu'à la sûreté publique, en lui procurant le moyen de veiller à la police particulière dont les généraux des bâtimens sont plus spécialement occupés. C'est en conséquence de cette observation que la sentence du 30 décembre 1771 porte, par une dernière disposition, « qu'il
» en sera envoyé un exemplaire à chacun des
» commissaires du châtelet, aux fins des conclu-
» sions du procureur du roi, dont le requisitoire
» sera à cet effet transcrit dans la sentence «.

Cette explication sur les objets des visites de police que les juges des bâtimens font faire par des experts & entrepreneurs, ou qu'ils font par eux-mêmes quand le cas le requiert, & sur les avantages qui en résultent pour l'intérêt, la fortune & la sûreté des citoyens, est une preuve de l'utilité & de la nécessité de la juridiction des bâtimens.

Compétence & droits de la chambre des bâtimens.

Ce que l'on vient de rapporter des édits, lettres-patentes & arrêts donnés sur le fait des bâtimens, donne déjà une idée des principaux objets dont la connoissance lui est attribuée : mais il est plusieurs autres points qui lui appartiennent, & dont on trouve le détail dans une foule de monumens légaux & publics : on va les analyser par ordre de date.

Les statuts & ordonnances de 1317, revêtus de lettres-patentes de 1574, registrées le 3 septembre, donnent au maître général des bâtimens la réception des maçons, plâtriers & carriers, la recherche des abus que ces ouvriers peuvent commettre, la punition de leurs délits, & la *garde* de tout ce qui a trait à ces métiers, voulant que, pour raison de leur métier, il ait sur eux toute juridiction.

Des premières lettres-patentes d'Henri IV, du 17 mai 1595, registrées le 22 juin, confirment & assurent au maître général le droit, 1°. *de juger & condamner les mésusans des métiers de maçon, tailleur de pierre, plâtrier, mortellier, préaullier & autres ouvrans.*

2°. *De recevoir les compagnons au degré de maître en la forme & manière que lui & ses prédécesseurs les ont reçus.*

3°. De régler la forme en laquelle les maîtres par lui commis doivent faire les visites de police & en dresser leur rapport pour en faire lecture à la première audience.

Par d'autres lettres-patentes d'Henri IV, du 16 mai 1598, registrées le 12 mars 1601, il est dit,

1°. que *les maîtres maçons ne pourront être reçu par le prevôt de Paris ou son lieutenant*, ni exercer qu'ils n'aient été *interrogés & certifiés capables par le maître général des bâtimens.*

2°. Qu'il procédera *par les voies de droit pour la conviction des abus qui se commettent par les maîtres & autres quelconques desdits métiers, sans aucun excepter ni réserver.*

3°. Que les rapports sur les abus des entrepreneurs & plâtriers *seront faits devant le général, & non devant le prévôt de Paris.*

4°. Que tous ces entrepreneurs & ouvriers seront *contraints d'obéir aux ordonnances & mandemens dudit maître général, par toutes voies, & même par corps.*

5°. Que *toute cour & justice est attribuée au maître général, avec ressort immédiat au parlement, pour exercer icelle justice dans l'enclos du palais; icelle interdisant au prévôt de Paris ou son lieutenant, & aux parties, de faire poursuites & procédures ailleurs qu'en la juridiction du maître général.*

6°. Que ses sentences seront *exécutées nonobstant oppositions ou appellations, pour lesquelles ne sera différé, comme chose politique, concernant & dépendant du fait de police.*

Un arrêt contradictoire du parlement, rendu le 7 sept. 1616, entre le juge général des bâtimens & les officiers du châtelet, d'une part, & les maçons & charpentiers jurés, d'autre part, ordonne, 1°. que le maître général *commettra les jurés & non jurés pour faire la recherche des malversations des atteliers & bâtimens*, lesquels lui en feront le rapport sans en prendre aucun salaire: 2°. *que le maître des œuvres recevra* au degré de maîtrise par chef œuvre, *les compagnons dudit métier, & à cet effet, enverra la lettre du chef-d'œuvre cachetée aux maîtres jurés & non jurés, tels qu'il voudra choiſir, pour voir faire aux compagnons le chef-d'œuvre, leſquels après lui certifieront la capacité ou incapacité, pour être reçus ou refuſés par lui*; & lequel ainſi reçu, ſera de rechef ſerment pardevant le ſubſtitut du procureur général du châtelet, & ſera enregiſtré ſur les regiſtres.

Ce ſecond ſerment ne tient point à la qualité de maître, qui eſt pleinement acquiſe par la réception en la chambre des bâtimens; ce n'eſt que pour que le châtelet connoiſſe les entrepreneurs qui ont réellement, avec cette qualité, le droit d'opérer un privilége à ceux qui fourniſſent des deniers pour la bâtiſſe : on le voit par le diſpoſitif de l'arrêt de 1616, qui d'un côté ordonne que le ſecond ſerment *ſera enregiſtré au regiſtre du procureur du roi du châtelet*, & d'un autre côté, que *dans le cas d'oppoſition des jurés ou autres lors de la préſentation & preſtation du ſerment pardevant le procureur du roi au châtelet, les parties ſe pourvoiront pardevant ledit maître des œuvres, pour les faire viſiter, & par appel en la cour.*

Les difficultés élevées par le châtelet ainſi terminées, il y en eut d'autres de la part du bailli du palais, qui prétendit pouvoir recevoir les maîtres & entrepreneurs pour l'enclos du bailliage, reçut en effet deux maîtres le 15 février 1654 & 9 juin 1643, & rendit même deux ordonnances, les 19 ſeptembre & 19 octobre de la même année, pour le maintien de ces réceptions : mais par arrêt ſur productions reſpectives, rendu au parlement le 4 ſeptembre

1660, la cour, en infirmant les ordonnances d[u] bailli du palais, & émendant, ordonna, cont[re] le bailliage, *l'exécution de l'arrêt du 7 septemb[re] 1616, fit itératives défenses d'y contrevenir; [en] faisant, que l'aspirant à la maîtrise du métier [de] Maçonnerie dépendant du maître général des œuvres, ne pourra être reçu maître que conformément au[x] statuts & reglemens dudit métier.*

Une des objections que l'on faisoit alors cont[re] la chambre des bâtimens, consistoit à dire, qu'i[l] n'y avoit dans la juridiction des bâtimens que l[e] maître général & son lieutenant, qui n'étoi[ent] même que par commission. Cette observation [a] cessé par l'édit du mois de mai 1645, regist[ré] au parlement, en la chambre des comptes & en la cour des aides, portant création de deu[x] maîtres généraux de plus, avec les mêmes droi[ts] de justice attribués à l'ancien, les mêmes pré[-]rogatives, même celle de présider à leur tour & les mêmes priviléges dont il jouissoit & don[t] jouissent les *commensaux* de la maison du ro[i.] Ce même édit donne pouvoir aux maîtres gé[-]néraux de visiter & faire visiter les bâtimen[s] défectueux; & en cas d'éloignement, de com[-]mettre d'autres personnes.

Une procédure faite en la chambre des bâti[-]mens en 1672, pour raison des mal-façons com[-]mises par Quinchant, maître maçon, & la ten[-]tative que fit ce dernier pour attirer l'affaire a[u] châtelet, sous prétexte qu'il y étoit en contesta[-]tion avec les propriétaires, donnèrent lieu à un[e] nouvelle difficulté entre le châtelet & les juge[s] généraux des bâtimens, qui prétendirent qu'i[l] lieu par le châtelet de pouvoir évoquer la con[-]testation sur les mal-façons, pour la joindre elle pendante entre le propriétaire & l'entrepreneur, pour le réglement & payement des ouvrages, c'étoit au contraire en la chambre des bâtimens que tout devoit être réuni, le jugement de police qui seroit rendu par la chambre devant servir de règle pour fixer & payer les ouvrages. D'un autre côté, M. le Camus, lieutenant civil, sur le requisitoire de M. Brigallier, avocat du roi au châtelet, avoit, le 7 octobre 1672, rendu une sentence qui avoit cassé la procédure du maître & juge général des bâtimens, & icelle évoqué au châtelet, avec défenses d'en plus connoître.

On voit par un arrêt contradictoire du 2 septemb. 1673, qui fut rendu sur ce démêlé, que François de Villedor, écuyer seigneur de Clermont, conseiller du roi, maître général de ses bâtimens, juge & garde de la maîtrise des maçons, se rendit appelant de cette sentence, sur laquelle il fit intimer M. le Camus & l'avocat du roi; que MM. les officiers du châtelet donnèrent leur requête d'intervention; que l'on prit de part & d'autre différentes conclusions, & même que l'on renouvela des objets décidés par les précédens réglemens.

Sur ces contestations, l'arrêt de 1673 » mit » l'appellation & la sentence du châtelet du 7 » octobre 1672, dont il avoit été appelé, au néant, » émendant, faisant droit sur toutes les demandes » des parties, ordonna que les déclarations du » roi des 7 avril 1574, 17 mai 1595, 16 mai » 1598, & arrêt de la cour du 7 septembre » 1616, seroient exécutés selon leur forme & » teneur, &, conformément à iceux que les maîtres » généraux exerceroient leur justice dans l'enclos

» du palais, ainsi qu'ils avoient accoutumé ; » *visiteront ou feront visiter* par des maîtres jurés » & autres, les bâtimens & atteliers, pour connoître les abus & malversations qui pourroient » être faits aux édifices & bâtimens qui se construisent en cette ville & fauxbourgs de Paris, » *& autres lieux où ils ont droit de visiter*, punir » les contrevenans, entreprenans & mésusans » *dudit métier, tailleurs de pierre, plâtriers & autres sujets à leur juridiction, par condamnation de telles peines, réparations & amendes*, » sur les rapports qui leur en seront faits, sans » prétendre aucun salaire ; que les mesureurs de » plâtre seront tenus de faire rapport devant eux » des fautes qui seront commises, tant en la » mesure que façon du plâtre ; *qu'ils recevront les compagnons dudit métier au degré de maîtrise par chef-d'œuvre*, ainsi que leurs prédécesseurs les ont reçus & installés, pour ensuite » faire de rechef serment pardevant ledit substitut du procureur-général du roi au châtelet, » *& en cas d'opposition* lors de la présentation » ou prestation de serment pardevant ledit substitut, *se pourvoiront les parties pardevant le maître général en exercice pour les faire vider*, » & quant à ceux qui auront lettres du roi & » devront être reçus par ledit substitut, ils seront, » au préalable, certifiés par ledit maître général » en exercice & deux maçons jurés «.

Quoiqu'aux termes de ces déclarations, arrêts & réglemens les maîtres généraux aient *toute cour, justice & juridiction* sur les entrepreneurs & autres dénommés dans les loix, *ratione personæ & ratione materiæ* ; quoiqu'ils soient sujets à cette justice pour leurs entreprises, fournitures

& tout ce qui a rapport aux bâtimens, & même plus spécialement encore pour toutes entreprises relatives aux bâtimens du roi, il s'est élevé une foule de conflits, pour savoir en quelle juridiction on porteroit les contestations entre les entrepreneurs, leurs fournisseurs & ouvriers, & au sujet des marchés, accords & associations faits entre eux. Ce qui occasionnoit des doutes provenoit de l'ordonnance du commerce de 1673, qui veut que pour les fournitures faites aux maçons & autres entrepreneurs, on puisse se pourvoir aux consuls : mais étant évident que les entrepreneurs des bâtimens, qui ont pour eux un tribunal particulier, n'avoient été compris dans l'ordonnance du commerce, que par suite d'une phrase générale qui indiquoit les différens genres de marchands & fournissans, on n'a point balancé à mettre dans une exception les entrepreneurs des bâtimens. Ces conflits ont donné lieu à diverses contestations, jugées, les unes au conseil d'état, les autres au parlement, par différens arrêts dont on va rapporter les plus remarquables.

Premier arrêt du 14 septembre 1684. Claude Simon, entrepreneur des bâtimens du roi, avoit souscrit une obligation de 1500 livres, pour fournitures de pierres de vergelet & de chaux : assigné aux consuls à fin de payement de cette somme, il soutint qu'il devoit être renvoyé en la chambre des bâtimens. Le conflit porté au conseil d'état, il intervint arrêt le 14 septembre 1884, qui déchargea Simon de l'assignation à lui donnée aux consuls, *avec défenses aux juges-consuls de connoître dudit fait, & au sieur le Monier,* porteur de l'obligation, *de se plus pourvoir par-devant eux, à peine de nullité, cassation de pro-*

cédure, 500 livres d'amende, & de tous dépens, dommages & intérêts, sauf à lui à se pourvoir pour le payement de ladite somme de 1500 livres, pardevant le juge des bâtimens.

Second arrêt du 30 juin 1685. Jean-Jacques Aubert Raoul, & Pierre de la Porte, charpentiers, ayant été assignés pour diverses fournitures à eux faites au sujet d'entreprises des bâtimens du roi, & se voyant traduits par les uns à l'hôtel-de-ville, par d'autres au châtelet, par d'autres enfin aux consuls, se pourvurent au conseil d'état, où, par arrêt du 30 juin 1685, ils furent *déchargés de ces assignations & des jugemens qui pouvoient être intervenus en conséquence, avec défenses à ces juges de connoître de ces matières,* & à qui que ce soit de se *pourvoir devant eux pour raison d'icelles, à peine de nullité, cassation de procédure,* 500 livres d'amende, & de tous dépens, dommages & intérêts, *sauf à eux à se pourvoir pardevant le général des bâtimens.*

Troisième arrêt du 10 juin 1688. Au préjudice du précédent arrêt de 1685, quelques fournisseurs s'étant pourvus contre Raoul & la Porte, tant en l'hôtel-de-ville qu'au châtelet, le maître général revendiqua la contestation, & défendit aux parties de procéder ailleurs que devant lui; le châtelet rendit des ordonnances contraires, & on y poursuivit les entrepreneurs, qui se pourvurent de nouveau au conseil d'état, où, le roi y étant, il fut rendu un autre arrêt le 10 juin 1688, qui ordonna l'exécution des précédens; ce faisant, *sa majesté casse & annulle les sentences & ordonnances, tant du prevôt des marchands & échevins de la ville de Paris, que du lieutenant civil au châtelet de ladite ville, rendues au pré-*

judice des arrêts du conseil & des ordonnances & sentences du général des bâtimens, lesquelles sa majesté veut être exécutées selon leur forme & teneur, sauf l'appel au parlement de Paris : fait sa majesté très expresses & itératives défenses auxdits juges, tant du châtelet que de la ville de Paris, & à qui que ce soit de se pourvoir pardevant eux, à peine de nullité des sentences & jugemens qui pourroient être par eux rendus en cette matière, cassation de procédure, 500 liv. d'amende, dépens, dommages & intérêts, & à tous huissiers ou sergens de mettre lesdites sentences à exécution, à peine de 500 livres d'amende & d'interdiction de leurs charges.

Quatrième arrêt du 3 février 1691. Un particulier, après avoir fait condamner Jacques Maniere & Bergeron, entrepreneurs, par sentence des juges des bâtimens, au payement de différentes sommes, pour fournitures de leurs entreprises, fit transport de ses créances à la veuve Delaitre, bourgeoise de Paris, qui vint à compte avec les débiteurs : par ce compte, on *annula le transport*, & la veuve Delaitre accepta un billet pur & simple, pour le payement duquel elle se pourvut ensuite au châtelet. Par l'arrêt du 3 février 1691 cette procédure fut cassée, avec défenses à la veuve Delaitre de se pourvoir ailleurs que devant les juges des bâtimens.

Cinquième arrêt du 9 mars 1718. David & Barjolles, entrepreneurs à Paris, chargés de la construction de l'hôtel de M. le premier président du parlement de Rouen, avoient acheté différens bois du nommé Grou, marchand de bois, enregistré à l'hôtel-de-ville. Ce marchand avoit fait conduire ses fournitures par eau, & prétendoit, à raison de ce, que les contestations nées entre lui & les entrepreneurs devoient être portées au bureau de l'hôtel-de-ville. Les entrepreneurs soutenoient au contraire, que tous marchés entre les entrepreneurs des bâtimens, leurs ouvriers & fournisseurs, étoient uniquement de la compétence des bâtimens.

Sur ce conflit, le procureur du roi de la ville obtint une commission au parlement, & y fit assigner les parties pour être réglées; les juges généraux des bâtimens ne furent point mis en cause: cependant, par arrêt contradictoire avec le procureur du roi de la ville, du 9 mars 1718, rendu sur les conclusions de M. de Lamoignon avocat-général, le parlement, *sans s'arrêter aux requêtes du procureur du roi de la ville, ordonna que les parties* procéderoient en la chambre des bâtimens.

Sixième arrêt du 10 mars 1719. Il s'éleva en 1719 des contestations entre Mazieres & Heudricq, marbriers à Paris, pour ouvrages & fournitures de leur état, à cause d'un bâtiment; les parties se pourvurent, l'une aux consuls, l'autre en la chambre des bâtimens. Il y eut des sentences dans les deux tribunaux, & des appels respectifs, sur lesquels, par l'arrêt contradictoire du 10 mars 1719, l sentence des bâtimens fut confirmée, & celle des consuls infirmée; & , *pour procéder au principal, la cour renvoya les parties en la chambre des bâtimens, sauf l'appel en la cour.*

Septième arrêt du 10 juillet 1744. Tout étant ainsi réglé entre la chambre des bâtimens & les principaux siéges de Paris, par les arrêts du parlement & du conseil d'état, cette juridicti s'est vu encore obligée de défendre sa compétence contre la prévôté de l'hôtel & le grand conseil.

Le grand prévôt de l'hôtel jouit du privilége de donner un brevet de maîtrise dans chaque métier. Ce brevet est enregistré en la prévôté de l'hôtel, où le porteur du brevet est reçu. Nicolas Goujat, porteur d'un brevet de maçon, & reçu en la prévôté de l'hôtel, se disoit *maçon privilégié suivant la cour*, & prétendoit que ses ouvrages, bons ou mauvais, n'étoient point sujets aux visites de police que le général des bâtimens fait faire. Malgré cette prétention, les commissaires de police ayant, en 1742, dans le cours de leurs visites, trouvé des mal-façons dans un bâtiment construit par Goujat, il fut assigné en la chambre des bâtimens, où, par sentence du 27 août 1742, *il fut condamné en trente livres d'amende, pour avoir commis les mal-façons mentionnées au procès-verbal, & ordonné qu'à ses frais, sans répétition contre le propriétaire, les ouvrages où étoient les mal-façons seroient abattus, démolis & reconstruits suivant les règles de l'art, sous la conduite d'un juré prépose à cet effet.*

Le lendemain de cette sentence, Goujat se pourvut en la prevôté de l'hôtel, où il fit révoquer la contestation. Un arrêt du parlement, rendu le 23 septembre 1742 sur la requête des syndic & adjoint des maîtres maçons, en les recevant appelans comme de juge incompétent de la sentence de la prévôté de l'hôtel, fit défenses de l'exécuter. Cet arrêt fut cassé par arrêt rendu au grand conseil sur la requête de Goujat, le premier octobre suivant, avec défenses de procéder ailleurs qu'au grand conseil.

Sur le conflit occasionné par ces deux arrêts, & dans lequel le procureur du roi de la prévôté de l'hôtel intervint, il a été, le 8 juin 1744, rendu *sur productions respectives* au conseil d'état, un arrêt par lequel *le roi, sans s'arrêter à l'arrêt du grand conseil, ordonne que, sur les contestations dont il s'agit, les parties continueront de procéder en la chambre de la Maçonnerie, & par appel au parlement de Paris, & condamna Nicolas Goujat & le procureur du roi de la prévôté de l'hôtel, aux dépens envers toutes les parties.*

Cet arrêt juge donc qu'en ce qui concerne les bâtimens il n'y a aucun privilége qui puisse soustraire l'entrepreneur aux visites & à la juridiction des maîtres généraux des bâtimens.

Enfin, par un *huitième arrêt du 26 juillet* 1768, du parlement de Paris, rendu contradictoirement, sur les conclusions de M. de Barentin, avocat-général; il a été jugé que les contestations entre les entrepreneurs, leurs fournisseurs & ouvriers, ne pouvoient point être portées aux consuls: l'arrêt casse les sentences des consuls, & confirme celles de la chambre des bâtimens, qui avoient révoqué l'assignation.

La même chose avoit été jugée par autre arrêt contradictoire du 19 avril de la même année 1768.

Greffiers de la chambre des bâtimens.

Il existe dans cette juridiction deux offices pour le greffe; l'un, donnant le titre de greffier en chef, avec droit de *committimus* & autres priviléges dont jouissent les juges généraux & le procureur du roi; l'autre, ayant le titre de principal commis du greffe.

Le titulaire actuel a fait réunir ces deux offices, avec la faculté de les désunir.

Huissiers.

Ils sont au nombre de trois, dont le premier a toutes les prérogatives qui appartiennent aux premiers huissiers des siéges royaux immédiats au parlement : tous les trois ont le droit d'exploiter par-tout le royaume sans *visa* ni *pareatis*, de même que les huissiers des autres juridictions privilégiées de l'enclos du palais.

Ces huissiers sont tenus de recevoir les procès verbaux des visites de police, d'en remettre une expédition au procureur du roi la veille de l'audience, avec la note des assignations qu'ils ont données en conséquence, de se trouver à l'audience, tant pour le service du siége que pour faire la lecture des procès-verbaux, qu'ils remettent tout de suite au greffier, & de se rendre au palais avant les audiences les jours ordinaires ou autres qui leur sont indiqués par les juges & le procureur du roi.

Menuisiers.

Quoique les maîtres de cette profession soient mis au nombre des entrepreneurs des bâtimens, ils ne sont point reçus par les généraux des bâtimens, & ne plaident point devant eux pour raison de leurs mal-façons & de leurs constructions.

La communauté des maîtres menuisiers, convaincue que si les ouvrages défectueux de la menuiserie donnent lieu à moins de dangers que la Maçonnerie & la charpente, il en est cependant auxquels on ne sauroit donner trop d'attention, a présenté plusieurs mémoires au gouvernement, pour être réunie aux entrepreneurs principaux, & afin d'être autorisée à nommer des maîtres menuisiers *qui se joindroient avec la police* de la chambre des bâtimens, *pour, par le même procès-verbal, être fait rapport des malversations, & le procès-verbal rapporté au maître général des bâtimens.*

Il paroît même qu'il y a eu dans la communauté des menuisiers une délibération à cet effet.

Plâtriers & fours à plâtre.

On a rendu compte aux mots *commissaires & compétence* de la chambre, de ce qui regarde la juridiction sur les plâtriers & les fours à plâtre, & sur les visites qui se font à ce sujet. Les statuts & ordonnances de 1317 veulent que le plâtrier soit reçu ; plusieurs d'entre eux négligeant cette formalité, la nécessité de la remplir a été renouvelée par une sentence de 1770. Les plâtriers sont, pour leurs mal-façons, leurs traités, entreprises & fournitures, justiciables de la chambre des bâtimens.

Le sieur Feroussat, artiste distingué par la manière qu'il a trouvée de fabriquer & préparer le plâtre, & par les précautions qu'il s'est imposé lui-même de rendre sa manipulation pure & sans mélange de matières étrangères, a obtenu pour récompense de son industrie & de ses dépenses, un privilége de bâtir un four de son invention dans un faubourg de Paris. La concession de ce privilége a été précédée d'un avis du procureur du roi de la chambre des bâtimens & des juges généraux; les lettres-patentes contenant ce privilége, après avoir été enregistrées au parlement, ont été adressées à la chambre des bâtimens pour y être publiées.

Réception des maîtres.

On a vu par le détail des lettres-patentes de 1595, 1598; des arrêts de 1616, 1673, &c. que le droit de recevoir les maîtres & de leur donner le trait géométrique, appartient aux juges généraux des bâtimens, exclusivement à tous autres: il paroît même que les nouveaux édits donnés depuis 1776 pour les communautés d'arts & métiers, ne changeront point la forme des réceptions, & que, par les nouveaux réglemens dont les commissaires du roi s'occupent pour les maîtres maçons, les juges généraux, dont l'utilité est de plus en plus reconnue, seront maintenus dans leurs droits, auxquels ces édits ne dérogent point.

Statuts.

L'entreprise des bâtimens est soumise à une foule de règles; on en trouve quelques-unes dans les statuts de 1317, qui n'ont que 18 articles: la coutume de Paris en indique quelques autres: on en voit également d'éparses dans différens jugemens de la chambre ou arrêts du parlement; mais il n'existe point un code général où l'on ait réuni tout ce qu'on appelle les règles de l'art, & où le citoyen & le maçon puissent chercher, l'un ce qu'il peut exiger de son entrepreneur, & celui-ci quels sont ses devoirs.

Il y a eu divers projets présentés par des maîtres zélés; mais leur travail n'ayant pas répondu à l'envie qu'ils avoient d'être utiles, ces projets n'ont point eu de suite : il seroit cependant bien essentiel qu'il fût dressé des statuts pour une communauté dont les objets ont de tout temps été assez importans pour exiger une juridiction spéciale. Cet objet est digne de l'attention du souverain & des magistrats supérieurs.

On peut y parvenir aisément, en obligeant la communauté des entrepreneurs & les experts à se réunir, & à choisir entre eux un nombre suffisant de personnes instruites, qui feroient leurs observations sur tous les points qui leur paroîtroient devoir entrer dans des statuts, & les remettroient au procureur du roi de la chambre des bâtimens.

Sur cette opération, le procureur du roi & les juges généraux rédigeroient un corps de statuts qu'ils présenteroient à M. le procureur général pour être homologués au parlement.

Versailles.

La quantité & l'importance des ouvrages qui ont été faits sous le règne de Louis XIV à Versailles, Marly & ès environs, déterminèrent ce monarque à placer au bâtiment de la surintendance une salle où les maîtres & juges généraux de la chambre établie à Paris alloient siéger tous les quinze jours ou tous les mois pour juger le rapport des visites de police qu'ils faisoient faire à l'instar de Paris. C'est par cette raison que cette chambre, depuis le siècle dernier, est dite, dans l'intitulé des sentences, *établie au palais, à Paris & à Versailles.*

A la mort de Louis XIV, les ouvrages ayant cessé, & le transport des juges généraux devenant inutile, leur salle d'audience de Versailles a été appliquée à d'autres usages; mais leurs sentences ont conservé le même intitulé, afin sans doute de prouver au roi que les juges de ce tribunal sont toujours destinés & disposés à exercer leurs fonctions à Versailles & dans tous les autres lieux qu'il plaira à sa majesté de leur prescrire.

SECONDE SECTION.

Sur les maîtres maçons & entrepreneurs de bâtimens.

Ce qui vient d'être exposé sur la juridiction royale, créée pour connoître de toutes les parties relatives à l'entreprise des batimens, fournit déjà une idée des devoirs & des obligations des entrepreneurs : mais cette profession est devenue aujourd'hui si intéressante, par les rapports qu'elle a avec une partie de la fortune des citoyens, qu'il ne peut être que très-utile pour le public, pour les tribunaux & pour les gens de loi, de développer tous ces rapports.

Apprentif.

L'apprentissage ne suffisant point pour acquérir les connoissances qu'exige l'art de bâtir, les statuts & ordonnances de 1317, qui parlent des apprentifs, n'ont point eu à cet égard d'exécu-tion. Le fouverain, convaincu qu'on ne pouvoi être maçon & entrepreneur qu'après un examen, a confié ce foin aux juges généraux de la chambre établie pour les bâtimens. Pour connoître la capacité des afpirans, le maître général ne s'est point borné à les interroger; il a indiqué des chef-d'œuvres que l'afpirant doit exécuter, & en tracer le trait géométrique. Cette épreuve ayant paru un moyen fage & affuré pour s'inftruire des talens du récipiendaire, elle a été adoptée tant par le règlement de 1616 & l'édit de création des experts de 1690, que par des lettres-patentes du 18 avril 1762. Depuis ces époques, le chef-d'œuvre & le trait à deffiner ont été donnés par le maître général pour être exécutés en préfence des experts & maîtres défignés par une lettre cachetée que le greffier remet aux experts, & dans laquelle le chef-d'œuvre à faire eft indiqué, afin que l'afpirant qui fe trouve à l'affemblée ignore jufqu'à ce moment l'ouvrage qu'il doit exécuter.

Architecte.

Comme la partie de l'architecte, en fait de bâtimens, confifte plus dans les deffins, coupes, profils & élévations de l'ouvrage à faire, que dans la folidité des bâtimens, l'entrepreneur qui manqueroit aux règles de la folidité & fe croiroit exempt de la garantie, fous prétexte qu'il auroit bâti d'après les plans de l'architecte, feroit dans l'erreur, & le propriétaire auroit contre lui la même garantie : il y a plus, il l'auroit quand le propriétaire lui-même auroit tracé le plan *donné par écrit des ordres* pour ne bâtir que de telle ou telle façon, parce que la bâtisse intéressant la sûreté publique, & un entrepreneur ne pouvant point s'écarter des règles auxquelles cette sûreté est attachée, il n'a point d'excuse à proposer, & demeure toujours responsable des évènemens.

C'est une maxime attestée par *Desgodets*, dans ses loix des bâtimens ; & telle est la jurisprudence de la chambre des bâtimens & de tous les tribunaux. On aura occasion d'en parler par la suite en traitant de la garantie due par les entrepreneurs.

Bloc.

Il a toujours été défendu aux maîtres maçons & entrepreneurs de Paris de faire des marchés en *bloc*, ou conventions de faire & livrer un bâtiment *la clef à la main ;* un maître maçon, charpentier, menuisier ou autres, ne peut faire un pareil traité. Une des raisons de cette prohibition est la crainte qu'un entrepreneur, pour gagner davantage, ne se renferme point dans l'exercice du seul métier pour lequel il a été reçu maître, & qu'il ne s'ingère dans d'autres professions qui lui sont interdites, & dont il ne supporte pas les charges.

Il est encore une autre raison plus essentielle de cette prohibition, c'est la remarque que l'on a toujours faite & que l'expérience a confirmée, que dans le cas d'un marché en bloc, toutes les parties sont plus négligées & moins solides, l'entrepreneur général, dans la vue de multiplier ses profits, n'employant que les plus mauvais ouvriers & les matériaux de la plus médiocre qualité.

Compagnons.

L'entreprise n'est permise qu'aux maîtres ; les compagnons ne peuvent donc travailler qu'à la journée des maîtres ou des propriétaires qui font travailler par économie, sans pouvoir fournir les ustensiles, cordages & matériaux, & sans pouvoir faire aucun marché pour être payés à la toise.

Les charges multipliées imposées sur les communautés d'arts & métiers, & les secours que ces communautés ont fournis gratuitement pour les besoins de l'état, sont des motifs suffisans pour empêcher que ceux qui, sans supporter le poids de ces dépenses, voudroient avoir les mêmes profits, soient punis & réprimés, & qu'il leur soit défendu de travailler sans qualité.

Il est ordonné par les sentences de 1738 & 1752, dont on a parlé dans la première section, *verbo commissaire de police*, que les propriétaires declareront comment ils font travailler ; il est enjoint aux commissaires de constater, lors des visites, la maniére dont se font les constructions ; & dans le cas où on ne trouve que des compagnons, on les fait assigner ainsi que les propriétaires ; savoir, ceux-ci pour déclarer s'ils font travailler à leur journée, & les compagnons pour être condamnés en l'amende, soit faute de déclaration, soit pour avoir fait l'entreprise sans qualité.

Comme ces réglemens n'étoient que la conséquence des loix antérieures, la communauté des maîtres maçons & entrepreneurs éprouvoit journellement des difficultés préjudiciables, qui ont enfin été levées par des lettres-patentes de

Louis XV, données à Bruxelles le 12 juin 1747, regiſtrées au parlement de Paris le 10 juillet de la même année, & publiées en la chambre des bâtimens le 21 juillet.

Ces lettres portent, » que les compagnons qui » travailleront ſous le privilége des bourgeois » ſoient tenus d'en faire la déclaration au bureau » de la communauté ſur un regiſtre qui ſera » tenu à cet effet, leſquelles déclarations con- » tiendront la nature des ouvrages, le nom de » celui qui les aura ordonnés, la déſignation du » lieu où ſont les atteliers, & que, pour cha- » cune deſdites déclarations, il ſoit payé par » leſdits compagnons la ſomme de trois livres, » à peine contre les contrevenans de cent livres » d'amende «.

Suivant le nouveau réglement dont on s'occupe en conſéquence de l'édit du mois d'août 1776, qui a rétabli les maîtres maçons en communauté, cette diſpoſition des lettres-patentes de 1747 ſera plus développée, & la déclaration ſera différente. Il paroît que le bourgeois, en conſervant ſa liberté de faire travailler des compagnons à ſa journée, pourvu qu'il fourniſſe les matériaux & équipages, ſera tenu de faire préalablement au bureau de la communauté ſa déclaration ſur la qualité & quantité des ouvrages, & ſur le nombre des compagnons, & de payer trois livres par chacun de ceux qu'il employera ; duquel regiſtre le ſyndic donnera tous les mois un extrait au procureur du roi de la chambre des bâtimens, afin qu'il puiſſe, quand il le jugera convenable, envoyer les commiſſaires de police pour viſiter ſi la conſtruction eſt régulière & ſolide : il y aura également la peine de confiſcation des outils &

matériaux avec amende, en cas de fausse déclaration.

Élection des syndics, adjoints & députés.

Cette élection a toujours été faite en la chambre des bâtimens : un arrêt du parlement de Paris, du 30 août 1689, ordonne » qu'à l'avenir, & » tous les ans, le syndic sortira d'exercice le lendemain de la saint Louis, auquel jour il sera » fait en la chambre des bâtimens une assemblée » générale de la communauté, à l'effet de procéder, à la pluralité des voix, à la nomination » & élection d'un nouvel adjoint-syndic, au lieu » & place du sortant, & de douze jurés & maîtres pour entendre les comptes, asseoir la capitation, & gérer avec les syndic & adjoints toutes » les affaires de la communauté : les maîtres » tenus de se trouver à l'élection, à peine de » cinq livres d'amende «.

Ces dispositions sont rappelées dans deux sentences de la chambre, données les 25 octobre & 14 novembre 1737, qui ont été imprimées; elles le sont également dans une délibération de la communauté, du 5 mai 1759, homologuée par lettres-patentes du 18 avril 1762, registrées au parlement le 15 juillet de la même année, après avoir pris l'avis & consentement de M. le lieutenant général de police.

Il paroît que le règlement fait par suite de l'édit d'août 1776, ne porte aucun changement à ces élections : il y aura seulement, aux termes de cet édit, deux syndics, deux adjoints, & vingt quatre députés ; sur quoi on doit remarquer que la communauté des maîtres maçons étoit la seule dont les affaires fussent gérées par des députés.

& que cette forme prescrite anciennement par les juges généraux, a paru si sage, qu'elle a été dépuis appliquée, par l'édit de 1776, à toutes les autres communautés, parce qu'on a senti l'inconvénient qu'il y avoit de provoquer pour chaque affaire une assemblée générale, où il règne presque toujours trop de confusion.

Experts.

L'édit de 1690 & celui de 1691 ont créé soixante experts, dont trente bourgeois, auxquels il est défendu de faire aucune entreprise en fait de bâtimens, & trente qui sont entrepreneurs : à cela près, le rang, les priviléges & les fonctions sont les mêmes.

Les trente experts entrepreneurs, qui, en cette dernière qualité, sont justiciables de la juridiction des bâtimens, sont obligés, par l'édit de création, d'assister, au nombre de deux chaque mois, aux visites de police : les juges généraux des bâtimens les commettent suivant l'ordre du tableau. Ce sont eux qui dictent le rapport des mal-façons ou contraventions à l'huissier de la chambre des bâtimens, chargé de recevoir le procès-verbal : ils doivent se trouver aux audiences & être présens à la lecture du rapport, afin de pouvoir répondre aux faits sur lesquels le procureur du roi ou les juges peuvent avoir besoin d'éclaircissemens.

L'édit de 1690 fixe & indique au surplus leurs droits & fonctions, dont les principaux sont la visite, l'estimation & le règlement des ouvrages. Ces mêmes droits ont appartenu de tout temps aux maîtres généraux, & sont la conséquence nécessaire de leur qualité, qui les constitue de droit architectes du roi.

Hôpital de la trinité.

Cet hôpital jouit du droit de procurer la maîtrise de maçon à six ouvriers qui pendant six ans travaillent dans cet hôpital, & montrent leur métier gratuitement à un orphelin.

Pendant ces six années le maçon est dit être en bail à la trinité; il doit faire enregistrer son bail au greffe de la chambre des bâtimens. Après l'expiration des six années, les administrateurs lui délivrent un certificat, sur lequel, sans payer aucuns droits de communauté, il est reçu par les juges généraux des bâtimens, en satisfaisant seulement aux droits de réception & de greffe.

Dès-lors il est inscrit sur la liste des maîtres maçons, & participe à tous leurs droits: il doit même toujours y avoir aux assemblées de la communauté un maître de la trinité.

Si l'ouvrier, pendant les six années de son bail, commet des mal-façons, il est nécessaire d'appeler pour la visite les administrateurs, comme étant ses supérieurs & ses surveillans ou tuteurs nés.

Toutes ces règles sont consignées dans deux arrêts du parlement des 30 décembre 1672 & 3 février 1694.

Garantie due par les entrepreneurs.

Pour avoir une idée des motifs qui ont donné lieu à la garantie due par les entrepreneurs, des loix qui l'ont établie, de sa durée & des cas où le propriétaire est fondé à la réclamer, on peut consulter un acte de notoriété donné par la chambre des bâtimens le 3 mars 1775, sur une requête à elle présentée par le séminaire saint Charles de la ville de Toulouse, pour savoir si le propriétair ayant fourni tous les matériaux pour la construction d'un bâtiment, le maître maçon, qui avoit fait l'ouvrage, étoit également garant pendant dix ans de la défectuosité des ouvrages & des surplombs énormes qui avoient paru, & avoient été constatés, 5, 6 ou 7 ans après la perfection de l'ouvrage, ou s'il n'en étoit garant que pendant un an, au moyen de ce que les matériaux lui avoient été fournis & qu'il avoit opéré sous la conduite d'un architecte.

Sur cette requête, M. Boyssou, procureur du roi de la chambre des bâtimens, motiva son avis, qui fait la base de l'acte de notoriété, sur des principes qu'il est nécessaire de rappeler, parce qu'ils réunissent tout ce qui a rapport à cette matière (*).

» Les loix qui assujettissent les maîtres maçons » & entrepreneurs des bâtimens à la garantie de » leurs ouvrages, sont fondées sur un principe » d'équité, & tiennent par cette raison de l'an- » cienne législation. On a reconnu dans tous les » temps que celui qui fait bâtir se livre presque » sans mesure aux promesses de l'entrepreneur, » & ne met aucune borne à sa confiance, soit » qu'il fasse construire par goût, soit qu'il s'y » détermine par nécessité : il a donc fallu imposer » aux entrepreneurs l'obligation de répondre à » cette confiance, & les soumettre à une peine » quand ils osent y manquer.

» Quelle devoit être cette peine ? La nature

(*) Il y a eu, sur les requisitoires de M. Boyssou, tous motivés, plusieurs autres réglemens imprimés, à l'effet de prévenir les dangers qui peuvent résulter des constructions vicieuses, & de veiller à la sûreté publique.

» du traité réel & présumé entre le constructe
» & le propriétaire, l'indiquoit: celui-ci ne faisc
» bâtir que dans l'espoir d'avoir un ouvrage s
» lide & durable; l'entreprenenr a donc dû tr
» vailler avec soin & en suivant les règles qu
» son art lui indiquoit: l'oubli de ces règles l
» nécessairement soumis, en cas d'évènement,
» remettre l'ouvrage dans l'état de perfection que
» le propriétaire a eu en vûe. Les loix étoient
» même autrefois si sévères dans les cas où la
» confiance du propriétaire étoit trompée, qu'elles
» prononçoient des peines afflictives contre l'en-
» trepreneur, même le bannissement.»

» Mais quelle étoit la durée de cet état d'in-
» certitude & d'engagement? On voit par la loi
» *omnes*, au code *de operibus publicis*, que quoi-
» que dans le temps où Justinien a promulgué
» ce règlement les bâtimens eussent moins de
» légèreté que dans le siècle actuel, la durée de
» la garantie fut fixée à 15 ans, tant contre l'ou-
» vrier que contre ses héritiers.

» Cette garantie, qui, aux termes de la loi
» *omnes*, ne semble relative qu'aux ouvrages pu-
» blics, a été appliquée aux bâtimens des parti-
» culiers; nous l'avons adoptée dans nos mœurs,
» en réduisant cependant la durée de l'action à
» dix ans pour les ouvrages non publics, réduc-
» tion dont les auteurs ne nous indiquent point
» le principe, mais que les magistrats ont sans
» doute puisée dans Hermenopolus, qui s'expli-
» que ainsi, lib. 3, tit. 8, §. ult. *Si intra de-*
» *cimum annum ruina ædificio absque vitio aut*
» *majore quadam vi contigerit, teneatur qui id*
» *extruxerit propriis sumptibus reficere.* En effet,
» Godefroy, sur la loi *omnes*, observe d'aprè

» cet auteur, que cette restriction à dix ans a
» lieu seulement *in operibus privatis*.

» Ce n'est point dans la coutume de Paris que
» ces maximes sont établies ; la jurisprudence &
» les auteurs les ont adoptées sans autre modifica-
» tion que pour la durée de l'action : mais le
» principe n'en est ni moins sûr ni moins universel.

» C'est même une maxime générale & cons-
» tante, que le maître maçon ne peut pas s'af-
» franchir de cette garantie, en disant qu'il a bâti
» sur des plans fournis par un architecte & sous
» son inspection, ou en annonçant qu'il a suivi
» les ordres du propriétaire. Ces circonstances
» ne l'excusent point & ne le dispensent pas
» de se conformer aux règles de l'art, soit pour
» la liaison & l'assemblage des matériaux, soit
» pour l'adoption & le rebut des matériaux qui
» doivent entrer dans l'édifice. Deux arrêts rap-
» portés dans la collection faite par Denisart,
» *verbo Bâtimens*, & rendus, l'un au parlement
» de Paris le 3 août 1746, en faveur du sémi-
» naire des trente-trois, contre Javiot, maître
» maçon ; l'autre au grand conseil, le 23 sep-
» tembre 1758, contre le Teillier, maître maçon,
» ont confirmé ces maximes.

» Desgodets, dans ses loix des bâtimens sur l'art.
» 203 de la coutume de Paris, page 273, édition
» de 1768, annonce comme une règle constante,
» que les maçons devant savoir ce qui est de
» leur art & profession, ils ne peuvent pas allé-
» guer pour leur défense l'ordre exprès & par écrit
» qu'ils auroient reçu du propriétaire, parce que
» c'est à eux à l'avertir.

» C'est par suite de cette obligation que l'on
» juge dans les tribunaux qu'un ouvrage où il y

» a des mal-façons doit être démoli & reconf-
» truit aux frais de l'entrepreneur, sans répétitio[n]
» contre le propriétaire, quand même ce der-
» nier en feroit content & qu'il auroit donn[é]
» des ordres formels : il ne dépend point e[n]
» effet du propriétaire d'un bâtiment qu'il soi[t]
» édifié contre les règles qui en assurent la soli-
» dité, & de façon qu'il puisse en résulter d[u]
» danger pour les voisins, pour le public, o[u]
» pour le propriétaire lui-même ; il est du devoi[r]
» des juges de police de prévenir les effets funeste[s]
» que l'ignorance ou la trop grande crédulit[é]
» d'un propriétaire pourroient occasionner ; & c'e[st]
» pour maintenir cette police, disoit M. Boysso[n]
» que, conformément à nos conclusions, la chambre
» par un jugement du 30 décembre 1774, a ordonn[é]
» qu'un mur mitoyen, reconstruit à neuf san[s]
» avoir observé les règles de l'art, seroit démol[i]
» aux frais de l'entrepreneur, quoique le pro-
» priétaire s'y opposât & eût déclaré formelle-
» ment, dans le cours d'un procès-verbal d[e]
» visite, qu'il tenoit & recevoit ce mur comm[e]
» suffisant, & qu'il s'opposoit à toute démolition
» le jugement a prononcé, sans avoir égard au[x]
» déclarations du propriétaire.

» Si on juge ainsi contre un entrepreneur, quoi
» que conduit par les plans & l'inspection d'u[n]
» architecte, quoique autorisé par les pouvoir[s]
» d'un propriétaire ; qui peut douter qu'on n[e]
» doive prononcer de même contre un maîtr[e]
» maçon qui aura fait des ouvrages avec de[s]
» matériaux fournis par le propriétaire ? Cett[e]
» circonstance ne peut l'affranchir de la garantie
» il est également responsable, pendant dix ans
» des vices de sa construction, parce qu'il a

» toujours à s'imputer les causes de la défec- » tuosité.

» En effet, ou les vices qui se découvrent » dans les dix ans, & dont les suites se mani- » festent, proviennent d'un défaut dans la bâtisse, » c'est-à-dire d'un défaut de liaison, d'un mau- » vais assemblage, d'une position sans soins & » sans proportion; ou ils proviennent de la mau- » vaise qualité des matériaux employés. Le pre- » mier cas est constamment celui de la garantie, » parce qu'il y a ignorance ou négligence : le » second cas n'est pas plus favorable; l'entrepre- » neur peut être également argué d'impéritie ou » de défaut d'attention, parce qu'il a dû con- » noître la mauvaise qualité, &, la connoissant, » il a dû refuser d'en faire usage, & cesser abso- » lument l'ouvrage.

» Tel est l'usage constamment observé en la » chambre des bâtimens & dans tous les tribunaux » de Paris; telle est la règle observée par la com- » pagnie des experts dans les visites & rapports qu'ils » font. Lorsque la coutume de Paris parle de l'ac- » tion d'une année pour les maçons, ce n'est qu'à » l'occasion de leurs salaires, pour lesquels ils sont » tenus de se pourvoir dans l'an «.

Il est encore un autre cas où l'entrepreneur doit être regardé comme garant, quoique cela ne soit réglé ni prévu par aucune loi du prince, ni réglement du parlement, parce qu'il n'est pas arrivé aussi fréquemment qu'aujourd'hui.

On voit à Paris une foule d'entrepreneurs acquérir un terrein & y bâtir pour vendre : plus occupés d'en imposer à un acquéreur par des ornemens extérieurs, que de bâtir solidement, à peine la construction est-elle finie & la vente faite, que les défectuosités du bâtiment paroissent. L'acquéreur a recours à l'entrepreneur, son vendeur, qui lui répond, qu'il n'est à son égard qu'un vendeur ordinaire, non soumis à la garantie.

Cette question s'étant présentée en la chambre des bâtimens, on l'a préjugée contre l'entrepreneur, en ordonnant, sur le requisitoire du procureur du roi, la visite du bâtiment & la vérification des mal-façons articulées : cette décision seroit sûrement confirmée au parlement ; c'est une fraude de l'entrepreneur, qui ne peut lui profiter. Pour avoir été propriétaire du terrein, il n'a pas perdu la qualité d'entrepreneur, & n'a point cessé d'être soumis aux obligations qu'elle impose ; l'acquéreur a dû présumer l'ouvrage conforme aux règles de l'art. S'il avoit acquis d'un autre propriétaire qui eût fait bâtir par un maître, l'acquéreur exerceroit pendant dix ans sa garantie contre l'ouvrier, comme subrogé aux droits du vendeur. Pourquoi dans l'espèce indiquée n'auroit-il pas la même faculté ?

Privilége sur le prix des bâtimens.

Le privilége des entrepreneurs & ouvriers sur le prix des bâtimens qu'ils construisent ou rétablissent, est si équitable, si naturel, qu'il n'a jamais été révoqué en doute ; il n'y a eu de difficultés que sur les conditions & formalités préalables pour en assurer l'effet & pour prévenir les fraudes. On a vu quelquefois les ouvriers réclamer, par une connivence répréhensible avec le propriétaire, un privilége pour le montant d'ouvrage dont ils étoient déjà payés, & frustrer par-là des créanciers légitimes & anciens, ou leur faire préférer de nouveaux prêteurs par des emprunts que l'on supposoit employés à payer les entrepreneurs.

Ces craintes variant suivant les circonstances, la jurisprudence a varié aussi; tantôt on a exigé, pour opérer le privilége des ouvriers, qu'il y eût des devis & marchés; tantôt on a admis le privilége sans ce préalable, qui n'a paru nécessaire que dans le cas de la subrogation d'un prêteur au privilége de ces mêmes entrepreneurs.

Il étoit donc du devoir des magistrats supérieurs de chercher quelque voie, qui, en empêchant la fraude ou la rendant moins praticable, ne mît pas cependant des entraves trop gênantes à l'exercice d'un privilége reconnu juste & digne d'être maintenu.

Des conférences tenues à ce sujet par MM. les commissaires du parlement en 1766, ont procuré ce moyen. M. Joly de Fleury, alors avocat-général, & aujourd'hui président à mortier, en rendit compte le 28 juillet aux chambres assemblées, avec cette sagacité & cette précision qui lui sont propres; &, conformément à son requisitoire, il fut, sur le rapport des commissaires nommés à cet effet, rendu le 18 août de la même année 1766, un arrêt en forme de réglement, publié & enregistré dans les siéges du ressort. Il est conçu en ces termes :

» La cour, toutes les chambres assemblées, » en délibérant sur le compte rendu par MM. » les commissaires, de leur travail au sujet du » réglement concernant les priviléges des ouvriers, » a arrêté & ordonné que les architectes, entre- » preneurs, maçons & autres ouvriers employés » pour édifier, reconstruire ou réparer des bâ-

» timens quelconques, ne pourront prétendre
» être payés, par privilége & préférence à d'autres
» créanciers, du prix de leurs ouvrages sur celui
» des bâtimens qu'ils auront édifiés, reconstruits
» ou réparés à l'avenir, à compter du jour de
» la publication du présent arrêt, qu'autant que
» par un expert nommé d'office par le juge or-
» dinaire, à la requête du propriétaire, il aura
» été préalablement dressé procès-verbal, à l'effet
» de constater l'état des lieux, relativement aux
» ouvrages que le propriétaire déclarera avoir
» dessein de faire, & que les ouvrages, après
» leur perfection & dans l'année de leur perfec-
» tion, auront été reçus par un expert pareille-
» ment nommé d'office par ledit juge, à la re-
» quête, soit du propriétaire, soit des ouvriers,
» collectivement ou séparément, en présence les
» uns des autres, ou eux duement appelés par
» une simple sommation, desquels ouvrages ladite
» réception sera faite par ledit expert par un ou
» plusieurs procès-verbaux, suivant l'exigence des
» cas, lequel expert énoncera sommairement les
» différentes natures d'ouvrages qui auront été
» faits, & déclarera s'ils ont été bien faits &
» suivant les règles de l'art; permet au juge or-
» dinaire de nommer, suivant sa prudence, pour
» ledit procès-verbal de réception, le même ex-
» pert qui aura fait la première visite : ordonne
» pareillement qu'à l'avenir ceux qui auront prêté
» des deniers pour payer ou rembourser les ou-
» vriers des constructions, reconstructions & ré-
» parations par eux faites, ne pourront prétendre
» à être payés par privilége & préférence à d'autres
» créanciers, qu'autant que, pour lesdites cons-
» tructions, reconstructions & réparations, les

» formalités ci-dessus prescrites auront été observées ; que les actes d'emprunts auront été passés pardevant notaires & avec minutes, & feront mention que les sommes prêtées sont pour être employées auxdites constructions, reconstructions & réparations, ou au remboursement des ouvriers qui les auront faites, & que les quittances des payemens desdits ouvrages porteront déclaration & subrogation au profit de ceux qui auront prêté leurs deniers, lesquelles quittances seront passées pardevant notaires, & dont il y aura minutes, sans qu'il soit nécessaire de devis & marchés, ni autres formalités que celles ci dessus prescrites. Ordonne que le présent arrêt sera envoyé, &c. «.

Privilégiés.

On entend par cette qualité, des entrepreneurs devenus maîtres en vertu de quelque privilége ; tels sont les maçons ayant fait leur bail à l'hôpital de la Trinité, & dont on a déjà parlé ; le maçon que le premier prince du sang est en droit de breveter, pour être reçu sur ce brevet en la chambre des bâtimens, & sujet comme les autres à la visite & à la juridiction des juges généraux ; les deux maçons auxquels le prévôt de l'hôtel donne également un brevet, & qu'il prétend être en droit de recevoir lui même, sans cependant avoir ensuite sur eux aucune juridiction pour les abus qu'ils peuvent commettre, depuis que cet objet a été attribué, par l'arrêt contradictoire du conseil d'état du 10 Juillet 1744, à la chambre des bâtimens.

Le privilége du prévôt de l'hôtel, quoique

paroiſſant par ſa nature reſtreint au droit de nommer deux maçons pour le ſervice & la ſuite de la cour, n'a point été conteſté par la communauté des maîtres maçons ; mais on a douté qu'il pût nommer & recevoir lui-même, puiſque le privilége du premier prince du ſang, & celui de l'hôpital de la Trinité, qui ſont au moins auſſi étendus & auſſi favorables que celui de la prévôté, ne conſiſtent qu'au droit d'accorder le brevet au privilégié, pour enſuite prêter ſerment & être reçu en la chambre des bâtimens ; & ce doute, relativement aux privilégiés de la prévôté, ſubſiſte encore, n'y ayant eu à ce ſujet que des déciſions particulières, proviſoires & ſur ſimple requête non communiquée.

Rétabliſſement de la communauté des maîtres macons.

Par un édit du mois de février 1776, les communautés d'arts & métiers de la capitale furent ſupprimées ; mais le roi ayant reconnu par cet édit qu'il y avoit *diverſes profeſſions* » dont » l'exercice pouvoit donner lieu à des abus qui » intéreſſoient ou la foi publique, ou la police, » *ou même la ſûreté publique & la vie des* » *hommes*, & que ces profeſſions exigeoient une » ſurveillance particulière, il fut ordonné par » l'article 9, que les viſites de police ſeroient » continuées «.

Auſſi les viſites de police des bâtimens ont-elles continué d'être faites de l'autorité de la chambre des bâtimens, dont les droits n'ont ſouffert aucune atteinte.

Depuis, & par un édit du mois d'août 1776,

il y a eu une nouvelle création des communautés, dont les membres seroient reçus devant les juges qui en avoient la possession, sur la commission & quittance de finance qui leur seroit délivrée au nom du roi : à cet article près, cette création équipolle à un rétablissement, puisque les anciens maîtres sont maintenus dans leur qualité, en payant une légère somme.

Le même édit annonce qu'il sera dressé des statuts pour l'administration de chaque communauté : celle des maîtres maçons est la première dont les commissaires du roi se soient occupés, comme celle dont l'objet intéresse le plus la fortune & la sûreté des citoyens : déjà, sur les réflexions de la chambre des bâtimens, à laquelle le projet des règles pour la réception des maîtres, l'administration & les visites, a été communiqué, on a arrêté la plupart des articles qui doivent former ces réglemens ; quoique les plus essentiels de ces articles soient connus en substance, on s'abstient d'en rendre compte en ce moment, & on réserve à le faire quand ils auront été revêtus des formes légales.

Veuves des maîtres maçons.

Il est une foule de métiers dont le travail peu difficile ou ne présentant aucune suite dangereuse, peut être dirigé par des femmes & exécuté par des compagnons intelligens & bien conduits : dans ces communautés, les veuves sont admises à continuer l'état de leurs maris, & jouissent des priviléges de la maîtrise.

Il n'en est pas de même pour la profession de maçon : cet état touche de trop près à la sûreté publique, pour en confier l'exercice toutes personnes indistinctement : on n'y a jama permis qu'un fils de maître fût reçu sans exam & sans chef-d'œuvre : à plus forte raison n'a-on jamais toléré que la veuve d'un maître exe çât cette profession, qui exige des connoissanc & une longue expérience.

La seule grâce qu'on peut leur accorder, qu'on leur accorde suivant les circonstances, c'e de continuer pendant six mois ou un an au pl les ouvrages déjà commencés par leurs maris parce qu'on suppose que ceux-ci ont laissé d plans généraux & détaillés du bâtiment, dont i ont donné l'explication à un conducteur ou prin cipal compagnon.

Encore seroit-il prudent de ne jamais accord ces permissions, qui peuvent tirer à des consé quences infinies, sans obliger les veuves à pren dre pour conducteur des ouvrages restans, ou u maître, ou un ouvrier habile qui seroit agréé p les juges.

Mais si un propriétaire qui auroit traité ave un maître maçon, s'opposoit à ce que la veuv de l'entrepreneur continuât le bâtiment, on n doute point que dans ce cas, qui ne s'est poin encore présenté, la veuve ne fût condamnée discontinuer l'entreprise, le propriétaire n'ayan donné sa confiance qu'au mari personnellement comme artiste dont il avoit jugé la capacit suffisante.

On peut, sur ce qui concerne la chambre de bâtimens, sa juridiction, & les droits & devoi des maçons entrepreneurs, consulter *le cahie contenant les anciens statuts & ordonnances d 1317, & des édits & réglemens donnés depui jusqu'en 1721. Les édits de création des experts ; un recueil imprimé à Paris chez Didot en 1762 ; le dictionnaire des arts & métiers.*

MADELAER (*). Ce mot signifie à peu près entremetteur. Voici ce qu'en dit M. le président Dubois d'Hermaville en son recueil d'arrêts du parlement de Flandres.

» Les fonctions du *Madelaer* ne sont pas plus » connues que le nom hors la Flandre flamin- » gante, où il est seulement d'usage d'en com- » mettre : nous n'avons rien qui y soit plus con- » forme que le curateur ; mais il s'y trouve plu- » sieurs différences, car les curateurs ne se don- » nent qu'aux successions vacantes, & le *Madelaer* » est constitué aussi dans les successions recueillies : » il est procureur & agent en toute espèce de » succession ouverte, pour en poursuivre les » droits & en acquitter les charges ; on lui assigne » par les héritiers certains biens, pour en faire » la vente & payer les dettes du défunt ; les tu- » teurs des mineurs font au *Madelaer* ces assig- » nations, lequel enfin est tenu de rendre bon » & fidèle compte de son administration (**) «.

(*) On prononce *Madelare*.

(**) Nous ne pouvons donner une plus juste idée des principes relatifs à cette matière, qu'en transcrivant ici quelques dispositions du titre 19 de la coutume de Berghes-Saint-Winock.

» Article 45. Les partageurs sont tenus, avant la clôture » du partage, de faire établir & commettre par le survivant » ou la survivante, où il y a survivant, & par les autres » héritiers du défunt, un *Madelaer* qui soit bourgeois de » la ville & châtellenie, lorsque la maison mortuaire y

On connoît aussi le nom & les fonctions du Madelaer dans le pays de Langle, qui a été

» ressortit, ou du moins quelqu'un qui établisse domicile » sous le vasselage où la maison mortuaire ressortit, afin » de faire le recouvrement des dettes payables, & de vendre » les autres biens qui lui ont été désignés, & payer les » dettes passives, & de répondre pour la maison mortuaire, & » la défendre pendant l'an & jour contre tous les créanciers, » après la division & la clôture du partage; & à la fin du » susdit an, il est tenu de rendre compte pardevant les par» tageurs, en présence du survivant & des autres héritiers, » & même en justice, s'il en est besoin, par pièces justifi» catives, d'en payer le reliqua, & outre cela, de consti» tuer à son entrée bonne & suffisante caution; & où le » survivant ou la survivante, & aussi les héritiers différe» roient de le faire, lesdits gens de partage sont obligés » d'en faire leur plainte à la justice, afin qu'il y soit pourvu » & ordonné ainsi qu'il sera trouvé convenir.

» Article 46. Devant lequel établissement du *Madelaer* » les héritiers de la succession ne prendront aucun profit, ni » n'en pourront profiter, si ce n'étoit en donnant suffisante » & *resséante* (*) caution; ou à défaut de ce, chacun des » héritiers ayant fait l'acceptation, avant d'établir le *Ma-* » *delaer*, la caution susdite pourra être attaquée des créan» ciers *in solidum*, sauf leur recours contre leurs coh» ritiers.

» Article 47. Le *Madelaer*, pour vendre les biens, soit » fiefs ou héritages, qui lui ont été donnés pour les dettes » passives, n'est point tenu d'avoir la permission des tuteurs » en chef (**), quoiqu'il y ait des mineurs qui aient droit » en la succession; il est tenu néanmoins de les vendre par » subhastation, soit que des mineurs y aient droit ou non, » à peine de l'amende de 6 liv. parisis & de nullité de la

---

(*) C'est-à-dire, *domicilié*.

(**) Les juges de la tutelle sont appelés dans les Pays-Bas, *tuteurs en chef*. Voyez ce mot.

détach

détaché de la châtellenie de Bourbourg en Flandres, pour être incorporé à la province d'Artois.

» vente ; si n'étoit que les enfans étant devenus maîtres » d'eux-mêmes, la vente ne fût par eux ou par les autres » héritiers tacitement ou expressément avouée au temps » du compte de l'entremise ; ou qu'ils eussent consenti, » quand il n'y a nuls mineurs, que la vente pût se faire de » la main à la main.

» Article 48. Et le survivant ou la survivante peut, avant » tout autre, & après l'un ou l'autre d'eux, l'un des héri- » tiers être établi *Madelaer*, si ce n'étoit en cas d'opposi- » tion, comme quand cela sera remis au dire de la loi, » pourvu qu'il fasse ce qu'un entremetteur est obligé de » faire ; mais non pas ceux qui ont été partageurs en la » même maison mortuaire «.

» Article 49. Après le temps susdit de l'an & jour, & » après la clôture du compte de l'entremise, le *Madelaer* » n'est point tenu de répondre davantage pour la maison » mortuaire : mais si dans la suite quelqu'un a quelque » chose à demander à la maison mortuaire, il est tenu de » poursuivre son dû contre le survivant ou la survivante, » & contre chacun des héritiers «.

Les autres coutumes de Flandres renferment à peu près les mêmes dispositions sur cette matière. Voici ce que porte celle de Bourbourg, rubrique 11, article 3 : » On » est d'usage de mettre en toute maison mortuaire un » *Madelaer* qui représente la maison mortuaire & en ré- » ponde, & les survivans ou survivantes peuvent être » *Madelaers* en leurs maisons mortuaires avant tous les » autres héritiers desdites maisons mortuaires, sous un » salaire ordonné par la loi ou par accord avec les héri- » tiers, pourvu qu'ils fassent ce qu'un autre *Madelaer* est » obligé de faire, & qu'ils établissent caution suffisante pour » leurs administrations, en étant requis.

» Article 4. Et si tant est que la survivante ou le survi- » vant ne puisse donner caution, l'héritier le plus apparent » y sera recevable, pourvu qu'il établisse caution suffi- » sante, comme ci-devant ; & y ayant plusieurs héritiers » en un même dégré, celui-là est préféré qui veut admi-

L'article 17 de la coutume de ce pays porte : » Quand aucun va de vie à trépas chargé de » dettes, & que personne ne se fonde héritier, » de manière que l'on tiendroit la maison tombée » en romptures, sera, par ordonnance des échevins » & KEURKERS (*voyez ce mot*), commis quelque personnage idoine curateur des biens, desquels il fera inventaire judiciaire, à charge de » rendre compte en dedans un an après ladite » curatelle emprise, donner suffisante caution à » l'assurance des créditeurs pour l'administration » & renseing desdits biens, desquels vente se » fera pour les deniers en procédans être distribués entre les créditeurs au marc la livre : & » ès maisons mortuaires où il y a beaucoup de » dettes, tant actives que passives, de grande » recherche, on y commet personnage appelé » *Madelare*, contre lequel on doit agir, & est » tenu répondre aux demandes que l'on fera, » & rendre compte de son administration ; & » où il n'y a *Madelare* commis, si la veuve ne » renonce en dedans 40 jours aux biens meubles, » est poursuivable pour toutes les dettes, sauf » son recouvrer pour la moitié sur les héritiers du » défunt «.

Le recueil de M. Dubois d'Hermaville nous offre un arrêt assez remarquable sur les fonctions

---

» nistrer la maison mortuaire à un moindre salaire ; de laquelle administration il est tenu de rendre compte par » pièces justificatives à la fin de l'année, ainsi qu'il est dit » ci-devant, après la clôture duquel & après le reliquat » payé, leurs cautions sont déchargées, & chacun des » peut être attaqué seulement à l'avenant de sa quote » portion héréditaire «.

& le pouvoir des *Madelaers*. Jean Maupetit avoit été établi en juillet 1649 Madelaer à la succession du nommé Lampredel, ouverte à Berghes-Saint-Winock. Cette succession étoit chargée, entre autres dettes, d'une somme de 1800 liv. due au nommé Clezemans. Le 7 décembre 1651, Maupetit rend son compte, il y porte ces 1800 livres comme payées à Clezemans, & balance si bien sa recette avec sa dépense, que celle-ci surpasse celle-là de deux mille sept cents livres. Pour remplir ce vide, les tuteurs des mineurs Lampredel lui abandonnent sept mesures de terre; il les expose en vente, s'en rend adjudicataire pour le prix de 13 livres de gros à la mesure, & les revend au nommé de Gueldres son créancier. Sur la fin de l'année 1652, les tuteurs apprennent que Maupetit n'a point payé Clezemans; en conséquence, ils obtiennent du juge une ordonnance qui les autorise à vendre de nouveau les sept mesures de terre; & le nommé de Gueldres qui les avoit achetées du Madelaer 33 livres de gros à la mesure, les rachète des tuteurs sur le pied de 34 livres. Aussi-tôt requête de sa part en dommages-intérêts contre Maupetit, & demande de Maupetit contre les tuteurs, pour les faire départir de la seconde vente, comme nulle & faite au préjudice de la première, qu'il soutient valable.

Les moyens du Madelaer consistoient à dire que les mineurs étoient devenus réellement ses débiteurs par la clôture de son compte; que quoique la dette de Clezemans qu'il y avoit fait entrer, ne fût pas acquitée, il n'en avoit pas moins libéré les mineurs par une novation qu'il avoit faite personnellement avec le créancier;

qu'à l'égard de la vente par lui & à lui faite au nom des mineurs, on ne pouvoit l'arguer de défaut de formalités, puisque l'un des tuteurs y avoit consenti, & qu'elle avoit été signifiée à l'autre; que l'on ne pouvoit pas non plus y opposer de lésion, quoique le prix de la seconde & de la troisième vente fût plus considérable que celui de la première, & cela par deux raisons; 1°. parce que les tuteurs ne s'étoient pas munis de lettres de rescision : 2°. parce qu'il étoit question d'une vente publique & par enchères, contre laquelle tout moyen de lésion étoit impuissant.

On disoit au contraire de la part des tuteurs, qu'en supposant à la novation passée entre le Madelaer & Clezemans, la vertu de libérer entièrement les mineurs envers celui ci, l'adjudication faite à celui-là des sept mesures de terres dont il s'agissoit, n'en étoit pas moins nulle : 1°. par le défaut d'intervention des deux tuteurs : 2°. par l'interruption des criées : 3°. par l'incapacité du Madélaer de profiter personnellement du traité qu'il avoit fait avec Clezemans, créancier des mineurs : 4°. enfin par la lésion dont étoit visiblement infectée la vente dont il s'agissoit (*).

Sur ces raisons, arrêt est intervenu au parlement de Flandres le 11 janvier 1690, qui a déclaré, en confirmant une sentence du conseil provincial de Gand, l'adjudication faite à Mau-

---

(*) Les tuteurs se prévaloient aussi du défaut d'autorisation de justice; mais ce moyen étoit détruit par l'article 41 du titre 19 de la coutume de Berghes-Saint-Winock, rapporté dans la note précédente.

petit nulle & de nul effet, & celle qui avoit été faite à de Gueldres par les tuteurs bonne & valable.

Voyez la préface des coutumes de Flandres, traduites par le Grand; le texte des mêmes coutumes avec les notes de Vandenhane, & les articles PARTAGEURS, SUCCESSION, CURATEUR, SYNDICS, &c.

(*Article de M. MERLIN, avocat au parlement de Flandre*).

MADRAGUE. Voyez BOUCHOT & PÊCHE.

MAGISTRAT. Ce mot chez les Romains signifioit une personne revêtue de l'autorité publique, ayant empire, c'est-à-dire, commandement & juridiction. La plupart réunissoient l'autorité civile & militaire. Ils étoient ainsi appelés, parce que leurs fonctions & leur autorité les élevoient au dessus des particuliers.

On trouve dans Loiseau, dans Cujas, des dissertations très-savantes sur la nature du commandement qui appartenoit aux Magistrats chez les Romains : mais ces dissertations sur des points biens différens de nos mœurs peuvent à peine être entendues des personnes qui ont le plus approfondi cette partie de la jurisprudence romaine, qui a exercé plusieurs anciens interprètes du droit, & qui est plus curieuse qu'utile. Ce qui paroît le plus clair, c'est qu'on distinguoit deux sortes de commandemens, l'un appelé *merum imperium*, qui étoit le droit de glaive, ou le droit d'infliger aux citoyens une peine capitale. Ce droit n'étoit pas censé attaché à la magistrature, il résidoit dans le peuple du temps de la république, & après la subversion de la république, dans les empereurs. Le Magistrat n'en avoit que l'exercice; il n'étoit regardé que comme un mandataire ou un délégué pour l'exercice ou l'exécution de ce droit, & il ne pouvoit pas le subdéléguer à un autre.

L'autre espèce de commandement appelé *mixtum imperium*, étoit attaché à la juridiction, & consistoit à faire exécuter les jugemens, à condamner à une amende; c'étoit le pouvoir sans lequel la juridiction n'auroit pu être exercée.

En France, on appelle Magistrats les personnes préposées pour rendre la justice.

Le droit de rendre la justice est une dépendance de la souveraineté qui réside en la personne du roi. En bonne règle, il n'appartient qu'à lui seul de créer des Magistrats; car, quoiqu'on dise que les seigneurs justiciers sont propriétaires de leurs justices, c'est improprement; ils ne sont dans la vérité que des délégués par le roi, car le droit fait essentiellement partie de la souveraineté dont il est inséparable.

Les Magistrats ne peuvent pas déléguer la décision & le jugement des affaires; ils peuvent bien commettre pour quelques actes d'instruction, ce qui a été établi pour l'intérêt des parties & pour leur éviter les frais du transport du juge hors de son territoire; mais ils ne peuvent commettre que d'autres juges.

Il faut excepter de cette règle les cours souveraines, qui commettent quelquefois d'autres juges que ceux des parties; mais dans ce cas, dit Loiseau, c'est plutôt un renvoi qu'une commission, car il n'y a que le roi qui ait droit d'en donner.

La qualité de Magistrat appartient aux officiers qui composent le conseil du roi, & à tous ceux des cours souveraines, quoique l'autorité & la puissance publiques ne résident pas dans leur personne, mais dans le corps dont ils sont partie, car le lustre & l'éclat du corps se divisent naturellement, & repandent leur lumière sur tous les membres qui en font partie.

Suivant Loiseau, elle appartient aussi à tous les juges ordinaires, aux juges seigneuriaux, du moins aux juges des seigneurs haut-justiciers, comme aux juges royaux, parce qu'elle est l'attribut de leurs fonctions, & que le juge ordinaire seigneurial exerce une puissance & une autorité semblable à celle des juges royaux.

Quand on dit que les juges seigneuriaux exercent une autorité semblable à celle des juges royaux, on n'entend pas qu'ils connoissent de toutes les causes dont connoissent les juges royaux; on sait qu'il y en a certaines qui sont attribuées à ceux-ci, exclusivement aux autres. Mais cette différence ne change pas la nature de la juridiction; il y a certaines matières, telles que celles des eaux & forêts, des aides, dont la connoissance est attribuée à des juges particuliers, & qui par conséquent ne sont pas de la compétence des juges royaux ordinaires; ce qui n'empêche cependant pas qu'on ne leur donne la qualité de Magistrat.

Loiseau dit qu'elle ne convient pas aux juges d'attribution, comme à ceux des eaux & forêts, des élections, parce qu'ils n'ont pas cet empire & cette puissance qui caractérisent le Magistrat. Mais ne peut-on pas dire que Loiseau s'est attaché trop strictement aux termes du droit romain ? Nos mœurs sont bien différentes ; si nous prenions le terme de Magistrat strictement comme dans le droit romain, nous n'aurions pas de Magistrats proprement dits : il semble que cette qualité doit convenir à tous ceux qui sont revêtus d'un office dont les fonctions consistent à rendre la justice, sans distinction des juges ordinaires ou des juges d'attribution ; parce que ceux-ci ont, pour les cas qui sont de leur compétence, la même autorité que les juges ordinaires, c'est-à-dire, le droit de décider, de rendre des jugemens, & de les faire exécuter.

Les juges-consuls ne sont pas Magistrats, parce qu'ils n'ont qu'une juridiction très-imparfaite, qui se borne à la connoissance & à la décision de certaines affaires concernant le négoce ; mais ils n'ont pas l'exécution de leurs jugemens, ce qui caractérise principalement la puissance publique ; ce sont les juges ordinaires qui exécutent les sentences des consuls.

Les baillis & sénéchaux d'épée sont aussi rangés dans la classe des Magistrats, quoique leur état soit mixte, & qu'il tienne autant du militaire que de la judicature, parce qu'ils sont toujours les chefs de leur juridiction, quoique leurs fonctions soient à présent réduites à rien, pour ainsi dire, & que leurs titres soient purement honorifiques.

Les fonctions des Magistrats leur donnant un certain empire & une certaine autorité sur les personnes soumises à leur juridiction, c'est une conséquence que ces mêmes personnes leur doivent porter respect.

Quand les Magistrats sont en fonction, dit Loiseau, leur honneur est joint à leur pouvoir actuel; ils doivent être plus respectés, & il y a plus de danger de les offenser, car alors ce n'est pas seulement le Magistrat qui est offensé, mais le public & le prince même qu'il représente plus particulièrement en l'acte de son exercice. A Rome, un citoyen fut noté d'ignominie pour avoir bâillé trop haut dans l'auditoire du préteur.

C'est pourquoi les juges peuvent eux-mêmes châtier modérément, comme par prison & par amende non infamante, ceux qui leur parlent trop témérairement ou leur manquent de respect, comme n'étant pas en ce cas censés venger leur propre injure, mais celle qui est faite au public en leur personne. Si l'offense faite au Magistrat méritoit punition corporelle ou infamante, comme dans une affaire de cette importance le juge pourroit être soupçonné d'y mettre quelque passion, il est raisonnable qu'il se départe du jugement de l'affaire.

Un arrêt du 22 février 1718 a renvoyé devant le lieutenant-général de Chambli la connoissance d'une affaire dans laquelle il s'agissoit d'un particulier qui avoit manqué de respect à ce lieutenant-général, faisant les fonctions de sa charge: ce particulier fut décrété d'ajournement personnel, condamné en trois livres d'amende & à la prison.

La même raison exige que les Magistrats précèdent ceux qui sont soumis à leur juridiction; ils ne pourroient même céder leurs droits de préséance, sans préjudicier aux prérogatives de leurs charges: ils doivent au contraire défendre leurs privilèges avec la plus grande attention; & quand ils y sont troublés, ils ont une action pour s'y faire maintenir.

Il eſt preſque impoſſible de diſtinguer le rang des différens Magiſtrats, ſoit entre les différentes cours ou juridictions, ſoit par rapport aux autres officiers; il ſe règle ſuivant l'importance & la dignité des fonctions, ou ſuivant l'uſage & la poſſeſſion.

Par rapport aux Magiſtrats d'une même cour, les préſidens précèdent les conſeillers; les conſeillers précèdent les gens du roi: les conſeillers entre eux ont la préſéance, ſuivant la priorité de leur réception.

Dans les bailliages ou ſénéchauſſées, le bailli ou le ſénéchal d'épée précède, le lieutenant-général.

Il faut obſerver que le bailli, non plus que les autres Magiſtrats ne peuvent, dans les cérémonies, exiger la préſéance qu'autant qu'ils ſont revêtus de l'habit de leur état, & que hors leurs fonctions ils doivent toujours être en habits décens & tels qu'on puiſſe les reconnoître; car outre qu'ils aviliroient en quelque ſorte leur dignité aux yeux du peuple, ils ne pourroient pas faire un crime à ceux qui leur manqueroient de reſpect, puiſqu'ils s'y ſeroient expoſés, en ne ſe reſpectant pas aſſez eux-mêmes.

Le commerce, même en gros, quoique permis aux gentilshommes, eſt abſolument interdit aux Magiſtrats, par l'édit du mois de décembre 1701, & par celui du mois de mars 1765.

Un Magiſtrat qui ſeroit devenu aveugle pourroit-il continuer ſes fonctions? Cette queſtion s'eſt préſentée au parlement d'Aix.

Le ſieur Firmin, lieutenant particulier civil au ſiége de Brignolle, ſentant que ſa vue étoit entièrement affoiblie, demanda au parlement d'Aix qu'il lui fût permis de continuer ſes fonctions malgré ſon infirmité : il y fut autoriſé par arrêt. Le lieutenant criminel du même ſiége, curieux apparemment de préſider, demanda la révocation de cet arrêt, & qu'il fût fait défenſes au ſieur Firmin de préſider aux audiences & au conſeil en l'abſence du lieutenant-général, de décréter aucune requête, ni de faire aucune procédure de juſtice où la ſignature du Magiſtrat ſeroit néceſſaire : il ſe fondoit ſur ce que ce lieutenant particulier civil ayant perdu l'uſage de la vue, étoit obligé de s'en rapporter à la bonne foi du greffier, & qu'il ne pouvoit faire ſes fonctions ſans s'expoſer à tous les inconvéniens auxquels les loix ont voulu remédier. M. l'avocat-général, qui porta la parole dans cette cauſe, obſerva que, ſuivant les loix romaines, celui qui étoit aveugle pouvoit faire la fonction de juge ; mais quant à la magiſtrature on diſtinguoit ; le Magiſtrat devenu aveugle pouvoit retenir la Magiſtrature dont il ſe trouvoit revêtu ; mais il étoit exclus d'en obtenir une nouvelle.

Cette déciſion, dit-il, eſt fondée ſur une raiſon d'équité ; car s'il paroît être d'une dangereuſe conſéquence de conférer la magiſtrature à un aveugle, il ſemble qu'il y auroit une eſpèce d'inhumanité d'en priver une perſonne qui, loin de s'en rendre indigne par ſa faute, doit être un objet de compaſſion pour le malheur qu'elle a eu de perdre l'uſage de ſa vue. Si, ſuivant les loix, la privation de la vue n'exclut perſonne de la fonction de juge, on peut dire que cette même incommodité ne doit exclure perſonne de la magiſtrature, d'autant mieux que, ſelon les loix du code & l'uſage du royaume, les Magiſtrats ſont aujourd'hui la fonction de juge, & que cette fonction fait aujourd'hui la partie la plus essentielle de la magistrature.

Loin que la privation de la vue cause aucun empêchement à un juge dans l'exercice de sa charge, au contraire, les aveugles sont d'autant plus propres à remplir cette fonction, qu'ils sont plus recueillis & moins distraits par les objets extérieurs.

Cependant, on ne sauroit dissimuler qu'il n'y ait certaines obligations attachées à la fonction de juge, auxquelles il semble impossible à un aveugle de satisfaire.

L'ordonnance de 1667 exige que celui qui aura présidé, voie à l'issue de l'audience ou dans le même jour, ce que le greffier aura rédigé, qu'il signe le plumitif, & paraphe chaque sentence, jugement ou arrêt.

Comment donc accorder toutes ces choses avec la loi, qui dit que l'aveugle peut retenir la magistrature? Cependant nous ne voyons pas que cette loi ait été abrogée par aucune postérieure ni par aucune ordonnance. Mornac, qui n'ignoroit pas les anciennes ordonnances, n'a pas laissé d'approuver la disposition de cette loi, & de dire que le juge qui ne pouvoit pas lire par lui même ses sentences & ses décrets, pouvoit employer en cela le ministère d'un autre; il rapporte qu'il avoit voulu, par ces raisons, persuader à un Magistrat de continuer l'exercice de sa charge, malgré son incommodité de la vue.

Nous ne saurions, dit M. l'avocat-général, assez louer la délicatesse de ce Magistrat, qui, dans le cours de deux opinions probables, aima mieux suivre celle qui étoit la plus sévère. Mais nous n'estimons pas que ceux qui se trouvent dans le même cas soient indispensablement obligés de suivre le même exemple. Nous ne devons pas être plus sévères que les loix & les ordonnances, qui n'ont pas défendu aux juges qui sont devenus aveugles, de continuer l'exercice de leurs charges.

S'il s'agissoit de procédures criminelles, il seroit de notre devoir de requérir qu'il lui fût fait défenses d'en faire; mais nous ne voyons pas qu'il puisse le prétendre, puisque étant lieutenant particulier civil, il ne peut remplir la place de lieutenant en chef que dans les matières civiles, en quoi nous ne voyons pas qu'il y ait aucune raison de s'opposer à sa prétention, ni de requérir la révocation du décret qu'il a obtenu. Intervint arrêt au parlement d'Aix, le 14 juin 1689, qui confirma le premier.

On voit, par ce qui vient d'être dit, qu'un aveugle ne pourroit acquérir aucune charge de judicature; que, quand l'accident lui arrive, on le continue dans l'exercice de sa charge par une espèce de grâce, parce qu'on se fait une peine d'ôter l'état à un officier, sur tout s'il est ancien & qu'il ait bien mérité; mais il ne peut faire aucune procédure criminelle.

Voyez Loiseau, traité des offices & des ordres; Cujas sur la loi 3, au digeste de juridictione; *Dumoulin, traité* de dignitatibus magistratibus & civibus Romanis; *M. Jousse, traité de l'administration de la justice; le journal du palais.*

(*Article de* M. LA FOREST, *avocat au parlement*).

ADDITION à *l'article* MAGISTRAT.

Denisart dit qu'en Artois, en Flandre & dans les Pays-Bas, on entend communément par Magistrat, » le tribunal entier d'une justice » municipale composée du mayeur & des éche- » vins «.

Cette définition n'est pas exacte : il y a plusieurs endroits où le Magistrat proprement dit est essentiellement distinct de l'échevinage, où le premier forme le corps municipal, & le second rend la justice; où celui-ci est à celui-là, comme la partie est au tout.

La constitution du Magistrat, considéré comme corps municipal, n'est pas la même dans toutes les villes. Pour ne parler ici que de trois, il est composé à Lille d'un prévôt, d'un rewart, d'un mayeur, de onze échevins, de douze conseillers, dont trois ont le titre de voir-jurés; de *huit hommes*, de trois conseillers-pensionnaires, d'un procureur-syndic, d'un greffier civil, d'un greffier criminel & de trois trésoriers.

A Douai, le Magistrat est composé de douze échevins, de deux conseillers-pensionnaires, de deux procureurs-syndics, de deux greffiers, d'un conseil, d'un arrière-conseil & de quatre surintendans des vivres. Le conseil est rempli par les douze échevins sortis d'exercice avant ceux qui y sont actuellement, & l'arrière-conseil par les douze autres du tour antérieur.

A Valenciennes, le Magistrat consiste en un prévôt, un lieutenant-prévôt, douze échevins, un mayeur, deux conseillers-pensionnaires, un procureur-syndic, trois greffiers, un trésorier & vingt-cinq conseillers.

Le Magiſtrat d'une ville, comme corps municipal, repréſente la généralité des habitans, & il en adminiſtre les affaires communes, les biens patrimoniaux, les deniers d'octroi.

L'édit du mois de novembre 1773, portant réglement de la conſtitution municipale dans les villes d'Artois, contient là-deſſus pluſieurs diſpoſitions remarquables.

L'article 24 de cette loi porte, que tout ce qui concerne la régie & adminiſtration de chaque ville ſera réglé dans une aſſemblée de corps de ville, qui ſe tiendra aux jour & heure accoutumés ; mais que lorſqu'il ſera queſtion d'objets importans, tels qu'emprunts, acquiſitions, aliénations ou dépenſes extraordinaires, ils ne pourront être réglés que concurremment avec les anciens mayeurs & échevins ſortis d'exercice l'année précédente, qui formeront le conſeil, & qui auront voix délibérative dans toutes les aſſemblées auxquelles ils aſſiſteront.

L'article 25 ordonne que les aſſemblées du corps de ville ſeront tenues en l'hôtel commun, & préſidées par le maire ou par le premier échevin ; que les délibérations y ſeront priſes à la pluralité des voix, portées de ſuite ſur un regiſtre cotté & paraphé par le maire ou un échevin, & ſignées par tous les délibérans, quand même ils auroient été d'avis contraire ; que les procureurs du roi ſyndics, les ſecrétaires-greffiers ni les tréſoriers-receveurs n'auront point de voix délibérative dans ces aſſemblées (*).

(*) Il y a un arrêt du conſeil du 17 février 1705, qui réduit pareillement le procureur-ſyndic de Valenciennes, à

Par l'article 26, le secrétaire-greffier doit avoir la garde des titres & papiers de la communauté, & s'en charger au pied de l'inventaire qui doit en être dressé. Ses appointemens doivent être réglés dans l'assemblée des maire & échevins en exercice & sortis d'exercice, & passés dans les comptes du receveur, sur le vû des mandemens des maire & échevins & de ses quittances.

Suivant l'article 27, le trésorier-receveur doit faire toutes les propositions qui peuvent être à faire dans les assemblées du corps de ville pour la régie & administration des biens communs. C'est à lui qu'appartient le soin de la recette & du recouvrement de tous les revenus patrimoniaux ou d'octroi, sans exception ; c'est lui qui doit faire les poursuites qui ont été délibérées & jugées nécessaires contre les fermiers, locataires, rentiers, adjudicataires, régisseurs & autres débiteurs, sans toutefois qu'il puisse employer les deniers de sa caisse autrement que sur les mandemens des maire & échevins. Il est, au surplus, obligé de porter, jour par jour & sans aucun blanc, sa recette & sa dépense sur un registre cotté & paraphé par le maire ou un échevin, & de faire mention des mandemens à chaque article de dépenses, à peine de radiation de l'article.

Ces mandemens ne sont valables, aux termes de l'article 28, qu'autant qu'ils sont signés du maire & d'un échevin au moins, & du secrétaire-greffier. Lorsque le maire est absent, sa

---

une simple voix consultative dans les assemblées du Magistrat. Voyez ci-après les lettres-patentes rendues pour Lille en 1778.

signature

ſignature doit être ſuppléée par celle d'un ſecond échevin.

L'article 29 ordonne que ces mandemens ne pourront être délivrés à ceux au profit deſquels ils auront été expédiés, ſans avoir été enregiſtrés ſur un regiſtre deſtiné pour cet objet, cotté & paraphé par le maire ou par un échevin. Le même article ajoute, que l'enregiſtrement ſera mentionnné dans les mandemens, à peine contre ceux qui les auront ſignés & délivrés, d'être contraints perſonnellement au payement des ſommes qui y ſeront portées, ſans aucun recours contre leur communauté.

L'article 30 porte, que la remiſe ou les appointemens qu'il conviendra d'accorder au tréſorier-receveur ſeront fixés & réglés dans une aſſemblée des maire & échevins & du conſeil nommé ci-deſſus.

L'article 31 oblige le tréſorier-receveur de remettre aux mayeur & échevins, dans les premiers jours de chaque mois, un bref état de leur recette & dépenſe, qui ſera viſé de l'un d'entre eux; comme auſſi de rendre tous les ans, au plus tard, dans le mois de mars, un compte en règle de toute la recette & dépenſe de l'année précédente, qu'il ſera tenu de ſigner & d'affirmer véritable.

L'article 32 exige que ce compte & les pièces juſtificatives qui l'appuient, ſoient examinés dans une aſſemblée des mayeur & échevins & du conſeil, qui ſera convoquée à cet effet, pour y être vérifiés & arrêtés en la manière accoutumée.

L'article 33 ajoute, que le compte, les pièces juſtificatives & l'arrêté qui en aura été fait, ſeront envoyés par les mayeur & échevins au commiſſaire départi en la province d'Artois, pour être de lu[i] visés.

Suivant l'article 34, il ne peut être accord[é] aucune pension ou gratification, ni fait aux bien[s] communaux aucunes réparations, autres néanmoin[s] que celles d'entretien ordinaire, qu'ensuite d'un[e] délibération prise dans une assemblée des mair[e] & échevins & du conseil.

L'article 35 porte, que les nouvelles construc-tions ou augmentations à celles déjà faites, seron[t] pareillement délibérées dans l'assemblée des maire, échevins & du conseil, qu'elles ne pourront êtr[e] faites qu'après une autorisation expresse du roi accordée sur l'avis de l'intendant, & qu'à cet effet les plans & devis estimatifs des constructions o[u] augmentations seront envoyés au ministre des fi-nances, pour être mis sous le contre-scel de[s] lettres-patentes, qui seront expédiées lorsque l'obje[t] des travaux à entreprendre montera à la somme d[e] 3000 liv. ou plus.

L'article 36 ajoute, que les autres lettres qu[i] permettront les constructions, acquisitions, alié-nations & emprunts portés par les articles précé-dens, seront scellées sans droit ni frais, & qu'elle[s] seront enregistrées de même au tribunal supérieu[r] de la province, sur la seule requête du procureur-général.

Par l'article 37, les adjudications des baux des biens & revenus patrimoniaux doivent être faites dans une assemblée des maire & échevins & du conseil, au plus offrant & dernier enchérisseur, & sur trois affiches préalables, apposées de quin-zaine en quinzaine aux lieux requis & accou-tumés, à l'exception seulement de ceux qui n'ex-céderoient pas la somme de 100 liv. de revenu annuels, lesquels pourront être passés par les maire & échevins sans toutes ces formalités ; & à l'égard de tous les octrois, sans exception, qui sont accordés par le roi aux villes, il doit être procédé à leur adjudication dans une assemblée des maire & échevins & du conseil. Défenses à tous officiers municipaux de s'en rendre adjudicataires, soit en leurs noms, soit sous des noms interposés, en quelque cas & sous quelque prétexte que ce soit, à peine de nullité des baux, de destitution & de dommages-intérêts.

L'article 38 défend de faire aucune députation, qu'elle n'ait été délibérée dans une assemblée des maire, échevins, & du conseil.

Cet édit a été enregistré à Arras le 20 novembre 1773, » pour être exécuté selon sa forme & teneur, » sans préjudice aux droit & possession des bail- » liages, relativement à la reddition des comptes des » villes (*), & à la charge que tous les anciens » mayeurs & échevins y seront convoqués, ainsi » qu'aux assemblées extraordinaires pour les affaires » importantes mentionnées en l'article 24 «.

Les lettres-patentes sur arrêt du 24 juillet 1778, portant réglement pour le magistrat de Lille, renferment plusieurs dispositions sur les matières qui font l'objet de cet article. Voici les termes dans lesquels elles sont conçues :

Article 12. » Ordonnons que les officiers per- » manens, tels que les conseillers-pensionnaires, » procureur-syndic, greffiers & trésoriers, n'au- » ront que voix consultative dans toutes les affaires » généralement quelconques qui se traitent à » l'hôtel-de-ville, soit en matières civiles & cri-

(*) Voyez l'article *Grand bailli*, t. 28, p. 249.

» minelles, ſoit en matière d'adminiſtration & » de police; ſavoir, les conſeillers-penſionnaires, » le procureur-ſyndic, & le greffier civil, avec » droit de reſter préſens aux délibérations, pour » être en état de donner ſur le champ les inſtruc- » tions dont on aura beſoin, & coucher les déli- » bérations ſur le regiſtre; & le greffier criminel » & les tréſoriers, lorſqu'ils y ſeront appelés, dans » les aſſemblées de loi, & ſans pouvoir dans » aucun cas aſſiſter aux délibérations.

» Article 13. Ordonnons que les rewart, mayeur, » échevins, conſeil & huit hommes ſeront ſeuls » délibérans; ſavoir, les mayeur & échevins, ſeu- » lement en matière de judicature, à la ſemonce » & conjure du prévôt ou de ſon lieutenant, & » leſdits rewart, mayeur, échevins, conſeil & » huit hommes réunis, en matière d'adminiſtra- » tion & de police. Entendons qu'en exécution » de l'article précédent & du réglement du 3 mars » 1572, le prévôt ou ſon lieutenant aura auſſi » voix délibérative dans les aſſemblées où l'on » traitera des matières de police ou relatives aux » arts & métiers, ſoit que lui ou le procureur- » ſyndic ait propoſé quelque nouveau réglement » par un requiſitoire, ſoit qu'il y ait des chan- » gemens à faire aux anciens ſtatuts & réglemens, » & qu'il ſoit appelé à l'hôtel-de-ville pour en » délibérer.

» Article 14. Le comité, où ſe traiteront les » plus importantes affaires avant qu'elles ſoient » portées à l'aſſemblée de loi, ſera compoſé » dorénavant du rewart, du mayeur, du plus an- » cien échevin, des deux plus anciens membres » du conſeil, des deux plus anciens huit hommes, » qui ſeront toujours remplacés, en cas d'abſence,

» par les plus anciens de chaque collége, du premier conseiller-pensionnaire, du procureur-syndic, & du greffier civil, lesquels y auront les mêmes voix délibératives ou consultatives, réglées par les articles précédens pour les assemblées de loi. Faisons très-expresses défenses aux officiers municipaux d'assembler aucun comité particulier, autre que celui réglé par le présent article, auquel comité les autres permanens ne pourront entrer, que lorsqu'ils y seront mandés pour donner leur avis seulement, & sans pouvoir assister à la délibération. Ordonnons en outre que toutes les résolutions du comité ne seront que préparatoires, & ne pourront s'exécuter qu'apres avoir été confirmées par une délibération du corps municipal «.

» Article 15. Toutes les requêtes qui seront présentées par les habitans de Lille & autres pour obtenir justice du corps échevinal, seront présentées aux prévôt, mayeur & échevins; & toutes les affaires qui se traiteront au nom du corps municipal, concernant la justice & la juridiction, tant en demandant qu'en défendant, seront également soutenues au nom des prévôt, rewart, mayeur, échevins, conseil & huit hommes.

» Article 16. Faisons très-expresses inhibitions & défenses auxdits officiers, d'entreprendre ou soutenir aucun procès, de quelque nature qu'il puisse être, sans y avoir été autorisés par écrit par le sieur intendant & commissaire départi en ladite province, conformément à l'édit du mois d'avril 1683 & autres réglemens rendus pour les villes & communautés de l'intérieur du royaume : leur faisons pa-

» reillement défenses, conformément audit édit;
» de députer aucun d'entre eux aux frais de
» l'administration, sans avoir pris au préalable
» l'attache dudit sieur intendant & commissaire
» départi, à peine d'en répondre en leur propre &
» privé nom «.

Nous avons rendu compte au mot GENS DE LOI, d'un placard du 30 juillet 1672, rendu pour l'administration des villes ouvertes & villages de la Flandre flamande.

Le Magistrat de Cambrai a, par rapport à l'administration des affaires municipales, un réglement particulier qui lui a été donné le 9 décembre 1670 par le roi d'Espagne; mais nous nous abstiendrons de le placer ici, parce que l'on prétend que plusieurs de ses dispositions ne se sont jamais exécutées.

Le 23 juillet 1773, il a été rendu au conseil des depêches, entre le même Magistrat & M. l'archevêque de Cambrai, un arrêt contradictoire dont les articles 12, 13 & 15 trouvent naturellement ici leur place.

» Tout ce qui concerne la régie & adminis-
» tration des biens & revenus & autres affaires
» communes de ladite ville & banlieue, appar-
» tiendra, comme par le passé, aux échevins
» & autres officiers municipaux d'icelle, sous l'au-
» torité du commissaire départi en la province de
» Cambresis.

» En cas qu'il soit nécessaire de convoquer
» une assemblée des habitans de la ville &
» banlieue, l'archevêque y sera invité par deux
» députés du Magistrat; sans toutefois rien inno-
» ver en ce qui concerne l'usage d'assembler au
» consistoire les anciens officiers de ladite ville pour
» les affaires communes d'icelle.

» Les comptes de la ville seront rendus, comme » par le passé, dans l'assemblée, composée des » officiers du Magistrat & des députés du cha- » pitre (de l'église métropolitaine), à laquelle » il sera loisible à l'archevêque d'assister en per- » sonne, ou de se faire représenter par l'un de » ses vicaires généraux, & lesdits comptes seront » arrêtés par le commissaire départi en ladite » province «.

S'il en faut croire Denizart, le Magistrat de Cambrai, considéré comme corps échevinal, *connoît des cas royaux, parce que quelques-uns de ses membres sont officiers royaux.* Cette assertion est de toute fausseté; jamais les cas royaux n'ont été de la compétence du Magistrat de Cambrai, & le parlement de Flandres en a toujours connu en première instance dans toute l'étendue de la province de Cambresis.

Il y a dans les chartres générales de Hainaut quelques dispositions relatives à l'administration des *Magistrats*, qui ont besoin d'être expliquées.

L'article 10 du chapitre 48 porte, que » toutes » communautés de villes ou villages ne pour- » ront bailler à cense ou louage les biens d'icelles » n'étant à massarderies ordinaires, sinon par con- » sentement en général de tous les habitans de » ladite communauté, & par loyal recours » (*enchère*) fait au lieu accoutumé, ni pour » plus longs termes, si comme maisons mana- » bles, que de trois ans, n'est qu'il y ait prés » & pâtures appendantes, que lors faire le pour- » roient pour six ans; & s'il y a terres labourables » appendantes, pour neuf ans «.

L'article suivant ajoute : » Si les manans des- » dites villes & communautés ne s'accordent en

» général à faire lesdits baux que dessus, ou fût » besoin de bailler à plus long terme, seront » tenus de requérir provision, grâce & octroi à » notredit grand bailli de Hainaut, comme offi- » cier souverain de notredit pays, pour après » appaisement par lui pris l'accorder ou refu- » ser «.

Il semble, d'après les mots *n'étant à massarderies ordinaires*, employés dans le premier de ces articles, que toutes les formalités prescrites par l'un & l'autre ne sont pas nécessaires pour les baux des biens que les communautés d'habitans sont dans l'habitude d'affermer. Mais il y a tout lieu de croire que la restriction exprimée par les termes cités n'a lieu que pour la première des formalités que prescrit l'article 10, c'est-à-dire, *pour le consentement en général de tous les habitans.* En effet, si d'un côté il est très-naturel & très-juste de n'affermer les biens consacrés à l'usage particulier de chacun des habitans de toute une ville ou de tout un village, qu'avec le consentement & le concours unanime de tous ces habitans; si c'est même là le véritable cas de la maxime *quod omnes tangit debet ab omnibus approbari* : si au contraire il seroit singulier & même ridicule d'exiger l'intervention de toute une communauté dans le louage des biens *étant en massarderies ordinaires*, d'un autre côté, on ne voit pas pourquoi il seroit plutôt permis à des échevins ou gens de loi d'affermer sans enchères & à longues années les biens *étant en massarderies ordinaires*, que ceux qui sont destinés à l'usage personnel de chaque membre de la communauté. La nécessité de l'enchère & la défense de louer à longues années sont de droit commun pour les gens de main morte même laïques; & la preuve que ces deux points de jurisprudence ont été adoptés par les législateurs du Hainaut, résulte de l'article 12 du chapitre 117 des chartres générales : *Un héritier propriétaire* (ce sont les termes de ce texte), *impuissant d'aliéner ses immeubles* (voilà bien l'état d'une communauté), *ne les pourra bailler à cense . . . . qu'à terme ordinaire, sans prendre aucuns vins extraordinairement.* Cette disposition ne laisse aucun doute sur l'incapacité des gens de main-morte séculiers, de louer leurs biens à longues années. Ce qu'ajoute le même article n'est pas moins décisif pour la formalité de l'enchère. *Mais quant aux usufructuaires seulement, le devront faire par léal recours, comme aussi les . . . . autres ayant l'administration & gouvernement des biens d'autrui*, termes qui comprennent certainement les officiers-municipaux, considérés comme administrateurs des affaires communes de leurs villes. Or, comment concilier ces dispositions avec l'article 10 du chapitre 48, si ce n'est en restreignant, comme nous l'avons fait, l'exception exprimée par les mots *n'étant en massarderies ordinaires*, à la formalité du *consentement en général de tous les habitans de la communauté?*

L'article 5 du chapitre 48 déclare qu'il ne faut point d'autorisation du prince ni de son représentant dans la province de Hainaut, pour habiliter les officiers municipaux à plaider sous le nom de leur communauté. Mais cette disposition a été abrogée dans le Hainaut françois par différens édits & déclarations qui ont défendu à tous échevins, gens de loi & autres administrateurs des communautés d'habitans, d'intenter ou soutenir aucune cause en leur qualité, sans s'y être fait autoriser expressément par le commissaire départi. Voyez ci-devant l'article 16 des lettres-patentes du 24 juillet 1778.

L'article 6 porte, que pour passer une procuration à l'effet de plaider au nom d'une communauté d'habitans, » il suffira du mayeur, prevôt, vicomte, ou leur lieutenant, aussi quatre » échevins du moins, avec la plus grande & saine » partie des manans, promettant d'accomplir le » jugé sur obligation d'eux & leurs biens, aussi » des biens de ladite communauté «.

L'article 8 modifie cette disposition : » Et si, » pour cause du grand nombre desdits manans, » l'on ne pouvoit recouvrer la plus grande & saine » partie, suffira avec les gens de loi d'avoir encore » dix manans «.

Il peut arriver que dans une communauté d'habitans dispersés en différens cantons, il n'y ait que ceux d'un canton particulier qui aient intérêt de plaider; en ce cas, il ne seroit pas juste que le refus des autres d'intervenir en cause, fût pour eux une barrière à la défense de leurs droits; c'est pourquoi l'article 7 porte, que » où » la difficulté toucheroit singuliérement à quelque » petit nombre de manans distans du bourg prin» cipal de la communauté, iceux, après avoir » vaincu par sommation les gens de loi & autres » manans, pourront passer procuration pour » poursuivre & défendre leur droit à leurs dé» pens «.

L'article 9 va plus loin, il permet à tout particulier de soutenir en son nom la cause de la communauté; voici comme il est conçu : » Si

» les gens de loi & la plupart des manans ne » vouloient passer procuration pour agir & dé» fendre à la garde du droit de la communauté, » un particulier ou plusieurs, sommation comme » dessus préalablement faite, pourroient le faire » à leurs dépens, sans néanmoins que telles pro» cédures puissent préjudicier au surplus de la » communauté «.

Cette disposition est absolument particulière au Hainaut. De droit commun, les particuliers ne sont pas recevables à soutenir, soit en demandant, soit en défendant, des causes dans lesquelles ils n'ont d'autre intérêt que celui de la communauté en général. C'est ce qui vient d'être jugé au parlement de Flandres. Le seigneur d'Hamel en Flandres avoit obtenu, le 14 février 1780, un arrêt sur requête, qui mettoit ses plantis sous la sauve garde de la communauté : les mayeur & échevins ne se crurent pas fondés à y former opposition; en conséquence, trente-six habitans prirent le parti de s'y opposer d'eux-mêmes & en leurs noms, & le 10 mai de la même année, arrêt est intervenu qui les *déclare non recevables en la forme qu'ils agissent, & les condamne aux dépens.* La seule ressource que l'on ait dans le cas d'un pareil refus de la part des officiers municipaux, est de faire ordonner par l'intendant, qu'il sera tenu devant son subdélégué une assemblée de tous les habitans, pour délibérer sur le parti qui convient le mieux aux intérêts de la communauté.

Les chartres générales de Hainaut ne contiennent rien de précis sur la question de savoir à qui doivent être rendus les comptes de l'administration des officiers municipaux. L'article 1 du chapitre 52 semble d'abord attribuer à la cour souveraine de Mons une compétence exclusive sur ce point : » Notredite cour (porte-t-il) aura » la connoissance privativement de toutes plaintes » & procédures pour avoir compte de tous offi- » ciers «. Mais il paroît plus conforme à l'esprit de ces loix de dire que les comptes des communautés d'habitans doivent être rendus aux *officiers ordinaires* dans les domaines du roi, & aux baillis des seigneurs dans les autres endroits, parce que c'est aux uns & aux autres qu'appartient respectivement la nomination des administrateurs des biens communaux. C'est ce que fait entendre l'article 4 du chapitre cité : » mais au regard » de nos officiers ordinaires, seigneurs-vassaux & » hauts-justiciers, chacun respectivement aura la » connoissance des poursuites qui se feront pour » avoir compte de leurs mayeurs & sergens «. Rapprochez cette disposition de l'article 17 du chapitre 64, & la conséquence que nous en tirons paroîtra bien claire; voici en effet ce que porte ce dernier texte : » Nosdits officiers ordi- » naires pourront aussi, chacun en leurs mets, » créer, démettre & renouveler les gens de loi » de nos terres & seigneuries, aussi ouïr les » comptes des églises, pauvres & *communautés*, » toutes fois que le cas écherra «. Ainsi tout ce qui peut résulter de l'article 1 du chapitre 52, c'est qu'en cas de négligence de la part des officiers ordinaires, ou des baillis des seigneurs, on doit s'adresser au juge royal pour forcer les gens de loi à rendre compte de l'administration des biens de leurs communautés respectives.

Mais ces observations ne peuvent plus s'appliquer au Hainaut françois que pour les comptes des deniers patrimoniaux, car les loix portées pour cette province depuis qu'elle est unie à la couronne, ont entièrement changé sa constitution à l'égard des comptes des deniers d'octroi. L'édit du mois de septembre 1691, portant création d'un bureau des finances à Lille pour les ressorts du parlement de Flandres & du conseil d'Artois, attribue à ce siége le pouvoir » d'ouïr » & examiner, clore & arrêter les comptes des » deniers d'octroi des villes, bourgs & villages » de l'étendue du ressort dudit bureau, excepté » ceux des corps d'états & des grosses villes, dont » les intendans & commissaires, au renouvel- » lement des loix desdites villes, sont audi- » teurs, & de procéder à l'appurement desdits » comptes «.

Un arrêt du conseil du 29 avril 1692 a expliqué cette disposition. » Sa majesté (portoit-il) » voulant prévenir & empêcher les contestations » qui pourroient arriver sur l'audition d'aucuns » desdits comptes entre les sieurs intendans & les » officiers dudit bureau, & pour cet effet mar- » quer de quelles villes les comptes doivent être » entendus à l'avenir par les sieurs intendans des » provinces qui se trouvent dans l'étendue du » ressort dudit bureau...... Ordonne que les » comptes des deniers d'octroi des villes d'Arras, » Saint-Omer, Béthune, Aire, Hesdin, Ba- » paume, Lens & Saint-Pol, Lille, Douai, » Tournai, Cambrai, Valenciennes, & Menin, » Dunkerque, Gravelines, villes & châtellenies » de Bourbourg, Berghes & Furnes, Ypres, » Cassel, Bailleul & Wasneton, Mons, Mau- » beuge, le Quesnoy, Avesnes, Landrecy, Char-

» lemont, Givet & Dinant, seront rendus en la » manière accoutumée pardevant les sieurs intendans..... Et à l'égard des autres villes & lieux » de l'étendue du ressort du bureau des finances » de Lille, qui jouissent de quelques octrois, veut » & entend sa majesté que les comptes en soient » rendus audit bureau des finances, suivant & » conformément à l'édit du mois de septembre » 1691 «.

Il paroît que la possession dans laquelle cet arrêt maintient l'intendant de Hainaut à l'égard des comptes des octrois de Valenciennes, de Maubeuge, du Qesnoy, d'Avesnes & de Landrecy, est aussi ancienne que l'existence de ce Magistrat dans la province. Quelque temps après la création des bailliages du Quesnoy, d'Avesnes & de la prévôté de Landrecy, il s'éleva des contestations entre les officiers de ces siéges & les échevinages des villes où ils étoient respectivement établis : les premiers demandoient que les comptes des biens patrimoniaux & d'octroi fussent rendus devant eux; mais, par arrêt du premier décembre 1663, il a seulement été ordonné que » les lieutenans-» généraux des bailliages du Quesnoy & Avesnes, » ou, en leur absence, les lieutenans particuliers » le prévôt de Landrecy, & les procureurs de sa » majesté, créés par l'édit du mois de novembre » 1661, pourront, si bon leur semble, assister » aux.... comptes des biens patrimoniaux, aux-» quels lesdits lieutenans-généraux, prévôt de » Landrecy, présideront, sans néanmoins que » pour raison de ce ils puissent prétendre aucuns » droits ni vacations «. Sans doute que cet arrêt n'a omis de prononcer sur la demande des bailliages & prévôtés, relativement aux comptes des deniers d'octroi, que parce que cette partie de l'administration étoit déjà transportée à l'intendant.

Voyez les articles ECHEVINS, GENS DE LOI, GRAND BAILLI, CONSEILLER-PENSIONNAIRE, REWART, MAYEUR, HALLE ECHEVINALE, COMMUNAUTÉ D'HABITANS, BIENS, MUNICIPALITE, USAGES, &c.

(*Cette addition est de M. MERLIN, avocat au parlement de Flandres*).

MAIN-ASSISE. C'est ainsi que l'on appelle en Artois & en Flandre, une manière d'acquérir hypothèque sur les biens d'un débiteur : elle consiste à *asseoir la main* de la justice sur ces biens.

Dans la coutume d'Artois (dit Maillart sur l'article premier de cette loi municipale), » un » créancier auquel le débiteur a accordé le pou- » voir de faire asseoir la main de justice sur ses » biens, pour sûreté de sa créance, obtient une » commission du juge immédiat de la situation, » ou du supérieur si les héritages sont situés sous » différentes justices immédiates, en vertu de » laquelle un sergent asseoit la main du seigneur » immédiat ou celle du roi, comme souverain » d'Artois ou d'autre justice, le cas y échéant, » sous le ressort médiat de laquelle l'héritage est » situé, pour sûreté de sa créance : il assigne le » débiteur & le seigneur, pour voir consentir ou » débattre la Main-assise, & voir ordonner qu'elle » tiendra «.

La coutume de la châtellenie de Lille porte, chapitre 20, article 1 : » Par l'usage, pour, en » vertu de commission de Main-assise qui se dé-

» cerne seulement par notre gouverneur de Lille » ou son lieutenant, créer sûreté & hypothèque » sur fiefs, maisons & héritages & biens adhé- » rens au fonds, est requis que telle Main-assise » soit accordée par lettres obligatoires passées ou » reconnues pardevant icelui gouverneur ou son » lieutenant ou auditeurs audit Lille, sous le scel » du souverain bailliage, & ne se peut faire sur » autres biens meubles & réputés pour meubles, » & se décrète sur un défaut à ce ajourné le sei- » gneur, son bailli ou lieutenant, duquel lesdits » fiefs, maisons & héritages sont tenus, en lui » adjugeant droits seigneuriaux tels que pour ce » dus sont; & s'il n'y a l'un d'eux résidens en » ladite ville & châtellenie dudit Lille, le seigneur » supérieur, son bailli ou lieutenant, ensemble » les obligés ou reconnoissans «.

» Article 2, par la coutume, Main-assise dé- » crétée se rétrotrait & crée sûreté & hypothè- » que dès l'instant de la main-mise, & ne peu- » vent les obligés ou reconnoissans détériorer » ni faire chose au préjudice dudit hypothèque «.

Ces deux articles se trouvent mot pour mot dans la coutume de la gouvernance de Douai, chapitre 17.

On demandera sans doute quelle différence il y a entre la Main-assise, la main-mise & la mise de fait ?

La Main-assise & la main-mise diffèrent de la mise de fait, en ce qu'elles mettent l'héritage sur lequel elles sont exploitées, sous la main de la justice, au lieu que la mise de fait le met sous celle du créancier, qui en devient *quasi-possesseur* à titre d'hypothèque, & elles diffèrent entre elles, en ce que la Main-assise imprime une hypothèque

hypothèque sur le bien qui en est l'objet, sans cependant en ôter la jouissance au débiteur saisi; au lieu que la main-mise ne produit pas d'hypothèque sur le fonds, mais seulement un droit sur les revenus dont elle transporte la régie entre les mains du commissaire aux saisies réelles.

Ce que nous disons de la main-mise, s'entend uniquement de la *main-mise* proprement dite, & dont nous parlerons à ce mot; car quelquefois on se sert de cette expression pour désigner l'exploitation d'une Main-assise ou d'une mise de fait: c'est ce que prouve la coutume de la châtellenie de Lille, chapitre 19, article 3, & chapitre 20, article 2.

La Main-assise n'est presque plus en usage dans cette coutume, depuis que le scel de la gouvernance de Lille engendre hypothèque de plein droit sur tous les biens que les parties contractantes possèdent dans le ressort de ce tribunal.

Les coutumes d'Amiens, de Boullenois, & plusieurs autres de la Picardie, parlent aussi de la Main-assise, comme d'une formalité requise pour engendrer hypothèque; mais les dispositions qu'elles renferment à cet égard ont été abrogées par l'article 35 de l'édit du mois de juin 1771, & par la déclaration du 23 juin 1772.

Voyez les articles COLLOCATION, MAIN-MISE, MISE DE FAIT, DEVOIRS DE LOI, NANTISSEMENT, HYPOTHÈQUE, &c.

(*Article de M. MERLIN, avocat au parlement de Flandre*).

MAINÉ. Ce mot est employé dans plusieurs coutumes, & il signifie *puîné, cadet*: il est formé de la particule *moins* & *d'aîné*.

La coutume de Coucy en Vermandois porte, article 8, que tous les fiefs en ligne collatérale se partageront également entre les mâles qui se trouveront au même dégré, mais que » l'aîné ou plus » âgé d'eux pourra récompenser les autres *Maînés* » de la part & portion qui leur apartiendroit aux » fiefs.

Suivant l'article 82 de la coutume de Clermont en Beauvoisis, » l'aîné fils peut relever & rentrer » l'hommage de son seigneur, si bon lui semble, » du total des fiefs, pour la première fois seulement, ou des deux parts; & s'il advenoit qu'il » eût relevé pour le tout, les *Maînés*, pour la » première fois aussi seulement, peuvent relever » leur tierce partie & en faire hommage à leur » frère aîné, ou envers le seigneur féodal, auquel » que bon leur semblera «.

La coutume de Montargis, chapitre 1, article 35, donne la préférence, en matière de garde-noble, à l'aîné sur le *maint-nay*.

Les chartres générales de Hainaut, chapitre 95, article 4, établissent, » qu'en succession de fiefs » patrimoniaux ou acquêts en lignes directes & » collatérales en un même dégré, l'hoir mâle » l'emportera contre la femelle, l'aîné contre le » *Maîné* «.

On verra dans l'article suivant que quelques coutumes accordent aux *Maînés* un certain préciput dans les successions de leur père & de leur mère.

L'article 35 de l'ancienne coutume d'Arras appelle *argent baillé à Maîné*, les deniers pupillaires que les tuteurs étoient autrefois autorisés à mettre à intérêts, sans en aliéner les capitaux. Voyez le mot INTÉRÊTS, t. 35, p. 315 & 354.

(*Article de M.* MERLIN, *avocat au parlement de Flandres*).

MAINETÉ. On entend par droit de *Maîneté*, un avantage qu'a le plus jeune des enfans dans les successions de son père & de sa mère.

On n'a aucune idée de ce droit dans les coutumes de l'intérieur du royaume; il n'est guère connu que dans le chef-lieu de Valenciennes, le Cambresis, les châtellenies de Lille & de Cassel, la loi d'Arras, & quelques parties de l'Allemagne.

On a beaucoup disputé sur l'origine de ce privilége. Les uns pensent que les coutumes l'ont établi par déférence pour la tendresse particulière que les pères & les mères ont toujours pour leurs derniers enfans. Suivant les autres, elles n'ont eu en cela d'autre vue que de récompenser les puînés des avantages que les aînés ont sur eux, tant parce qu'ils prennent une part plus considérable dans les fiefs, que parce que le plus souvent ils sont élevés & établis aux frais de leurs pères & de leurs mères, au lieu que les puînés, devenant orphelins dans un âge encore tendre, sont obligés de prendre dans leurs propre bourse de quoi fournir à leur éducation & à leur établissement.

Il y a du pour & du contre dans chacune de ces raisons; peut-être pourroit-on en faire une plausible des deux, mais la meilleure est de n'en donner aucune, & de dire, avec un jurisconsulte romain, *non omnium quæ à majoribus constituta sunt, ratio reddi potest*. l. 20, *de legibus*.

Les coutumes qui admettent le droit de Maîneté ne sont pas uniformes sur sa consistance.

Besoldus dit qu'en plusieurs endroits de la Saxe le maîné a le droit de retenir tous les biens de la succession paternelle, en fournissant à ses aînés leur part en argent.

Dans la coutume de la châtellenie de Lille, titre 4, article, 1, » quand père ou mère termine vie par mort, délaissant plusieurs enfans, » & un lieu manoir & héritage cottier venant de » son patrimoine (*c'est-à-dire, tenant nature de* » *propre*), au fils maîné appartient droit de » Maîneté audit lieu & héritage, pour lequel il » peut prendre jusques à un quartier d'héritage » seulement, ou moins, si tant ne contient ledit » lieu, avec la maîtresse chambre, deux couples » en la maison, la porte sur quatre estenlx, les » porchil, carin, fournil & colombier, s'ils sont » séparés, le burg du puich, & tous arbres portans fruits & renforcés, & autres choses réputées pour héritages, avec le surplus des édifices & bois étant sur ledit quartier de terre » réputés pour meubles, si bon lui semble, pour » tel prix qu'ils seront prisés, à porter en voie, » mettant en mont commun pour récompense un » autre quartier de terre, ou autant qu'il en » auroit pris & en à front de chemin de pareille » tenue, & semblable rente ou moins. En laquelle » récompense icelui maîné a sa portion à compte » de tête; & s'il n'a tel héritage pour faire ladite » récompense, le peut acheter «.

L'article 2 ajoute, que » s'il y a plusieurs lieux » & héritages patrimoniaux délaissés par père & » mère, ou l'un d'eux; ledit fils maîné ne peut » avoir ledit droit de Maîneté qu'en l'un desdits » lieux & héritages à son choix «.

Dans la châtellenie de Cassel, le maîné » tient » la place du défunt, ce que l'on appelle *madel-* » *stade*, c'est à savoir, cinq quartiers de terre & » au dessous là où la maison ou le manoir est » situé, ensemble le principal manoir, au cas qu'il

» puiſſe récompenſer les autres avec de pareils » héritages, s'il y en a, ou avec d'autres héritages ou autrement, à l'eſtimation des *partageurs* «. C'eſt ce que porte l'article 277 de la coutume de ce pays.

La coutume de la loi d'Arras dit, article 8, » qu'au partage entre enfans des héritages délaiſſés par père & mère, les lots dreſſés le plus » également que faire ſe peut, le maîné fils, ou » en défaut de fils, la maînée fille a droit de » prendre à ſon choix l'une des parts, ſans pour » ce donner aucune récompenſe à ſes autres frères » ou ſœurs; ce qui s'entend pour terres & héritages ſitués en icelle ſeigneurie ou loi ſeulement «.

La coutume de Cambreſis, titre 8, article 1, définit la Maîneté » un droit tant mobilier qu'héréditaire «.

L'article 5 porte, que » le droit de Maîneté » mobilière ſe comprend en trois pièces de meubles, uſtenſiles de ménage de diverſes ſortes, » ayant ſervi tant à l'uſage de l'homme que de » la femme, durant le temps de leur conjonction, » au choix du maîné «.

L'article 8 ajoute : » Maîneté héréditaire ſe » prend ſeulement en héritage de main-ferme » ayant maiſon manable, appartenant auxdits » conjoint preſtement, tant en uſufruit que propriété .... en laquelle leſdits conjoints tiennent » leur domicile & réſidence ordinaire au jour du » trépas du premier décédant «.

Ces deux articles ont beſoin de quelques explications. Fixons d'abord l'objet & l'étendue de la Maîneté mobilière.

Elle conſiſte, comme on l'a vu, *en trois pièces*

de meubles, ustensilles de ménage ; donc les rentes, quoique réputées meubles dans la coutume de Cambresis, ne sont pas sujettes à ce droit, parce que ce ne sont pas des ustensiles de ménage.

Les bestiaux ne servent pas non plus à ce qu'on appelle proprement *ménage*, & c'est pourquoi l'article 7 du titre cité déclare que » pour » ladite Maîneté mobilière ne se peuvent prendre » chevaux, vaches, ni autres bestiaux quel- » conques «.

La coutume veut que les trois pièces de meubles choisies par le maîné soient *de diverses sortes* ; donc il ne peut pas prendre trois effets semblables, c'est-à-dire de la même espèce. Mais, dit M. Desjaunaux, » ce terme *de diverses sortes* » n'empêche pas que le puîné ne puisse prendre » trois vaisseaux ou pièces d'argenterie, pourvu » qu'ils soient chacun d'espèce différente ; car ce » n'est pas dans la matière, mais dans l'espèce » des meubles que la coutume demande de la » différence. Aussi voyons-nous tous les jours un » puîné prendre trois pièces de menuiserie pour » son droit «. L'article 135 de la coutume de Valenciennes confirme cette interprétation ; les termes en sont rapportés ci-après.

Enfin, la coutume ne comprend dans la Maîneté mobilière que les effets *ayant servi tant à l'usage de l'homme que de la femme, durant leur conjonction*. Par conséquent, les meubles que le survivant peut avoir achetés depuis la dissolution du mariage, ne sont pas soumis à ce droit.

Quant à la Maîneté *héréditaire* ou immobilière, la première condition requise pour qu'elle ait lieu, est, que le père & la mère aient laissé une maison tenue en main-ferme ou censive. Ainsi » Maîneté » n'a point de lieu sur l'héritage de fief, combien qu'il soit amassé & édifié de maison manable, & qu'en icelle les deux conjoints, au » temps du trépas du premier mourant d'iceux, » y fassent leur demeure & résidence ordinaire «. Ce sont les termes de l'article 12 du titre 8. Il a même été jugé par un arrêt rapporté au mot *Loterie*, que les *fiefs cotiers*, espèce de biens particulière au Cambresis, ne sont pas sujets à ce droit.

La seconde condition est que la maison sur laquelle on veut exercer le droit de Maîneté, ait appartenu au père ou à la mère, *tant en usufruit qu'en propriété*, & qu'elle leur ait servi de demeure à l'un & à l'autre jusqu'à la dissolution du mariage. » Si donc, porte l'article 10, » ladite maison étoit, par fureur de guerre ou » autrement, au jour du trépas du premier décé- » dant, toute brûlée & démolie, tellement » qu'il n'y eût plus de demeure, ne seroit point » Maîneté «.

» Toutefois, continue l'article 11, si depuis » la Maîneté être engendrée par le trépas du pre- » mier décédant, tel brûlement ou démolisse- » ment avenoit devant le trépas du dernier décé- » dant, ce n'empêche point la Maîneté «.

Par la même raison, quand un des conjoints viendroit à mourir par hasard hors de la maison dans laquelle ils ont l'un & l'autre un domicile de droit & de fait, le plus jeune de leurs enfans ne laisseroit pas d'être fondé à demander cette maison par préciput. C'est ce qui résulte nettement de l'article 9 : » Si, par fortune de guerre » ou autre cas fortuit, le premier décédant des-

» dits conjoints mouroit hors de leur maison, » en laquelle ils avoient & feroient, cessant la » fortune & empêchement, leur résidence & do» micile ordinaire, ce n'empêcheroit point que ce » ne fût Maîneté «.

Du principe général, que l'on ne peut prendre le droit de Maîneté sur une maison, à moins qu'elle n'ait servi de demeure au père & à la mère, il résulte nécessairement, que si le père & la mère n'en occupoient qu'une partie au moment de la mort de l'un d'eux, cette partie est seule sujette au droit de Maîneté, & que le reste doit être partagé également entre les aînés & le cadet. C'est ce que décide l'article 17 : » Si de la maison » & héritage où s'engendre le droit de Maîneté » héréditaire à l'heure du trépas dudit premier » mourant, aucune ou plusieurs parties sont » baillées & occupées à louage par autres, » telles parties ne tombent en Maîneté, ains » viennent en parçon «.

Cependant, comme il est en quelque sorte de l'équité & de la bienséance que le cadet puisse retenir, moyennant une juste indemnité, la partie sur laquelle il ne peut exercer son préciput, l'article 18 a établi en sa faveur une espèce de retrait de convenance. Voici les termes de ce texte : » Mais le maîné en dedans l'an, après que » la Maîneté est échue, peut avoir lesdites par» ties pour le prix qu'elles seront estimées par loi, » si ravoir les veut, afin que l'héritage demeure » en son entier «.

L'article 8 comprend dans le préciput de Maîneté toutes les *appendances* de la maison *joindant ensemble sans aucun moyen*. L'article 19 développe cette disposition ; » Si au jour du trépas du pre-

» mier moutant lesdits conjoints tiennent & possè-
» dent à leur propre usaince & demeure deux ou
» plusieurs héritages à eux appartenans, joindans
» ensemble sans aucun moyen, tellement qu'on
» aille de l'un à l'autre par dedans, le tout est
» Maîneté «.

Les maisons bâties sur des emphytéoses limitées à la vie des preneurs ou à un certain temps, sont sujettes au droit de Maîneté, lorsque les baux emphytéotiques ont été réalisés par devoirs de loi, parce que dans ce cas ils sont réputés immeubles, suivant l'article 6 du titre 16, & par la raison contraire, quand ils n'ont été revêtus d'aucune des formalités du nantissement, le droit de Maîneté n'a pas lieu. C'est ce qu'établit clairement l'article 20 du titre 8 : » Maîneté héré-
» ditaire n'a lieu sur arrentemens baillés à vie ou
» temps limité par lettres, sous scel des bailleurs
» seulement ; mais si tels arrentemens étoient
» réalisés pardevant les loix des lieux, & les
» adhéritances baillées pour en jouir audit titre,
» sur iceux se pourroit prendre Maîneté, si le cas
» y écheoit «.

On ne distingue point, en matière de Maîneté, si la maison des père & mère étoit un conquêt de leur communauté, ou si elle étoit propre à l'un d'eux ; dans un cas comme dans l'autre, elle est soumise au préciput du cadet. C'est la disposition expresse de l'article 8.

La coutume de Valenciennes convient avec celle du Cambresis, en ce qu'elle admet comme elle deux sortes de Maînetés, l'une mobilière, l'autre immobilière; mais elle en diffère par rapport aux objets compris dans l'une & dans l'autre.

La première consiste, suivant l'article 134, en une pièce *de chacune diversité & sorte de ménage, que pour le maîné on voudra choisir.*

Ces termes sont remarquables : d'abord il en résulte que le choix des meubles soumis à la Maîneté doit être fait par le maîné, ou, s'il est mineur, par ceux qui sont chargés de stipuler ses intérêts. C'est ce qu'annoncent les mots *que pour lui on voudra choisir.* L'article 137 dit à ce sujet, que » si le maîné est moindre d'ans, ledit droit » de Maîneté sera levé par le mayeur au profit » dudit maîné «.

En second lieu, ces termes *de chacune diversité & sorte de ménage* signifient-ils que le maîné n'a droit de prendre qu'une pièce de tous les meubles d'une certaine matière, & que, par exemple, sur une vaisselle d'argenterie composée de services, de coupes, de plats, &c., il ne peut prélever qu'une seule pièce ? Nous avons déjà repondu à cette question par rapport à la coutume de Cambresis ; & la décision que nous en avons donnée s'adapte d'autant mieux à la coutume de Valenciennes, qu'elle y est consignée en termes exprès. » Et s'il y a vaisselle d'argent, porte » l'article 135, de chacune qualité une pièce, si » comme de tasses, une tasse ; de gobelets, un » gobelet ; de salières, une salière ; jaçoit qu'elles » fussent de diverses sortes de façons, & ainsi » de toutes autres pièces & ustensiles de ménage «.

On voit par cet article & par le précédent, que la coutume de Valenciennes, comme celle de Cambresis, n'affecte point à la Maîneté toutes les espèces d'effets mobiliers, mais seulement ceux qui servent au ménage. Voilà pourquoi l'article 140 déclare que *droit de Maîneté n'aura lieu en marchandises.*

La Maîneté immobilière est, dans la coutume de Valenciennes, le droit de choisir par préciput le meilleur des immeubles qui se trouvent dans la succession. L'article 133 justifie cette définition : » Et pour ledit droit de Maîneté immobilière, » ledit maîné prend la meilleure partie en une » seule pièce, soit héritage ou rente immo- » bilière «.

Dans le temps de la rédaction de cette coutume, on ne connoissoit que deux sortes d'immeubles ; les héritages & les rentes hypothéquées. De là naît la question de savoir si les offices, qui depuis sont devenus une troisième espèce d'immeubles, peuvent être sujets au droit de Maîneté ? Nous pouvons répondre pour la négative, d'après un arrêt du parlement de Flandre du 24 décembre 1703, rendu au sujet de l'office de prévôt de la ville de Lille, entre la veuve du sieur Vandermaer, qui en étoit pourvu, & ses enfans. » Dans l'espèce » de cet arrêt, dit M. Poller, le fils prétendoit » que l'office étant réputé immeuble, il devoit » lui appartenir tout entier, parce que, suivant » la coutume du bailliage de Lille, les héritages » patrimoniaux succèdent aux mâles, à l'exclusion » des femelles. On a jugé que l'office est bien » réputé un immeuble de droit, mais non pas » un immeuble de coutume, pour y pouvoir » prendre par l'un des enfans une plus grande part » que l'autre «.

On ne peut prendre la Maîneté immobilière que sur les biens-fonds ou rentes qui étoient dans le patrimoine des conjoints ou de l'un d'eux avant la mort du prédécédé. C'est ce que prouvent ces termes de l'article 140 : » Droit de Maîneté n'aura » lieu pour l'advenir ès héritages échus ou acquis » après la dissolution dudit mariage «.

La coutume ne limite point l'étendue des héritages, ni le montant des rentes que le maîné peut prendre pour son préciput ; il dépend de lui de choisir le bien le plus considérable de toute la succession, pourvu cependant que les père & mère l'aient possédé en un seul corps & sans aucune division ; car s'ils avoient distingué un immeuble en plusieurs parties, soit en faisant deux maisons d'une, soit en coupant un fonds par un fossé ou une haie, le cadet ne pourroit en demander qu'une partie pour son droit de Maîneté. L'article 138 ne laisse là-dessus aucun doute. » Si au jour du » trépas du premier mourant des père & mère de » l'enfant maîné, se trouve y avoir quelque mai- » son par eux séparée, en sorte qu'il n'y ait accès » par huis (porte) ou autre passage d'un quar- » tier à l'autre, & que les parties ainsi séparées » soient en état pour être habitées par divers mé- » nages, tels quartiers, oresque (quoique) sous » un même toît, sont réputés divers héritages, & » n'aura le maîné que l'un d'iceux à son choix pour » la Maîneté immeubilière.

» Le même s'observera, ajoute l'article 139, de » tous manoirs, jardins & héritages qui auront » été distingués par lesdits père & mère durant » leur conjonction, soit par haie ou autrement, » & seront trouvés en tel état au jour du premier » mourant «.

On a vu à l'article LÉGITIME, section 8, quels sont les droits respectifs des aînés & du cadet dans le cas où le droit de Maîneté étant prélevé par celui-ci, il ne reste plus assez de biens pour fournir à ceux-là une portion légitimaire.

Après avoir montré en quoi consiste le droit de Maîneté, il faut examiner à qui il appartient, c'est-à-dire, quel est celui que l'on entend en cette matière par enfant *maîné*.

Reprenons toutes les coutumes que nous venons de parcourir, chacune dans le même ordre.

La coutume de la châtellenie de Lille défère ce droit au plus jeune des enfans mâles ; & lorsqu'il ne s'en trouve pas, à la cadette des filles. » Droit de Maîneté n'est dû & ne peut succéder » à filles, s'il y a fils ; mais, en défaut de fils, la » fille maînée a pareil droit «. Ce sont les termes de l'article 3 du titre 4.

L'article 228 de la coutume de Cassel renferme la même disposition : » La plus jeune fille » pourra avoir le droit de *madel-stede* contre sa » sœur, au cas qu'il n'y ait point de fils ; mais s'il » y a un fils, la fille ne peut avoir ce droit «.

Il en est de même dans la coutume de la loi d'Arras, comme il résulte de ces termes de l'article 8 rapporté ci-devant, *le maîné fils, ou, en défaut de fils, la maînée fille a droit de prendre*, &c.

Les coutumes de Saint-Simon & Raisse & de la Bouteillerie, locale de la châtellenie de Lille, & celles du Cambresis & du chef-lieu de Valenciennes accordent le droit de Maîneté au plus jeune des enfans, sans distinguer si c'est un garçon ou une fille. L'article 2 de la première porte, que » droit de Maîneté est dû..... au maîné » enfant, soit fils ou fille «. L'article 4 de la seconde dit, » qu'après le décès & trépas de père » ou mère..... le maîné, soit fils ou fille, a » le choix, si bon lui semble «. L'article 1 du titre 8 de la troisième déclare que ce droit est » dû à l'enfant du premier & noble mariage » qui est trouvé le maîné des enfans dudit ma-

» riage survivans après les deux décès de leur » père & mère «. Et suivant l'article 140 de la quatrième, » droit de Maîneté se levera par enfans » du premier mariage tant seulement «.

Que doit-on entendre en cette matière par *premier mariage?* Le sentiment le plus probable est, que l'on ne doit regarder comme tel que celui dont il est né des enfans, de sorte qu'un mariage antérieur qu'auroit contracté l'un des conjoints, mais dont il ne resteroit pas d'enfant, n'empêcheroit pas que le droit de Maîneté n'eût lieu entre les fruits d'un second mariage. La raison en est, que la restriction de cet avantage aux premières nôces, n'a été introduite que pour l'intérêt des enfans que l'un des conjoints pourroit avoir eus d'un mariage précédent. La coutume de Valenciennes fait entendre assez clairement que tel est son esprit, puisqu'à l'article 80 elle explique le mot *premier mariage*, par ceux-ci, *ou autre réputé tel dont y a enfant.*

Dans les coutumes dont nous parlons, il ne peut être pris qu'un droit de Maîneté sur les deux successions du père & de la mère. Ainsi, pour savoir quel est celui d'entre les enfans du premier mariage à qui ce préciput appartient, il ne faut pas considérer quel est le maîné au temps du décès de celui des conjoints de qui vient le bien sujet à la Maîneté; il ne faut faire attention, pour régler cette qualité, qu'au moment de la mort du dernier vivant. C'est ce que prouvent les derniers termes de l'article 1 du titre 8 de la coutume de Cambresis, rapporté ci-devant. L'article 4 est encore plus formel : » Et si après le » trépas du premier décédant desdits conjoints, » y a enfant maîné qui devant le trépas du der-

» nier mourant d'iceux conjoints vînt à décéder, » soit ayant enfans ou non, ledit droit de Maî- » neté devra appartenir à icelui enfant qui sera » trouvé maîné survivant du premier mariage à » l'heure du trépas du dernier décédant «.

Le survivant des conjoints tire un grand avantage de l'incertitude dans laquelle on est pendant sa vie sur celui des enfans qui sera le maîné à sa mort : l'article 13 lui assure la jouissance de la totalité de l'héritage soumis à la Maîneté, quoique ce soit un propre du prédécédé, & que, suivant l'article 2 du titre 10, il ne puisse jouir que de la moitié de ces sortes de biens à titre d'entravestissement de sang.

Mais s'il survenoit un évènement qui dissipât cette incertitude, la jouissance du conjoint seroit restreinte à la moitié, à moins que son contrat de mariage ne lui donnât l'usufruit de tous les propres du premier mourant. C'est ce qu'enseigne M. Desjaunaux sur l'article que nous venons de citer. » La jouissance de l'héritage destiné au » puîné pour son droit de Maîneté, n'étant ac- » cordée au survivant des conjoints qu'à cause » de l'incertitude où l'on est auquel des enfans » ledit héritage pourra appartenir, si le puîné » & les autres renonçoient audit droit, le sur- » vivant ne pourroit pour lors conserver la jouis- » sance entière dudit héritage, si c'étoit un propre » du prédécédé, mais n'en auroit que la moitié » à titre de ravestissement de sang «. L'article 14 vient à l'appui de cette résolution ; il ne parle à la vérité que d'un cas particulier, mais la raison sur laquelle il est fondé est générale ; voici comme il est conçu : » Mais si en après il advient qu'il » ne reste plus que l'un d'iceux enfans, lors le

» survivant desdits conjoints ne doit plus jouir » dudit héritage, sinon aussi avant que ravestissement de sang ou autre lui donneroit «.

Dans le cas de cet article, c'est-à-dire, lorsqu'il ne reste à la mort du dernier vivant des conjoints qu'un enfant du premier mariage, il ne peut y avoir lieu au droit de Maîneté en sa faveur, quand même il auroit des frères ou des sœurs d'un second mariage. C'est ce que décide l'article 2 : » Un seul enfant du premier mariage » survivant ses père & mère, ne peut demander » droit de Maîneté contre ses frères & sœurs des » autres mariages subséquens «. On trouve la même disposition dans l'article 2 de la coutume de Saint-Simon & Raisse. » Droit de Maîneté est » dû.... au maîné enfant.... supposé qu'il y eût fils » ou fille maîné «. C'est aussi ce qui résulte de la coutume de la Bouteillerie, article 4. » Après le » décès & trépas de père ou mère délaissant » aucuns héritages non procédans d'acquêts, & » que division est faite entre *leurs enfans*, le » maîné, soit fils ou fille, a le choix, si bon lui » semble «. Enfin, l'article 1 du titre 4 de la coutume de la châtellenie de Lille, ne donne ouverture au droit de Maîneté que » quand père ou » mère termine vie par trépas, délaissant *plusieurs* » *enfans* «.

On a demandé si ces dispositions devoient être étendues à la coutume du chef-lieu de Valenciennes. L'affirmative ne paroissoit susceptible d'aucune difficulté. Suivant l'article 132 de cette loi municipale, » le droit de Maîneté se prend préalablement & d'avant-part, & après prend le *maîné* » au restat telles parts & portions qu'*autres ses* » *frères & sœurs* «. On ne peut donc considérer

le

le droit de Maîneté que comme la suite d'une qualité de comparaison. Car pour trouver un maîné parmi les enfans d'un premier mariage, il faut nécessairement comparer tous ces enfans entre eux, & savoir lequel est né le dernier : or, cette comparaison est impraticable, lorsqu'il ne se trouve qu'un enfant ; par conséquent, il ne peut y avoir ni maîné ni droit de Maîneté dans cette hypothèse.

On a cependant été long-temps dans l'usage, à Valenciennes & dans tout le chef-lieu du même nom, d'accorder le droit de Maîneté à un seul enfant du premier mariage, tant contre les enfans d'un de ses frères germains, que contre ses frères ou sœurs d'un second mariage. On fondoit principalement cet usage sur les articles 126 & 140 de la coutume : mais c'etoit tirer de ces deux textes une conséquence forcée.

En effet, l'article 126 établit, que » si du premier mariage il y a enfant, & que le survivant » se remarie, & que du second ou autre mariage » subséquent il ait aussi enfans, *l'enfant ou » enfans du premier mariage* auront, après le » décès de leur père ou mère remarié, la moitié » des héritages patrimoniaux échus au survivant » de plein droit ou propriétairement paravant ou » constant ledit premier mariage, & la moitié des » acquêts faits durant icelui, & l'autre moitié se » partira tant entre lesdits enfans du premier » mariage, que ceux du second, & autre mariage » subséquent, par égale portion, *sauf le droit de » Maîneté* «.

Tout ce qui résulte de cet article, est que la Maîneté n'entre point en partage lorsqu'elle a lieu ; mais cela ne décide pas qu'il y ait ouverture à ce droit, lorsqu'il ne se trouve qu'un seul enfant du premier mariage.

L'article 140 déclare, que » le droit de Maîneté » se levera par enfans du premier mariage tant » seulement « ; mais on ne peut pas en conclure que ce préciput appartienne au premier mariage, au lieu d'être personnel au plus jeune des enfans qui en sont provenus.

Ce n'étoit pas avec plus de fondement que les praticiens de Valenciennes cherchoient à justifier leur erreur par les art. 9 & 59 de leur coutume. Le premier de ces textes porte, » qu'au survivant de deux » conjoints en premier mariage, duquel ils aient » ou aient eu *enfant vivant*, compète la totalité » des biens meubles, dettes, joyaux & cattels que » délaissera le premier mourant..... dont ledit » survivant pourra disposer, excepté la Maîneté «. Le second porte, » qu'après le trépas de l'un » des conjoints ... ayant délaissé *enfant ou enfant » d'enfant* .... le survivant ne peut vendre, rap- » porter ni obliger les héritages patrimoniaux .... » n'est pour dettes contractées pendant son mariage » ou paravant icelui .... *sans néanmoins pouvoir » aliéner la Maîneté, sinon en défaut d'autre » bien* «.

Ce n'est pas dans ces articles que les rédacteurs de la coutume examinent la nature du droit de Maîneté, son étendue, les circonstances qui lui donnent l'être, celles qui le font tomber en caducité ; ils gardent le silence sur tous ces objets, & en renvoient la discussion au titre *du droit de Maîneté* ; ils se bornent dans ces endroits à fixer le pourvoir du survivant relativement à la faculté de disposer des meubles de la communauté & des immeubles qui lui sont propres ; & la réserve qu'ils font du droit de Maîneté, s'entend nécessairement avec la clause, *supposé que ce droit ait lieu*.

Quoi qu'il en soit, l'usage, ou plutôt l'abus dont il s'agit a été proscrit par deux arrêts du parlement de Flandres, des 9 août 1749 & 29 novembre 1752.

Voici l'espèce du premier. Le sieur Placide Thierry, médecin à Marchiennes, avoit épousé Quentine Pottier, fille unique d'un premier mariage; après la mort de son beau-père, il prétendit, au nom de sa femme, lever le droit de Maîneté contre les enfans qu'avoit laissés une de ses sœurs consanguines, mariée au sieur Louis Thiery, bourgeois de Bouchain. Une sentence arbitrale rejeta sa demande; il s'en rendit appelant au parlement, mais sans succès. La sentence fut confirmée au rapport de M. Merlin d'Estreux.

L'espèce du second arrêt est à peu près la même que celle du premier. François Flament avoit épousé Françoise Fromont: de ce mariage étoient nés deux enfans, Anne-Marie & Jacques-Joseph Flament. Celui-ci étoit mort après son père, mais avant sa mère, & il avoit laissé un fils nommé Nicolas-Joseph. A la mort de Françoise Fromont, Robert Corduan, marchand au Quesnoy, au nom d'Anne-Marie Flament, son épouse, donna requête pour contraindre Nicolas-Joseph Flament à lui laisser prendre son préciput de Maîneté dans la succession; & sur ce qu'on lui opposa que sa femme ne pouvoit réclamer ce droit, attendu qu'elle s'étoit trouvée à la mort de sa mère le seul enfant du premier dégré, ce qui excluoit toute idée de maîné, il demanda à faire preuve que l'usage étoit conforme à sa prétention: en conséquence, il intervint un jugement du 30 avril 1751, par lequel les officiers du bailliage du Quesnoy » admirent le demandeur à vérifier l'usage par » lui mis en fait au procès, le défendeur entier » en preuve contraire «.

D'après cette sentence, Robert Corduan fit faire deux enquêtes par turbes en la ville de Valenciennes, l'une du 26 mai, l'autre du premier juillet 1751. Voici ce que porte la première : » qu'il » est véritable que, suivant l'usage, banlieue & » chef-lieu de Valenciennes, lorsqu'un enfant » unique d'un premier mariage se trouve dans le » cas de partager la succession de ses père & mère, » soit avec les enfans d'un second mariage, soit » avec les enfans d'un frère ou sœur prédécédé » du premier mariage, il lève le droit de Maîneté » tant mobilière qu'immobilière, ce qui a toujours » été ainsi pratiqué de leur connoissance, & que, » lorsqu'il s'est élevé quelques difficultés sur ce » point, les avocats soussignés & leurs anciens » ont toujours été d'avis que la Maîneté avoit » lieu, & que les intéressés se sont conformés aux » consultations «.

La seconde enquête est conforme à la première, & même l'un des turbiers y dépose, » qu'il a » tenu une enquête turbière pour le même cas, » il y a vingt-huit à vingt-neuf ans, ensuite de » commission rogatoire du conseil de Mons; qu'il » se souvient très-bien que tous les avocats & » praticiens qui y ont déposé ont été de sentiment, que l'enfant unique de premières nôces » avoit droit de lever la Maîneté mobilière & » immobilière, nonobstant qu'il y eût des enfans d'autres mariages «.

A la vue de ces enquêtes, les officiers du

bailliage du Quesnoy rendirent, le 15 mars 1752, une sentence qui déclara Corduan bien fondé dans les conclusions de sa requête, & condamna Flament aux dépens.

Mais sur l'appel au parlement de Flandres, arrêt est intervenu au rapport de M. Levaillant du Thil, qui a infirmé la sentence & débouté Corduan de sa demande, avec dépens.

Nous avons déjà insinué que le droit de Maîneté ne peut appartenir qu'à un enfant du premier degré; tel est en effet l'usage de tous les pays où ce préciput a lieu. Nous avons sous les yeux une note manuscrite sur l'article 1 du titre 4 de la coutume de la châtellenie de Lille, qui porte : » Me Wallerand Miroul disoit, que la » pratique de toute ancienneté avoit été telle; » que les enfans d'un maîné venant par repré» sentation accordée à l'hoirie héréditaire de leur » père grand, ne sont fondés de demander droit » de Maîneté, attendu qu'icelui est seulement » dû aux fils, & non aux neveux, auxquels il » n'a pu être transmis, parce que icelui n'est dû » au fils comme héritier simple, mais comme » fils maîné, & partant du tout personnel «.

On a vu ci-devant que les coutumes de Cambresis & du chef-lieu de Valenciennes ne donnent le droit de Maîneté qu'à l'enfant qui se trouve le plus jeune lors du décès du dernier vivant, & que cependant les effets ou héritages qui y sont soumis ne peuvent pas être aliénés par celui-ci. De ces deux principes combinés l'un avec l'autre, résulte une conséquence bien simple & qui nous est tracée par l'article 3 du titre 8 de la coutume de Cambresis; c'est que » le droit » de Maîneté est engendré à la mort du premier

» décédant des conjoints, mais qu'il n'eſt point » échu, ſinon par la mort du dernier décédant «.

Cette conſéquence en amène naturellement une autre : dès que *le droit de Maîneté eſt engendré à la mort du premier décédant des conjoints*, il eſt certain que celui des enfans qui ſe trouve actuellement le maîné, & qui, par cette raiſon, en a l'expectative la plus apparente, peut faire tous les actes conſervatoires qu'il trouve à propos, pour empêcher le dépériſſement des choſes compriſes dans ſon préciput. C'eſt ce que prouve l'article 6 du titre cité ; en voici les termes : » Si après le déces du premier mourant » des conjoints, il étoit apparent que le ſurvivant » déſnûr de ſes biens, ou vendît ſes meubles » en fraude du maîné, ledit maîné ou les tu- » teurs des enfans pourroient faire inventaire & » priſée des trois pièces qu'ils entendroient prendre » ou faire prendre au maîné pour ſadite Maîneté, » pour en cas qu'elles ſe vendroient en fraude, » le cas échéant, en avoir l'eſtimation. Mais ſi » elles ne ſe vendoient, & s'empiraſſent par uſance, » le maîné les prendroit telles qu'il les trouveroit, » ſans en avoir amendement «.

Le droit de Maîneté qui eſt échu, ſe perd & s'anéantit par le laps du temps dans lequel l'appréhenſion doit en être faite.

La coutume de la châtellenie paroît accorder au maîné tout le temps de ſa vie pour faire cette appréhenſion ; voici comme elle s'exprime à ce ſujet, titre 4, article 4 : » Ledit droit de » Maîneté n'eſt dû, s'il n'eſt préjudiciairement » appréhendé ou conſenti par les héritiers ou les » tuteurs d'iceux, s'ils ſont en minorité d'âge. » Et ſi ledit maîné ou maînée fine ſes jours ſans

» avoir fait ladite appréhension, ou lui ait été » consenti, ledit droit, dès l'instant du trépas, » est sopi & éteint «. Cette disposition justifie bien clairement l'assertion de l'auteur de la note rapportée ci-dessus, que le droit de Maîneté est du *tout personnel*.

Dans la coutume de Cambresis, » si l'enfant » maîné, après le trépas de ses père & mère, » étant âgé (*majeur*), ne demande & appréhende » ladite Maîneté, & que depuis icelle être échue, » il ait, avec ses héritiers seulement, joui de sa » part séparément ou par indivis l'espace de » dix ans, sans contredit, il ne la pourra plus, » après ledit terme, appréhender ou demander «.

Il y a quelque chose de plus. La demande en délivrance du droit de Maîneté est tellement de rigueur, » que si entre héritiers âgés (*majeurs*), » parçon (*partage*) se fait, en laquelle les meu- » bles ou héritages sur lesquels la Maîneté se » peut prendre, sont mis en parçon acceptée par » les cohéritiers, après ce fait, l'enfant ne peut » quereller ledit droit de Maîneté «.

La coutume de Valenciennes est encore plus rigoureuse. » Se prendra (dit-elle article 136) » ledit droit de Maîneté (*mobilière*) en dedans » six semaines par celui qui sera trouvé après » le trépas du survivant des deux conjoints être » maîné : & quant aux héritages ou rentes im- » mobilières, il fera ladite option & choix en » dedans l'an «.

Est-il au pouvoir des pères & mères de déroger au droit de Maîneté ? Il est constant que cela dépend absolument d'eux dans les coutumes de la châtellenie de Lille, de Cassel, & de la loi d'Arras.

Dans les coutumes de Cambresis & du chef-lieu de Valenciennes, ils peuvent déroger à ce droit, lorsqu'ils sont tous deux en vie (*); mais dès que l'un est mort, la Maîneté est irrévocablement acquise à celui des enfans qui sera le plus jeune au décès de l'autre. C'est pourquoi, la première des coutumes dont il s'agit déclare, comme on l'a déjà vu, que » le droit de Maîneté est engendré à la mort du premier décédant de tels conjoints «.

M. Cuvelier rapporte un arrêt du grand conseil de Malines, du 3 avril 1602, par lequel il a été jugé que » le droit de Maîneté dû au puîné par la coutume de Valenciennes, ne peut être changé ni diminué par le père ou la mère «. La disjonctive *ou* fait entendre clairement qu'il ne s'agissoit pas, dans l'espèce de cet arrêt, de savoir si les père & mère pouvoient déroger de concert au droit de Maîneté, mais si, après la mort de l'un d'eux, il étoit libre à l'autre d'anéantir ou d'altérer ce préciput. Le grand conseil de Malines a jugé pour la négative, & sa décision, qui pouvoit alors souffrir quelques doutes, parce que la coutume de Valenciennes n'étoit pas encore réformée, est aujourd'hui au dessus de toute espèce de difficulté.

En effet, l'article 9 de cette loi municipale accorde au survivant de deux conjoints qui ont eu un enfant pendant le mariage, la propriété pleine & incommutable de tous les effets mobiliers du prédécédé; cependant il lui défend ex-

(*) Les articles 8 & 21 de la coutume de Cambresis sont formels sur ce point.

preſſément d'en diſpoſer au préjudice du droit de Maîneté.

L'article 59 interdit au ſurvivant avec enfans toute aliénation *des héritages patrimoniaux, ſoit qu'ils procèdent de ſon côté ou du côté du trépaſſé*, à moins qu'elle ne ſoit ou néceſſitée par des beſoins urgens & conſtatés par un jugement en bonne forme, ou autoriſée par le conſentement des enfans majeurs, ou faite à la charge de remploi, *ſans néanmoins pouvoir aliéner la Maîneté, ſinon en défaut d'autres biens.*

Les articles 157 & 158 déclarent des choſes compriſes dans la Maîneté inſaiſiſſables pour les dettes contractées par le ſurvivant depuis la diſſolution du mariage, & ne permet de les ſaiſir pour les dettes créées pendant la communauté, qu'au défaut d'autres meubles, s'il s'agit de la Maîneté mobilière, & d'autres immeubles, s'il eſt queſtion de la Maîneté immobilière. Voici les termes de ces textes :

» Si l'exécution ſe fait contre le ſurvivant de » deux conjoints, ayant retenu enfans du prédé- » cédé, entre leſquels droit de Maîneté a lieu, » icelle exécution ſe fera ſur les meubles, ſoit » du trépaſſé ou du ſurvivant, *ſans neanmoins* » *toucher à ceux ſujets au droit de Maîneté,* » *ſinon en cas de courtereſſe, & que la dette ait* » *été contractée durant leur conjonction.*

» Et à faute de meubles, ou en cas d'inſuffi- » ſance d'iceux, les créanciers (*de ſimples dettes*) » ſe pourront traire ſur les fruits & revenus des » immeubles acquêtés, ou autres dont le débi- » teur pouvoit diſpoſer, *encore que levés par* » *droit de Maînete, ne fût que les revenus d'autres* » *ſemblables biens non levés pour ladite Maîneté,* » *fuſſent ſuffiſans pour y furnir* «.

M. Pollet fait sur ces deux articles une observation importante : » Si l'enfant maîné, avant » que de contester sur la saisie, oppose l'exception de discussion, il est tenu d'indiquer les » biens qu'il prétend devoir être discutés ; & s'il » en indique, l'exception arrête la poursuite de » la cause. S'il ne-la propose qu'après avoir contesté, elle tient lieu d'exception péremptoire : » & si l'enfant maîné n'a point d'autre bon moyen » contre la saisie, on la décrète, avec la charge » de faire discuter préalablement les meubles & » les acquêts que l'enfant maîné indiquera. Arrêt » rendu au rapport de M. de Hautport de Maffles » le 22 janvier 1697, entre Jacques Bar, appelant du bailliage du Quesnoi, & la veuve de » Michel Lasne, intimée «.

Les pères & mères peuvent, à leur choix, exercer, par une disposition entre vifs ou par un acte de dernière volonté, le pouvoir qu'ils ont dans les deux coutumes dont nous parlons, de déroger au droit de Maîneté, du vivant l'un de l'autre ; mais il y a cela de particulier dans la coutume de Cambresis, que lorsqu'ils emploient pour cette dérogation un acte de dernière volonté, ils ne peuvent remplir efficacement leur objet, par rapport à la Maîneté immobilière, qu'en se déshéritant de leur maison entre les mains des officiers de la justice d'où elle relève immédiatement. C'est ce qui résulte de l'article 1 du titre 13, portant, que » nul ne peut par testament disposer de ses héritages ; si ce n'est en faisant » les devoirs duement pardevant loi du lieu ou » des lieux èsquels les héritage sont situés «.

Il ne suffit même pas que les conjoints se soient ainsi déshérités, il faut encore que dans l'année du décès du dernier vivant, les aînés, au profit desquels a été faite la dérogation au droit de Maîneté, se fassent adhériter de la maison par les officiers qui en ont reçu la déshéritance. Cela est ainsi réglé par l'article 1 du titre 20, conçu en ces termes : » Si un simple rapport d'héritage » est fait en main de loi, pour, après le décès » des rapportans, appartenir à quelqu'un, icelui » ou iceux au profit de qui est fait ledit rapport, » doit en dedans l'an, après le décès des rappor- » tans, demander l'adhéritance & saisine de tel » héritage à la loi; autrement, après ledit terme » passé, tel rapport cesse & ne porte plus effet «. C'est en conséquence de cette disposition, & nonobstant la preuve qu'elle étoit tombée en désuétude dans certains endroits, relativement à la Maîneté, qu'un arrêt du parlement de Flandre du 7 avril 1769, rendu au rapport de M. Renard d'Hamel, en faveur d'Antoine-Joseph le Grand, de Fontaine-au-Pire en Cambresis, a déclaré *caduc & inopérant*, un simple rapport fait par des conjoints pour rompre la Maîneté immobilière, faute par les aînés d'avoir pris adhéritance dans l'an du décès des père & mère.

Pour que la dérogation au droit de Maîneté soit efficace, faut-il qu'elle soit expresse & spéciale ? La coutume de Cambresis exige ces deux conditions par rapport à la Maîneté mobilière; voici ce qu'elle dit à ce sujet, titre 8, article 21 : » Testament ou autre disposition de tous les biens » meubles n'empêche point le droit de Maîneté » mobilière, s'il n'y est spécialement & par exprès » dérogé par les deux conjoints «. Il résulte de là, que la Maîneté immobilière peut être rompue par une disposition générale : c'est la conséquence que tire M. Desjaunaux de cet article : » Il n'en » est pas de même, dit-il, du droit de Maîneté » héréditaire, pour lequel détruire il suffit aux » conjoints de disposer autrement par clause de » contrat nuptial de leurs propres, ou de leurs » acquêts par condition générale, ainsi qu'il a été » jugé par le magistrat de Cambrai «.

Les autres coutumes, telles que le chef-lieu de Valenciennes, la châtellenie de Lille, Cassel, &c. n'ont pas de disposition sur ce point, & l'on y tient pour constant, qu'une simple clause d'égalité entre tous les enfans, ne suffit pas pour déroger au droit de Maîneté, parce qu'elle ne s'entend point d'une égalité parfaite, mais d'une égalité coutumière. Voici ce que porte une note manuscrite sur l'article 1 du titre 4 de la coutume de la châtellenie de Lille : » Pour quelque dis» position faite par père ou mère tendante à égale » portion entre ses enfans, ne fait à censer dé» roger au droit de Maîneté, sans dérogation » expresse & spéciale d'icelui droit. C'est l'opi» nion commune des praticiens, par cette raison, » que quoique la coutume ait égalé les mâles, ou » en faute d'iceux les femelles, en héritages patri» moniaux, elle a nonobstant ce introduit le droit » de Maîneté «. On peut appliquer ici les arrêts que nous avons rapportés à l'article INSTITUTION CONTRACTUELLE, tome 32, page 64.

Il ne faut cependant pas toujours que la dérogation au droit de Maîneté soit expresse & spéciale ; & l'on peut dire en général, que toute disposition qui est absolument incompatible avec ce droit, suffit pour en opérer l'extinction.

☞ Ainsi, lorsque les père & mère ont assigné tous leurs biens en détail à chacun de leurs enfans, il ne peut plus y avoir lieu au droit de Maîneté, parce qu'il ne reste plus de matière sur laquelle on puisse l'exercer. C'est ce que décide encore une note manuscrite sur l'endroit cité de la coutume de la châtellenie de Lille : » *Nota*, porte- » t-elle, que le droit de Maîneté n'est dû lors- » que le père assigne à chacun de ses enfans sa » portion «.

C'est aussi ce qui a été jugé dans la coutume du chef-lieu de Valenciennes, par sentence du bailliage du Quesnoy, du 18 décembre 1752. Jacques Wibaille & Marie-Marguerite Ridoux, son épouse, demeurant à Engle-Fontaine, ont fait un testament conjonctif le 12 octobre 1710, & par cet acte, ils ont réglé le partage de tous leurs biens entre leurs trois enfans, Marie-Thérèse, Marie-Antoinette, & Jacques, qui étoit le maîné. Après la mort des testateurs, il a été question de savoir si ce partage dérogeoit au droit de Maîneté; & comme il contenoit des assignats de chaque corps de biens, la sentence que nous venons de citer a jugé pour l'affirmative.

On a déjà fait entendre que le maîné peut renoncer à l'avantage que lui donne la loi, & cela ne souffre aucune difficulté, pas même dans les coutumes qui ne font consister la Maîneté que dans le droit de prendre le manoir du défunt, à la charge de récompenser les aînés en autres immeubles, ou, faute d'immeubles, en deniers. C'est la décision textuelle de l'article 179 de la coutume de Cassel : » Nul n'est obligé » de prendre le droit de *madel-stede*, s'il ne » veut «.

Lorsque le maîné renonce, son droit ne passe pas à l'enfant qui est immédiatement moins âgé que lui ; il s'éteint absolument. Voyez l'article AINÉ, tome 1, page 566 de la première édition

Nous avons vu que la coutume du chef-lieu de Valenciennes défend de saisir les choses sujettes à la Maîneté, tant qu'il y ait dans la succession assez d'autres biens pour en acquitter les dettes. Il suit de là, que le maîné ne contribue pas aux dettes à raison de son préciput, mais seulement comme chacun de ses frères & sœurs.

Il a même été jugé par arrêt du parlement de Flandres, rapporté dans le recueil de M. Desjaunaux sous la date du 24 décembré 1712, que » quand à Cambrai le plus jeune des enfans » appréhende par droit de Maîneté héréditaire » la maison de ses père & mère, les héritiers » mobiliers sont tenus de décharger les rentes » constituées avec hypothèque sur ladite maison, » soit qu'elles aient été constituées pour l'acqui- » quisition d'icelles, ou qu'elles soient antérieures » à ladite acquisition «.

Voyez, outre les coutumes citées dans cet article, le commentaire de M. Desjaunaux sur celle de Cambresis (ouvrage qu'il faut lire avec précaution) ; *la jurisprudence du Hainaut françois par Dumées ; le Recueil des mémoires de M. Raparlier.*

(*Article de M. MERLIN, avocat au parlement de Flandres*).

MAIN-FERME. Ce mot désigne dans les coutumes des Pays-Bas & de la Picardie, un héritage tenu à cens, & il est parfaitement synonime avec *roture* & *censive*.

Le glossaire du droit françois contient l'indication de plusieurs anciens titres qui prouvent que ce terme étoit autrefois en usage dans les provinces de l'intérieur du royaume, & que l'on appeloit *Manu-firmitas* le contrat par lequel une terre se donnoit en Main-ferme.

De Lauriere soupçonne, d'après ces titres, qu'il existe quelque différence entre une Main-ferme & une censive; & en effet » les héritages de » Main-ferme (dit Maillart sur l'article 14 de » la coutume d'Arrois) étoient proprement ce » que l'on nomme à présent des immeubles pris » par des baux à vie, soit d'une, soit de plu» sieurs personnes. Aujourd'hui (continue le » même auteur) les Main-fermes sont ou des » emphytéoses ou des prises à rentes foncières » seigneuriales «.

Il y a cependant en Hainaut des Main-fermes qui ne payent rien aux seigneurs dont ils sont tenus; » cela vient, suivant Dumées, de ce que » ces biens ont été affranchis de la redevance » par les seigneurs, ou parce que le terrage, qui » est le vrai cens, a été prescrit; ce qui est extraor» dinaire & contre la disposition formelle de » toutes les coutumes «.

Le mot *cotterie* passe généralement pour synonime avec *censive*, & conséquemment aussi avec *Main-ferme*. Néanmoins, on trouve dans la coutume de Cambresis quelque traces de différence entre les biens cottiers & les biens tenus en Main-ferme; mais les dispositions que renferme là-dessus cette loi municipale lui sont absolument particulières.

On ne sait où Denisart a vu que » le mot » *Main-ferme* signifie aussi dans les Pays-Bas » ce que nous nommons en France franc-aleu » roturier «. Ce qu'il y a de certain, c'est qu'il n'y a pas un mot de vrai dans cette assertion.

Voyez Ducange, au mot Manu-firma ; *le glossaire du droit françois par Eusebe de Lauriere ; Maillart, sur les articles 14 & 20 de la coutume d'Artois ; Dumées, en sa jurisprudence du Hainaut françois ; les institutions au droit belgique de Deghewiet, &c.* Voyez aussi les articles BIENS, CENS, COTTERIE, FIEF, FRANC-ALEU, ROTURE, &c.

(*Article de M.* MERLIN, *avocat au parlement de Flandres*).

MAIN-FORTE. C'est le secours que l'on prête à la justice, afin que la force lui demeure & que ses ordres soient exécutés.

Quand les huissiers & sergens chargés de mettre quelque jugement à exécution, éprouvent de la résistance, ils prennent Main-forte, soit des records armés, soit quelque détachement de la garde établie pour empêcher le désordre.

La maréchaussée est obligée de prêter Main-forte pour l'exécution des jugemens, tant des juges ordinaires que de ceux d'attribution & de privilége.

Les gouverneurs, les lieutenans-généraux des provinces, les baillis, les sénéchaux, les maires, les échevins, &c. sont pareillement obligés de prêter Main-forte pour l'exécution de toutes les ordonnances de justice. Cela leur est enjoint par l'article 15 du titre 10 de l'ordonnance du mois d'août 1670 (*).

(*) *Cet article est ainsi conçu :*

Enjoignons à tous gouverneurs, nos lieutenans-généraux des provinces & villes, baillis, sénéchaux, maires & échevins, de prêter Main-forte à l'exécution des décrets

Les

Les juges d'église ne peuvent pas employer Main-forte pour l'exécution de leurs jugemens ; ils ne peuvent qu'implorer l'aide du bras séculier.

MAIN GARNIE. Cette expression s'emploie pour signifier la possession de la chose. Quand on fait une saisie de meubles, on dit qu'*il faut garnir la main du roi ou de la justice*; pour dire qu'il faut trouver un gardien qui s'en charge.

Le seigneur plaide contre son vassal Main garnie c'est-à-dire, qu'ayant saisi le fief mouvant de lui, il fait les fruits siens pendant le procès, jusqu'à ce que le vassal ait fait son devoir.

On dit aussi que *le roi plaide toujours Main garnie*, ce qui n'a cependant lieu qu'en trois cas.

Le premier est lorsqu'il a saisi féodalement ; & dans ce cas, ce privilége lui est commun avec tous les seigneurs de fief.

Le second cas est lorsqu'il s'agit de quelque bien ou droit notoirement domanial, comme justice, péage, tabellionage.

Le troisième est lorsque le roi est en possession du bien contesté ; car comme il n'y a jamais de complainte contre le roi, il jouit par provision pendant le procès.

Mais, hors les cas que l'on vient d'expliquer, le roi ne peut pas, durant le procès, déposséder le possesseur d'un héritage ; ainsi il n'est pas vrai indistinctement qu'il plaide toujours Main garnie.

& de toutes les ordonnances de justice, même aux prévôts des maréchaux, vice-baillis, vice-sénéchaux, leurs lieutenans & archers, à peine de radiation de leurs gages en cas de refus, dont il sera dressé procès-verbal par les juges, huissiers ou sergens, pour être envoyé à nos procureurs généraux, chacun dans leur ressort, & y être par nous pourvu.

On appelle auſſi *Main garnie*, la ſaiſie & arrêt que le créancier fondé en cédule ou promeſſe, peut faire ſur ſon débiteur en vertu d'ordonnance de juſtice. Cela s'appelle *Main garnie*, parce que l'ordonnance qui permet de ſaiſir s'obtient ſur ſimple requête avant que le créancier ait obtenu une condamnation contre ſon débiteur.

MAIN DE JUSTICE. On déſigne ainſi l'autorité de la juſtice, & la puiſſance qu'elle a de faire exécuter ce qu'elle ordonne, en contraignant les perſonnes & procédant ſur leurs biens. Cette puiſſance qui émane du prince, de même que le pouvoir de juger, eſt repréſentée par une main d'ivoire qui eſt au deſſus d'une verge.

Les huiſſiers & ſergens, qui ſont les miniſtres de la juſtice & chargés d'exécuter ſes ordres, ſont pour cet effet dépoſitaires d'une partie de ſon autorité, qui eſt le pouvoir de faire des commandemens, de ſaiſir toutes ſortes de biens, de vendre les meubles ſaiſis, d'empriſonner les perſonnes quand le cas y échet ; c'eſt pourquoi lorſqu'on fait la montre du prévôt de Paris, les huiſſiers & ſergens y portent, entre autres attributs, la main de juſtice.

On dit *mettre des biens ſous la main de juſtice*, pour dire, les ſaiſir, les mettre en ſequeſtre ou à bail judiciaire.

Cependant, mettre en ſequeſtre ou à bail judiciaire, eſt plus que mettre ſimplement ſous la main de juſtice ; car le ſéqueſtre deſſaiſit, au lieu qu'une ſaiſie qui met ſimplement les biens ſous la main de juſtice, ne deſſaiſit pas.

Lorſque la juſtice met ſimplement la main ſur quelque choſe, c'eſt un acte conſervatoire qui ne préjudicie à perſonne.

MAIN-LEVÉE. C'eſt un acte qui lève l'empêchement réſultant d'une ſaiſie ou d'une oppoſition. On l'appelle *Main-levée*, parce que l'effet de cet acte eſt communément d'ôter de la main de juſtice, de l'autorité de laquelle avoit été formé l'empêchement : on donne cependant auſſi Main-levée d'une oppoſition ſans ordonnance de juſtice ni titre-paré.

On donne Main-levée d'une ſaiſie & arrêt, d'une ſaiſie & exécution, d'une ſaiſie réelle & d'une ſaiſie féodale.

En fait de ſaiſie-réelle, la Main-levée donnée par le pourſuivant ne préjudicie point aux oppoſans, parce que tout oppoſant eſt ſaiſiſſant.

Lorſqu'on ſtatue ſur l'oppoſition formée à une ſentence, ce n'eſt pas par forme de Main-levée ; on déclare non recevable dans l'oppoſition, ou bien l'on en déboute ; & ſi c'eſt l'oppoſant qui abandonne ſon oppoſition, il ſe ſert du terme de déſiſtement.

Les oppoſitions que l'on anéantit par ce moyen de la Main-levée, ſont des oppoſitions extrajudiciaires, telles qu'une oppoſition à une publication de bans, à la célébration d'un mariage, à une ſaiſie-réelle, ou entre les mains de quelqu'un, pour empêcher qu'il ne paye ce qu'il doit au débiteur de l'oppoſant.

La Main-levée peut être ordonnée par un jugement, ou conſentie par le ſaiſiſſant ou oppoſant, ſoit en jugement ou dehors.

On diſtingue pluſieurs ſortes de Main-levée; ſavoir:

La Main-levée pure & ſimple, c'eſt-à-dire, celle qui eſt ordonnée ou conſentie ſans aucune reſtriction à condition.

La Main-levée en donnant caution ; celle-ci s'ordonne en trois manière différentes ; ſavoir, en donnant caution simplement ; ce qui s'entend d'une caution resséante & solvable ; ou à la caution des fonds, ou bien à la caution juratoire.

La Main-levée provisoire est celle qui est ordonnée ou consentie par provision seulement, & pour avoir son effet en attendant que les parties soient reglées sur le fonds.

La Main-levée définitive est celle qui est accordée sans aucune restriction ni retour. Lorsqu'il y a eu d'abord une Main-levée provisoire, on ordonne s'il y a lieu, qu'elle demeurera définitive.

La Main-levée en payant a lieu lorsque les saisies étant valables, le juge ordonne que le débiteur en aura Main-levée en payant.

L'article 63 du tarif du 29 septembre 1722, fixe à dix sous le droit de contrôle de chaque Main-levée de saisie ou d'opposition : mais cette loi n'a pour objet que les Mains-levées qui ont lieu par acte passé devant notaires ou sous signature privée, attendu que les Mains-levées de saisie ou d'opposition obtenues par jugement, sont des actes judiciaires qui ne sont pas sujets au contrôle.

Observez qu'une signification par laquelle on accorde Main-levée d'une saisie ou d'une opposition, est sujette au contrôle des exploits, quand même elle seroit faite de procureur à procureur. C'est ce qui résulte d'un arrêt du conseil du 2 octobre 1736.

MAIN-LEVÉE DE SUCCESSION. C'est un acte judiciaire usité en Bretagne.

La coutume de cette province n'admet qu'en ligne directe la règle *le mort saisit le vif* : l'article 540 veut qu'en ligne collatérale la justice de celui qui a fief & obéissance soit saisie de la succession du défunt : ainsi il faut que, pour dessaisir la justice, l'héritier collatéral prouve qu'il est habile à succéder, & qu'il est de la ligne d'où proviennent les biens. En conséquence de cette preuve & après qu'il a fourni caution de rendre la succession *quand & à qui faire se devra*, il obtient un acte de Main-levée de cette succession.

Les administrateurs des domaines font dans les greffes des relevés de ces Mains levées, & prennent ainsi connoissance des mutations de propriété de biens immeubles à titre successif en ligne collatérale ; ce qui les met en état de faire payer le centième denier de ces biens, quand l'héritier a négligé d'y satisfaire.

MAIN-MISE. C'est l'action de *mettre la main* sur quelqu'un ou sur quelque chose, pour l'arrêter ou saisir. Ce terme est principalement usité en Hainaut, & il est synonime avec *clain*, *saisie*, *arrêt*, *exécution*, &c. on l'employé aussi quelquefois en Flandres dans le même sens que MAIN-ASSISE. Voyez ce mot.

On connoît dans le Hainaut trois sortes de Main-mises, la mobilière, la réelle, & la personnelle. La première se pratique sur les meubles & effets mobiliers, la seconde sur les biens-fonds, la troisième sur les personnes mêmes des débiteurs.

Ces trois espèces de Main-mises peuvent se pratiquer non seulement à fin d'exécution, mais encore à fin de sûreté, dans les cas où le droit autorise les saisies conservatoires. Elles ont cela de commun, que l'on ne peut, hors les matières de bail & de louage, les exploiter sans titre exécutoire, si ce n'est à la charge des étrangers du

Hainaut, ou même des habitans de cette province qui sont justement soupçonnés de préméditer la fuite. La Main-mise personnelle ne peut même avoir lieu que lorsque le titre exécutoire du créancier porte expressément soumission à la contrainte par corps. Voici ce que porte là-dessus l'article 4 du chapitre 69 des chartres générales.

» Lesdits sergens ne pourront pour dette civile » appréhender personne au corps, si spécialement » elle n'y est obligée par obligation, cédule ou » autre titre authentique ; mais quant aux biens, » les crédireurs s'y pourront attacher en tous cas, » moyennant qu'il appert de la dette par quelque » titre authentique, que lors ils pourront com- » mencer par exécution, après commission pour » par eux levée & enregistrée au registre du » clerc de l'office (c'est-à-dire, du greffier de la » juridiction) ; toutefois pour louage de maison, » cense, fin d'une année avant Main, pourront » lesdits sergens munis de commission à la requête » des parties, mettre la Main aux corps & » biens d'iceux, sans aucune obligation ou cédule ; » comme aussi sur tous étrangers & suspects de » fuite sans commission, sauf que les biens im- » meubles desdits étrangers ne se pourront arrê- » ter sans icelle commission, & ainsi pour les » sergens de notre office du bailliage de Hainaut » & tous autres de notredit pays «.

Nous avons expliqué au mot Exécution, ce que le législateur entend dans cet article par les termes *obligation, cédule ou autre titre authentique.*

M. K. conseiller au conseil souverain de Mons, fait sur le même article une remarque importante. Quoique les chartres générales (dit-il dans un manuſcrit que nous avons ſous les yeux) défendent *d'appréhender perſonne au corps, ſi ſpécialement elle n'y eſt obligée*, néanmoins » on » peut ſaiſir au corps pour dettes domaniales, » item pour toutes ſentences & actes du rôle ainſi » jugé à la cour «.

Ce magiſtrat ajoute, que le nommé Page ayant fait pratiquer une Main-miſe perſonnelle à la charge d'Élizabeth Plicette, en vertu d'une ſimple commiſſion, pour avoir réparation d'injure, & ſous prétexte qu'elle préméditoit la fuite hors du pays, il intervint d'abord un arrêt qui lui ordonna de faire preuve de la préméditation de fuite, & que, n'ayant pu parvenir à cette preuve, un ſecond arret du 5 octobre 1707, déclara l'emprisonnement nul, ordonna à Page de comparoir en perſonne devant M. Dumont, rapporteur; pour être blâmé en préſence de ſa partie adverſe, ſi elle jugeoit à propos de s'y trouver, le condamna en outre à une amende de 12 livres & aux dépens, & faiſant droit ſur les concluſions du *conſeiller-avocat du roi*, ordonna au ſergent qui avoit pratiqué la Main-miſe, de comparoir pareillement devant le rapporteur, pour répondre à ce qui lui ſeroit propoſé.

Nous avons prouvé au mot EXÉCUTION, que l'établiſſement du tabellionage royal en Hainaut n'a point abrogé la diſpoſition du texte cité concernant la néceſſité d'obtenir une permiſſion de juſtice pour exécuter par Main-miſe un titre authentique: Mais faut-il abſolument que cette permiſſion ſoit revêtue de la forme d'une commiſſion? L'article dont il s'agit ne paroît laiſſer aucun doute ſur l'affirmative; cependant l'uſage est contraire à cette opinion, & tous les jours on exploite des Main-mises sur de simples permissions des juges, accordées en marge des requêtes qu'on leur présente à cet effet.

C'est d'après cet usage qu'a été rendu au conseil un arrêt du 9 février 1685, portant réglement entre le parlement de Flandre & la chancellerie de cette cour. Il s'agissoit de savoir si les Main-mises qui s'exploitoient de l'autorité du parlement, devoient être précédées d'une commission, ou si un simple arrêt en forme d'apostille suffisoit pour les autoriser. Voici ce que le conseil a décidé : » A l'égard des Main-mises en ce » qui regarde le pays d'Hainaut, veut sa majesté » que l'usage établi audit pays de procéder aux- » dites Main-mises sans commission de la chan- » cellerie, soit suivi, gardé & observé, sauf en » cas d'exécution ; & ce faisant sera en la liberté » des parties de se pourvoir par requête, ou de » faire expédier une commission en la chancel- » lerie, pour le sceau de laquelle il ne pourra » être taxé que dix-sept sols six deniers » tournois «.

On a demandé si le pouvoir d'autoriser l'exploitation d'une Main-mise n'appartenoit qu'aux juges royaux, ou si les officiers des justices seigneuriales en jouissoient également. Le premier parti a été adopté par M. le président Dubois d'Hermaville en son recueil d'arrêts du parlement de Flandre. Mais ce magistrat ne s'est-il pas trompé ? On en jugera par les raisons sur lesquelles il se fonde. » La Main-mise, dit-il, étant une saisie & » une voie d'exécution, qui introduit la de- » mande, & forme ensuite la contestation par- » devant le juge qui l'a décernée, elle est exor-

» bitante du droit commun, qui ne permet pas
» qu'une action commence *ab executione*. Or,
» la coutume n'a voulu déférer ce pouvoir qu'à
» la cour à Mons, au lieu de laquelle le parle-
» ment est subrogé dans le Hainaut conquis, de
» crainte que les juges subalternes n'en abusassent;
» outre que l'effet de la Main-mise étant de
» mettre les biens saisis entre les mains du roi,
» nul autre que la cour & les juges royaux, par
» leur institution, ne sont compétens d'accorder des
» Mains-mises «.

De ces deux raisons, la première n'est qu'une citation fausse; la seconde, un paralogisme qui se détruit de lui-même.

Il n'y a dans les chartres générales aucun article qui attribue à la cour de Mons le droit exclusif de permettre les Main-mises. Voilà la citation fausse.

Les Main-mises ne mettent les biens saisis entre les mains du roi, qu'autant qu'elles sont pratiquées par l'autorité royale : on ne peut donc pas en conclure qu'elles soient réservées aux sièges royaux. On pourroit faire le même raisonnement pour l'opinion contraire; il suffiroit de dire : Les Main-mises mettent les biens saisis sous la main des seigneurs; donc les juges des seigneurs peuvent les accorder. Cette manière de raisonner ne seroit pas plus sûre que celle de M. Dubois d'Hermaville; dans l'une comme dans l'autre, le principe sur lequel on se fonde manque absolument de preuve. Voilà le paralogisme.

Il n'en faudroit pas d'avantage, sans doute, pour nous faire rejeter l'opinion de M. Dubois d'Hermaville; mais il y a plus, les justices seigneuriales du Hainaut ont en leur faveur pluſieurs titres qui leur aſſurent le droit d'autoriſer l'exploitation des Main-miſes, chacune dans leur territoire.

1°. Le chapitre 2 des chartres générales renferme une énumération exacte de tous les cas réputés royaux dans la province dont il s'agit ; & loin d'y comprendre les matières de Main-miſe, il contient un article qui les en exclut formellement ; c'eſt le cinquante-cinquième ; voici comme il eſt conçu : » Pour parvenir au payement des » rentes, penſions ou autres redevances annuelles » ſur terres ou ſeigneuries gouvernées, c'eſt-» à-dire, tenues en ſaiſie) par notredite cour, » requête ſe pourra faire à icelle, laquelle, après » appaiſement ſur ce prix, y baillera telle pro-» viſion qu'elle trouvera convenir. Le ſemblable » ſera fait par les officiers ordinaires ou ſeigneurs » vaſſaux QUI AURONT TERRES EN ARRÊT, ſans » qu'il ſoit beſoin d'y procéder par plainte «. Il réſulte clairement de ces termes, qu'un héritage peut être tenu en ſaiſie ſous l'autorité d'un juge non royal, & conſéquemment que les ſiéges royaux ne ſont pas les ſeuls compétans pour accorder des Main-miſes ; car, on l'a déjà vu à l'article CLAIN, & on le verra encore dans un inſtant, tout l'effet des Main-miſes, lorſquelles ſont pratiquées ſur des fonds, eſt de les tenir en ſaiſie juſqu'à l'entière extinction des dettes qui en ſont l'objet.

2°. L'article 17 du chapitre 69 ſuffiroit ſeul pour décider la queſtion. » Quant aux arrêts qui » ſe font ſur fief (porte-t-il), les ſergens devront » auſſi pour ce faire, *obtenir commiſſion de leur* » *maître*, & *en vertu d'icelle*, ſe tranſporter ſur » ledit fief, &c.

3°. Un arrêt du conseil du 18 juin 1703, rendu contradictoirement entre le parlement de Flándre, les juges royaux de Bouchain & de Maubeuge, & les seigneurs de Hainaut, après avoir maintenu les seconds » dans le droit & possession de con- » noître en première instance de toutes matières » réelles, personnelles, possessoires & mixtes » dans les villes & villages de leurs juridictions, » tant par Main-mise & interdiction, qu'autrement, » & fait défenses aux sieurs officiers du parlement » de Tournay d'en connoître d'aucune en pre- » mière instance «; maintient pareillement les troisièmes dans leur droit & possession de connoître par leurs officiers » des matières concer- » nant les fiefs & main-fermes tenus de leurs » justices, & des matières personnelles, PAR PRÉ- » VENTION entre eux & les sieurs Hennet (prévôt » de Maubeuge) & Gardel (lieutenant-général » de Bouchain) «. Il est sensible que ce droit de prévention doit s'entendre avec la clause contenue dans la disposition relative aux juges royaux, *tant par Main-mise & interdiction qu'autrement* : car l'arrêt ne fait en cela que subroger les officiers des seigneurs au droit des juges royaux par rapport aux premières instances que le parlement vouloit attirer à soi.

4°. Des lettres-patentes sur arrêt du 18 septembre 1724, enregistrées le 5 septembre suivant, portent, article 5, que » les juges royaux » d'Agimont ou Givet & de Bavay, créés » comme ceux de Maubeuge & de Bouchain, » par édit du mois de février 1692, *avec les* » *mêmes attributions* & ressort immédiat au par- » lement de Flandres, *auront les mêmes droits* » *attribués auxdits juges* de Maubeuge & de

» Bouchain, *& connoîtront comme eux* en pre-
» mière instance, tant en matière réelle que per-
» sonnelle, des causes des ecclésiastiques, des
» nobles & des communautés, des cas royaux,
» DES SAISIES & des décrets DES FIEFS RELEVANS
» DE SA MAJESTÉ, chacun dans l'étendue de
» leur juridiction «. Cette disposition n'est point obscure, elle borne clairement la compétence exclusive des siéges royaux en matière de saisies ou Main-mises, aux *fiefs relevans de sa majesté*; donc, suivant l'esprit de cette loi, les meubles, les censives & les fiefs mouvans des seigneurs particuliers, peuvent être saisis de l'autorité des juges non royaux.

5°. Un décret du 1 septembre 1702, portant réglement entre le conseil souverain de Mons & les juges subalternes du Hainaut Autrichien, ordonne, article 1, que » le conseil ne pourra
» accorder des interdictions ou mains-closes
» (c'est-à-dire, des défenses provisionnelles)
» contre les traites & exécutions données par les
» offices subalternes, ne soit, aux termes d'in-
» terdits prétoriaux, introduits de droit, ou pour
» quelque bonne cause fondée sur titre «. Voilà bien la preuve que les juges des seigneurs peuvent accorder des Main-mises; car les mots *traite*, *exécution* & *Main-mise*, sont synonimes dans la jurisprudence du Hainaut (*).

6°. Enfin, l'avis que nous soutenons a été confirmé par un arrêt du parlement de Flandres du 27 février 1739. En voici les circonstances

(*) Voyez le chapitre 75 des chartres générales, articles 9, 11, 15, &c.

tirées des mémoires des parties entre lesquelle il a été rendu. La maison de Ligne avoit confié aux auteurs du sieur Bernard-François le Ducq d'Eth la régie de la principauté d'Emblise & de la seigneurie de Malmaison. En 1737, le sieur d'Eth, muni de titres qu'il regardoit comme des preuves certaines de l'excédent de sa dépense sur sa recette, se pourvut devant le bailli de Guaroube, y obtint commission de Main-mise sur les biens que possédoit le prince de Ligne dans cette juridiction, & demanda que ce seigneur fût tenu d'ouir & d'appuyer son compte final. Le prince de Ligne, au lieu de répondre au fond, allégua l'incompétence du juge devant lequel on l'assignoit; il soutint que sa qualité de gentilhomme ne le rendoit justiciable que des juges royaux, & que d'ailleurs c'étoit à ces juges seuls qu'appartenoit le pouvoir d'accorder des Main-mises, & de connoître des actions qui commençoient par cette voie. Ces moyens ne firent aucune impression sur le bailli de Guaroube; &, le 17 mai 1738, il intervint sentence qui, sans s'arrêter à l'incompétence alléguée par le prince de Ligne, lui ordonna de défendre au fond. Le prince de Ligne interjeta appel de cette sentence au parlement de Flandres; mais elle fut confirmée avec amende & dépens, par l'arrêt cité, au rapport de M. de Calonne, aujourd'hui premier président.

Il ne faut pourtant pas conclure de tout ce que nous venons de dire, que les officiers des seigneurs puissent décerner des Main-mises dans les matières qui sont, par leur nature, réservées aux juges royaux. Le prévôt de Beaumont ayant connu par cette voie d'une demande en portion congrue formée par le vicaire de Froide-Chapelle, contre le décimateur du même lieu, le parlement de Flandres a déclaré par arrêt du 28 juin 1690, inséré dans le recueil de M. Dubois d'Hermaville, qu'il avoit été nullement & incompétemment procédé & jugé, & a ordonné que le prévôt de Beaumont seroit assigné en la cour, pour répondre aux conclusions que le ministère public voudroit prendre contre lui.

C'est par le même motif qu'un arrêt du conseil souverain de Mons, du 3 septembre 1670, rapporté dans un manuscrit que nous avons sous les yeux, a jugé que les chanoinesses de Maubeuge n'avoient pu se pourvoir devant le prévôt de la Longueville par commission de Main-mise, pour avoir payement de dîmes qu'elles prétendoient leur être dues.

En général, on peut dire que toute Main-mise dont l'exploitation ne sert que d'ouverture à une instance, ne peut être accordée que par un juge compétant pour connoître de la cause qui en est l'objet. Nous avons rapporté au mot CLAIN, tome II, page 147, quatre arrêts qui ont confirmé ce principe; en voici deux autres émanés du conseil souverain de Mons; nous les tirons du recueil manuscrit de M. Tahon, mort conseiller en cette cour: Par arrêt du 15 janvier 1710, il a été jugé, dit-il, » de toutes voix, que si » l'action (dont il s'agissoit) étoit réelle, la juri- » diction du conseil ne pouvoit se fonder par la » saisie du bien de l'étranger que l'on prend à » partie, ainsi que le rapporte Stockmans, déci- » sion 136; & en cette conformité, il a été dé- » cidé depuis cinq à six mois, au rapport de » M. Tireau, entre les demoiselles du chapitre

» de Sainte-Waudru, plaignantes en Main-mise, » d'une part, & les abbé & religieux de Saint-» Amand, intimés, d'autre, en faveur de ceux-ci, » pour qui je plaidois «.

M. de Blye, premier président du parlement de Flandres, fait mention d'un arrêt sans date qui mérite d'être ici placé. » Jugé, dit ce Ma-» gistrat, pour Sébastien de Hem, contre le » chapitre d'Antoing, qu'un demandeur sur Main-» mise accordée au pays de Hainaut, qui est » une espèce d'exécution, étant satisfait amiable-» ment de son dû pendant la poursuite, sauf des » dépens, ne pouvoit contraindre son débiteur » au payement desdits dépens, en vertu de la » même Main-mise, mais qu'il devoit faire » convenir son débiteur sur taxe d'iceux, & en » obtenir arrêt préalable à l'exécution «.

Un arrêt du conseil souverain de Mons, du 19 avril 1708, a jugé que les commissions de Main-mise ne se surannent point en Hainaut, & que l'on peut les mettre à exécution après l'année de leurs dates.

Une Main-mise mobilière, pratiquée sur une seule pièce de meuble, embrasse toutes celles qui se trouvent dans la maison du débiteur. C'est la disposition de l'article 13 du chapitre 69 des chartres générales. » Toutefois, ajoute le même » texte, si les bestiaux étoient, au jour de l'arrêt, » aux champs, & non au pourpris de la maison, » le sergent qui voudra profiter, comme premier » arrêtant, sera tenu d'aller faire l'arrêt sur les-» dits bestiaux où ils seront, ou du moins sur » l'un d'iceux «.

Suivant l'article 12, les sergens ne peuvent » saisir ni vendre bêtes chevalines, harnois fer-

» vans à labour, les outils des gens de métiers; » armures & bâtons des gens de guerre, ni autres » meubles de semblable essence, si avant que les dé- » biteurs aient autres biens pour satisfaire, à peine » de refondre tous dépens, dommages & intérêts «.

Dès que la Main-mise est pratiquée, l'huissier ou sergent exploiteur doit procéder à l'inventaire des meubles & effets. L'article 9 l'ordonne ainsi formellement, & veut que cet inventaire se fasse en présence de deux hommes de fiefs, ou de deux échevins avec le greffier.

Lorsque l'huissier choisit des hommes de fiefs, au lieu d'échevins, faut-il, en conséquence de l'édit du mois d'avril 1675, rapporté au mot Homme de fief, que l'un d'eux soit revêtu de la qualité de notaire? Dumées semble adopter l'affirmative en son traité des juridictions, page 186; & quoique cette opinion paroisse singulière au premier abord, elle est cependant fondée sur le texte même de l'édit cité. Quoi de plus précis en effet que ces termes: » Voulons & ordonnons » que dorénavant tous *actes* & contrats qui se- » ront faits dans l'étendue dudit pays & comté » de Hainaut, soient reçus par un notaire homme » de fief, qui instrumentera èsdites qualités de no- » taire homme de fief, assisté d'un autre homme de » fief seulement..... Défendons & interdisons à tous » autres hommes de fiefs dudit pays de Hainaut, » de recevoir aucuns *actes* & contrats de leur » chef & sans l'intervention desdits notaires » hommes de fiefs, à peine de nullité & de tous » dépens, dommages & intérêts des parties? «

L'obligation imposée à l'huissier d'inventorier les meubles compris dans une Main-mise, emporte naturellement celle d'y établir des gardiens; cela

cela résulte du principe, qu'une Main-mise tend à déposséder le débiteur, & l'article cité en contient une disposition expresse. Voyez le mot GARDES-MANEURS.

Suivant l'article 14, l'huissier doit faire la vente des meubles & effets saisis, le cinquième jour après l'exploitation de la Main-mise, » en » commençant premier aux biens périssables, & » puis après aux autres «. Cette vente doit être précédée d'affiches, & notifiée à la partie saisie. Le même article défend aux huissiers de » rien ache- » ter ni faire acheter pour eux des biens qu'ils » vendront, ni anticiper l'heure ordinaire & des- » tinée à semblable vente publique, à peine de » dix florins d'amende, & pardessus ce, de pu- » nition arbitraire «.

L'article 75 porte, que » la vente des bestiaux » ne se pourra faire par lesdits sergens qu'à la » plus prochaine ville ou marché public de la » résidence des débiteurs, si ce n'est à la requête » d'iceux pour leur plus grand profit; & le tout » après les trois jours francs expirés, billets atta- » chés & publication de vendange «.

La matière des Main-mises réelles offre plusieurs particularités remarquables.

L'article 17 du chapitre cité porte, que pour saisir un fief, l'huissier exploiteur doit » se trans- » porter sur ledit fief, & en la présence d'hommes » de fiefs de la seigneurie dont le fief sera tenu, » ou par emprunt du grand bailli, ou à faute » d'iceux, de la cour (de Mons), y lever herbe, » terre ou gazon, & le mettre ès mains d'un » autre pour morte-garde.... & s'il y a concur- » rence d'arrêts entre lesdits créanciers, l'arrêt » fait pardevant hommes de fiefs de la seigneurie

» dont le fief sera tenu, ou empruntés dudit grand » bailli, sera préféré à celui qui sera fait devant » hommes de fiefs de notredite cour (*) «.

Les articles 18 & 19 ajoutent, que les Main-mises sur francs-aleux doivent être pratiquées *pardevant deux alloetiers*, celles de main-fermes *pardevant deux échevins*, & celles sur *biens amortis*, *présens deux hommes de fiefs de ladite cour*.

L'objet des Main-mises réelles n'est point de faire décréter les fonds sur lesquels elles sont pratiquées, mais seulement de les tenir en régie & d'en faire appliquer les revenus annuels au payement des créanciers saisissans. C'est ce que porte l'article 20 du même chapitre. » Lesdits sergens ne pourront » vendre fiefs, alloets ou main-fermes, s'il n'y » a déshéritance préalable par les *héritiers* à cet » effet; mais les devront manier annuellement » jusques au fournissement de leur traite «.

Cette disposition a été confirmée tout récemment par un arrêt du parlement de Flandres. Henri Duhem ayant obtenu à la charge de Siméon Foveau l'arrêt rapporté ci-devant, tome 24, page 93, qui condamnoit celui-ci à payer une somme de 600 livres, montant d'un billet à ordre qu'il avoit signé, fit saisir & mettre en criées la maison de ce particulier située à Pecquencourt. Foveau se pourvut en nullité d'exécution, sur le fondement du texte cité; & par arrêt du 12 juillet 1778, rendu au rapport de

(*) Cette disposition, combinée avec les articles 1 & 2 du chapitre 4, a occasionné, touchant les Main-mises sur fiefs tenus en pairies, quelques difficultés dont nous rendrons compte au mot *Pairs de Hainaut*.

M. l'abbé Evrard, la cour déclara l'exécution nulle, sauf à Duhem à tenir la maison en régie jusqu'au payement entier de la somme qu'il lui devoit. Il est étonnant que la cause de Duhem ait trouvé un défenseur ; son seul moyen étoit de dire, que les chartres générales restreignent la défense de décreter les biens-fonds, au cas où ce n'est point la partie saisie ; mais un défunt à qui elle a succédé, qui a contracté la dette ; & il faisoit résulter cette restriction du mot *héritier* employé dans l'article dont il s'agit. Mais quelle raison y auroit il d'exempter l'héritier d'un débiteur, plutôt que le débiteur lui-même, de la rigueur des décrets ? D'ailleurs, dans le langage des législateurs du Hainaut, le mot *héritier* est synonime avec *propriétaire* ; témoins les articles 23, 24 & 25 du chapitre 8 ; les articles 2, 4 & 6 du chapitre 9 ; l'article 7 du chapitre 96, & les autres textes des chartres générales, indiqués à l'article HERITIER, tome 29, page 245 : au surplus, voyez CLAIN, tome 11, page 139 & suivantes.

Ces termes du texte que nous examinons, *les devront manier annuellement jusques au fournissement de leur traite*, ces termes prouvent que les sergens exploiteurs sont établis par les chartres générales commissaires aux Main-mises réelles qu'ils pratiquent ; mais cette disposition n'est plus observée dans le Hainaut françois ; elle y a été abrogée par une déclaration du 2 janvier 1694, rendue en faveur des commissaires aux saisies réelles, créés précédemment par un édit du mois de février 1692. Le souverain rend compte dans le préambule de cette loi des motifs qui la lui ont fait porter. » Les huissiers & sergens, dit-il, » prétendent à l'égard du Hainaut que les saisies

» réelles n'y ſont point connues, & que les » Main-miſes qui y ſont en uſage, lorſque le » créancier veut être payé de ſon dû, ſont dif- » férentes des ſaiſies-réelles, en ce qu'elles ne » regardent & n'affectent que les fruits & reve- » nus, &, pour ainſi dire, que la ſeule ſuperficie » & non le fonds, de ſorte que l'on ne peut » jamais, par la Main-miſe, parvenir au décret » & adjudication du fonds, attendu que, ſuivant » les coutumes & chartres du Hainaut, le fonds » de terre ne peut être vendu & paſſé à un tiers » ſans le conſentement du débiteur qui en eſt » propriétaire. Cependant comme ces procédures, » qui tendent à la même fin de procurer au » créancier le payement de ce qui lui eſt dû ſur » les revenus des terres & biens immeubles ap- » partenans au débiteur, ont beaucoup de rapport » entre elles, ſoit que l'on conſidère les forma- » lités qui s'obſervent en l'une & en l'autre, ſoit » par le temps que dure la Main-miſe, qui » ne finit que lorſque le créancier qui l'a fait faire » eſt ſatisfait, en ſorte qu'on peut dire qu'elles » ne diffèrent que de nom, la Main-miſe, ainſi que » la ſaiſie-réelle, devant être enregiſtée au greffe » de la juridiction de l'autorité de laquelle elle » ſe fait, qui dès ce moment en demeure ſaiſie, » le débiteur ne peut plus diſpoſer de ſon fonds » au préjudice du créancier qui a fait faire la » Main-miſe: le bail ſe fait par l'autorité de la » juſtice, & la régie en eſt commiſe au ſergent, » comme elle doit l'être au receveur des ſaiſies » réelles. Nous avons jugé qu'il étoit à propos » pour concilier la diſpoſition des chartres du » Hainaut & l'uſage de cette province, avec l'uti- » lité que retire le public de l'établiſſement des

» offices de commissaires aux saisies-réelles, & » remédier aux abus que commettent les huissiers » sequestres & régisseurs des terres qui sont en » Main-mise, de déclarer là-dessus nos inten- » tions «. En conséquence le roi ordonne que les commissaires aux saisies réelles, créés par l'édit cité, » soient établis commissaires à toutes les » Main-mises qui se feront tant en Hainaut qu'en » Flandres, & en conséquence, qu'ils reçoivent » tous les revenus des terres & biens immeubles » qui seront en Main-mises, comme faisoient ci- » devant les huissiers sequestes, & qu'ils jouissent » pour raison de ce des droits qui leur sont at- » tribués par l'édit du mois de février 1692, » le tout sans préjudice des formalités prescrites » par les chartres du Hainaut «.

On a mis en question si la mort du commissaire qui a relevé un fief tenu en Main-mise après le décès du débiteur, donne ouverture à un nouveau relief. MM. Pollet & Desjaunaux rapportent un arrêt du parlement de Flandres du 15 avril 1704, qui a jugé pour la négative.

Lorsque le débiteur a constitué une hypothèque par deshéritance à son créancier, ce n'est point par Main-mise, mais par *plainte d'exécution* que celui-ci doit agir pour faire décréter le fonds hypothéqué. Il ne lui est cependant pas alors défendu d'agir en simple Main-mise : comme il est libre à toute personne de renoncer à ses droits, on ne peut lui contester la faculté de tenir simplement en régie le fonds qu'il pourroit faire vendre. C'est ce qui a été jugé formellement par un arrêt du parlement de Flandres, du 7 novembre 1697, rapporté dans le recueil de M. Desjaunaux. M. de Zomberghe, conseiller au conseil ſouverain de Mons, avoit fait pratiquer une Main-miſe ſur un moulin appartenant au ſieur de Bouſier, pour avoir payement de 21 années d'arrérages d'une rente dont ce moulin étoit chargé à ſon profit. Le ſieur de Bouſier, aſſigné pour voir décréter cette Main-miſe, y avoit formé oppoſition, ſous prétexte que la plainte d'exécution étoit la ſeule voie qu'il fût permis à un créancier de prendre à l'égard des fonds ſur leſquels il avoit hypothèque. M. de Zomberghe, au contraire, avoit ſoutenu que l'uſage de toute la province autoriſoit la forme dans laquelle il s'étoit pourvu; & ſur cette conteſtation arrêt étoit intervenu le 16 mars 1695, qui avoit admis ce dernier à faire preuve de l'uſage par lui allégué. » En conſéquence, dit l'arrêtiſte, le demandeur » avoit juſtifié par des enquêtes turbières, qu'on » pouvoit bien ſe pourvoir par Main-miſe, pour » être payé d'une rente, ſur l'héritage qui y étoit » hypothéqué, parce que pour lors l'action ſe » dirigeant au fonds, elle étoit toute réelle & » équivalloit à la plainte ou ſaiſie qu'on pouvoit » former ſur le fonds, quoique pour rente (hy- » pothéquée) on ne peut pas agir par Main- » miſe ſur la perſonne du débiteur, ni ſur ſes » autres biens non hypothéqués à ladite rente, » d'autant qu'en ce cas la Main-miſe ne pouvoit » être conſidérée que comme une action perſon- » nelle (*) «. Ces moyens ont déterminé l'arrêt cité.

De quoi ne s'aviſe pas un débiteur, lorſque,

(*) Cette raiſon eſt fondée ſur des principes qui ſont particuliers au Hainaut, & que nous développerons à l'article *Rente*.

pour échapper aux poursuites de ses créanciers, il s'abandonne aux écarts d'une imagination systématique! L'arrêt que nous venons de rapporter prouve que l'on a contesté à un créancier hypothécaire le droit de faire pratiquer une Main-mise sur le bien affecté à sa créance. En voici deux autres dans l'espèce desquels on soutenoit au contraire, qu'il faut, pour agir valablement en Main-mise, avoir une hypothèque sur le fonds qui en est l'objet.

Le prince Jean-François-Desiré de Nassau-Siégen, mort le 17 décembre 1699, fit, le 24 mai 1698, son testament, par lequel il a laissé une rente de 1400 écus brabant à sa troisième femme, pour lui tenir lieu de douaire, avec faculté de l'asseoir sur telle de ses terres qu'elle jugeroit à propos. Aussi-tôt après son décès, la princesse sa douairiere obtint en la prévôté de Maubeuge une commission de Main-mise qu'elle fit pratiquer sur la terre de Villers Messire-Nicole. Le prince Guillaume-Hyacinthe, fils & héritier universel du testateur, attaqua cette Main-mise; débouté de sa demande par deux sentences du prévôt de Maubeuge, des 19 février 1701, & 25 février 1702, il en appela au parlement de Flandres, où elles furent confirmées par arrêt du 9 août suivant. Sa prétention fut renouvelée par ses successeurs. En 1754, le prince de Berghes-Saint-Winock, tuteur du prince Charles-Henri-Nicolas-Othon, & de la princesse Charlotte-Amicie de Nassau, propriétaires actuels de la même terre, fit assigner tous les créanciers saisissans & renchargeans, pour voir déclarer la Main-mise nulle & de nul effet. Cette demande fit la matière d'un long procès; enfin, par un second arrêt du 5 juin 1764, le parlement de Flandres ordonna que la Main-mise & les sentences d'ordre portées en conséquence auroient leur plein & entier effet.

On se prévaloit pour les princes de Nassau, de différens moyens, & entre autres de l'article 1 du chapitre 94 des chartres générales du Hainaut, qui défend de vendre, charger ou aliéner un immeuble, si ce n'est par deshéritance; or, disoit-on, jamais le prince Jean-François-Desiré ne s'est deshérité de la terre de Villers-Messire-Nicole, cette terre a donc passé libre & sans aucune charge dans les mains de ses successeurs *ab intestat.*

Ce raisonnement étoit un pur sophisme: sans doute il faut une deshéritance en Hainaut pour transmettre un bien en tout ou en partie à un tiers, & par conséquent aussi pour constituer une hypothèque, qui, dans cette coutume, associe en quelque sorte le créancier à la propriété, & l'autorise à faire vendre l'héritage hypothéqué. Mais il ne faut point de deshéritance pour mettre un créancier, porteur d'un titre exécutoire, en droit de pratiquer une simple Main-mise, parce qu'elle n'affecte que les fruits à naître, & laisse au débiteur toute sa propriété. Les articles 4 & 20 du chapitre 69 des chartres générales, en contiennent des dispositions si lumineuses, qu'il est inconcevable comment on a pu soutenir sérieusement le contraire.

Nous avons dit que l'on ne peut pas agir par Main-mise pour faire décréter une hypothèque valablement constituée; à plus forte raison donc prendroit-on inutilement cette voie pour parvenir à la constitution même de l'hypothèque.

Le parlement de Flandres l'a ainsi jugé par arrêt du 4 mars 1779, au rapport de M. Remi d'Evin. L'espèce de cette décision mérite une attention particulière.

Pierre-Bonaventure-Prevôt avoit constitué une rente annuelle & perpétuelle de 63 florins au profit de la dame Hattu. Le contrat avoit été passé, le 16 juillet 1776, devant notaires & hommes de fiefs; Guislain Ramette, son beau-père, y étoit intervenu pour le cautionner, & avoit promis par le même acte de donner hypothèque à la créancière sur des biens situés à Ecaillon, village du Hainaut, où il étoit domicilié.

Le 9 mai 1778, la dame Hattu présente à la chancellerie établie près le parlement de Flandres, une requête par laquelle elle demande une commission de Main-mise pour créer une hypothèque sur les biens que Guislain Ramette avoit affectés à sa rente. En conséquence on lui expédie une commission, dont le dispositif est conçu en ces termes: » Nous te mandons & commettons » par ces présentes que tu mettes de fait de par » nous, où mise de fait a lieu, la suppliante ou » son procureur pour elle en tous & quelconques » les immeubles, fiefs, terres & héritages appartenans au débiteur; & où la mise de fait n'a » lieu, tu saisisses & mettes sous la main de » justice, comme sous la nôtre, les immeubles, » fiefs & héritages situés dans le pays de Hainaut, ensemble les revenus aux fins que dit » est, pour par la suppliante avoir sur iceux l'effet » de ses prétentions «.

La dame Hattu fait exploiter sa Main-mise, & donne assignation à Guislain Ramette pour la voir décréter. Guislain Ramette s'y oppose, sur le fondement que la voie de Main-mise est inefficace en Hainaut pour produire hypothèque. La dame Hattu lui répond : Vous êtes non recevable & mal fondé dans votre opposition ; non-recevable, parce que si je n'acquiers pas une hypothèque valable sur vos biens, cela ne peut regarder que vos créanciers, & que vous n'avez aucune espèce d'intérêt à me faire là-dessus la moindre contestation ; mal fondé, parce que l'usage du Hainaut autorise l'exploitation des Main-mises à l'effet d'acquérir hypothèque, comme le prouve le dispositif même de ma commission, tiré mot pour mot d'un protocole aussi ancien que la chancellerie.

Guislain Ramette n'a pas eu de peine à détruire ces raisons. Je suis recevable a-t-il dit, puisqu'il est de mon intérêt de jouir de mon bien, au lieu de le voir tenu en saisie, suite inévitable de la Main-mise ; je suis, fondé, parce que les chartres générales, chapitre 94, article 1, ne vous donnent qu'une voie pour acquérir hypothèque, celle de m'obliger à vous passer un acte de deshéritance devant les juges immédiats de la situation, & que les termes mêmes de votre commission prouvent nettement deux choses, l'une, que la mise de fait n'a point lieu en Hainaut, l'autre, que la main-mise n'y produit que l'effet de mettre en régie les revenus du bien qui en est l'objet.

Vaincue par ces moyens, la dame Hattu a pris un autre tour. J'ai pu, a-t-elle dit, me tromper dans mon but, s'il est vrai que ma Main-mise ne puisse pas engendrer hypothèque ; mais cette Main-mise n'en doit pas moins subsister, pour m'autoriser à faire sequestrer les revenus de vos biens, dès que vous serez en défaut de me payer.

Ramette a répondu : Lorsque vous vous êtes pourvu en Main-mise sur mes biens, vous n'avez eu ni la volonté ni le pouvoir de vous procurer une simple sûreté sur les fruits qui en devoient provenir. 1°. Vous ne l'avez point voulu, la preuve en résulte de votre requête à la chancellerie ; vous y demandez formellement une commission de Main-mise pour acquérir hypothèque. 2°. Vous ne l'avez point pu, parce que je n'étois ni suspect de fuite ou d'insolvabilité prochaine, ni en demeure de payer les arrérages de votre rente, & que conséquemment vous ne pouviez saisir à ma charge, ni à fin de sûreté, ni à fin d'exécution.

Sur ces raisons est intervenu de toutes voix arrêt qui *déboute la demanderesse de ses demandes, fins & conclusions, & la condamne aux dépens.*

On a vu plus haut que la déclaration du 2 janvier 1694, rendue en faveur des commissaires aux saisies réelles, suppose, comme une maxime constante en Hainaut, que » la Main-mise doit » être enregistrée au greffe de la juridiction de » l'autorité de laquelle elle se fait «. Il n'y a cependant pas un seul mot dans les chartres générales qui prescrive cette formalité. L'article 17 du chapitre 69 porte seulement, qu'après l'exploitation d'une Main-mise sur un fief, le sergent doit » en avertir le seigneur ou bailli, afin de ne » passer aucunes déshéritances au préjudice de son» dit arrêt, & aussi le censier dudit fief, afin de » ne payer à autre qu'à lui, à peine de payer

» deux fois, en leur déclarant la somme pour » laquelle ils auroient fait ledit arrêt, & aussi le » nom du trayant «. L'article 18 ajoute, qu'il doit être fait *publication* des Main-mises sur francs-aleux *par attache de billets à l'église paroissiale prochaine de la situation, & advertance au louager.* Le même article ordonne que les Main-mises sur main-fermes seront notifiées aux mayeur & échevins de l'endroit où ils sont situés, & signifiées pareillement au fermier qui les occupe. Mais ni ces deux articles, ni aucun autre des chartres générales, ne font mention de l'enregistrement des Main-mises; & par conséquent, il semble que l'on ne doit pas regarder cette formalité comme nécessaire en Hainaut.

Néanmoins, il faut convenir que l'usage de toute la province en a disposé autrement. M. Dubois d'Hermaville nous apprend qu'il a été produit dans une instance jugée au parlement de Flandres le 15 mai 1691, une consultation de plusieurs avocats de Mons, » certifiant que l'usage » constant avoit interprété le terme d'*advertance* » en obligation d'enregistrer, & que cet usage » avoit d'autant plus de force, qu'il étoit conforme » au droit commun, *certiorare est actis publicis* » *inserere, ut indè publicum sit testimonium* «.

La déclaration du 2 janvier 1694, dans le passage que nous venons d'en citer, renferme à la fois une preuve très-claire & une approbation implicite de ce même usage.

Le Hainaut autrichien a même là-dessus une loi expresse. Voici ce que porte l'article 10 d'un édit de l'empereur Charles VI, du 14 décembre 1739, enregistré au conseil souverain de Mons le 22 du même mois: » Les baillis, greffiers,

» maires & autres qui sont chargés de tenir note » des arrêts ou saisies qui se font sous leur ressort, » seront obligés de les insérer exactement & par » ordre de date dans leurs registres, à peine de » 12 livres d'amende pour chaque défaut; & pour » la plus grande facilité du public, ces registres » se remettront successivement à ceux qui rem- » placeront lesdits baillis, greffiers & maires «.

Il ne faut cependant pas conclure de là, qu'une Main-mise non enregistrée soit toujours nulle; il est certain, au contraire, qu'elle est valable non seulement contre le débiteur sur qui elle a été pratiquée, mais même à l'égard des créanciers entre eux. C'est ce qui résulte de l'article 15 du chapitre 69 des chartres générales. » S'il advenoit » que plusieurs fissent traite à divers sergens sur » une même personne, la vente des biens meubles » & maniement des immeubles appartiendra à » celui qui aura premier arrêté, montré sa com- » mission & sommé le mayeur, vicomte, prévôt » ou lieutenant, pour les meubles & main-fermes » où iceux seront assis & situés, & pour fief au » seigneur dont il seroit tenu, ou à son bailli «. Si, comme le prouve ce texte, le défaut de notification, c'est-à-dire, l'omission d'une formalité prescrite par les chartres, ne produit d'autre effet que de donner à tel sergent, plutôt qu'à tel autre, l'administration du bien tenu en Main-mise, il est clair que l'omission de l'enregistrement, qui n'a été introduit que par l'usage, & qui n'est que le complément de la notification, ne doit pas régulièrement opérer la nullité de la Main-mise. Aussi trouvons-nous dans une note manuscrite sur l'article cité, que le conseil souverain de Mons a jugé par deux arrêts différens, que » l'omission

» d'enregiſtrement des Main-miſes ne fait pas poſt- » poſer l'arrêtant premier à un poſtérieur, cela » ne regardant que l'adminiſtration du ſergent «. Le premier de ces arrêts a été rendu le 7 mai 1676, entre les créanciers du nommé Wiſenacq; le ſecond, le 28 juillet 1703, entre le ſieur Vanderbeken, & le ſieur Diſembart (*).

Quel eſt donc, en cette matière, l'effet du défaut d'enregiſtrement? C'eſt ce qu'il eſt aiſé de décider. L'omiſſion d'une formalité doit emporter la privation de l'objet pour lequel la formalité a été introduite, & rien de plus. Or, la notification de la Main-miſe a pour but, ſuivant l'article 17 du titre 69 des chartres générales, d'empêcher les officiers à qui elle eſt faite, *de paſſer aucunes déshéritances au préjudice de l'arrêt* pratiqué ſur le fonds: ainſi, toutes les fois qu'on la néglige ou qu'on ne la fait point dans la forme preſcrite par l'uſage, & conſéquemment toutes les fois qu'elle n'eſt point ſuivie d'enregiſtrement, la Main-miſe ne doit apporter aucun obſtacle à la validité des aliénations ou déshéritances que le débiteur fait de ſon bien après qu'elle a été pratiquée, & le créancier ſaiſiſſant doit être poſtpoſé, ſoit au tiers-acquéreur, ſoit au créancier qui a pris hypothèque. C'eſt ce qui a été jugé par deux arrêts; l'un rendu au conſeil ſouverain de Mons en mai 1688, entre Me. Biſeau, avocat, & le ſieur de Marlière; l'autre, émané du parlement de Flandres le 11 août de la même année, entre les jéſuites de Valenciennes, & le baron de Saſ-

(*) Le même tribunal a cependant jugé le contraire le 19 mai 1688.

ſignies. Le premier eſt rapporté dans la note manuſcrite que nous avons déjà citée. Voici l'eſpèce du ſecond, telle qu'on la trouve dans le recueil de M. Dubois d'Hermaville.

Les jéſuites de Valenciennes étoient créanciers d'une rente de deux cent cinquante livres Hainaut, conſtituée par le comte de Villerval. Dès 1642, ils avoient pratiqué une Main-miſe ſur la terre de Saſſignies, appartenante à ce ſeigneur, & ils avoient omis de la faire enregiſtrer. En 1647, la ſœur & unique héritière du comte de Villerval avoit vendu la terre de Saſſignies au baron de Roiſin, père du baron de Saſſignies. Les choſes en cet état, ſentence intervint au bailliage du Queſnoy, par laquelle les jéſuites furent colloqués ſur les fruits de cette terre, quoique poſſédée par un tiers-aquéreur. Mais le baron de Saſſignies en ayant interjeté appel, l'arrêt cité a mis l'appellation & ce au néant, émendant, a déclaré les jéſuites non recevables & mal fondés dans leur prétention, & les a condamnés aux dépens.

Les jéſuites n'en ſont pas reſtés là; ils ont pris des lettres de réviſion contre l'arrêt, & ont élevé par-là une nouvelle inſtance, dans laquelle la queſtion dont il s'agiſſoit a été enviſagée par les juges ſous un point de vue tout différent. Ils ſont convenus unanimement que, dans la thèſe générale, il faut qu'une Main-miſe ſoit enregiſtrée, pour avoir effet contre un tiers-acquéreur; » qu'autrement un acquéreur de bonne foi ſeroit » trompé & circonvenu par le juge, qui l'adhérite en lui recélant la ſaiſie & arrêt, & que » dans ce cas, celui qui eſt adhérité n'eſt pas » tenu des arrêts qui lui ont été recelés «. (Ce ſont les termes de M. Dubois d'Hermaville.)

Mais comme la formalité de l'enregistrement n'est point établie par une disposition expresse des chartres, & qu'elle doit uniquement son introduction à un usage causé par la nécessité de faire connoître la Main-mise à un tiers-acquéreur, il n'est pas permis de douter que l'on ne puisse la remplir par équipollence, & conséquemment qu'une Main-mise non enregistrée ne doive nuire à un tiers-acquéreur, lorsqu'elle lui a été notifiée d'une manière quelconque avant son adhéritance: or, dans l'espèce actuelle, continue M. Dubois d'Hermaville, » l'acquéreur n'a pas ignoré la » créance, la saisie & les arrêts, même dans le » temps de l'achat; le créancier lui étoit délégué » pour le payement du prix, & il y avoit eu un » jugement qui le condamnoit d'en vuider ses » mains «. En conséquence, par arrêt rendu le 15 mai 1691 les chambres assemblées, le parlement de Flandres a déclaré, qu'erreur étoit intervenue dans celui du 11 août 1688, ce faisant, a mis l'appellation au néant, & ordonné que la sentence du bailliage du Quesnoy sortiroit effet.

De ces deux arrêts combinés l'un avec l'autre, il résulte clairement, qu'une Main-mise non enregistrée ne produit réguliérement aucun effet contre une deshéritance postérieure, mais que la notification qui en est faite, par quelque voie que ce soit, à celui en faveur duquel se passe la deshéritance, le constitue en mauvaise foi, & fait subsister la Main-mise contre lui.

L'article 17 du chapitre 69 des chartres générales ordonne, comme on l'a vu, qu'il soit établi une *mortegarde* à chaque Main-mise réelle; de là est venue, dans l'instance de révision dont

nous

nous venons de parler, la question de savoir si cette formalité devoit se présumer dans la Main-mise des Jésuites de Valenciennes, dont l'acte n'en faisoit pas une mention expresse; la raison de douter paroissoit écrite dans le texte même de la loi; mais, dit l'arrêtiste, comme » l'acte » contenoit, que toutes les solennités avoient été » duement gardées & observées, après en avoir » exprimé plusieurs, comme d'avoir levé racine » & gazon, piqué & haussé une fois, seconde » & tierce, la cour a présumé en faveur de l'acte, » *ut potiùs valeat quàm pereat.* Celui qui l'impugne » doit prouver le contraire, & l'acte étant judi-» ciaire, & faisant foi de son contenu, on ne peut » l'arguer de faux que par une inscription formée » suivant l'ordonnance «. Il y a au mot DEVOIRS DE LOI, tome 18, pages 532 & 551, des principes & des arrêts qui s'appliquent ici naturellement.

Voyez les chartres générales de Hainaut, chapitres 69 & 74; & les articles CLAIN, PLAINTE, EXÉCUTION, SAISIE, DÉCRET, TENUE PAR LOI, MAIN-ASSISE, MISE DE FAIT, NANTISSEMENT, &c.

(*Article de M.* MERLIN, *avocat au parlement de Flandres*).

Fin du tome trente-septième.

CORRECTIONS.

TOME XIV.

Article *Confrontation.*

Page 352, ligne 28, valoir confrontation qu'autant, *lisez* valoir confrontation contre l'accusé contumax qu'autant.

TOME XXII.

Article *Échevins.*

Page 144, ligne 15, *effacez* la particule *ne*. Ligne 16 & 17, au lieu de, mais ils peuvent l'être, *lisez* aussi-bien que. Ligne 20, au lieu de, ces deux points sont ainsi réglés, *lisez* ce point est ainsi réglé. Ligne 29, *effacez* les mots, seconde partie de la. Ligne 30, *effacez* c'est-à-dire qu'.

TOME XXIII.

Article *Évocation.*

Page 541, ligne 15, du titre 27 de l'ordonnance du mois d'août 1770, *lisez* du titre 26 de l'ordonnance du mois d'août 1670.

TOME XXXIV.

Article *Légataire.*

Page 43, ligne 22, après le mot étoient, *ajoutez* considérés.

Page 87, ligne 14, *effacez* lui-même.

Page 94, ligne 6, nous dirons, *lisez* nous disons.

Page 103, ligne 4, ne peut provenir, *lisez* ne peut appartenir.

Page 144, ligne 5, précédent, *lisez* précédé.

Page 161, *ajoutez* à la fin de la note, *L.* 37 & 38, D. *de legibus*.

Page 245, ligne 26, fondé sur, *lisez* établi par.

Page 247, ligne 28, *omninodo*, lisez *omnimodo*.

Article *Légitimation.*

Page 263, ligne dernière, 1636, *lisez* 1639.

Page 272, ligne 28, ne défend que la liberté, *lisez* ne dépend que de la liberté.

Page 288, ligne 5, le chapitre de la novelle, *lisez* le chapitre 2 de la novelle.
Page 315, ligne 31, la loi, *lisez* la loi 12.
Page 328, ligne 9, 1456, *lisez* 1736.
Page 352, ligne 5, de la défense, *lisez* de défense.

Article *Légitime.*

Page 381, ligne 9, leurs commentaires, *lisez* les commentaires.
Page 441, ligne 13, Henaix, *lisez* Renaix.
Page 499, ligne 13, peuvent, *lisez* ne puissent.
Page 566, ligne 30, *effacez* la.

Fin des corrections.

www.ingramcontent.com/pod-product-compliance
Lightning Source LLC
Chambersburg PA
CBHW031350210326
41599CB00019B/2714
* 9 7 8 2 0 1 2 7 6 7 7 7 5 *